キャリア教育の町
“棚倉”の挑戦

資質・能力を追うキャリア教育

棚倉町教育委員会
棚倉町立棚倉小学校【著】

文部科学省教科調査官／国立教育政策研究所総括研究官
長田徹【監修】

実業之日本社

棚倉町のキャリア教育

棚倉町長　湯座一平

棚倉町は、福島、栃木、茨城の３県に跨る八溝山のふもとに位置し、東に阿武隈高地、西に八溝山系を望み、久慈川の清流と豊かな自然に恵まれた町です。また、古くから東白川地方の中心地として、江戸時代には丹羽長重が築いた棚倉城を中心に棚倉藩の城下町として栄えた歴史と文化の町であります。

新緑の棚倉城跡

本町では、平成25年度からキャリア教育に取り組んで参りました。平成26年度は、第１回のチャレキッズ(小学生の職業体験活動)を実施し、現在まで続いております。平成27年度には、キャリア・パスポートが始まり、平成28年度からは、キャリア教育シンポジウムが開催され、平成29年度には、本町教育委員会が「キャリア教育の充実発展に尽力し顕著な功績」を挙げたことについて文部科学大臣より表彰されました。令和元年度から、棚倉小学校で四半期制による資質・能力の育成が開始され、令和４年度に本書の刊行に至りました。

私たちの目指す児童の姿を、地元夕刊紙に掲載された子どもの作文から紹介します。

ぼくの新年の抱負は、発表をたくさんすることです。そのためにがんばることは、自信をもって、何度失敗しても発表することです。今は、一日に一回くらいしか発表できていないけれど、六年生になったら一日に三回以上発表できるようになります。自分の考えを相手に分かりやすく伝えることを通して、大人になって社会に出たときに役立つ力を身に付けたいと思います。

(「夕刊たなぐら」令和５年１月７日掲載　棚倉小5年)

このように、今の学びを将来につなぐ姿を追い求めています。そして、指示をされ大人の思うままに行動するのではなく、自分で決めて自分のよさを発揮した経験(キャリア)を積み重ねていくことが大切です。私たちは、キャリア教育を通して、持続可能な地域社会の創り手を育成していきたいと考えています。

棚倉町では、さらにキャリア教育を推進し、「学ばせたい学校、学びたい学校」を目指し、「町づくり＝学校づくり」を進めていきます。本書を一つの契機として、子どもたちのために、持続可能な地域社会のために、キャリア教育を基盤として学校教育及び社会教育を充実させていきたいと思います。

秋の山本不動尊

結びに、本書を刊行するにあたりお世話になりました、筑波大学の藤田晃之先生、文部科学省の長田徹先生はじめ関わってくださった多くの方々に心から感謝を申し上げます。

本書の趣旨

この本は、棚倉町教育委員会による2013年から2022年までの10年間のキャリア教育の取組と棚倉町立棚倉小学校の５年間の実践を、教育委員会、学校それぞれの視点で作成し、教育長の責任でまとめたものです。また、教育委員会の取組では、町内の他の学校の実践も紹介しております。

キャリア教育の実践書としては、長田徹監修　世田谷区立尾山台小学校著『小学校だからこそ！キャリア教育！』(2019年、実業之日本社、以下「尾山台本」)という優れた著作があります。キャリア教育の基本的な実践内容は、この書に述べられており、本実践もそれを十分に踏まえ、自校化・地域化して継承しております。

本書は、尾山台小学校の実践を、資質・能力の育成という視点から、「キャリア･パスポートによるガイダンスとカウンセリング」「教育委員会による校種間をつないだキャリア教育」等について、方法的側面から発展させたものです。

学習指導要領では、資質・能力の育成が規定されています。資質・能力の育成が強調されているにもかかわらず、教育課程の編成・実施・評価・改善に大きな変化は見られず、従前通りの教育課程において、資質・能力の育成とは名ばかりの実践が行われてはいないでしょうか。資質・能力の育成には、カリキュラム・マネジメントは不可欠ですし、重点化・具体化・意識化・共有化が必要です。

本町のような規模の自治体で、資質・能力の育成は、学校任せではいけないのです。幼児・児童・生徒の学びを過去から現在、未来へとつなぐ道筋の中で、各学校の自主性を尊重しつつ、教育行政が主導し行うべきであると考えています。棚倉小学校は、その期待に見事に応えてくれました。

本町の教育実践につきましては、
「棚倉町教育ポータルサイト(https://tanagura.fcs.ed.jp/)」をご覧ください。

また、文部科学省の下記の資料も合わせてご参照いただけると幸せです。

教育委員会月報　令和4年3月号　掲載
Series 地方発！我が教育委員会の取組 福島県棚倉町教育委員会 町ぐるみのキャリア教育の推進 ～体験・評価・保幼小中高の連携を通して～
https://www.mext.go.jp/content/2022325-mxt_syoto01-000021525_5.pdf

キャリア・パスポート特別編８「キャリア・パスポートを「小小連携」「保幼小中高連携」につなぐ～棚倉町・棚倉小・社川小・棚倉中の「キャリア・パスポート」より～」 PDF（令和4年3月発行）
https://www.nier.go.jp/04_kenkyu_annai/pdf/div09-shido_220325-02.pdf

•小学生キャリア教育の手引き（2022年3月）
•https://www.mext.go.jp/a_menu/shotou/career/detail/mext_01951.html

「資質・能力を追うキャリア教育」目次

棚倉町でキャリア教育を推進する先生方に向けて

まずは、令和４年度に棚倉町立小・中学校に赴任し、キャリア教育に取り組む先生方に向けたリーフレットの内容です。棚倉町のキャリア教育の概要をご覧ください。

令和４年度版
リーフレット

初めて棚倉町でキャリア教育を推進する皆さんへ

棚倉町のキャリア教育をご理解いただけるように
実践事項を解説しました。
キャリア教育の本質は、極めて分かりやすく
まとめると、以下の５点に集約されます。

1　今の学びを将来につなぐとともに、保育園から高等学校まで学校教育すべてをつないで資質・能力を育成する教育です。
つなぐ

2　人生のすべてに係る教育であり、「自分は社会の中でどんな役割を果たし、どう生きていくか」を、日常的に自問自答（自分で考え決め）させていく教育です。
自分で考え決める

3　自己の肯定感と有用感は、他者との対話で得られるものであるので、教師、保護者、地域社会の人々が対話的に関わる必要がある教育です。
対話で育む

4　自己のキャリア形成には、体験が不可欠であるので、課題解決型の体験活動を通して自己マネジメントサイクル（RVPDCA）を意識させ活用させる教育です。
課題解決型

5　人間は、今までの自分を基にこれからの自分を社会的に構成していく存在であると見なし、他者が肯定的に関わることが必要な教育です。
肯定的に関わる

棚倉町教育委員会

1　つなぐ教育

○　本町では、保育園から、幼稚園、小学校、中学校、高等学校まで一貫して基礎的・汎用的能力を育成する方向で進めています。

○　基礎的・汎用的能力（「自己理解・自己管理能力」「人間関係形成・社会形成能力」「課題対応能力」「キャリアプランニング能力」）とは、学習指導要領の「生きる力」や「資質・能力の三つの柱」を「仕事に就くこと」に焦点を当て実際の行動に表れる観点から、「自己、人間関係、課題解決、将来展望」の四つに整理したものです。

○　特別な力でなく、学習指導要領に基づき、子どもたちや地域の実態に即して、学校が重点化して設定してよい資質・能力です。

◎　キャリア・パスポート等を基に、前の学校や学年でどのように資質・能力を育成してきたかを把握して指導します。

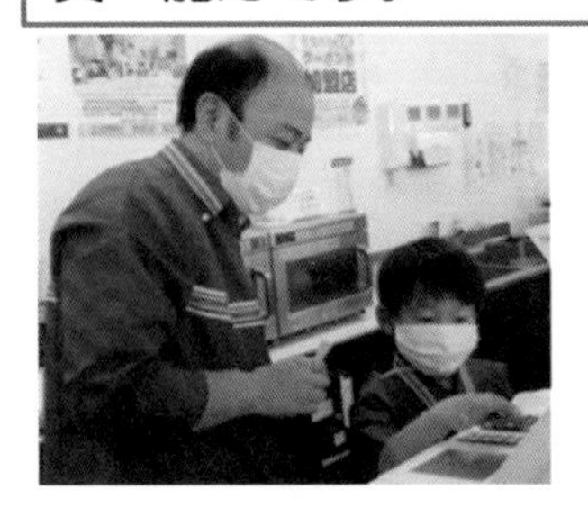

2　自分で考え決める教育

○　キャリアとは、社会の中で果たす役割や自分らしい生き方の連なりや積み重ね（轍）であり、常に自分で考え、自分で決めていくようにしていくことが大切です。

○　そのために、自分を知り、夢や志を持ち、計画を立て、実践し、振り返り、新たな目標を持つという自己マネジメント力（ＲＶＰＤＣＡ）を育成していきます。

◎　授業における学びから、行事等の取組、学期や学年等の目標、家庭学習の計画に至るまで、自己の課題等を自分で考え決め、協働的に取り組み、その過程をキャリア・パスポート等に記録します。

「つなぐ教育」「自分で決める教育」を推進しています。

保育園から高等学校をつないで資質・能力を育成します。さらに、自己マネジメント力を育成し、授業での学びから「夢」や「志」に至るまで自分で決めることができることを目指しています。

3　対話で育む肯定感と有用感

○「仕事は人の役に立ち楽しい」ものであると感じてもらえるように働きかけていくことが大切です。そのためには、自分にはよいところがあって、人の役に立っているという肯定感と有用感を育むことが必要になります。

○　肯定感と有用感は、自己のよさ、変容や成長を肯定的に評価する他者が対話的に関わることによって、自己のキャリアが肯定的に捉えられ形成されます。

○　肯定感と有用感は、他から否定されることの少ない人間関係において、高められるものであるから、学びあう集団づくりが必要となります。

◎　対話とは、日常生活や授業における会話から、キャリア・パスポートや学習計画表のコメントまでを含むものであり、教師から、友人や保護者、地域の関係者まで幅広い他者が対象となるものです。

4　課題解決型の体験活動の設定

○　体験活動は、探究の過程に組み込まれてこそ、その価値が発揮されるものです。体験の事前の課題設定、事後の表現と共有活動、新たな課題設定が必要です。

○　体験においては対話を重視し、探究課題は系統的な職業体験と本町の歴史や文化のよさを調べるものを中心に構成することが望ましいです。

◎　職業体験等においては、事業所と児童・生徒の事前の打ち合わせ、見学学習等においては複数回の現地学習などを設定し、児童・生徒自らが課題を設定し、解決する活動を重視し、キャリア・パスポートに記録します。

「肯定感や有用感を対話で育む教育」「課題解決型の体験学習を実践する教育」を推進しています。学校生活における対話を重視し、課題解決型の体験活動で資質・能力を育成することを大切にしています。

5　肯定的に関わる教育

○　自己のキャリアを肯定的に捉えることができるように、対話においては肯定的に関わるようにすることが必要です。

○　肯定的な関わりとは、キャリア・カウンセリングの手法を用いて、「傾聴」と「同意」を基本として、熱心に聴き、話の内容に共感的であることを言動や態度に表すことです。

◎　緊急の場合を除き、指導とは悪いところを否定することではなく、よいところをさらに伸ばして他に波及させることであるという立場で、組織的・計画的に関わることが大切です。キャリア・パスポートでの教師等のコメントや自己評価も肯定的に記入します。

「つなぐ」「自分で決める」「対話による肯定感と有用感の育成」「課題解決型の体験活動」「肯定的に関わる」が本町キャリア教育のポイントです。
そのすべてにキャリア・パスポートが大きく関わっています。

持続可能な地域社会の創り手を

Society5.0を生き抜く力を育てるキャリア教育
～新しい時代に必要となる資質能力（基礎的・汎用的能力）の育成～

人間関係形成・社会形成能力　自己理解・自己管理能力　課題対応能力　キャリアプランニング能力

夢　夢　夢　夢　志

キャリア・カウンセリングの手法を取り入れ、「肯定的に関わる教育」を大切にし、子どもたちのキャリア形成を支援しています。

以上が、棚倉町のキャリア教育の概要です。

資質・能力を育成するために工夫していること

「つなぐ」「自分で考え決める」「肯定感と有用感を育む」「課題解決型の体験活動に取り組む」「肯定的に関わる」本書では、資質･能力を育成するための工夫を、教育委員会の取組として総合的に、棚倉小学校の取組として実践的に提案するものです。

これらの取組は、「児童が、学ぶことと自己の将来とのつながりを見通しながら、社会的・職業的自立に向けて必要な基盤となる資質・能力を身に付けていくことができるよう、特別活動を要としつつ各教科等の特質に応じて、キャリア教育の充実を図ること」という「小学校学習指導要領第１章総則第４児童の発達の支援の１児童の発達を支える指導の充実の（３）」の規定を前提としています。

既に本町では、「特別活動を要とするキャリア教育」という（３）の規定に対応して教育課程が編成され、実践されております。右の写真のような「学級活動（３）」の振り返りと見通しをする授業も実施されています。また、教科等横断的にキャリア教育が展開できるよう各教科等の指導計画も配列され、実践されております。

本書では、教育委員会の取組として、第１章で資質・能力の設定、伸ばし方について簡単に説明した後、先に述べた五つの「つなぐ」「自分で決める」「肯定感と有用感」「課題解決型の体験活動」「肯定的に関わる」のそれぞれについて詳しく述べます。第４章では、キャリア教育のカリキュラム･マネジメントについて、「資質･能力を身に付けた子どもの学びの姿の共有と発信」が鍵であることを報告します。第６章では、保育園から高等学校まで校種間をつないで資質・能力を育成する実践について紹介します。第８章では、本町キャリア教育のこれからの方向性について詳述します。

棚倉小学校には、町内の基幹校として、先進的に取り組んで多くの成果を上げていただいております。第２章では資質・能力を具体化・重点化した「ほめポイント」の実践を提案いたします。第３章では最大のポイントである「四半期制」の提案をいたします。第５章では、キャリア・パスポートの活用法とその可能性について実践をもとに報告します。第７章では、対話で伸ばす資質・能力について、自己マネジメント力の育成や、各教科に波及するキャリア教育の拡がりの最先端を、対話に焦点を当てて紹介します。

特別企画として、【キャリア教育鼎談】「キャリア教育で子どもも教員も地域も変わる」を収録いたしました。

第１章

キャリア教育は難しくない

【棚倉町教育委員会１】

キャリア教育は、難しいものではありません。今の学びを将来につなげようとするとき、ふだんの教育活動がキャリア教育となります。

第１章では、棚倉町で行われているキャリア教育はどういうものであるか、どこを工夫すればキャリア教育が充実するのか、大切な点を大まかにご説明します。

育てたい「資質・能力=基礎的・汎用的能力」の設定

（１）学校で設定する資質・能力

キャリア教育では、どんな力を付ければよいのか、何をすればよいのか。多くの学校で悩むのは、そこからではないかと思います。結論から申し上げますと、育むべきなのは、将来、社会的・職業的に自立するために必要な資質・能力であり、その力を育む活動であれば、特別な活動を実施する必要はなく、ねらいさえ適切であれば「何でもあり」なのです。あれこれ悩む必要はありません。

もともと、学習指導要領に基づく学校教育では、「生きる力」を育んでいます。「生きる力」は、社会的・職業的に自立するために必要な力でもありますから、本来は、学校教育そのものが、キャリア教育であるわけです。

【図１】

1　キャリア教育の取組

四半期ごとに育てたい資質・能力を教師が重点化
子どもと設定または共有し，全職員で共有

学　年	つくし・つばさ	1年	2年	3年	4年	5年	6年
重点化した資質・能力	人間関係形成・社会形成能力	自己理解・自己管理能力	人間関係形成・社会形成能力	人間関係形成・社会形成能力	自己理解・自己管理能力	自己理解・自己管理能力	課題対応能力
	相手の気持ちを考えて人の話を最後まで聞く	時間やルールを守って生活する	相手に分かりやすいように、自分の考えや気持ちを伝える	相手に分かりやすく伝える	自分に自信・自己肯定感をもつ	自分を知り、見つめ、高める	失敗を恐れず、挑み続ける
学年テーマ	目・耳・心を向けて話を聴こう	きまりをまもってにっこにこ！	みんなで協力楽しい学校生活にしよう！	伝え合おう！みんなの思い	胸をはれる自分になろう〜レベルアップ〜	あの経験を生かせ！PDCA！！〜自分の力を高めよう〜	「超」〜何度も挑戦！！うまくいかなくても、いいじゃん〜

第2四半期
育てたい資質・能力の一覧表

「ほめポイント」として
見取ったらみんなで認めほめる

3

図１は、棚倉小学校で設定した「資質・能力」です。ふつうの学校で、ふつうに育成している力と、それほど違いがないことに気付くでしょう。

児童の実態をもとに、将来職業に就き、社会に参加するために必要な資質・能力を、「話をしっかり聞く」ことから「夢や志をもって学ぶ」ことに至るまで、学校が重点化・具体化し設定して、子どもたちに意識させ、全教育活動を通して育めばよいのです。

（2）特別な力ではない

キャリア教育で目指す力は、特別な力ではありません。キャリア教育で目指す資質・能力は、「基礎的・汎用的能力」と呼ばれていますが、その実体は、「生きる力」であり、「資質・能力の三つの柱」と同じです（中教審答申2011）。それらを「『仕事に就くこと』に焦点を当て、実際の行動に表れる観点から」整理したものであると考えています。

図２は、棚倉町立社川小学校の設定した資質・能力です。

【図２】

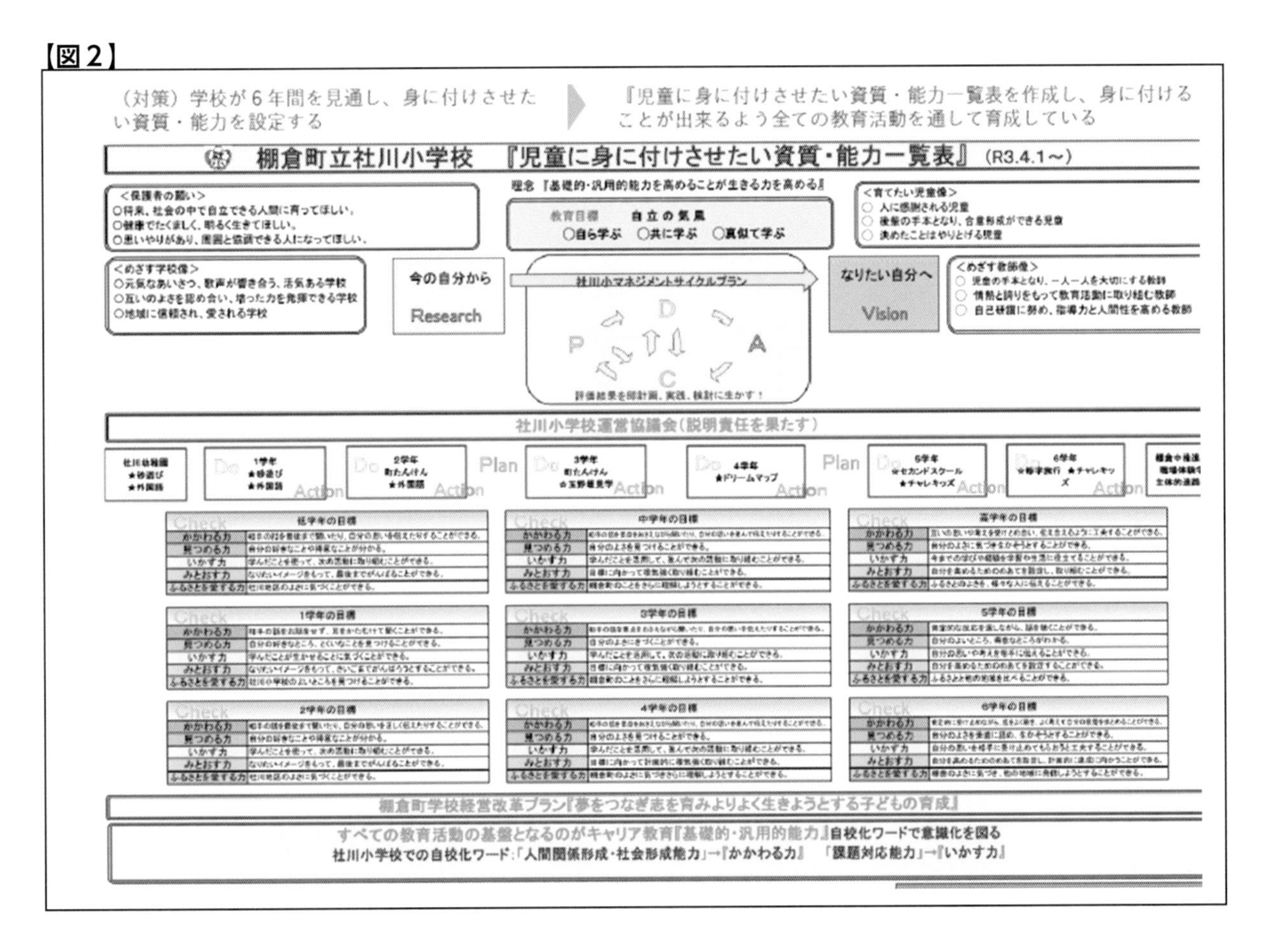

将来、社会の中でいろいろな役割を果たし、よりよい生き方をするために必要な力を、先生方が目の前の子どもの実態から、自信をもって設定してほしいのです。そして、力が身に付いたら、「その力は、一生使う力だね」と称賛してほしいのです。

（3）設定した力の育て方

それでは、キャリア教育とふつうの教育はどこが違うのかと思うかもしれません。関わり方が違うのです。先ほどの「人の話を聞く」力の例で説明しますと、通常の称賛の仕方は「話がしっかり聞けましたね」ですが、キャリア教育では次のようになります。

> **話がしっかり聞けるようになって、成長したね。**
> **話を聞く力が身に付いてきて、将来役に立つね。**

今の学びを将来につなぐことがキャリア教育です。育てたい資質・能力は、将来あなたの役に立つ。だから夢や志をもって学び続けよう。そのようなメッセージを絶えず子どもたちに贈り続ける教育なのです。

資質・能力は、生きて働き、未知の状況にも対応でき、人生や社会に生かせる力です。従って、それらは、全教育活動を通して教科等横断的に、独自の評価サイクルで、地域と協働しながら育んでいく必要があります。後述しますが、その意味では、キャリア教育は、カリキュラム・マネジメントとすこぶる相性がよいと考えています。

(４)基礎的・汎用的能力とは

先ほど､「基礎的･汎用的能力」という言葉を使いました。この言葉が出てくると戸惑う方もいるようです。中教審の答申や旧版の『キャリア教育の手引き』(2011年、文部科学省)に出てくる資質・能力ですが、図３のようになっています。

【図３】

基礎的・汎用的能力

仕事に就くことに焦点を当て、実際の行動に現れる観点から４つの能力に整理した。

「人間関係形成・社会形成能力」
多様な他者の考えや立場を理解し、相手の意見を聴いて自分の考えを正確に伝えることができるとともに、自分の置かれている状況を受け止め、役割を果たしつつ他者と協力・協働して社会に参画し、今後の社会を積極的に形成することができる力である。

「自己理解・自己管理能力」
自分が「できること」「意義を感じること」「したいこと」について、社会との相互関係を保ちつつ、今後の自分自身の可能性を含めた肯定的理解に基づき主体的に行動すると同時に、自らの思考や感情を律し、かつ、今後の成長のために進んで学ぼうとする力である。

「課題対応能力」
仕事をする上での様々な課題を発見・分析し、適切な計画を立ててその課題を処理し、解決することができる力である。

「キャリアプランニング能力」
「働くこと」の意義を理解し、自らが果たすべき様々な立場や役割との関係を踏まえて「働くこと」を位置付け、多様な生き方に関する様々な情報を適切に取捨選択・活用しながら、自ら主体的に判断してキャリアを形成していく力である。

「今後の学校におけるキャリア教育・職業教育の在り方について（答申）」２５～２６頁
平成２３年１月３１日中央教育審議会

「人間関係形成・社会形成能力」「自己理解･自己管理能力」「課題対応能力」「キャリアプランニング能力」の四つの力です。それぞれどのような力か深く考えようとするよりは、「生きる力」や「資質・能力の三つの柱」を「『仕事に就くこと』に焦点を当て、実際の行動に表れる観点から」整理したものであると覚えておくとよいと思います。

筆者自身、長田徹先生から「基礎的･汎用的能力は、ラベルだと思ってください」、藤田晃之先生からは、「指導要領が改訂されても、基礎的・汎用的能力は改訂されないでしょう」と教えていただき､深く納得した覚えがあります。

簡単に述べれば、「自分を知り律し、人や社会との関係を適切に保ち、目の前の課題に対応するとともに、将来を展望し主体的にキャリア形成していく力」です。もっと簡単に言えば、「自分・人・課題・将来について展望する力」となるでしょう。

【図４】

(1)育てたい基礎的・汎用的能力

(R4)学期ごとに設定・評価

【人間関係形成・社会形成能力】
つながる力　考えの違う他者と折り合いをつける力

【自己理解・自己管理能力】
自律する力　自ら立場・役割を自覚し、主体的に生きていく力

【課題対応能力】
乗り越える力　様々な課題に前向きに向き合う力

【キャリアプランニング能力】
見通す力　学ぶことの意義を考え、将来を拓く力

図４は棚倉中学校で設定した資質・能力です。

育てたい資質・能力は子どもに意識させる

（1）育てたい資質・能力の意識化

資質・能力を育むためには、子どもたちにそれらを意識させることが必要となります。「今学んでいることの意義は、○○のような力を付けるためだよ」と意識させることで、主体性を促し、能動性を高め、指導の効果を上げることができます。

棚倉小学校では、四半期（３か月）を単位として、「４月から６月までの３か月間は、○○のような力を付けるようにがんばろう」と意識付けをします。

例えば、「失敗を恐れず取り組む」力を育みたいとすれば、「学校生活全体を通して、失敗を恐れず取り組むようにがんばろう」と意識化し、各教科等の学習や生活において「失敗を恐れず取り組む」ことができたら、その都度称賛していきます。

算数科の学習であれば「まちがいを恐れず、発表できたね」行事への取組であれば「緊張したけれど、緊張に負けずにがんばったね」係活動であれば「くじけずに続けることができたね」と関わっていくことになります。図５のような、特別活動を要とした、このような称賛の積み重ねは、「失敗を恐れず取り組む」力が付いてきたという成長を実感することにつながります。

【図５】

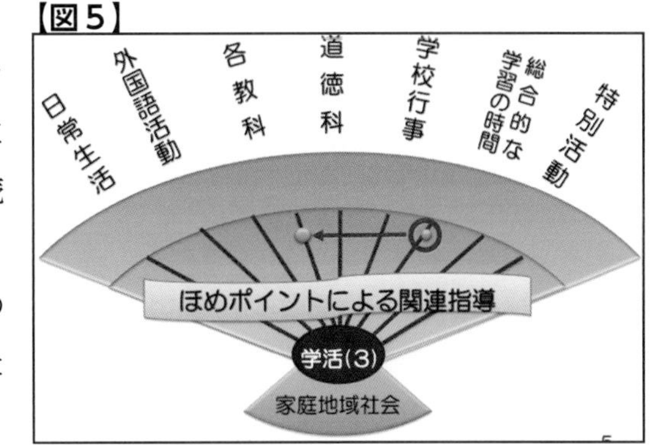

（2）育成期間の限定

【図６】

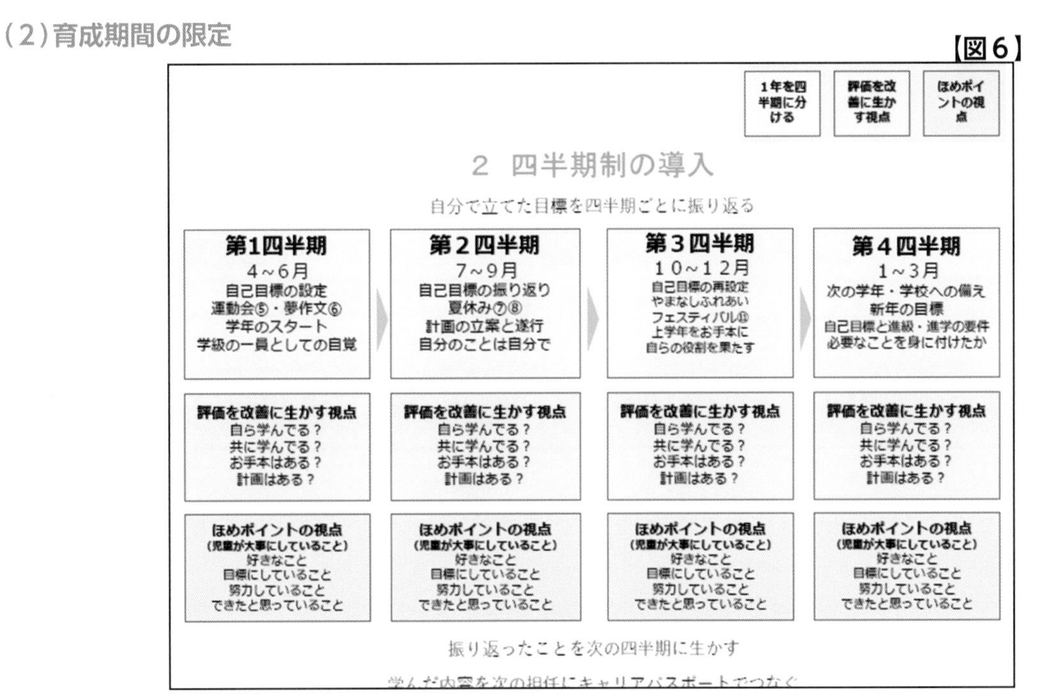

意識させて取り組ませる際のポイントは、「期間を適切に定める」ということです。短すぎると十分な変容が見られず、長すぎるとマンネリ化します。３か月ぐらいがちょうどよいのです。

この３か月という期間は、本町の小学校が２学期制であったことと、会計処理が四半期ごとに行われていたことにヒントを得て生み出されました。図６は、社川小学校の四半期の取組です。

２学期制は、長いスパンでゆとりをもって教育活動ができるというメリットがありますが、長すぎて同じことを繰り返すため新鮮味がなくなる、６か月間が評価サイクルになりやすく些細な進歩や成長を捉えて指導することが難しいという面があります。３か月に区切って資質・能力を育成したところ、子どもたちの意識が持続し、教師がこまめに評価し指導できることが分かりました。

後で詳しく述べることになりますが、四半期ごとに資質・能力の評価サイクルを回すことで、切れ目なく意識化でき、評価が指導に生かされるようになるのです。

（3）カリキュラム・マネジメントが重要

多くの学校では、資質・能力の育成が掲げられた学習指導要領に基づく資質・能力ベースの学校教育を行わなくてはならないのに、従来の内容ベースの教育が未だ変わらずに行われているというのが実情ではないでしょうか。内容ベースの教育とは、指導内容を主として、教育課程を編成・実施・評価・改善する教育です。それに対して、資質・能力ベースの教育課程を構想し実践するためには、教科等横断的で、評価サイクルを位置付け、地域の人的・物的資源を活用することが自ずと必要になります。

【図７】

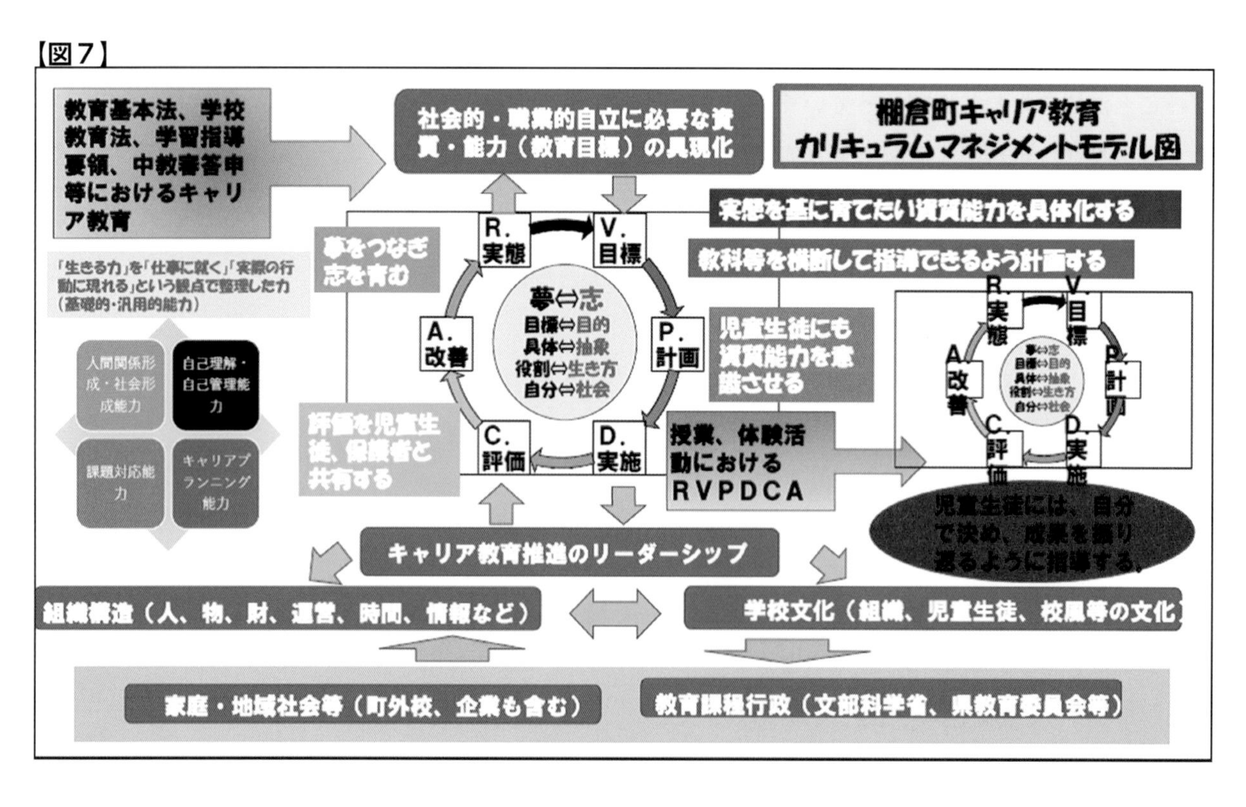

本町では、図７のように令和３年度より文部科学省委託事業「これからの時代に求められる資質・能力を育むためのカリキュラム･マネジメントの在り方に関する調査研究」に取り組んでいます。カリキュラム・マネジメントは、システム思考なので、レバレッジポイント（ある要素に手を加えたら、他の要素まで望ましい変化が現れること）があるのです。実践で明らかになったことの一つは、本町におけるキャリア教育のレバレッジポイントは、「資質・能力が身に付いた子どもの学びの姿で成果を共有し発信する」ということです（第４章で詳しく述べます）。

（4）子どもの姿で共有・発信する

【図８】

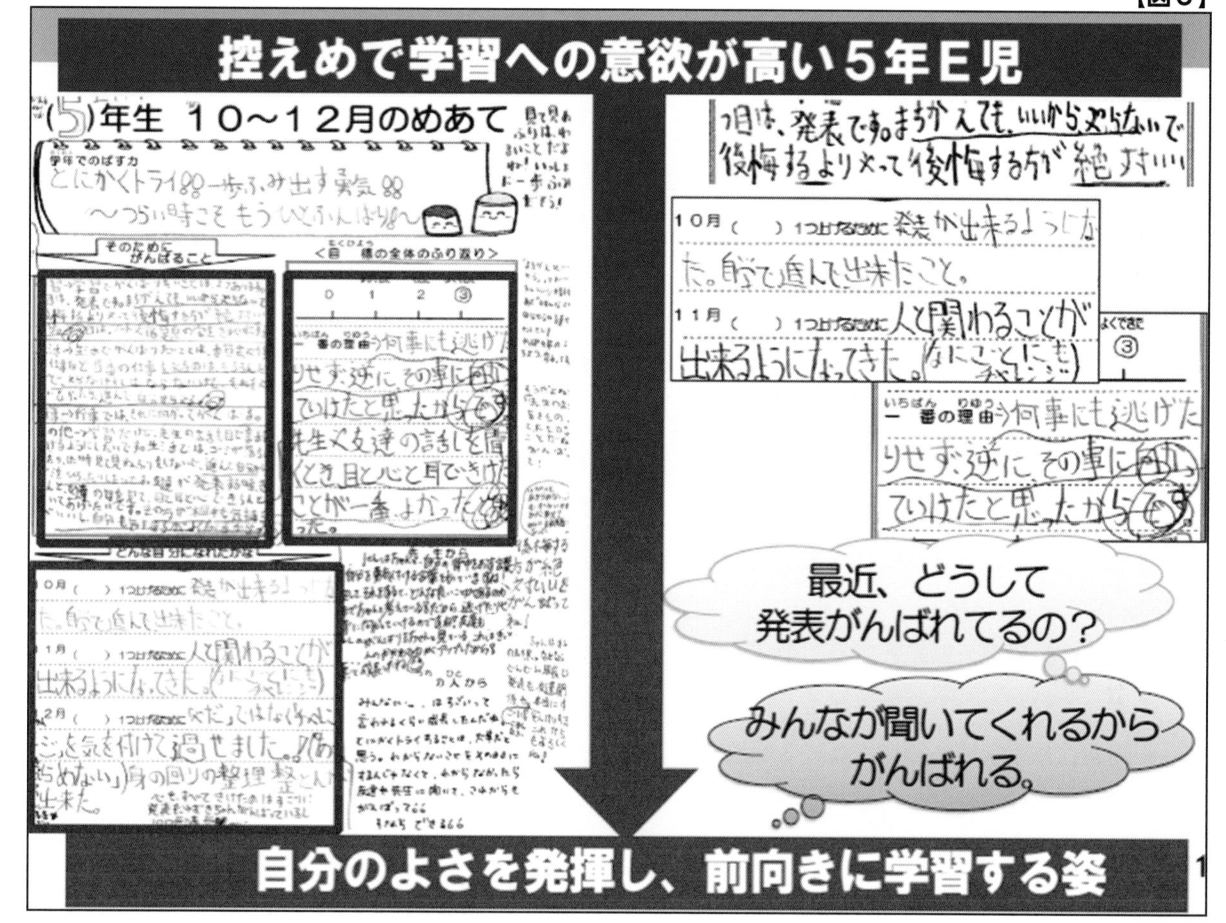

例えば図８のように、成果を子どもの姿で共有・発信することは、予想外に難しいものです。これは棚倉小学校の５年児童の例ですが、何ごとにも意欲的に挑戦するようになった姿が報告されています。教師や友だちとの関わりが大きな要因で、変容していった姿が理解できると思います。

「ふるさと学習に取り組んだ」「職業体験を行った」など実施したことは報告できますが、その活動を通して子どもたちがどう成長・変容したのかが語られることは少ないのです。せいぜい、「子どもたちは生き生きと活動していた」という程度の記述になっています。不思議に思い、町内の何人かの教師に尋ねてみると、概ね次のような理由が浮かび上がりました。

個人情報なので発信しにくい（ケースによっては、個人が特定される恐れがある）。
成果として、発信するに値しないケースもある（著しい成果ではない）。
少人数なので個に目を向けるのは当たり前である（当たり前のことが発信できるか）。
特定の個人だけにスポットを当ててよいのか（平等に指導すべきである）。

これらの理由に、ここでいちいち反論はしません（第４章のカリキュラム・マネジメントの項で述べます）が、工夫すれば解決できることばかりです。子どもは、日々少しずつ変容し成長します。些細な変容や成長を肯定できないで、大きな変容や成長を保証することは難しいのではないでしょうか。

教師が、子どもの些細な変容や成長をあらゆる機会を捉えて肯定し、資質・能力が身に付いたと評価し、教師間や保護者と共有し、発信の仕方を工夫すれば、子どもの資質・能力が伸び、教育活動の質の向上が図られると思います。

キャリア教育の断片は埋もれている

(１)キャリア教育の断片とは

尾山台本には、「キャリア教育の断片」という言葉が出てきます。日々の教育活動を「キャリア教育の視点」で見直すと、「今まで行ってきたさまざまな活動の中にキャリア教育の断片がたくさんあることがわかりました」という具合です(前掲書134頁)。

『小学校キャリア教育の手引き－小学校学習指導要領(平成29年告示)準拠－』(令和４年３月文部科学省)には、「各教科等の単元や題材の中に存在しながら、キャリア教育としての価値が十分に認識されず、相互の関連性や系統性も確保されてこなかった教育活動」が「キャリア教育の断片」であるとされています。

子どもたちの些細な変容や成長を捉えるために、考えておくべき点があります。それは、学校教育の中には「キャリア教育の断片」が埋もれているということです。本町では、「キャリア教育の断片」に、教育活動だけでなく、それによって具現された子どもの姿も含めて考えています。

藤田晃之先生からは、「低学年の町探検」「３年生の商店街見学」「５年生の社会の工場見学」はいずれも職場体験学習であること、運動会や幼稚園との交流学習もキャリア教育の場であることをご指摘いただきました。

これらの視点は、とても重要です。ふだん当たり前にやっていることでも、社会的・職業的自立に必要だと思えば、「キャリア教育の断片」になります。意識さえすればキャリア教育になるのです。それを探してつなぎ合わせればよいのです。

(写真は近津小学校の実践です。上から、理科、総合的な学習の時間、生活科、国語科における「主体的・対話的で深い学び」の様子です。)

（2）キャリア教育の断片を探す

断片を探すためには、「振り返り」が有効です。

算数科や国語科の学習にも、朝の会や帰りの会にも断片は存在します。教育活動は皆そうですが、「やらせっ放し、やりっ放し」では効果がありません。「振り返り」が必要なのです。学習活動を振り返ることで断片が見つかり、つながります。

「振り返り」とは、活動の終了後に感想や課題に対する反省等を発表させたり記述させたりして表現することから、それらをもとに友だちと交流させ、課題を解決し新たな課題を持たせることまでを含みます。体験や学習を表現させることで認識は深まりますし、交流させることで対話的な学びが成立し、より深く学ぶことができます。

その際には、表現や対話において肯定的に関わることが重要です。肯定的に関わるというのは、「ほめる」というよりは「否定しない」というイメージに近いと思っています。「ほめる」より「否定しない」の方が実践化しやすいのです。

また、学習活動の中でも対話的に関わり、疑問や気づきを大切にするとともに、その中に潜んでいる子どもの変容や成長を肯定していくことが必要です。私たちが毎日降り積もるように行っている教育活動の中で、子どもたちの言動の中に些細な変容や成長を見出し、肯定して資質・能力を磨いていくことが大切なのです。図９は、棚倉中学校からの報告ですが、振り返りによって変容していることが確認できます。

【図９】

人見知り・人前にでることが苦手なAさん(2年)

【1年】1学期　人見知りで，授業で発言できない。
2学期　クラス全体に「よいスタートを切りましょう」と呼びかける。
年　末「全員が話をして，振り返る時間が好きだ」と言える。
3学期　「コミュニケーションをとることを頑張れた」と反省を記載。
【2年】2学期　職場体験の礼状に「自分の良さに気がついた」と記載。
3学期　英語テスト合格「少し音読ができていなかった事が反省点だ」と振り返り。
立志式「岡野さんの話から，考える事が大切だと分かった」
「親にありがとうを言うのは恥ずかしい。だけど，日頃の感謝を込めて言いたい」
【現在】最初に指名してもよく考えながら，自分の言葉で言える。
自信がつき，苦手な教科にも取り組むようになり学力向上できている。

全員の意見でまとめ・振り返り

保護者「考えが大人になりビックリしました。これからも自分ができる事にチャレンジしてほしい!」

（3）自己評価と他者との対話が重要

資質・能力を伸ばすためには、具体化した資質・能力に対する自己評価が必要となります。本町の小・中学校では、年２回「キャリア教育意識調査」を実施し、４件法で自己評価させています(第４章で述べます)。

また、育てたい資質・能力は、子どもたちに意識させていますので、意識させた項目に対して肯定的に評価しているか、これもワークシート等で自己評価をさせています。ただし、自己評価も「やらせっ放し、やりっ放し」では効果がありません。

学級経営に苦労している先生の教室では、対応が必要な子どもが存在すると同時に、「振り返り」が十分に行われていないことが多く見受けられます。自己評価を肯定的に受け止めてあげることで資質・能力は向上します。

さらに、対話が重要です。自分がよいのかそうでないのか、自分は人の役に立っているのかどうかを知るには、他者からの評価が必要です。他者からの評価は、原則として対話で与えられますから、キャリア教育では、殊更に対話的な関わりを重視します。

【図10】

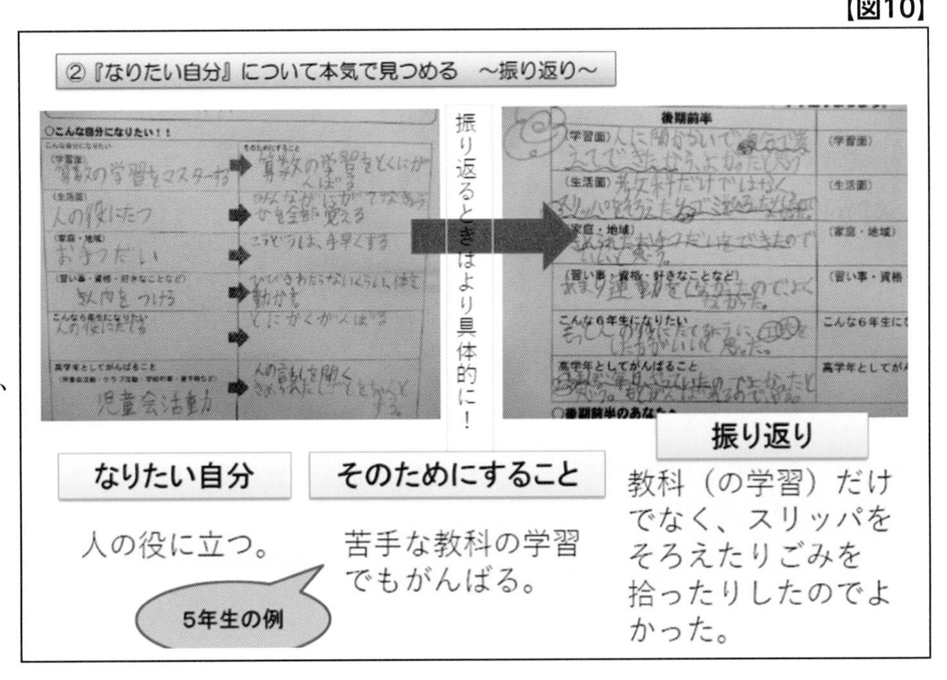

（4）宝は次につなぎたい

こうやって発掘した断片はつなぎ合わせると「宝」になります。そして、事実の記録や記憶とともに、児童・生徒の肯定感や有用感となって認識されます。これが子どもたちのキャリア(轍)形成です。自分がダメだと思えば黒歴史になりますし、自分にはよいところがあるなあと思えば自信につながります。宝は磨かれて、さらなる価値(資質・能力)を生み出すのです。

さて、せっかく記録したのですから、保管して将来活用したいということになります。それがキャリア・パスポートです。難しいことではありません。当然のことです。

ただし、すべて保管すると、膨大な量になり、活用することが困難になります。だから、精選する必要が出てきます。１年間でA4版５枚ぐらいなら何とか保管して活用できそうです(図10と図11は社川小学校の実践です)。

【図11】

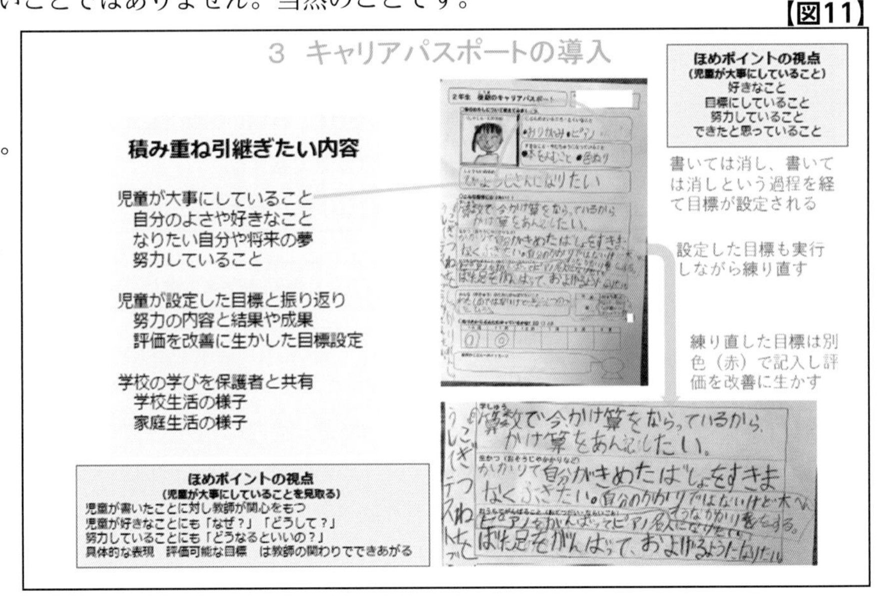

資質・能力で校種間をつなぐ

（1）保育園から高等学校までをつなぐ

冒頭に、キャリア教育はつなぐ教育であると述べましたが、正確には、図12のように、保育園、幼稚園、小学校、中学校、高等学校をつないで資質・能力を育成する教育です。

町教育委員会の使命は、地域の園や学校の教育活動をつなぐことだと考えています。単一の園や学校で、すばらしい実践をして子どもの資質・能力を育成しても、次の学校段階でそれを生かさなければ水泡に帰してしまいます。

【図12】

国語科や算数・数学科等では、つながりは重視されますが、大概は、以前の学びが重視されることは極めてまれです。特に総合的な学習の時間を研究的に実践している先生方からすると、学校・学年間の接続は大きな課題です。それを解決できるのは、学校ではなく町教育委員会であると実感しています。

さらに、高等学校との連携も大きな課題です。棚倉町は、町内の福島県立修明高等学校と連携協定を結び、交流を進めています。

（2）つなぐツール（キャリア・パスポート）

【図13】

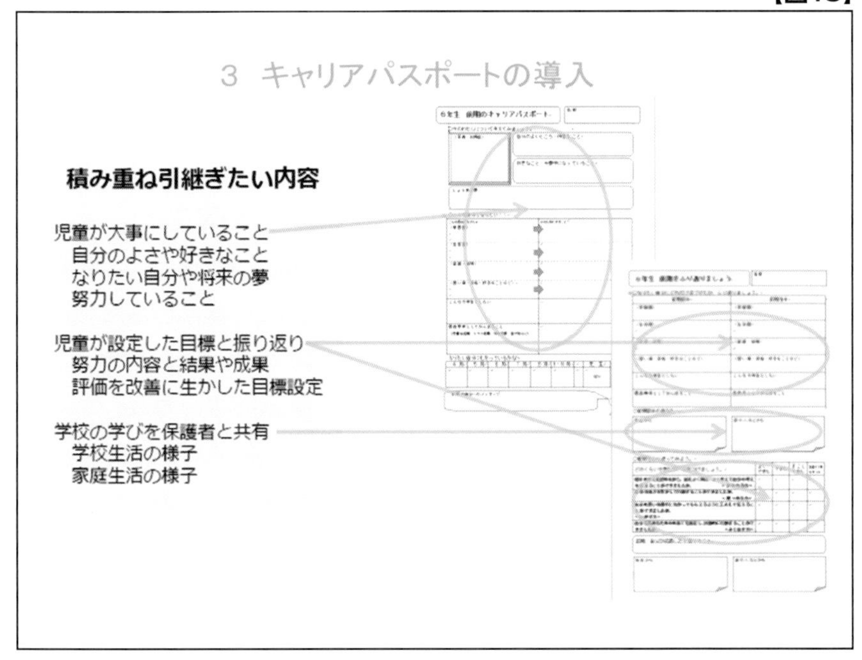

異校種間をつなぐときに、重要なツールとなるのが「キャリア・パスポート」です。

「キャリア・パスポート」は、小学校学習指導要領第６章第２の３(2)で示されているように、学級活動(3)において、「学校、家庭及び地域における学習や生活の見通しを立て、学んだことを振り返りながら、新たな学習や生活への意欲につなげたり、将来の生き方を考えたりする活動」を行う際に活用する「児童が活動を記録し蓄積する教材」です。

小学校学習指導要領解説書特別活動編では、次の三つの意義があるとされています。

> ○ 小学校の教育活動全体で行うキャリア教育の要としての特別活動の意義が明確になること（各教科等の学びと特別活動の学びが往還する）
> ○ 小学校から中学校、高等学校へと系統的なキャリア教育を進めることに資するということ（連続した取組が可能となる）
> ○ 児童にとっては自己理解を深めるため、教師にとっては児童理解を深めるためのものとなること（多面的・多角的な自己理解と教師による成長の把握）

従来、子どもの学びの姿は、指導要録の写しなどをもとに引き継がれていましたが、キャリア・パスポートにより、前年度までにどのような資質・能力が育成されてきたか、子どもが作成した記録が受け継がれ、より具体的な内容が伝達されることになったのです。

【図13】

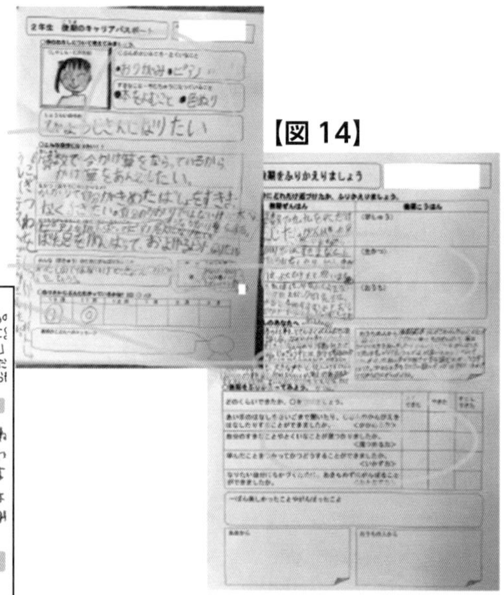

【図14】

【図15】

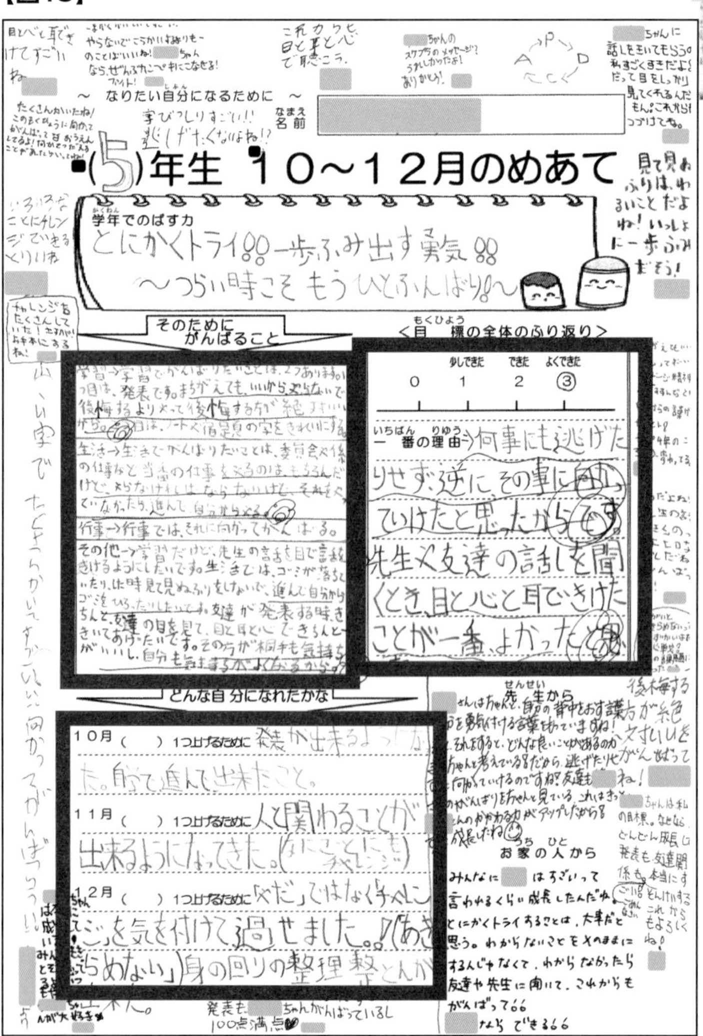

図13と図14は、社川小学校のキャリア・パスポートの例ですが、本町では、形式は各校に任せています。

図15は、17頁で紹介した棚倉小学校の例ですが、教師と保護者の他に、友だちからのメッセージが書き込まれていることに驚かれるのではないかと思います。

みんなが対話で創るキャリア・パスポート。これが棚倉小学校の成果です。

（3）自己を構成するキャリア・パスポート

指導要録に比べて、キャリア・パスポートが優れている点がいくつかあります。

まず、子ども自身が記録するという点です。指導要録の記述は、教師が記録するので開示されない限り、子ども自身は内容を知りません。本人が内容を知っている方が身近で真実味があります。

次に、本人が知っている具体的な内容が伝達されることで、前の担任がどう関わってきたかが明確になり、次の担任の指導に役立ちます。指導に役立つので、現担任は必ず目を通すようになります。

図16は、高野小学校の事例ですが、キャリア・パスポートへの教師のコメントそのものが変容しているのが確認できます。マイナス面を記述したものから個の頑張りを認めるものへと、否定から肯定へと変わっているのです。

【図16】

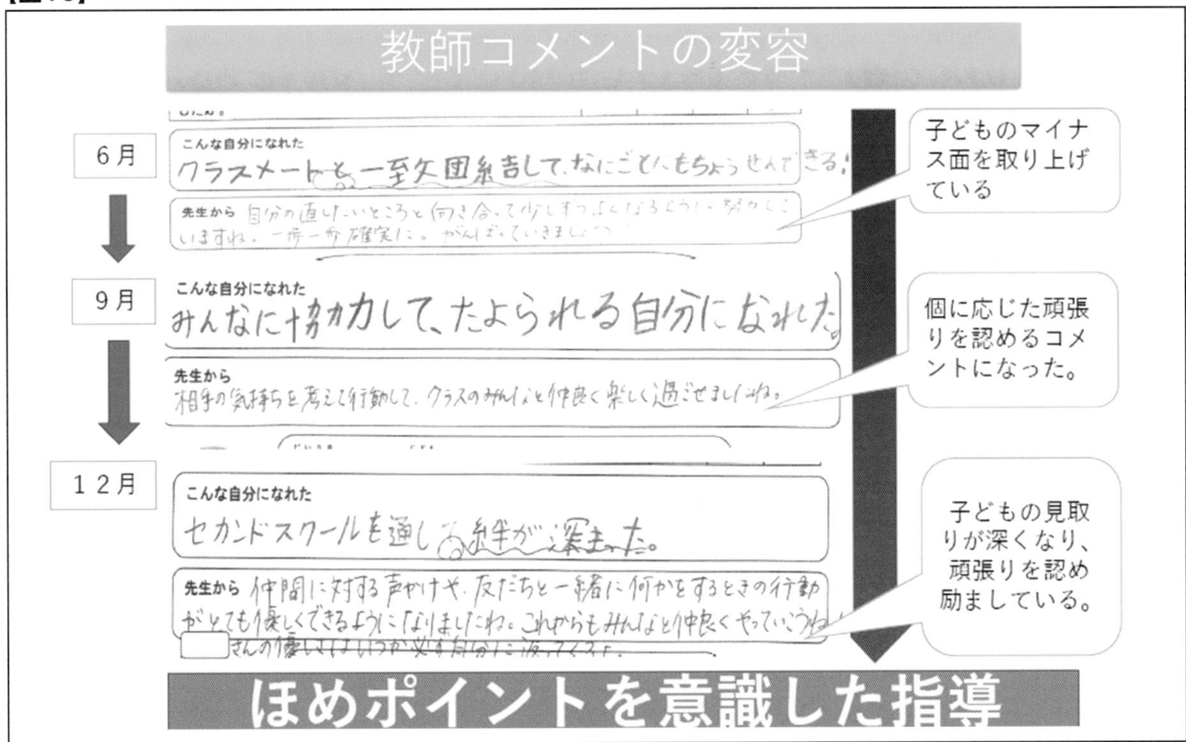

最も大きな効果は、書かれている内容や、教師や保護者のコメントが肯定的であれば、子どもたちが自らのキャリアを肯定的に捉え、より肯定的に自己の将来を展望することができるようになることです。

従来、このような記録は、保護者や本人が保存しようと思わない限り、将来活用する機会がありませんでした。これが活用されるというのは、画期的なことなのです。まさに、子ども自身のキャリア（轍）そのものです。過去の記録に目を通した子どもたちは、「字が下手」「こんなこと書いてたんだ」「なつかしい」などと感想をもちます。

指導要録が５年間しか保存されないのに比べ、何と長期的かつ建設的で効果的な取組であることでしょうか。内容をさらに工夫していくと、通知票の代わりにもなり得るものであると確信しています。

（4）一貫したい対話的な関わり

前の学年や学校で、どのような資質・能力が育成され、教師や保護者等がどう関わってきたかが明確になると、新しい担任も関わりやすくなります。前の先生と今の先生の関わりに一貫性が生まれ、同じ方向で資質・能力を伸ばすことができるようになります。

幼稚園の先生も、小学校の先生も、中学校の先生も同じ方向で認めてくれることは、子どもにとって、大きな自信になります。内容は、発達段階によって多少異なってくるでしょうが、子どものよさのコアな部分は、着実に伸ばすことができると思います。

子どもへの関わりにおいて重要なのが、対話的な関わりです。キャリア・パスポートは、すべての学校教育段階で、教師の対話的な関わりを一貫させ、資質・能力を確実に育むための重要なツールなのです。

【図17】

変容のまとめ～共通していること～ 研修部まとめ

（1） 子どもの話を良く聴き，大人としてのメッセージを伝えている。
・ 対話的な関わりがうまい。
（2） 語らせる・語り合う場面を意図的に設けている。
・ 語りやすい課題を設定し，意図的・計画的に訓練している。
（3） 子どもの変容に敏感で，忘れないように大量にメモしている。
・ 教員自身も振り返って，今と過去を比較している。
（4） まとめと振り返りを意図的に行いほめている。
・ 集団づくり・学級経営がうまい。
（5） 子どもの長所を伸ばすことで，短所を補っている。
・ 常に子どもと同じ土俵で，同じ目線で応援している。

図17は、棚倉中学校の実践から、子どもが変容した事例において、効果が見られた教師の関わり方の共通点をまとめたものです。

「子どもの話をよく聴く」「語り合う場面を設けている」「振り返りをしっかり行っている」「子どもの長所に目を向けている」など、成果を挙げた事例では、対話的に関わり、肯定的に接していることは明らかです。

もともと、中学校の先生方は、教科指導や部活の指導などでカウンセリングを生かした関わり方をすることが多いのです。その意味では、幼稚園や小学校の先生に比べると、対話的な関わりに相性がよいといえます。

自分で決める教育（自己マネジメント力の育成）

（1）自分で決めるということ

キャリア教育は、「一人一人の社会的・職業的自立に向け、必要な資質や能力を育てることを通してキャリア発達を促す教育」です（2011年、中教審答申）。キャリア発達とは、「社会の中で自分の役割を果たしながら、自分らしい生き方を実現していく過程」であるからです（同上）。

「自分らしい生き方」を実現するには、幼小から「自分で決める」経験を積み重ねることが必要です。本町のキャリア教育では、「自分で決める」ことを重視しています。どのような子どもでも、自分で決めたことは実行するように努めます。

押しつけや命令では、子どもたちは、主体的に行動することができません。何よりも楽しくないのです。よりよい生き方、自分らしい生き方は、自分で決めることによって可能になるのです。

棚倉中学校では、上の写真のように中学校2年生で立志式を行っています。小学校でのチャレキッズや「なりたい自分」に向けてがんばった経験を活かし、中学校３年間で、自己の夢や志を絶えず念頭に置いて学習・生活するための教育課程を編成して実践しています。さらに、年に２回、棚倉町キャリア教育アドバイザー岡野誠氏から、自己の夢や志を含めて、自分の「人生の経営者」として、生徒たちが「自分で決める」ことの大切さを学んでいます。

自分で決める力は、保育園から高等学校まで、遊び方や授業における課題や解決方法に始まり、自分の「夢」や「志」に至るまで、自分で決める経験を丹念に積み重ねることで身に付くものであると考えています。

（2）教育委員会の役割

自分で決める力は、教育活動全体で、校種間をつないで育成することが肝要です。その意味では、教育委員会の役割がとても重要だと考えます。地域における教育活動全体を俯瞰的に見ることができ、継続的に支援することが可能で、地域の願いを十分に反映することができるからです。

教育委員会としては、保育園から高等学校を通して、自分で決めることを大切にしてくださいとお願いしています。発達段階に応じて、自分で決めることができる機会や内容は様々ですが、些細なことから大きなことまで、できるだけ自分で決める機会を増やし、その成果を肯定的に評価してほしいと考えています。

例えば、授業や生活、活動のめあては、可能な限り、自分で、自分たちで決める。降り積もるように行われる日常生活の中、自分で決めて実践し達成感を得る。すべての子どもたちが、日常的にそのような経験を積み重ねていくことが重要です。

図18は、社川小学校の事例ですが、自分で決めたことを状況に応じて継続しようとする子どもたちの姿が報告されています。

【図18】

朝の活動の様子
進んでアプローチの落ち葉掃きに取り組む児童。登校したらすぐに外に出て活動する。掃くだけでなく、側溝そうじまで活動を広げた。
放課後の様子
児童クラブの５・６年生が、自分で気づき、落ち葉掃きに取り組んだ。それに気づいた児童クラブの先生も活動に参加。
雪の日の朝の様子
冬でも同じ。どんなに寒くても外に出て、雪かきをする。道具の片づけまでしっかりと行える社川小の児童。
（教師の気付き）
落ち葉を掃いている児童の意識は「自分の役割を果たしている」ということ
でもちゃんと登校時に他の児童が見ている！
（教師の気付き）
落ち葉を掃いている児童の意識は「児童クラブでも自分の役割を果たす」ということ
後輩だけでなく大人も動かしている！
（教師の気付き）
落ち葉から雪に変わっても児童の意識は「自分の役割を果たしている」ということ
他の児童だけでなく給食車の助けにもなっている！
「何を学ぶか」は自分の役割の自覚と責任や自分にできること
「何ができるようになるか」は自ら進んで課題を発見し、自分にできることを見つけ、行動し、課題を解決する力を獲得すること

自分で決めて学ぶ力として、私たちは「自己マネジメント力」を重視しています。

（３）主体性を促す自己マネジメント力（RVPDCA）

本町で身に付けさせようとしている自己マネジメント力（RVPDCA）は、図19のように、「R：自分を知る」「V：めあてを立てる」「P：計画する」「D：自ら学ぶ」「C：確かめる」「A：見直す」過程で構想され、課題を発見し、他者との関わりを通して、主体的に課題を解決していく学びのあり方です。

通常のPDCAサイクルに加えて、自分を知り、めあてを立てることを重視しています。学び続けるためには、自己を知ること、目標をもつことが大切であり、個別最適な学びや協働的な学びで解決し、確かめることで振り返り、自己の成長を実感し新たな課題をもつことが必要なのです。

特に、ビジョン（目的や目標をもつこと）、それを自分で決めることが将来に向けて学び続けるためには欠かせないものであると考えます。

内容や期間、程度の違いはあれ、児童生徒の学びにマネジメントサイクルが関わってくるのは明らかです。

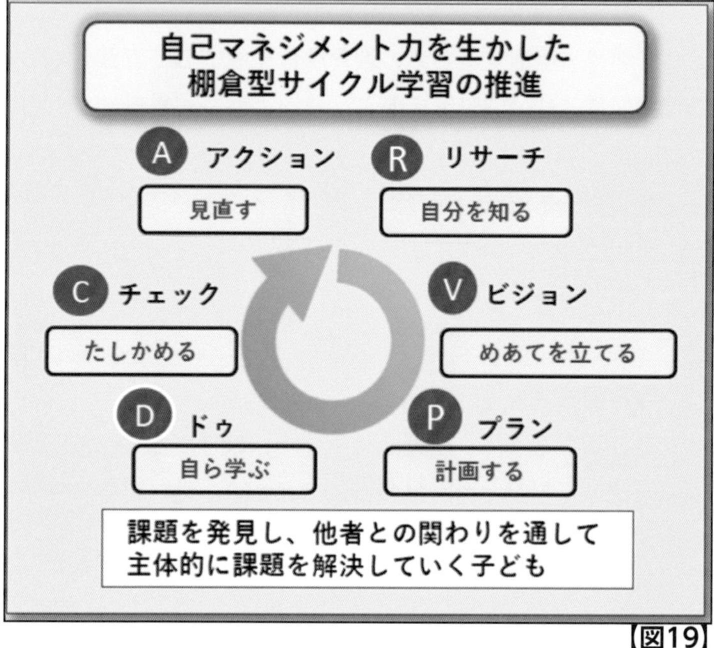

【図19】

（4）探究的な学習の過程

自分で決める力を育むために大切な教科は、総合的な学習の時間です。総合的な学習の時間では、「探究的な学習の過程において、課題の解決に必要な知識及び技能を身に付け、課題に関わる概念を形成する」とされています（学習指導要領第５章第１目標）。さらに、目標の（２）では、「実社会や実生活の中から問いを見いだし、自分で課題を立て、情報を集め、整理・分析して、まとめ・表現することができる」ようにすることが示されています。

【図20】

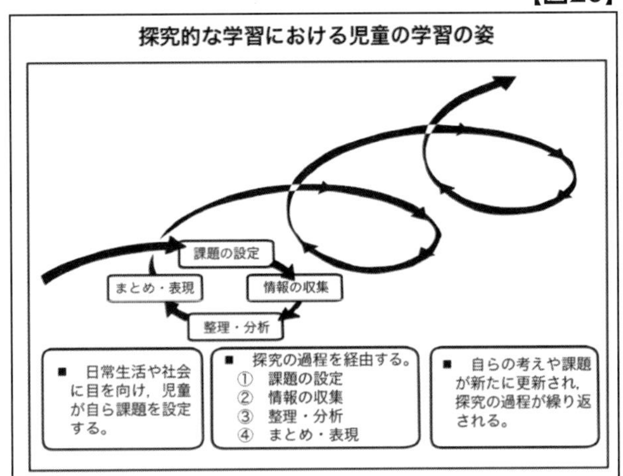

自分で課題を設定することから探究は始まります。つまり、自分で課題を決めることです。

さらに、『小学校学習指導要領解説総合的な学習の時間編』によれば、探究的な学習の過程とは、「総合的な学習の時間の本質と捉え、中心に据えることを意味する」とされています。総合的な学習の時間において「問題解決的な学習が発展的に繰り返されていく」ことを「探究的な学習」と呼んでいるのです（図20は解説書９頁より引用）。

自分で決める教育のためには、総合的な学習の時間を大切にすることが求められます。今の学びを将来につなげるためには、総合的な学習の時間に、単なる行事の準備として、自分で決める機会を失わせるようなことがあってはならないと考えます。

図19、図20を並べてみると、探究的な学習の過程と「自己マネジメント力」は、目標をもち、計画を立て、個や協働で解決し、振り返り、新たな目標をもつという基本的な枠組みは共通していることが分かります。

（5）学習計画表の作成と活用

【図21】

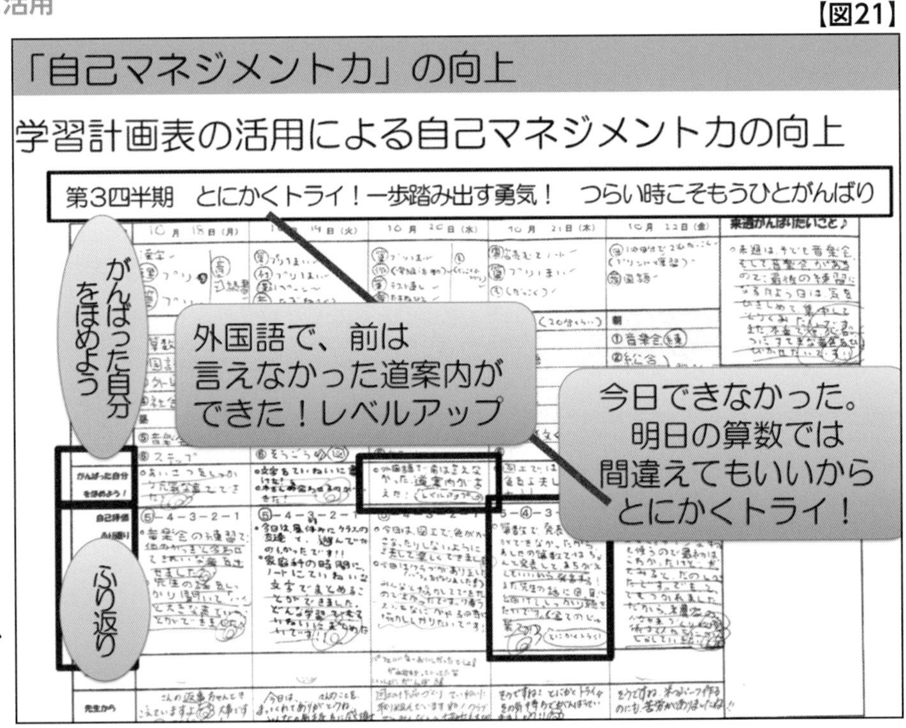

さらに、自己マネジメント力を育成するために、発達段階に応じて図21のような学習計画表の作成と活用を各学校にお願いしています。

家庭学習の習慣は、学力の定着と向上のために必要です。一般的には、低学年のうちから、読み・書き・計算の基礎学力を中心に、宿題という形で、教師から学習内容を指示し取り組ませて、学習習慣を形成していきます。当然のことながら、定着を図るために復習的な内容が多くなります。

しかしながら、将来必要なのは、意欲を高め、自主的に学習に取り組む「学び続ける」態度です。学習内容を指示されて、それに取り組むのではなく、自ら学習を計画して主体的に取り組む習慣なのです。学校教育においては、学習指導要領に定められた内容に準拠した指導計画に基づいて授業が行われています。発達段階に応じて内容も難しくなるので、授業内容を確実に理解するためには、予習や復習も必要になります。当然、既習事項の習得状況や個々の能力も異なるので、自己に合った学習方法も大切になります。

【図22】

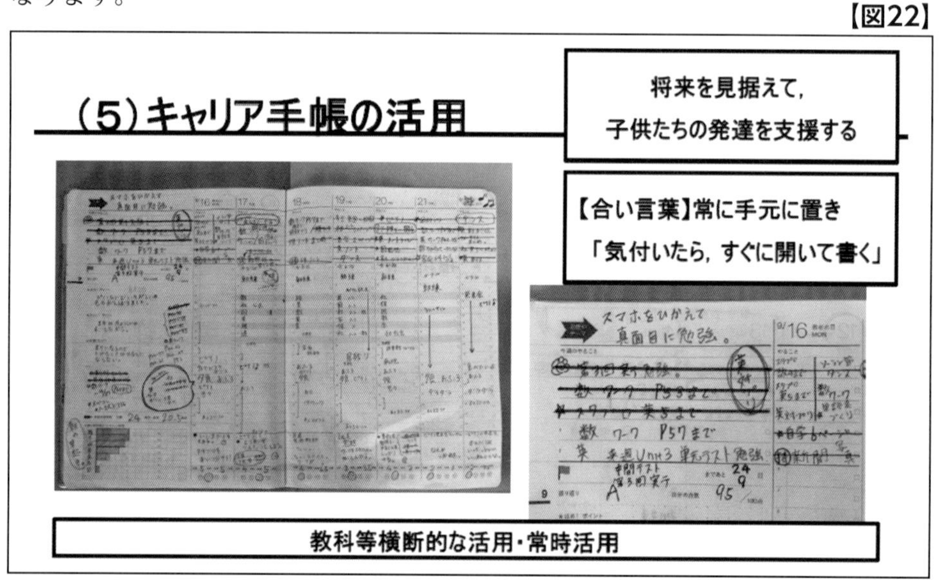

つまり、自分に合った学習計画を、自分で立て、学び続けることが必要となります。小学校低学年の教師が指示する宿題から、中学校では自分で学習計画を立て自ら学ぶことができるようにしていくことが求められています。

そのための一つの手立てが、前頁図21の棚倉小学校で実践している「スケジュールプランナー」であり、棚倉中学校で実践している図22の「キャリア手帳(フォーサイト手帳®※)」です。形式が似ていることに気づかれたと思いますが、棚倉小学校では、中学校での活用を視野に入れて作成しました。

※棚倉中で使用している「フォーサイト手帳®」は、FCEエデュケーションの製品で、「①自己肯定力②自己客観力③自己挑戦力」などを身に付け、振り返り力の向上による主体性の育成を目的として開発された生徒向けのビジネス手帳です。

（６）自分で決め学び続ける力の育成

教育課程について研究的または伝統的に取り組んでいる学校を除けば、自分で決め学び続ける力を小中の９年間で連携しながら、全校的、組織的に育てる教育課程が創られているとは言い難いのです。多くの場合、自主的に家庭学習に取り組む指導は、教科研究での事例を別にすれば、個々の教師に任せられているのが実情ではないでしょうか。

本町のキャリア教育は、そのような学び続ける力を保育園から高等学校までどのようにして育成するかということを構想し、実践していくことを目指しています。学び続ける力の本質は、夢や志も含めて自分で決める力です。そして、自分で決める力は、学習計画表の作成と活用によって育成することができるのです。

対話による肯定感と有用感の育成

(1)仕事と肯定感・有用感

持続可能な地域社会の創り手である子どもたちには、「仕事は、人の役に立ち、楽しいものである」と感じてほしいと願っています。「人の役に立たない仕事はない」「仕事が楽しいかどうかは主観の問題である」と反論されそうですが、教育的な価値としては、仕事は人の役に立ち、楽しいものであると感じてほしいのです。

そう感じてもらうためには、自分にはよいところがあって、人の役に立っているという肯定感や有用感を育むことが必要となります。特に、仕事に喜びや楽しさを感じるためには有用感は大切であり、それが自己肯定感を支えるようになっているのではないでしょうか。

(2)対話で育む肯定感・有用感

自分のよいところを認めてくれる人がいて、自分の変容や成長を確かな理由をもとに肯定的に評価してくれる人がいるからこそ、肯定感や有用感が育成されます。対話的な関わりの中で、自己のキャリアを肯定的に評価し、それを意識させてくれる人の存在が必要なのです。

以下は、棚倉小学校５年生の学級活動の授業記録の一部です。自主学習に取り組んだC14さんに対して、担任が称賛しているところです。C14さんのよさを対話によって本人や友だちに意識させています。

<table>
<tr>
<td>
T：授業での発表がみんなできるようになってきたって言ったでしょ。先生に言われてやるんじゃなくて、「やりたいという気持ちでやる人」が増えてきたなって感じなんです。これ誰ですか？
C：Ｃ１４ちゃん
T：Ｃ１４さん、何をやっているかというと。
C：国語の方言と理科
T：今ちょうどやっているところ。先生、これ宿題で出したっけ？
C：出してない
T：<u>何で、Ｃ１４ちゃんやったのかな？</u>
Ｃ１４：<u>話聞いて、やってみたいと思いました。</u>
T：<u>Ｃ１４さん、前も・・</u>
C：<u>やってた。</u>
T：<u>やってみたいなと思った。言ってないんだよ、言ってないけど、自分からやる（板書）</u>
</td>
<td>
【考察１７】
○「Ｃ１４は前にも進んで調べた経験がある（担任談）」自主性、主体性を伸ばすためには、具体的な事例をもとに、当人の言葉で（真実味を持たせて）、このように指導することが最も効果がある。

</td>
</tr>
</table>

（３）子どもたちが対話的に関わり育む肯定感・有用感

同じ授業では、以下のような対話の場面も見られました。鼓笛隊の楽器担当を決めるオーデションでの振り返りです。「オーデションに落ちても、やって損はなかった」という子どもの意見を教師と子どもたちの対話で深めていく場面でした。

結果でなく努力の過程が大切であるという肯定感を対話で育んでいます。

この場合の対話的な関わりとは、日常生活や授業、体験活動等における会話から、キャリア・パスポートや学習計画表、ノート、日記帳、などの教師のコメントまでを含みます。また、対象としては、教師から、友だちや保護者、体験活動でふれ合った地域の方々まで幅広く考えています。

> Ｔ：オーデションがありました。中には、合格しなかった人もいましたが、でも、オーデションに向けてがんばった気持ちは、一緒だったんじゃないかな。
> Ｃ４：やって損はなかった。
> Ｔ：オーデション、合格、不合格に関係なく、受けてよかったと思う人？
> Ｃ：はーい（多数）
> Ｔ：Ｃ８さん、どうして？
> Ｃ８：いい経験になったから。
> Ｔ：いい経験になった。Ｃ１８さんなんかはどう？
> Ｃ１８：１次は落ちたけど、２次オーデションで受かったから。
> Ｔ：実はね。１回落ちた人、２回落ちた人って、結構いましたよね。みんながみんな、成功したわけではなかったんだけれども。
> **（板書）「よい経験になった」**

（４）肯定感・有用感を育む集団づくり

> 「小学校１年生の時、算数の時間に発表したら間違えてみんなに笑われました。それ以来、発表できなくなりました。でも、４年生になって、間違ってもみんなが励ましてくれるから、少しずつ発表できるようになりました。」
> 「４年生の頃は前に出て発表することはなかった。５年生になってから発表するようになった。前に出るのはいやだったけれど、みんなが聞いてくれるように環境が変わったから。」

このような例がたくさんあります。

間違っても笑われない。失敗しても励ましたり助けたりしてもらえる。人と違っても差別されない。このような人間関係の中で、子どもは安心して学び生活することができます。「心理的安全性」が保証される環境の中で、肯定感や有用感を味わい、資質・能力を伸ばすことができるのです。

否定されない人間関係を大切に、子どもと教師だけでなく、子ども同士も築いていけるようにする必要があります。

課題解決型の体験活動の設定

(1)学校の活動は課題解決型である

学校の活動には、「めあて」がつきものです。各教科等の授業から、日、週、月、学期、学年の生活目標、各行事、清掃活動に至るまで「めあて」をきめて「反省」をする繰り返しです。あまりにも身近にありすぎて、形式化していないでしょうか。本来なら、「めあて」は達成すべき目標であり、それに向かって活動し、達成されたかどうかをしっかり反省し、次につなげる役目があるはずです。

日本の学教教育は、この「めあて」(課題や目標と言い換えてもよいと思いますが)を大変重視してきました。児童・生徒の主体的な学びを大切にしたいと言う先達の思いが、「めあて」に込められていたと思います。いつの間にか「めあて」の設定は、子どもたちの思いとかけ離れたものとなり、その振り返りは、軽視されてきたようです。

指導力のある教師は、「めあて」の設定と振り返りをとても重視しています。やりっ放しにはしません。幼稚園でも、力のある教師は幼児なりに「めあて」を意識させ、しっかりと振り返らせる指導を行っています。

(2)課題設定のために

本町でキャリア教育に取り組む中で、確認されてきたのがこの「めあて」の重要性でした。「めあて」の設定と振り返りが形式化してくると、活動から得る成果も減少してきます。せっかく活動したのに、そこで得た宝物を放棄してしまうようなものです。

今の学びを将来につなぐために、資質・能力を育むために、肯定感や有用感を高めるために、自己マネジメント力を育むために、「めあて」の設定と振り返りをしっかりと行う必要があると考えます。

課題設定のためには、自己マネジメント力育成の観点から、従来のPだけでなく、RVPを重視します。計画立案をR(リサーチ：自分を知る)、V(ビジョン：目標をもつ)、P(プラン：計画を立てる)のように分けて考えることで、今までのキャリアをもとに、自分なりの目標をもつことが重視されるのです。

具体例を挙げれば、第3四半期の目標を立てるときには、右の写真のように第2四半期のキャリア・パスポートをもとに目標を設定します。子どもたちは、自分を知り、自分のキャリアを肯定的に捉えることで、目標を設定することができます。

計画を立てる際には、目標をもとに、計画を詳しく記述し、活動の準備をします。

(3)振り返りのために

振り返りをしっかりと行うためには、まずその時間をしっかりと確保しなければなりません。教育課程編成の段階で、振り返りの時間を確保することが必要となります。振り返りの中で行うことは、体験内容の表現です。体験の感想や学んだことなどをまとめ、他の人に伝え、友だちの学んだことを聞き間接的に体験して、自分の経験に生かしていきます。体験の発信と共有が、資質・能力を伸ばし、肯定感と有用感を高めます。

振り返りのためには、事前の指導が大切です。体験を表現することを前提に、体験活動に取り組むことで、メモを取ったり質問をしたりする意義が明確になります。

体験中には、メモを取るだけでなく、表現活動も見据えて端末の活用を図ります。

体験を共有するに際しては、肯定的に関わることが大切です。自分の体験できないことを間接的に体験するので、しっかりと話を聴き、必要なことは質問するなどによって、既知から未知が生まれます。未知は、次の目標につながっていきます。

(4)課題解決型の教育活動

ここまで述べてきて、お気づきのことと思いますが、「課題解決型」の活動というのは、「見通しをもって振り返る」ことと同じです。学習指導要領には、小・中学校とも、第1章総則の「第3　教育課程の実施と学習評価」の「1主体的・対話的で深い学びの実現に向けた授業改善」の中に、「(4)学習の見通しを立てたり学習したことを振り返ったりする活動を、計画的に取り入れるように工夫すること」が示されています。

課題解決学習、問題解決学習、PBL、探究の学習の過程、自己マネジメント力等、理論の組み立てや視点の当て方は違いますが、学びにおいて、自分で決めた課題(見通し)をもとに解決をしてそれを振り返るという過程は同じです。

各教科における日常の授業から、各種の体験活動、行事への取組、学期や学年の目標達成への取組、夢や志をもつといった将来への展望に至るまで、主体的に取り組み、成長を実感するためには、適切な課題設定と解決、振り返りによる新たな課題設定が必要なのです。

本町がキャリア教育に取り組んで得ることができた大きな成果の一つに、「見通しをもって、振り返る」ことの重要性を確認できたことがあります。

職業体験活動における実践事例につきましては、第4章、第5章、第8章を参照してください。

以下の写真は、令和4年度のチャレキッズでの体験の様子です。

自動車整備工場で、エンジンの説明を受ける

町内の人気店のマネージャーから販売の仕事の説明を受ける

肯定的な関わりによる自己構成

(1)キャリア・カウンセリング

キャリア教育を推進する中で、その効果が実感できたのはカウンセリングの大切さと活用の仕方です。学習指導要領にも、ガイダンスとカウンセリングで児童・生徒の発達を支援することが規定されています。

キャリア教育とカウンセリングを結びつける前には、カウンセリングは心の病や悩み、苦しみを解決するためのものだと考えていました。しかし、キャリア・カウンセリングが自分を知り、自分に合った職業や生き方について助言を受けるなど、キャリア形成を支援するものであることを知り、教育活動に有効な手立てであることが分かりました。

カウンセリングの本質は対話であり、「傾聴」や「同意」で肯定的に関わることです。

そこで、相談活動だけでなく、授業や対話的な関わりにおいて、積極的に活用していくことになったのです。

(2)自己を構成することについて

キャリア・カウンセリングが、本町のキャリア教育に与えた影響は、「社会構成主義」の考え方です。誤解を恐れず粗く説明すれば、人間は意味を作り出す存在であり、それをもとに自らを構成できる存在であるということです。自己の経験(キャリア)を再構成してよりよくしていくことで、他との相互作用の中で自らのキャリアを創り上げていくことができる存在であるということです。

ゆえに、キャリア・カウンセリングにおいては、個人を仕事に合わせるのではなく、仕事を個人に合わせるように助言していくことになります。自らを構成していくためには、自らが語る、自らの学びの履歴が必要であり、自らを肯定してくれる他者の存在が必要なのです。

教師の肯定的で対話的な関わりが、子どもたちのキャリア形成に重要な役割を果たすことがご理解いただけたのではないかと思います。

キャリア・カウンセリングについては、渡部昌平『はじめてのナラティブ/社会構成主義キャリア・カウンセリング—未来志向の新しいカウンセリング論』(2016、川島書店)を参考にさせていただきました。

(3)キャリア・カウンセリングを生かすということ

キャリア・カウンセリングを生かした対話的な関わりにおいては、緊急の場合を除き、指導とは悪いところを否定するのではなく、肯定的に関わることで、よいところをさらに伸ばして他に波及させることをいうのだという立場を取ります。特に、キャリア形成に関わる学級活動(3)の振り返りの授業においては、肯定的なガイダンスとカウンセリングの活動を中心として構成します。

子どもたちの「ほめポイント」をもとに、組織的、計画的、肯定的、対話的に関わり、子どもたちが自覚するに至っていないよさに気付かせ、自分たちの変容や成長を肯定的に認識させるような振り返りの授業を構成し、展開していきます。

その際には、教師や仲間との肯定的な会話やコメントが重視され、安心して学ぶことができる学級づくりが行われるのです(第8章で詳述します)。

以下に授業における対話的関わりの事例を紹介します。

棚倉小学校での学級活動の授業のワンシーンです。６年学級活動で「第１四半期のめあてを決めよう」という課題に取り組みました。
授業の前半は、キャリア・ガイダンスで、自分たちがどんな力が身に付いているのかを振り返りめあて作成へつなげる展開でした。
授業の後半は、自分のめあてを決める活動で、キャリア・カウンセリングを生かして個別指導に取り組みました。
C13さんは、なかなか「めあて」が決められないでいました。以下はその時の支援です。

（Ｃ１３に）
Ｔ：春休みの宿題、やるべきことをちゃんとやるとか学習、６年生としてがんばりたいこと、学習、生活、行事、春休みがんばってきた成果、１個でもいいから書いてみなよ。付け足してもいいし。
Ｃ１３：・・・・・・・・・・

（しばらく後）
Ｔ：Ｃ１３さん。考えて。
今までの自分はこうだったから、６年生ではこうしたい。何か浮かんだ？
Ｃ１３：時間、集中すると時間を忘れる。
Ｔ：時間を意識したいってこと、よし分かった。自分の言葉で出せるようになったね。

【考察】
○後半、個別にずっと関わってきたＣ１３についての働きかけ、いろいろと助言している。分野別に「がんばりたいことを書いてみよう」では、本人の思いを表現させることができなかった。

○しかし、「今までの自分はこうだったから、６年生ではこうしたい」という働きかけで、「時間、集中する時間を忘れる」という言葉を表現し、すかさず「時間を意識したいってこと」と補足している。これは、カウンセリングの成果であると思われる。

教育委員会では、教師の肯定的な関わりの授業事例をまとめ、幼稚園から中学校に配付しています。また、肯定的に関わることで、子どもの資質・能力を伸ばした事例を集め、共有・発信することで教育活動の質の向上を図っています。(４)では肯定的に関わる授業づくりと肯定的に関わる技法についての資料を紹介します。

(４)肯定的に関わる授業づくりと技法について

教師が肯定的に関わった授業の記録を分析して、肯定的に関わりキャリア形成を図る授業づくりの留意点を下記のようにまとめ、指導しています。

○ 子どもの話をよく聴く。
○ 肯定的な対応を基本とする。
○ 些細な変化を見逃さない。
○ 子どもの言葉を大切にする(復唱など)。
○ 子どもと日常的に対話するツールをもつ。
○ 多様なほめ方(肯定の仕方)を工夫する。

子どもの話をよく聴き、子どもの言葉を大切にすることが、肯定的に関わる第一歩です。そして、「○○しない」ではなく、「□□したことがよい」「△△した方がよい」という対応を基本として、ノートや日記帳、連絡帳、学習計画表などに何らかの形でコメントしたり、意図的に会話する機会を設けたりするなど、子どもと日常的に対話する機会を確保することが大切です。さらには、子どもの些細な変化を見逃すことなく、多様な肯定の仕方を工夫していくことが求められます。

多様な肯定の仕方を工夫していくために、教育委員会では、授業における教師の関わり方を分析し、「対話において肯定的に関わるための技法」について、下記のように定式化し、教師の授業力を高めるよう指導・助言しています。

① 基本的に否定をしない。
② 部分的に肯定する。
③ 人格と言動を分けて肯定する。
④ 他に同意を求め肯定する。
⑤ 語調に気を付けて肯定する。
⑥ 繰り返し継続して肯定する。
⑦ 見方を変えて肯定する。
⑧ 個人内で比較して肯定する。
⑨ 組織的に肯定する(ほめる)。
⑩ 計画的に肯定する(ほめる)。
⑪ 些細なことでも肯定する(ほめる)。
⑫ 子どもの言葉を肯定し、活用する。
⑬ 因果関係に着目して肯定する。
⑭ ストーリー化して、つながりで捉えて肯定する。
⑮ 児童・生徒の体験を価値付けし肯定する。
⑯ その時の感情に焦点を当て肯定する。

一つ一つ解説している紙幅がありませんが、全体的に活用できる方法として「子どもの言葉を復唱する」という手法が重要であると考えます。

復唱の効果として、子どもには「発言した内容が理解・確認できる」「基本的に受け止め肯定されたという安心感が得られる」「その安心感をもとに話す力がつく」などのよさがあります。教師としては「部分的に復唱すれば部分肯定になる」「子どもの言葉を全体で共有できる」「意味づけしたり補足したりできる」など、肯定の技法を活用する足場になるよさがあります。何よりも復唱というのは、カウンセリングマインドに基づく、「傾聴」と「同意」の証なのです。

もう一つお勧めなのが、「1時間の授業を後で再現する」という方法です。例えば2時間目の授業での子どもとの対話を、放課後でも帰宅してからでも頭の中で再現してみるのです。やってみると分かるのですが、とても難しいけれども、授業力を高めるには最良の方法であると考えます。

第1章　解説

文部科学省初等中等教育局教科調査官　長田徹

福島県棚倉町は平成25年から『キャリア教育の町たなぐら』をキャッチフレーズに全町をあげてキャリア教育に取り組んできました。本文中に示されたように、棚倉町では、まず、なぜキャリアなのか、その必要性や児童生徒の実態を正確につかむことから取組をスタートさせました。

国際数学・理科教育動向調査（TIMSS2019）の結果は周知のとおり我が国の生徒の学習状況を示しました。参加39カ国中、数学は４位、理科は３位となりました。一方、同じ調査で日本の生徒の回答が、国際平均を大きく下回った項目があります。「数学を勉強すると、日常生活に役立つ」「数学を使うことが含まれる職業につきたい」「理科を勉強すると、日常生活に役立つ」「理科を使うことが含まれる職業につきたい」などの項目です。前回調査から「数学を勉強すると、日常生活に役立つ」「理科を勉強すると、日常生活に役立つ」については改善傾向を示しましたが、それでもなお国際平均を下回っています。

この傾向は、新たなものではありません。PISAやTIMSSの調査が始まって以降指摘されてきたことなのです。学びが生活や社会につながらず、学びへの興味関心が希薄で、受験や入社試験後にそれまで蓄積してきた知が剥落する危険性があることなど、内的動機付けによる学習意欲の向上が、わが国教育の大きな課題となってきました。

小学校学習指導要領（平成29年告示）の前文「児童が学ぶことの意義を実感できる環境を整え」や総則の「児童が、学ぶことと自己の将来とのつながりを見通しながら、社会的・職業的自立に向けて必要な基盤となる資質・能力を身に付けていくことができるよう、特別活動を要としつつ各教科等の特質に応じて、キャリア教育の充実を図ること」の背景はここにあります。

なぜ学ぶのか、この学びが何につながっていくのかをキャリア教育などを通じて、教師が意識して指導に当たるとともに、児童に認識させることの重要性が確認されているのです。

小学校学習指導要領（平成29年告示）前文　（太字は筆者）

教育は、教育基本法第１条に定めるとおり、人格の完成を目指し、平和で民主的な国家及び社会の形成者として必要な資質を備えた心身ともに健康な国民の育成を期すという目的のもと、同法第２条に掲げる次の目標を達成するよう行われなければならない。

１ 幅広い知識と教養を身に付け、真理を求める態度を養い、豊かな情操と道徳心を培うとともに、健やかな身体を養うこと。
２ 個人の価値を尊重して、その能力を伸ばし、創造性を培い、自主及び自律の精神を養うとともに、職業及び生活との関連を重視し、勤労を重んずる態度を養うこと。
３ 正義と責任、男女の平等、自他の敬愛と協力を重んずるとともに、公共の精神に基づき、主体的に社会の形成に参画し、その発展に寄与する態度を養うこと。
４ 生命を尊び、自然を大切にし、環境の保全に寄与する態度を養うこと。
５ 伝統と文化を尊重し、それらをはぐくんできた我が国と郷土を愛するとともに、他国を尊重し、国際社会の平和と発展に寄与する態度を養うこと。

これからの学校には、こうした教育の目的及び目標の達成を目指しつつ、一人一人の児童が、自分のよさや可能性を認識するとともに、あらゆる他者を価値のある存在として尊重し、多様な人々と協働しながら様々な社会的変化を乗り越え、豊かな人生を切り拓き、持続可能な社会の創り手となることができるようにすることが求められる。このために必要な教育の在り方を具体化するのが、各学校において教育の内容等を組織的かつ計画的に組み立てた教育課程である。

教育課程を通して、これからの時代に求められる教育を実現していくためには、よりよい学校教育を通してよりよい社会を創るという理念を学校と社会とが共有し、それぞれの学校において、必要な教育内容をどのように学び、どのような資質・能力を身に付けられるようにするのかを教育課程において明確にしながら、社会との連携及び協働によりその実現を図っていくという、社会に開かれた教育課程の実現が重要となる。

学習指導要領とは、こうした理念の実現に向けて必要となる教育課程の基準を大綱的に定めるものである。学習指導要領が果たす役割の一つは、公の性質を有する学校における教育水準を全国的に確保することである。また、各学校がその特色を生かして創意工夫を重ね、長年にわたり積み重ねられてきた教育実践や学術研究の蓄積を生かしながら、児童や地域の現状や課題を捉え、家庭や地域社会と協力して、学習指導要領を踏まえた教育活動の更なる充実を図っていくことも重要である。

児童が学ぶことの意義を実感できる環境を整え、一人一人の資質・能力を伸ばせるようにしていくことは、教職員をはじめとする学校関係者はもとより、家庭や地域の人々も含め、様々な立場から児童や学校に関わる全ての大人に期待される役割である。幼児期の教育及び小学校教育の基礎の上に、高等学校以降の教育や生涯にわたる学習とのつながりを見通しながら、児童の学習の在り方を展望していくために広く活用されるものとなることを期待して、ここに小学校学習指導要領を定める。

小学校学習指導要領(平成29年告示)
第１章総則　第４児童の発達の支援　１児童の発達を支える指導の充実

(3)児童が、学ぶことと自己の将来とのつながりを見通しながら、社会的・職業的自立に向けて必要な基盤となる資質・能力を身に付けていくことができるよう、特別活動を要としつつ各教科等の特質に応じて、キャリア教育の充実を図ること。

第１章総則　第４児童の発達の支援　１児童の発達を支える指導の充実　に明記されたということは、教育課程全体に係るという意味です。

小学校のみならず、キャリア教育については、その理念が浸透してきている一方で、例えば、職場体験活動のみをもってキャリア教育を行ったものとしているのではないか、社会への接続を考慮せず、次の学校段階への進学のみを見据えた指導を行っているのではないか、職業を通じて未来の社会を創り上げていくという視点に乏しく、特定の既存組織のこれまでの在り方を前提に指導が行われているのではないか、といった課題も指摘されています。また、将来の夢を描くことばかりに力点が置かれ、「働くこと」の現実や必要な資質・能力の育成につなげていく指導が軽視されていたりするのではないか、といった指摘もあり、教育課程全体を通じて必要な資質・能力の育成を図っていく取組が求められているのです。

ここで確認すべきは、平成23年に手交された中央教育審議会「今後の学校教育におけるキャリア教育・

職業教育の在り方について（答申）」において整理されたキャリア教育の方向性です。

キャリア教育はそれぞれの学校段階で行っている教科等の教育活動全体を通じて取り組むものであり、単に特定の活動のみを実施すればよいということや、新たな活動を単に追加すればよいということではないのです。また、各教科等における取組は、単独の活動だけでは効果的な教育活動にはならず、取組の一つ一つについて、その内容を振り返り、相互の関係を把握したり、それを切に結びつけたりしながら、より深い理解へと導くような取組も併せて必要です。その上で、各教科等における取組だけでは不足する内容を把握し、新たに付け加えていく取組を模索していくということです。

こういった、キャリア教育の理解や棚倉町の児童生徒の実態把握は、「教科でのキャリア教育は難しい」という多くの地域や学校で見られるハードルを見事に越える要因となりました。「学びが将来や社会づくりにつながることを児童に実感させる」という至極まっとうな意識や活動がキャリア教育であること、これまでの町内の教職員が行ってきた指導の意味付け、意義付けにもなったことで当時の教職員の動機付けとなり、複数年にわたる継続及び改善の推進力にもつながりました。

教科等のねらいを大事にし、棚倉町として児童生徒に身に付けさせたい資質・能力に迫るための手立てを教科等の特質や児童の発達段階に応じて工夫していく取組は、まさに、主体的・対話的で深い学びの実現に向けた授業改善と言えるでしょう。

小学校学習指導要領（平成29年告示）解説総則編　第３章教育課程の編成及び実施　第４児童の発達の支援　１児童の発達を支える指導の充実には以下のように記されています。

（前略）自己のキャリア形成の方向性と関連付けながら見通しをもったり、振り返ったりする機会を設けるなど主体的・対話的で深い学びの実現に向けた授業改善を進めることがキャリア教育の視点からも求められる。（後略）

第2章

「ほめポイント」の提案

【棚倉小学校１】

　育てたい資質・能力を焦点化・重点化・具体化して、子どもに意識させ、保護者の皆さんと共有したものが「ほめポイント」です。「基礎的・汎用的能力」は「資質・能力の三つの柱」「生きる力」と重なるものであり、学習指導要領が目指すところと軸は同じです。
　第２章では、四半期制と「ほめポイント」を中心に本校の実践の概要を説明します。

「ほめポイント」と「見える化」「共有化」「意識化」「強化」

(1)「ほめポイント」で育む資質・能力

キャリア教育は、どんな力を付ければよいのか、何をすればよいのか。本校でもそこから悩みました。しかし、特別なことをするのではなく、学習指導要領に基づく教育課程の中で「話を聞く力がついたねえ。将来きっと役に立つよ」のように、今の学びを将来につなげるように指導すればよいと納得したときに、先生方は変わっていきました。

キャリア教育は、資質・能力を育てる教育であり、その力は「社会的・職業的自立に向けて必要な基盤となる資質・能力」です。さらに、その資質・能力は「生きる力」であり「資質・能力の三つの柱」であります。特別なことを行う必要はなく、今の学びを将来につなげるよう、育てたい資質・能力を育むことが大切なのです。

本校は、棚倉町の中心校として、本年(令和４年)で創立150周年を迎える伝統校です。50年以上も前から、国語科や算数科を中心として、教科教育を研究してきた研究校でもあります。筑波大学の藤田晃之先生から

育てたい資質・能力を、児童や学校の実態から先生方が設定して、児童に意識させ「ほめポイント」として指導し、その結果を保護者や地域と共有すればよいのです。

とアドバイスを受けました。

この言葉が先生方の「キャリア教育って何」「どんな力を付ければいいの」という問いの答えとなりました。これに取り組んだことで、学校、教師、児童が変わっていきました。

本章では、その過程を報告していきます。

(2)どんな力を付けたいのか

先生方は、学年ごとに子どもたちにどんな力を付けたいのかを話し合いました。「特別な力ではない」「子どもたちに育てたい力でよい」「自分たちで決めてよい」ということに納得した先生方は、動き始めます。

図１は、令和元年度に棚倉小学校で初めて設定した第１四半期(四半期制については後述)の「資質・能力」とその評価結果です。

【図１】

	第1四半期		種別	肯定した割合	町意識調査結果
	資質・能力	具体的項目			
1年	人間関係形成・社会形成能力	人の話を最後まで聞く	自己評価	96%	90%
			教師評価	78%	
2年	人間関係形成・社会形成能力	人の話を最後まで聞く	自己評価	93%	90%
			教師評価	87%	
3年	自己理解・自己管理能力	規則正しい生活習慣を身に付ける	自己評価	87%	89%
			教師評価	87%	
4年	自己理解・自己管理能力	自分に自信、自己肯定感を持つ	自己評価	100%	89%
			教師評価	97%	
5年	自己理解・自己管理能力	自分に自信、自己肯定感を持つ	自己評価	91%	86%
			教師評価	100%	
6年	キャリアプランニング能力	夢や目標に向かって努力する	自己評価	89%	90%
			教師評価	80%	

４件法(「できた」「少しできた」「少しできない」「できない」)で、肯定的に自己評価した割合と、同じ方法での教師評価をまとめたものです。私たちの実践はここからスタートしました。

翌年の令和２年度も、子どもたちに付けたい力を学年で話し合って、育てたい資質・能力を設定し、児童と教師が４件法で評価するという、前年度と同じ方法で実践しました。

そんな中「子どもたちのよさに目を向けているのだから、４件法には違和感がある。できたことを振

り返ることができるゼロベースの評価がよいのではないか」ということがちょっとした話題となりました。それならばということで、6年生への進級を控えていた当時の5年生が、第4四半期に先行してゼロベース評価をやってみることになりました。

下は、ゼロベース評価を試行した5年担任のコメントです。

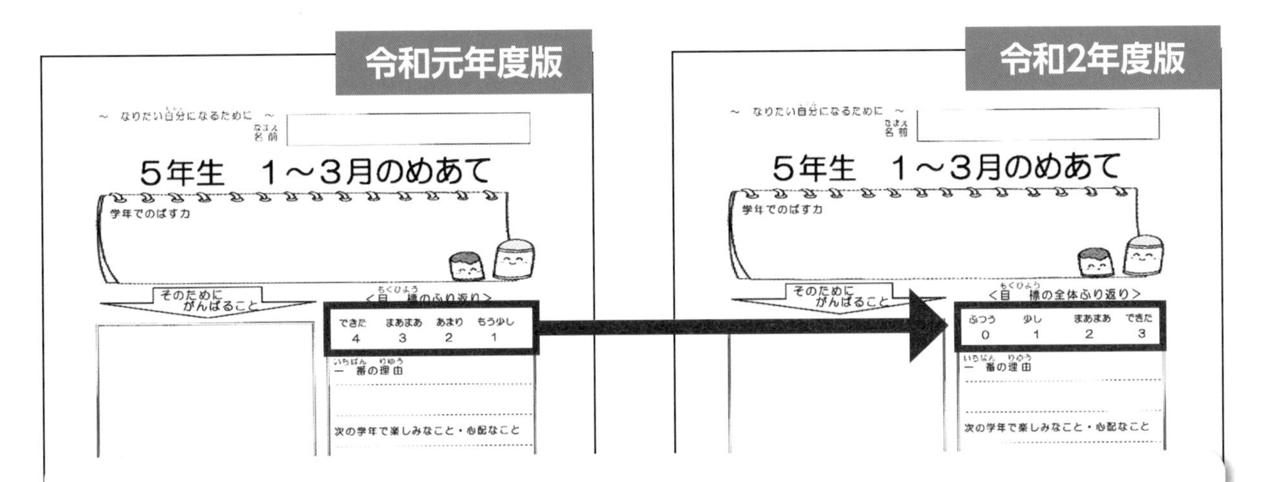

改善前にはM.S児やS.R児などは、いろいろな行事や学習の場面でなりたい自分を意識した行動や努力を重ねる姿が見られたのにも関わらず、自己評価が否定的で「1や2」でした。しかし、日常場面でのほめポイント「自分の意見を伝えようと発表をがんばっているね」や「友だちがどんな気持ちかを想像しながら接することができているね」などと担任からの肯定的な関わりを行うことに加えて、改善後のゼロベース評価において自己の「できた」度合を見つめ直すことで「3」や限りなく「3」に近い「2」という肯定的な評価をすることができました。M.S児は「3か月をふりかえるとあまりできていないと思ったけれど、よく考えてみると友だちのことを考える習慣が身に付いたと思う」、S.R児は「今までは自分が決めたことができていないと思ったが、そんなことはなく下級生との関わりや登校班の中でもたくさんできていた」など、改善前の振り返りよりも肯定的に自己を見つめ直すことができました。

子どもたちは自分の四半期の成長を振り返る際に、自信がなく否定的な評価をする姿がありました。本校が実践しているキャリア教育において、各学年が焦点化した資質・能力に加えて、様々な場面で四つの能力が発揮された場面は必ずあります。自分が意思決定したなりたい自分について、全員が全力で取り組んだこと、つまり「できた」を前提にして振り返りや次の目標設定を行うことは非常に有効だと感じています。

（令和2年度　5年担任）

(3)四半期制の誕生

四半期ごとに資質・能力の評価サイクルを設定したのは、棚倉町の小学校が2学期制であったことに起因します。2学期制は、前期・後期を半分にすると「四半期」になります。「四半」とは4分の1のことであり「四半期」は3か月を意味します。一つの資質・能力を重点的に設定し、意識させ、指導する単位としては適当な長さであると考えます。

また、キャリア教育は、学校教育全体を通して行うことを考慮すれば、教科等横断的に関連させるためには、1年や半

年では長すぎるのです。意識させ、指導するには、期間としても横のつながりを見るにしても、３か月がちょうどよいのです。

あれから３年間、令和３年度の第３四半期で設定した資質・能力は、図２のとおりです。現在は、子どもたちに意識しやすいような「学年テーマ」を設定し意識化させるように、取組も改善され発展しています。

【図２】

四半期ごとに育てたい資質・能力の設定

学　年	つくし・つばさ	1年	2年	3年	4年	5年	6年
重点化した資質・能力	課題対応能力	課題対応能力	課題対応能力	課題対応能力	課題対応能力	課題対応能力	人間関係形成・社会形成能力
	失敗を恐れず取り組む	失敗を恐れず取り組む	失敗を恐れず取り組む	難しいことでも失敗を恐れずチャレンジし、最後まであきらめないでがんばる力	これまでの経験を生かして進んで取り組む	難しいことでも失敗を恐れずチャレンジし、最後まであきらめないでがんばる力	自分の置かれている状況を受け止め、役割を果たしつつ、他者と協力・協働する
学年テーマ	進んでやってみよう！	さいごまであきらめないでがんばろう！	さいごまであきらめないでがんばろう！	やってみよう！あきらめないで	がんばりつづける！レベルアップ	とにかくトライ!一歩ふみ出す勇気つらい時こそもうひとふんばり	「協」創ろう!自分たちのスクラム！！その先には・・

第３四半期
育てたい資質・能力の一覧表

「ほめポイント」として
見取ったらみんなで認めほめる

3

（4）ほめポイント

もう一つ重要なのが「ほめポイント」という考え方です。

資質・能力を重点化、具体化することで、子どもに意識させやすくなり、教科等横断的に指導しやすくなります。

例えば、Aさんの「ほめポイント」が「話を聞く」であるとすれば、国語科や算数科の授業でも「こちらを見て話を聞いていてすてき」「うなずきながら聞いてくれてありがとう」など、日常的にほめることができます。つまり、ほめポイントによって、資質・能力の指導が、日常的になり教科等横断的になるのです。

資質・能力を子どものレベルで具体化したものが「ほめポイント」で、学校・学年が共通理解し、認め、ほめ、育成すべき児童の姿である。学年で設定した資質・能力に基づく個のよさ、個人が伸ばしたい力「なりたい自分」がそれに当たる。

本校では、資質・能力を育てるために、資質・能力を焦点化・重点化・具体化した「ほめポイント」を**「見える化」「共有化」「意識化」「強化」**という四つの化で実践しています。見えるようにして、共有し、意識して指導し、価値づけ強化するのです。それらについて、実践をもとに報告します。

ほめポイントの「見える化」

(１)四半期ごとに「見える化」

まずは「見える化」についてご紹介いたします。四半期ごとに、各学年で重点化した資質・能力「ほめポイント」を、みんなが分かるように「見える化」をしています。第１四半期は４月、第２四半期は７月、第３四半期は10月、第４四半期は１月という具合に、四半期の始まりに合わせて「見える化」します。四半期は、３か月というスパンですので、始まりのタイミングも大切です。

「私たちの学年では、こんな力を付けるためにがんばっています。」

「○年生は、こんな力を付けているのね。」

ということを職員、児童、保護者、来校されるお客さんなどによく見えるように掲示します。

校長室の掲示

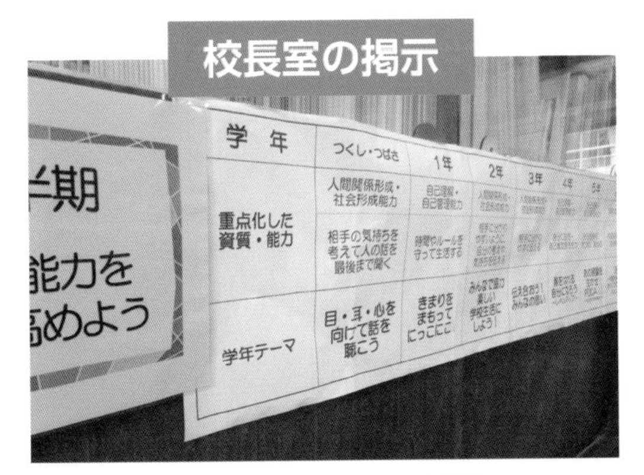

職員室の掲示

職員室前の廊下の掲示

校長室、職員室前廊下、職員室は、職員はもちろん、来校されるお客さんに見ていただけるように掲示しています。こちらの掲示物の作成は、７学年が行っています。

教室の掲示

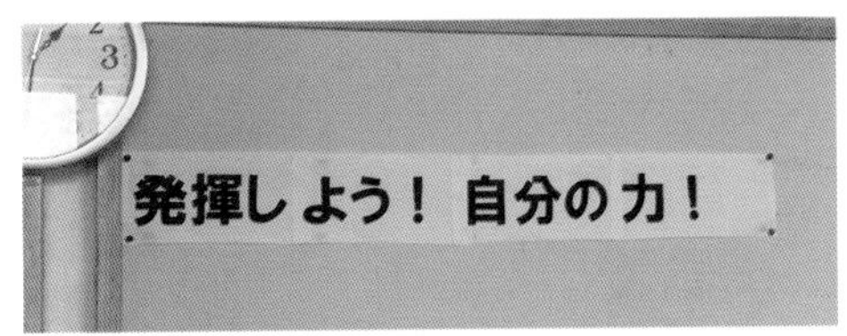

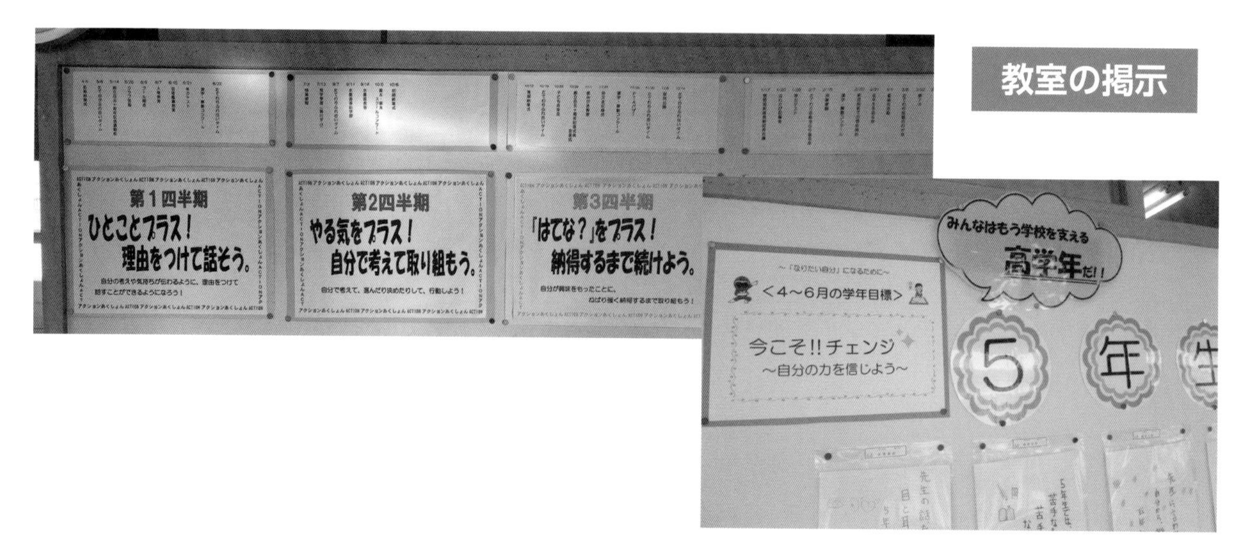

教室の掲示

学年フロアや教室には、児童や保護者が見やすいように掲示しています。掲示物の作成は、各学年のキャリア教育掲示担当の教師が中心になって行っています。

(２)全ての職員にとっても優しい「見える化」

教科担任制を導入している本校では、専科担当が授業を受けもつことが日常ですし、７学年が受けもつ授業もあります。複数学年にわたって授業をしているため、各学年の重点化した資質・能力「ほめポイント」を覚えた上で授業に臨むことには負担がかかります。しかし、学年フロアや各教室に「見える化」していることで、担任外が授業をしていても、常に児童の「ほめポイント」を見取りほめることができます。

例えば､担任が出張のために７学年が補欠に入ったと想定しましょう。補欠者は､授業前に掲示を見て、重点化した資質・能力「ほめポイント」が「あきらめずにトライ！」であることを確認します。授業において、意欲的に課題解決して、練習問題にも粘り強く取り組んでいたＡ子さんに「Ａ子さん、あきらめずにトライする力がついてるね！」と「ほめポイント」を見取りほめることができます。一方、なかなか意欲が持続しないＢ子さんには「あきらめずにトライの力でがんばってみよう」と声をかけることができます。

私は、算数専科として複数学年に授業に入ります。各学年の四半期の目標が教室に掲示してあると、学年の目標を意識して、子どもたちに声かけすることができます。いつ授業に入っても学年の先生方の思いを共有して子どもの姿をほめることができます。

令和3年度：第３四半期の５年２組では、自分の考えをノートに表現したり、みんなの前で発表したりすることに消極的な子どもが多くいました。学年テーマ「とにかくトライ！　勇気を出して考え書いてごらん」「勇気を出して考えを伝えるよ」と声かけ続けることで、少しずつ自分の考えを表現する姿が増えました。

（令和4年度　算数専科）

このように「ほめポイント」の「見える化」は、誰でも、どこでも、児童の「ほめポイント」を共通して見取りほめることを可能としています。資質・能力の育成には、子どもたちが伸ばそうとする力を意識し、教職員がみんなで関わることが大切なのです。

次に、ほめポイントの「共有化」について、話を進めていきます。

ほめポイントの「共有化」

「見える化」が、見る側に積極的な受け取りを委ねているとするならば、「共有化」は、双方向にベクトルが向いているイメージを大切にして取り組んでいます。

(1)職員会議や研修会で

まずは、職員間の共有が最も大切ですので、職員会議や研修会を活用して、各学年が、育てたい資質・能力やその資質・能力を育てるための方策などについて説明します。職員間で「共有化」することで、他学年のほめポイントが理解できますし、自分たちの学年の指導にもつながる学びを得ることができます。

あわせて、四半期末の研修会で、担任がクラスで最も成長したと思う児童の姿を全職員にプレゼンすることもしています。「この子は、初めは○○な姿が見られていましたが、……により、□□な姿に成長することができました」のようにみんなに発信して、他学年の児童のよさを共有しています。自然と笑みがこぼれる瞬間です。

(2)学校通信や学年通信で

校長が定期的に発行している学校通信においても、四半期の始めにほめポイントの記事を載せて、保護者との「共有化」を図っています。各学年が発行している学年通信においても、四半期の始めにほめポイントについて発信しています。

学校通信と学年通信の双方でほめポイントを発信することで、保護者に、学校全体の取組であることを理解していただけますし、家庭でもわが子のほめポイントを見つけ育てようという意識も高まります。

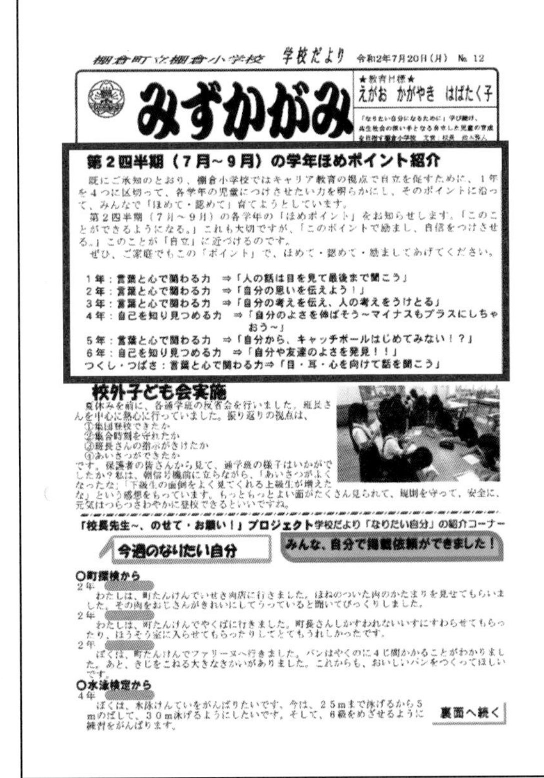

棚倉町立棚倉小学校　学校だより　令和2年7月20日（月）No. 12

みずかがみ

★教育目標★
えがお　かがやき　はばたく子

「なりたい自分になるために」学び続け、共生社会の担い手となる自立した児童の育成を目指す棚倉小学校

第２四半期（７月～９月）の学年ほめポイント紹介

既にご承知のとおり、棚倉小学校ではキャリア教育の視点で自立を促すために、１年を４つに区切って、各学年の児童につけさせたい力を明らかにし、そのポイントに沿って、みんなで「ほめて・認めて」育てようとしています。

第２四半期（７月～９月）の各学年の「ほめポイント」をお知らせします。「このことができるようになる。」これも大切ですが、「このポイントで励まし、自信をつけさせる。」このことが「自立」に近づけるのです。

ぜひ、ご家庭でもこの「ポイント」で、ほめて・認めて・励ましてあげてください。

１年：言葉と心で関わる力　⇒「人の話は目を見て最後まで聞こう」
２年：言葉と心で関わる力　⇒「自分の思いを伝えよう！」
３年：言葉と心で関わる力　⇒「自分の考えを伝え、人の考えをうけとる」
４年：自己を知り見つめる力　⇒「自分のよさを伸ばそう～マイナスもプラスにしちゃおう～」
５年：言葉と心で関わる力　⇒「自分から、キャッチボールはじめてみない！？」
６年：自己を知り見つめる力　⇒「自分や友達のよさを発見！！」
つくし・つばさ：言葉と心で関わる力⇒「目・耳・心を向けて話を聞こう」

校外子ども会実施

夏休みを前に、各通学班の反省会を行いました。班長さんを中心に熱心に行っていました。振り返りの視点は、
①集団登校できたか
②集合時刻を守れたか
③班長さんの指示がきけたか
④あいさつができたか
です。保護者の皆さんから見て、通学班の様子はいかがでしたか？私は、朝信号機前に立ちながら、「あいさつがよくなったな」「下級生の面倒をよく見てくれる上級生が増えたな」という感想をもっています。もっともっとよい面がたくさん見られて、規則を守って、安全に、元気はつらつさわやかに登校できるといいですね。

「校長先生～、のせて・お願い！」プロジェクト学校だより「なりたい自分」の紹介コーナー

今週のなりたい自分　　みんな、自分で掲載依頼ができました！

○町探検から
２年
わたしは、町たんけんでいせき肉店に行きました。ほねのついた肉のかたまりを見せてもらいました。その肉をおじさんがきれいにしてうっていると聞いてびっくりしました。
２年
わたしは、町たんけんでやくばに行きました。町長さんしかすわれないいすにすわらせてもらったり、ほうそう室に入らせてもらったりしてとてもうれしかったです。
２年
ぼくは、町たんけんでファリーヌへ行きました。パンはやくのに４じ間かかることがわかりました。あと、きじをこねる大きなきかいがありました。これからも、おいしいパンをつくってほしいです。
○水泳検定から
４年
ぼくは、水泳けんていをがんばりたいです。今は、２５ｍまで泳げるから５ｍのばして、３０ｍ泳げるようにしたいです。そして、６級をめざせるように練習をがんばります。

裏面へ続く

各個人の目標を設定しても、それを一人で継続して努力しようということは小学校段階の児童には、むずかしい面があります。継続して努力させるには、周囲からの励まし、支援、激励、称賛、承認が必要です。そのためには周囲がその児童のほめポイントを共有し、関心をもっていることが条件だと考えます。そのため、学校だよりを使い、広く発信することにしました。一人一人のほめポイントを関わるすべての人が共有することは難しいのですが、広く発信することで、一人一人の子どもをみんなで見守る雰囲気がつくられます。この雰囲気づくりこそが大切なんです。

（令和４年度校長）

学校だより

棚倉町立棚倉小学校　学校だより　令和3年4月23日（金）　№ 4

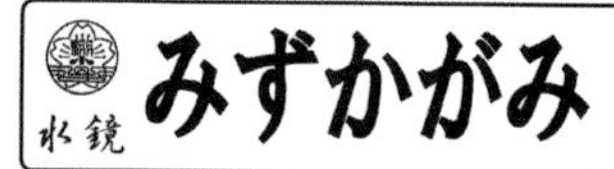

★教育目標★
つなげ学びを　創れ未来を

「なりたい自分になるために」学び続け、未来を創造する児童を育成します。
文責：棚倉小学校長　鈴木雅人

授業参観、懇談会、ありがとうございました。

授業参観、懇談会へのご出席ありがとうございました。お子さんの様子はいかがでしたか？４校時、５校時の２コマの授業で、緊張の中疲れたり集中力が切れてしまったりする場面もあったかもしれませんが、学年の発達段階に応じた姿が見られたのではないでしょうか。４年生のある児童のお父さんが、「４年生になるとこんなに静かになるんですか？」と感心されながら、私に話をしてくれました。まさに学習の積み重ねの成果ですね。子どもたちは、日々集団の中で人と関わりながら学び成長しています。子どもたちは、元々成長しようとする能力や意思を持っています。そして大きな可能性を秘めています。そこに磨きをかけるのが教育だと私は考えています。我々教師はその手助けをしているのです。保護者の皆様と一緒に、子どもたちを温かく見守りながら育てていきたいと思っています。

環境の変わる４月は、子どもたちにとっては、担任が替わり、クラスが替わり、学年が替わり、自分も替わり（成長し）、見るもの、聞くもの全てが少しずつ違う感触になっていると思います。だからこそ、不安になり、不安定になることが多いのです。当然です。その不安を自分で乗り越えようとすることが成長です。不安な時は自分の中での課題を解決しようとしている時なのです。そういう一つ一つの課題を解決できる力が「生きる力」です。ですから、お子さんが、悩み課題を解決しようとしている時、どうぞ励ましてあげてください。一緒に不安になると、子どもたちはさらに不安になります。「大丈夫。あなたならできるよ。」と。でも、子育てをしている身としては心配になりますよね。そんな時は、どうぞ担任にご相談ください。もちろん、学校の教員誰でも結構です。一緒に考えていきましょう。保護者の皆さんと我々教師は、「お子さんをよりよく育てるための同志」だと思っています。いつでも遠慮せずにご相談ください。

授業参観は、決められた日（授業参観日）だけではありません。お申し出いただければ、感染症対策を講じた上で、お子さんの授業の様子を見ていただいて結構です。どうぞお越しください。

第１四半期の目標を決めています！

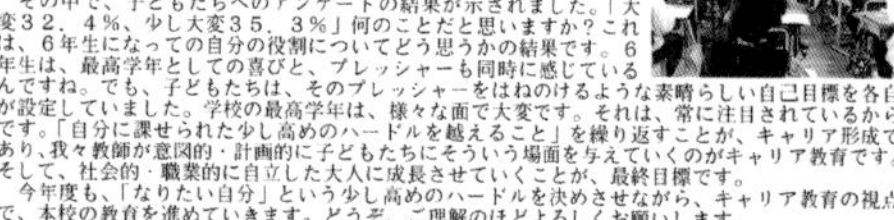

今、各学年で第１四半期（４月から６月まで）の各自のめあてを決めています。１３日（火）、６年１組で第１四半期の目標を設定する学級活動の授業が行われました。当日は、文部科学省の長田調査官も参観しました。

その中で、子どもたちへのアンケートの結果が示されました。「大変３２．４％、少し大変３５．３％」何のことだと思いますか？これは、６年生になっての自分の役割についてどう思うかの結果です。６年生は、最高学年としての喜びと、プレッシャーも同時に感じているんですね。でも、子どもたちは、そのプレッシャーをはねのけるような素晴らしい自己目標を各自が設定していました。学校の最高学年は、様々な面で大変です。それは、常に注目されているからです。「自分に課せられた少し高めのハードルを越えること」を繰り返すことが、キャリア形成であり、我々教師が意図的・計画的に子どもたちにそういう場面を与えていくのがキャリア教育です。そして、社会的・職業的に自立した大人に成長させていくことが、最終目標です。

今年度も、「なりたい自分」という少し高めのハードルを決めさせながら、キャリア教育の視点で、本校の教育を進めていきます。どうぞ、ご理解のほどよろしくお願いします。

○編集後記（校長のつぶやき）…………………○今の時期、校長は出張が多くあります。そんな時、「行ってらっしゃい。」「お帰りなさい。」と自然に言葉をかけてくれるお子さんがいます。心が和みます。○先日、花壇の除草をしていたら、休み時間で外遊びをしていた子どもたちから「校長先生がんばってください！」の声が。ありがたや、ありがたや。でも、もっとありがたいのは「お手伝いします。」の声かな～。それが、キャリア教育のめざす姿かな‥‥。でも、休み時間は、友だちと追いかけっこをするのも、子どもにとってはとっても大切なんだよな～。そんな子どもたちの元気な姿を見るのもうれしいんです。日差しが気持ちいい、そして、心がホッコリした一時でした。○「校長先生～、のせて・お願い！」コーナーを今年度もそろそろ始めたいと思います。でも、まだ誰もお願いに校長室へ来ないな‥‥。残念‥‥。早く、「校長先生、この目標をみずかがみに載せてください！」の声が聞きたいな‥‥。

棚倉町立棚倉小学校　学校だより　令和3年7月19日（月）　№15

★教育目標★
つなげ学びを　創れ未来を

「なりたい自分になるために」学び続け、未来を創造する児童を育成します。
文責：棚倉小学校長　鈴木雅人

いよいよ夏休み　キャリア能力を高めるために

7月21日より夏休みが始まります。8月19日までの約1月の休みに入ります。子どもたちにとっては待ちに待った夏休みだと思います。事故、ケガ無く有意義に夏休みを過ごしてほしいと思います。生活や学習の注意点については、お便りをよく読まれてお子さんと確認していただければありがたいです。

夏休みは、学校が休みではありますが、子どもたちのキャリアの資質能力を高める機会が、家庭に移った時期であるとも言えます。第2四半期は下記のようなテーマでなりたい自分を決めています。夏休みは第2四半期の期間内にある長い休みです。ですから学校でない場で、キャリアの能力を高めるよいチャンスなのです。各学年では第2四半期、「話をよく聴く」「決まりをまもる」「人と協力する」「考えを伝える」「自分に自信を持つ」「過去の経験を生かす」「失敗してもあきらめない」などの学年テーマを決めました。この夏休み中、お子さんにこれらのことに関して努力する姿が見られたら、それはまさにキャリア教育に関する学習をしていることになります。

そんな姿を見つけたらぜひほめてあげて下さい。それが、夏休みの「ほめポイント」です！！どうぞよろしくお願いします。

「話を聴こうとしているね！いいね！」「きまりを守って今日一日過ごせたね！すご～い」「協力してくれたね！ありがとう！」「自分の思っていること、きちんと話せたね！素晴らしい！」「努力して、自分を高めてるね！すごい！」「前の経験を生かして、成果を上げたね！」「お、何度も挑戦してるね！すごいね！」などという会話がお子さんとできたら素敵ですね。それがキャリア教育をこの夏休みご家庭でもしているこ

第２四半期（７月から９月）の学年のめあて紹介

学年・学級	第２四半期にねらうキャリアの能力	今期子どもたちにつけさせたい力	子どもたちに示す学年テーマ
つくし つばさ	人間関係形成・社会形成能力	相手の気持ちを考えて人の話を最後まで聞く	目･耳･心を向けて　話を聴こう
１年	自己理解・自己管理能力	時間やルールを守って生活する	きまりをまもって　にっこにこ
２年	人間関係形成・社会形成能力	相手に分かりやすいように、自分の考えや気持ちを伝える	みんなで協力楽しい学校生活にしよう！
３年	人間関係形成・社会形成能力	相手に分かりやすく伝える	伝え合おう！　みんなの思い
４年	自己理解・自己管理能力	自分に自信・自己肯定感をもつ	胸をはれる自分になろう　～レベルアップ～
５年	自己理解・自己管理能力	自分を知り、見つめ、高める	あの経験を生かせ！　ＰＤＣＡ！！　～自分の力を高めよう～
６年	課題対応能力	失敗を恐れず、挑み続ける	「超」　～何度も挑戦！！うまくいかなくても、いいじゃん～

自然体験宿泊学習

楽しかった宿泊学習。5年生の成長を見ました！！登山、野外炊飯での5年生の様子で気付いたこと、それは、優しい子が多いことです。助け合う姿、励まし合う姿、すばらしい姿がたくさん見られた自然体験宿泊学習でした。

自然を満喫し、友達との関わりを深めた有意義な2日間でした！

探しています！

６月２６日の授業参観日にシューズを間違えて履いて帰られた保護者の方はおられませんか？以下のシューズを探しています。

２３．５cmの黒のコンバースのシューズ

心当たりのある方は、教頭までお電話ください。

裏面へ続く

5学年通信と4学年通信

チャレンジ

～前向きに挑み続けられる人に～

棚倉町立棚倉小学校
第5学年通信　NO.17
令和3年7月19日
文責：

第2 四半期　目標

あの経験を生かせ！ＰＤＣＡ！！
～自分の力を高めよう～

4～6月の第1四半期では、高学年となった新しい環境の中で、学習や生活、行事や委員会などいろんな場面で成長した姿を見ることができました。

第2四半期は、自己理解・自己管理能力を育てていくために、「**あの経験を生かせ！ＰＤＣＡ！！～自分の力を高めよう～**」をテーマとして取り組むことにしました。学習では、自分の苦手を克服しようという気持ちや、得意をさらに伸ばしていこうなどの意識を高めていけるように、ＰＤＣＡサイクルの考えを子どもたちに取り組ませていきたいと考えております。ＰＤＣＡとは、Plan（計画）、Do（実行）Check（振り返り・評価）Action（改善・次の目標へ）のことで、この取り組みを繰り返すことで、自らの学びにつながりをもたせ、自分にとっての成長や課題を次に生かすことができるようにしていきたいと思っております。また、この考え方は、学習だけでなく、学校生活や行事への取り組みにも生かしていくことができます。

また、第２四半期の７～８月は夏休みの日数が多く、ご家庭で過ごす時間も多くなります。夏休み中もスケジュールプランナーを使って、毎日の生活に目標をもって過ごすことができるようにしていき、夏休みの課題にも計画的に取り組むことができるようにしていきます。「計画通りに取り組めているね！」や、「～をがんばってきたことが、～な姿につながったね！」、「自分のためになる学習をしているね！」などの声かけで、子どもたちを励ましながら、充実した夏休みを過ごせればと思います。ご理解、ご協力のほど、よろしくお願いいたします。

第1四半期がんばったね！

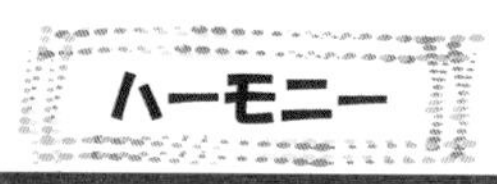

棚倉町立棚倉小学校
第4学年　学年だより
令和３年１０月２１日（木）
第２１号

第３四半期は

第３四半期（１０月～１２月）の学年テーマ
「がんばりつづける～レベルアップ～」

この３ヶ月は、「やりとげる力」に特に焦点をあてて指導にあたります。音楽会・持久走記録会と、本番に向けて「やりとげる力」が必要になってきます。苦手なことから逃げないことはとても大事です。そして難しい課題に対してあきらめないこともとても大事です。上の行事だけでなく、日常の学校生活においても常に「がんばりつづける」姿勢をこれまで以上に意識させていきます。そのがんばりに対し、ぜひ温かいお声かけをお願いします。

あと１週間

音楽会まであと１週間となりました。学年として１つの演奏を披露しますが、子どもたち１人１人も音楽会本番や練習過程において「なりたい自分」があり、がんばりたいことを設定しています。何を披露するのかお子さんから聞いている、家で歌っているというご家庭もあることでしょう。本番をお楽しみに。

＜歌うために体をリラックスさせています＞

音楽鑑賞教室

音楽鑑賞教室を実施しました。５つの楽器のプロに来て頂き、素敵な演奏を聞くだけでなく、舞曲に合わせて体を動かす贅沢なひとときとなりました。

木版画完成へ

ご準備頂いた彫刻刀を使用して作成してきた木版画。刷る行程が終わり、色とりどりの作品ができあがりました。大きなけがもなく終わってよかったですね。

第１四半期のほめポイントは「１年生のお手本になろう」でした。学年通信の中には、連絡事項の他に、子どもたちの「ほめポイント」を載せています。それによって、お家でも褒めてもらえるようになりました。保護者の方からは「子どものがんばりを詳しく知ってほめることができ、次の意欲につながっている」などの話が聞かれます。

（令和４年度　２年担任）

第１四半期のほめポイントは「見ることに全集中」でした。「ラッキー7(１週間の振り返りシート)」を活用して、学校生活において、四半期のめあてを意識できるようにしています。週末には、保護者の方に励ましのコメントをいただいています。「(見ることに全集中してお手伝いしてくれて)ありがとう」「たすかるよ」「たよりにしているよ」「つづけてね。おうえんしているよ」などのコメントを学年通信で紹介したところ、コメントの書き方が参考になったという声をいただいたこともありました。できるだけ、継続していきたいです。

（令和４年度　１年担任）

懇談会で、焦点化した資質・能力について保護者と共有している様子

第１四半期のほめポイント「みんなで動こう！　考えよう！　one team５年」を学年便りでお知らせしてから、保護者の皆さんは毎日の学習計画表を通して子どもへ励ましの言葉をかけてくださっています。自然教室では「協力するって、大事なことだよね。一人ではできないことができるようになったり、励まされたりするよね。お友だちを大切にしようね」「時間を見て行動することはとても大切だね。これからも周りを見て行動できる人になろうね」など、子ども一人一人のほめポイントに沿った言葉かけをしてくださっています。普段の学校生活だけでなく、学校行事においても、保護者の皆さんと「みんなで動こう！　考えよう！　one team５年」の共有ができたと感じました。

（令和４年度　５年担任）

第１四半期のほめポイントは「ゴールをイメージして動こう」でした。学年通信では、児童のがんばりをタイムリーに保護者の方に伝えることを意識しています。家庭でもタイムリーにほめてほしいからです。四半期の始まりには学年テーマを共有し、四半期の終わりには振り返りを発信しています。ここでのポイントは、保護者の方に子どもへかけてほしい言葉の例を載せるようにしています。学年通信を通して保護者の方と共有すると、学習計画表(スケジュールプランナー)の中の保護者欄に、その言葉を使ってコメントを書いてくださるようになりました。そのことが、四半期のキャリア・パスポートにもつながり、棚倉小の保護者の方にもキャリアの意識がもてるようになっていることを感じます。

（令和４年度　６年担任）

（3）学年懇談会で

授業参観後の学年懇談会においても、保護者との「共有化」を図っています。「第２四半期は、話を最後まで聞く力を付けることをがんばってきました。授業で友だちが話している時、最後まで聞くことができるようになりました。帰りの会の先生のお話の時も……。第３四半期は、計画を立てて学習できる力を育てていきます」というように保護者にお伝えしています。写真は、実際のお家の方からのメッセージをモニターに映して、ほめポイントの書き方を説明している様子です。

保護者とほめポイントを共有することで、学校での生活や学習の様子が肯定的に伝わります。先生が日常的にほめていることと、お家の方からほめられることが一致するので、子どもたちにとっても、良い効果を及ぼします。

（4）学校運営協議会で

本校で年３回開催している学校運営協議会において、地域との「共有化」を図っています。校長は、校長室に「見える化」しているほめポイントをもとに、説明します。学校運営協議委員の皆さんからは「がんばっていることが分かりやすい」「いい取組だ」「地域でも意識していきたい」などのお話が寄せられました。

本校の学校運営協議会は、ほめポイントをもとに説明することで、子どもたちのよさがよく伝わり、しかも説明時間が短縮されるので、協議の時間を多くとることができます。おかげで、環境整備や教師や保護者との対話など、ユニークな活動についても話し合うことができ、教育活動にもよい影響を与えています。

写真は、運動会の様子です。各種行事の運営や日常の教育活動にもご理解とご協力をいただくなど、教育活動の質の向上に多大な貢献をしていただいています。

ほめポイントの「意識化」

（1）教科等横断的な視点で単元等を精選配列したキャリア教育関連表の作成

児童に身に付けさせたい資質・能力が決まったら、教育活動全体の計画を見通して「その中でも、この行事とこの単元では、特に意識して育てていこう」と、教科等横断的な視点で行事や単元等を精選して位置付けます。精選して位置付けたものを本校では「キャリア教育関連表」と呼んでいます。

このキャリア教育関連表の作成については、各学年の先生方が学年会などを利用して、四半期末の児童の姿を共有しながら、各教科の年間指導計画などでねらいを確認し、特に意識して育てていく行事や単元等を精選配列していきます。

下の表は、キャリア教育を研究の柱にして４年目に改善した令和４年度の3学年の第１四半期キャリア教育関連表です。

第3学年　第１四半期キャリア教育関連シート			
育てたい資質・能力	人間関係形成・社会形成能力		
目指す姿	相手のよさに気づくことができる		
学年テーマ	広めよう！みんなで見つけたいいところ		
月	4	5	6
核となる行事・体験等		運動会	
学級づくり	・スタートダッシュの学級開き　・ルール確認　・ハッピー&ハッピーT　・異年齢交流 さんさんキッズ	QU	
教科	国語科 「よく聞いて、じこしょうかい」	国語科 「もっと知りたい友だちのこと」	
特別活動	学級活動 題材名 「はじめましてのあいさつ」		学級活動 題材名 「話合い活動」
生活科・総合		探究活動 大豆を育てよう （わたしたちの身近なSDGｓ）	
道徳科	道徳 題材名 「友達屋（友情・信頼」		道徳 題材名 「泣いたあかおに（友情・信頼」

３年生は、人間関係形成・社会形成能力の「相手のよさに気づくことができる」姿を育成するために、学年テーマを「広めよう！　みんなで見つけたいいところ」と設定しました。

運動会という行事を中心に、学級づくりを進めながら、特別活動を要として、生き方を考える道徳科や総合的な学習の時間、国語科と関連させることが一目で分かります。

四半期がちょうどよい期間であることもご理解いただけると思います。

以下は焦点化した資質・能力を育てるために、単元などを精選配列したときの３学年の話し合いの一部です。

A先生：クラス替えをして初めて一緒になる友だちもいるね。まずは、学級活動「はじめましてのあいさつ」の学習で、クラスのみんなとあいさつしたり、簡単な自己紹介をしたりする活動を取り入れて、全ての友だちの名前が覚えられるようにしよう。

B先生：学級活動で名前を覚えるきっかけが作れたら、国語科「よく聞いてじこしょうかい」の学習につなげていこう。クラスの友だちの好きなものや得意なことを知り、新しい友だちのいいところも見つけられるようにしましょう。

A先生：いいですね。そうしたら、友だちのいいところに目を向けたり、みんなで協力したりすることの大切さにも気付かせたい。道徳科の友情・信頼をつなげましょう。

C先生：５月の国語科で話す・聞くの単元がありますよ。聞くことって、友だちのよさを見つけるためのベースですよね。友だちの話の内容から、いいところを見つけながらよく聞いて、さらに質問したり、感想を言ったりする。その友だちのことがよく分かり、気付いたよさも増えて、いいですよね。教科のねらいが育てたい力と重なって、とてもいい単元ですね。「もっと知りたい　友だちのこと」を位置付けましょう。

B先生：友だちのいいところを見つけたら、全体で共有して、プラスをみんなに広めていきたいな。

C先生：いいですね。帰りの会とかに、設定しましょう。ネーミングは、3年生だし、お日様みたいに明るい学年だし「さんさんキッズ」はどうですか。

このように、各学年の先生方は、育てたい資質・能力を育てるためには、どの単元が有効か、どの活動が有効かを話し合いながら、キャリア教育関連表を作成しています。そして、教育活動全体を通して、特に精選配列した単元などにおいては、育てたい資質・能力を意識して、四半期間を指導していくのです。

次頁は、令和元年度の６年担任が作成した、改善する前のキャリア教育関連表です。

キャリア教育関連表

第 6 学 年

育てたい資質や能力		規則正しい生活習慣（自己理解・自己管理能力）												合計時数
月		4 月	5 月	6 月	7 月	8 月	9 月	10月	11月	12月	1 月	2 月	3 月	
月別合計時数		83	104	112	76	27	102	121	114	84	93	95	80	1091
学校行事	行事名	入学式・始業式 [illegible]	**運動会** [illegible]	**郡陸上大会** [illegible]	水泳記録会 夏の集い	**チャレキッズ** キャリアの日 [illegible]	学期末評価 [illegible]	終業式・始業式 [illegible]	**音楽会**（学習発表会）子ども音楽会 宿泊学習	PTAバザー	なわとび大会 インドアホッケー大会	学期末評価 **卒業を祝う会**	修了式・**卒業式**	
	時数	7	9	4	3	0	3	2	5	0	0	0	8	41
学級活動	題材名	[illegible]	[illegible]	[illegible]	[illegible]	[illegible]	[illegible]	[illegible]	[illegible]	[illegible]	[illegible]	[illegible]	[illegible]	
	時数	5	4	4	3	1	3	4	3	3	2	3	3	38
学級づくり（諸調査）	実践内容	[illegible] 学級開き ソーシャルスキルトレーニング グループエンカウンター	生活アンケート	キャリアアンケート1	（QUテスト）		生活アンケート ピアサポート		キャリアアンケート2	（QUテスト）		生活アンケート		
クラブ・児童会	時数	2	2	1	2	0	2	2	0	1	1	2	2	70
道徳	題材名	[illegible]	[illegible]	[illegible]	[illegible]	[illegible]	[illegible]	[illegible]	[illegible]	[illegible]	[illegible]	[illegible]	[illegible]	
	時数	2	4	4	3	1	3	4	3	2	3	3	3	35
外国語	時数	5	8	7	5	3	7	8	6	6	8	5	2	70
総合的な学習の時間テーマ学習	単元名	大切なもの見つけよう伝えよう　～先人の生き方を見つめて～												
		5	2	5	6	4	8	6	13	5	6	10	0	70
	単元の流れ	＜オリエンテーション＞ ① ＜探究活動1＞⑧ ～地域の歴史や先人との出会い～ ・棚倉の歴史・棚倉の史跡めぐり 地域に貢献する鼓笛③			＜探究活動2＞⑯（チャレキッズ6時間含） ・チャレキッズ（事前③、事後③） ・生き方や考え方の理解と自分の考え ・幼稚園との連携（6月23日、9月29日） ＜プログラミングを学ぼう＞⑧			＜探究活動3＞⑯ ・地域の伝統を受け継ぐ人々（祭り、伝統、文化、芸能）・伝統的な活動の体験 青少年の主張②			＜探究活動4＞⑬ ・先人の生き方や考え方から学ぶもの ・未来やわたし達への願い ・これからの町つくり ・まとめ			
各教科	関連する単元	社：日本の歴史 ○古墳の特徴や歴史的な背景を理解し、古墳や史跡の特徴から棚倉地方の古代の様子を想像する。	国：町のよさを伝えるパンフレットを作ろう ○見学したり体験したりしたことを読み手に伝わるようにパンフレットにまとめる。		国：意見を聞きあって考えを深め、意見文を書こう。 ○自分の考えを２００字程度の文章に書く。 ○学習したことを事実と意見を区別して、文章に書いたり話したりする。			社：私たちの生活と政治 ○町民の生活を向上させる取り組みについて調べたり話を聞いたりする。	図：墨のうた(絵) ○水墨画の技法を用いて表現することができる。（４時間）		国語：忘れられない言葉 ○随筆を書く。（６時間）			
	重要な教科単元	体：短距離走・リレー	体：ダンス	体：走り幅跳び・高跳		図：国際平和ポスター		音：		体：ホッケー	国：書き初め			
その他														

キャリア教育関連表について、改善前と改善後を比較してみると、以下の表のようにまとめることができます。

教科等横断的に指導計画を見直すためには、通年では長すぎるのです。

四半期ごとに見直すほうが、実践後すぐに検討できるとともに、各教科間の関連を明らかにできるというよさがあります。何よりも、年度末に一気に編成するよりは、4回に分けて検討するほうが、細かい点まで検討できるので、個に応じた学びに対応でき、教師の負担も少なくなると考えます。

	令和４年度　キャリア教育関連表	令和元年～３年度　キャリア教育関連表
作成時期	四半期末 4月、６月末、９月末、12月末	年度末
作成方法	四半期ごとに、学年で作成。この段階で、焦点化した資質・能力を育てるために有効な単元などを精選配列する。	次年度の教育課程編成において、キャリア教育担当者が作成する。この段階で単元などの精選はしない。
活用方法	拡大して学年フロアに掲示して、児童が学びの姿を見られるように、写真やコメントを付け足していく。	週案に綴り、担任が四半期末に、効果的だった単元などを確認する。
振り返り方法	効果的だった単元などが新たに見つかった場合は追記する。	効果的だった単元などを○で囲み、関連性を線でつなぐ。
その他	四半期ごとのシートを４枚並べると１年間の学びの姿が確認できる。	事後の取組になりやすい。

現在の関連表は、世田谷区立尾山台小学校のキャリア教育年間指導計画がお手本となっています。

さらに、学年フロアにもこのキャリア教育関連表を拡大して見える化していますので、子どもたちにとっても資質・能力を身に付けることへの意識化が図られます。

「次の社会科で元寇を勉強するよ。元寇の勉強を通して、失敗してもあきらめない力を伸ばそうとするんだね」「次の国語で敬語を勉強するよ。敬語を使えるようになると、人と関わる力が付いていくんだね」などと、関連表をもとに育てたい資質・能力を意識して学びに向かう児童の姿が見られるようになりました。

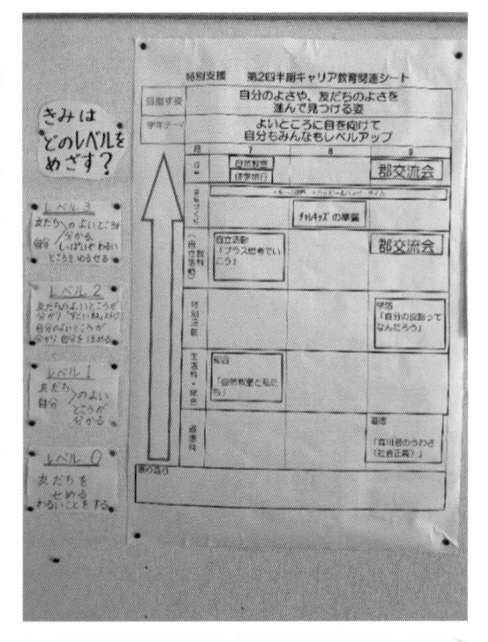

以下は、改善した令和４年度「キャリア教育関連表」の作成を通した教師の感想です。

目指す子どもの姿や学年テーマに向かって、各行事や各教科、日常生活との関連を位置づけたことから、それぞれのつながりがとても明確になり、四半期の見通しももつことができるようになりました。ほめポイントに関連する行事や教科を、今まで分かってはいてもあまり意識できませんでしたが、キャリア教育関連表を作成することで、教師が特に意識して取り組めるようになりました。ほめポイントが明確化されるので、子どもたちは、なりたい自分になるためにがんばろうと努力しますし、教師は子どもたちのほめポイントを見取って意図的にほめることができます。子どもたちの自己肯定感を高めることもできています。

（令和４年度　２年主任）

令和４年度のキャリア教育関連表を四半期ごとに１枚のシートにしたことで、焦点化した資質・能力のつながりが分かりやすくなりました。教科等横断的な考え方で焦点化した資質・能力を育てていくことができるようになってきました。

昨年度までは教師だけが意識していたものでしたが、廊下に掲示することで、子どもも学年テーマと教科や行事等のつながりを意識することができるようになり、大変効果的であると感じています。さらに、教師も子どもも、３か月の見通しをもつことにも大いに活用できています。掲示するために、写真の準備等がありますが、ほめポイントを子どもにも意識できるようにするためには大変有効な手立てだと感じています。

（令和４年度　６年主任）

このように、令和４年度にキャリア教育関連表を改善したことで、各学年の教師が、育てたい資質・能力を教育活動全体で意識して指導すること、配列した単元などでは特に意識して指導していこうとする「意識化」が図られています。たった１枚のシートですが、私たち教師に、教科等横断的な視点で単元などを精選配列する、地域人材や地域教材を活用する、PDCAサイクルを回すという、カリキュラム・マネジメントの力を付けてくれます。さらに、子どもたちの意識化にも役立ちます。

(2)「校長先生、のせて・お願い」プロジェクト

校長が発行している学校通信「みずかがみ」では、子どもたちが、なりたい自分になるためにがんばっている姿を発信して、保護者や子どもたちの意識化を図っています。あわせて、教頭がお昼の校内放送で「校長先生、のせて・お願い」欄に掲載された記事を読み聞かせています。そうすることで、全児童に発信することができ、なりたい自分を目指してがんばっていこうという意識が図られています。

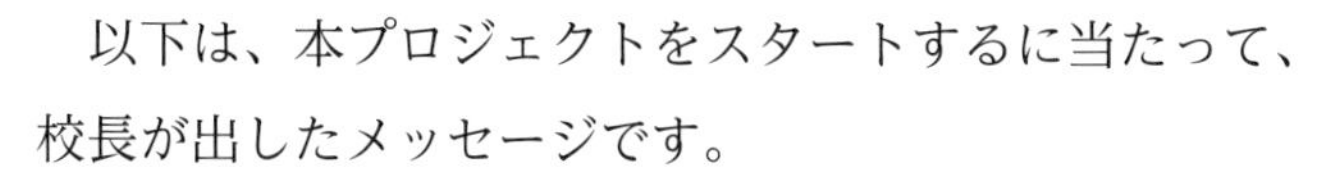

以下は、本プロジェクトをスタートするに当たって、校長が出したメッセージです。

学校だより「なりたい自分」の紹介コーナーを活用して

R2.6.22　　校　長　鈴木雅人

１年間をとおして、児童全員の目標や感想「なりたい自分」を１度は掲載したいと思います。

その際、ただ先生方から原稿を集めるのではなく、掲載される児童が校長室に持参する体験をとおして、キャリアの能力を高める一場面としたいと考えました。
(目標を考え→書く→掲載してもらうために努力する→掲載の結果を見る→成功体験)※動機付けは担任の先生にお願いします。

つきましては、下記の内容で、最高でも氏名・タイトル別で80字程度(学年により短くて結構です)の原稿を本人が、校長室へ持参するようご指導願います。

※校長室不在の場合は、職員室の教頭先生他どの先生でも受け付ける。
※発達段階、個人差に応じた支援はお願いしたい。

内　　　容

○ ４半期のめあて、全校的行事、学年での行事等で「なりたい自分」についての文章(めあて、反省、感想等)、最高でも80字程度。氏名・タイトル別
○ 関連指導の過程や結果で、「なりたい自分」が具体的に表現されている文章、思いが入っている文章をお願いします。
○ １年間をとおして、一人１回掲載の予定です。基本的に、同じ児童は２度掲載しないように配慮願います。
○ 目安は各学級１～２名。特別支援学級も一学級です。
　１年～４年　各回　クラス１名　　　５年、６年　各回　クラス２名
　つくし・つばさ　各回１名
○ 締め切りは、毎週木曜日までとさせていただきます。
　※ 忙しくて忘れてしまう場合もあるかと思いますが、その場合は次号でお願いします。
　　一年間で全員体験。計画的にお願いします。

(3)授業づくりの「三つの柱」

一日の学校生活の大半を占めている授業。子どもたちが学びを連続させていくための主体的・対話的で深い学びの実現に向けた授業改善は、私たちの使命であり、学習指導要領が目指すところです。

私たちは、筑波大学教授の藤田晃之先生に、定期的に「主体的・対話的で深い学びとキャリア教育」「キャリア教育の視点をいかした授業づくり」などのご講演をいただくとともに、授業参観と指導助言をいただきながら、研修を深めていく中で、以下の三つの柱を軸に実践することを見出すことができました。

一つ目の柱は、教科のねらいの達成に向けて主体的・対話的で深い学びにつながる五つの留意点を意識すること。
二つ目の柱は、単元や題材で学んでいる内容と他教科、社会生活等とのつながりを見通すこと。
三つ目の柱は、１単位時間の授業においても「ほめポイント」を位置付け「学びに向かう力、人間性等を涵養する」ために資すること。

特に、キャリア教育で育む資質・能力は、教科指導を下支えする「非認知能力」、すなわち「学びに向かう力、人間性等」を育むことと同義だと考えています。

互見授業週間や授業研究会を意図的、計画的に設定して、教師一人一人のよさや専科担当等の専門的なスキルを学び合いながら、自己の授業改善につなげています。

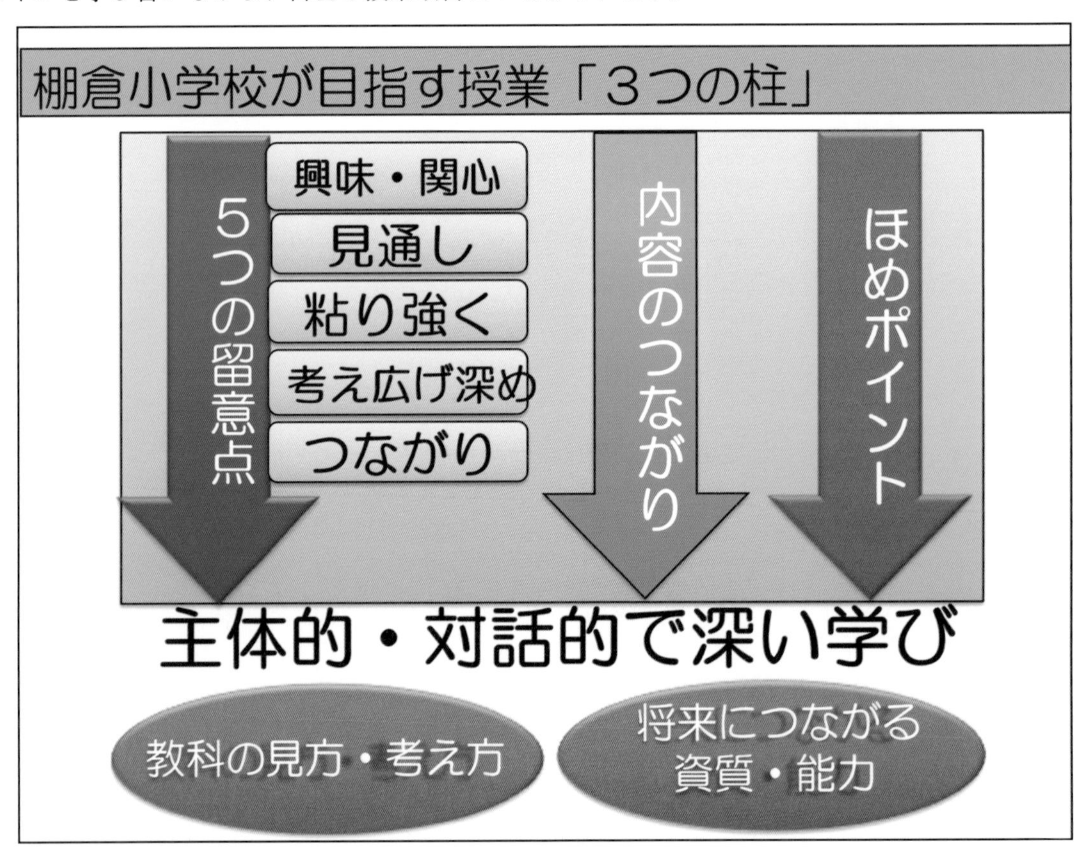

ここは、ほめポイントの「意識化」についてのお話ですので、三つ目の柱についての具体的な話は、次頁の指導案とともにご覧ください。

【令和３年度～４年度前半に共通実践していた形式の指導案】

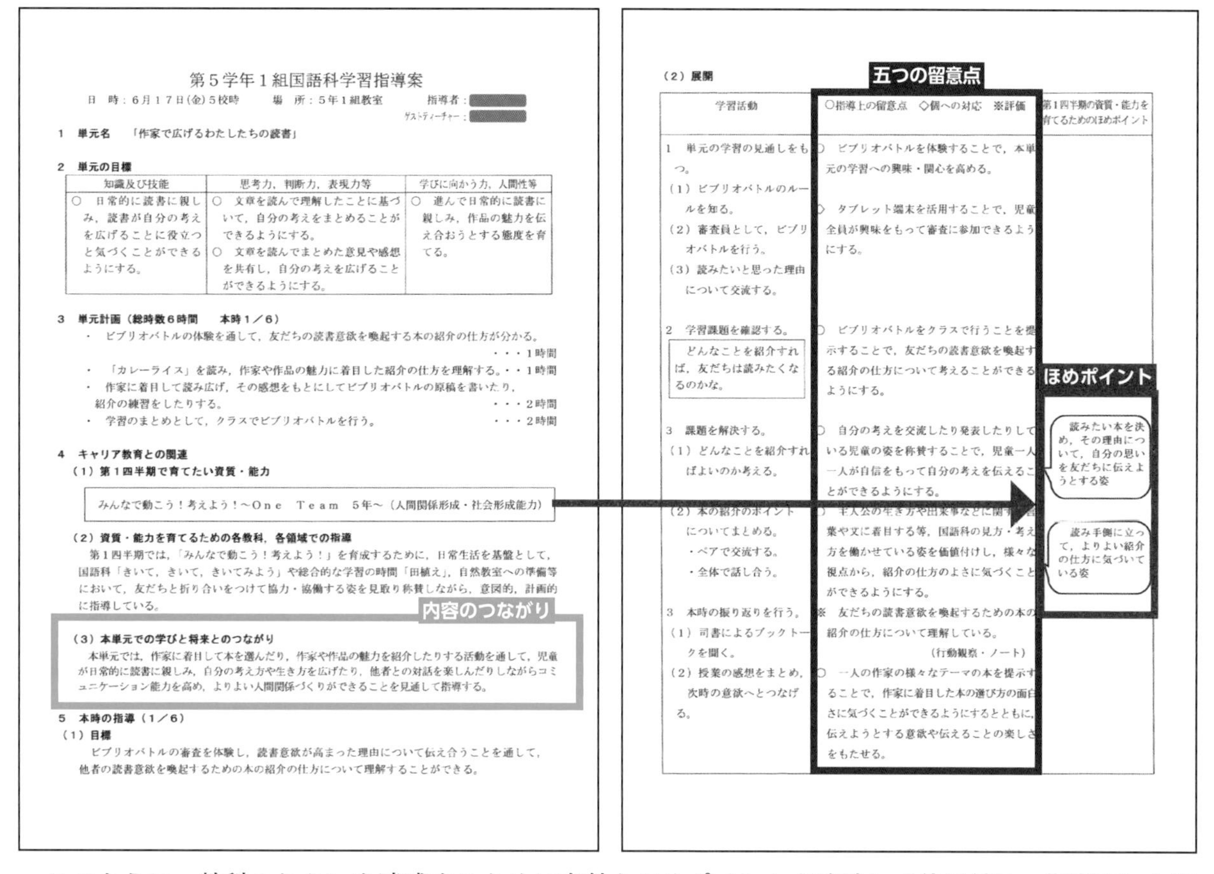

第５学年１組国語科学習指導案

日　時：６月１７日(金)５校時　　場　所：５年１組教室　　指導者：
ゲストティーチャー：

1　単元名　「作家で広げるわたしたちの読書」

2　単元の目標

知識及び技能	思考力，判断力，表現力等	学びに向かう力，人間性等
○　日常的に読書に親しみ，読書が自分の考えを広げることに役立つと気づくことができるようにする。	○　文章を読んで理解したことに基づいて，自分の考えをまとめることができるようにする。 ○　文章を読んでまとめた意見や感想を共有し，自分の考えを広げることができるようにする。	○　進んで日常的に読書に親しみ，作品の魅力を伝え合おうとする態度を育てる。

3　単元計画（総時数６時間　　本時１／６）

・　ビブリオバトルの体験を通して，友だちの読書意欲を喚起する本の紹介の仕方が分かる。・・・１時間
・　「カレーライス」を読み，作家や作品の魅力に着目した紹介の仕方を理解する。・・１時間
・　作家に着目して読み広げ，その感想をもとにしてビブリオバトルの原稿を書いたり，紹介の練習をしたりする。・・・２時間
・　学習のまとめとして，クラスでビブリオバトルを行う。・・・２時間

4　キャリア教育との関連

（１）第１四半期で育てたい資質・能力

みんなで動こう！考えよう！～Ｏｎｅ　Ｔｅａｍ　５年～（人間関係形成・社会形成能力）

（２）資質・能力を育てるための各教科，各領域での指導

第１四半期では，「みんなで動こう！考えよう！」を育成するために，日常生活を基盤として，国語科「きいて，きいて，きいてみよう」や総合的な学習の時間「田植え」，自然教室への準備等において，友だちと折り合いをつけて協力・協働する姿を見取り称賛しながら，意図的，計画的に指導している。

（３）本単元での学びと将来とのつながり

本単元では，作家に着目して本を選んだり，作家や作品の魅力を紹介したりする活動を通して，児童が日常的に読書に親しみ，自分の考え方や生き方を広げたり，他者との対話を楽しんだりしながらコミュニケーション能力を高め，よりよい人間関係づくりができることを見通して指導する。

5　本時の指導（１／６）

（１）目標

ビブリオバトルの審査を体験し，読書意欲が高まった理由について伝え合うことを通して，他者の読書意欲を喚起するための本の紹介の仕方について理解することができる。

（２）展開

学習活動	○指導上の留意点　◇個への対応　※評価	第１四半期の資質・能力を育てるためのほめポイント
1　単元の学習の見通しをもつ。 （１）ビブリオバトルのルールを知る。 （２）審査員として，ビブリオバトルを行う。 （３）読みたいと思った理由について交流する。	○　ビブリオバトルを体験することで，本単元の学習への興味・関心を高める。 ◇　タブレット端末を活用することで，児童全員が興味をもって審査に参加できるようにする。	
2　学習課題を確認する。 どんなことを紹介すれば，友だちは読みたくなるのかな。	○　ビブリオバトルをクラスで行うことを提示することで，友だちの読書意欲を喚起する紹介の仕方について考えることができるようにする。	
3　課題を解決する。 （１）どんなことを紹介すればよいのか考える。	○　自分の考えを交流したり発表したりしている児童の姿を称賛することで，児童一人一人が自信をもって自分の考えを伝えることができるようにする。	読みたい本を決め，その理由について，自分の思いを友だちに伝えようとする姿
（２）本の紹介のポイントについてまとめる。 ・ペアで交流する。 ・全体で話し合う。	○　主人公の生き方や出来事などに関する言葉や文に着目する等，国語科の見方・考え方を働かせている姿を価値付けし，様々な視点から，紹介の仕方のよさに気づくことができるようにする。	読み手側に立って，よりよい紹介の仕方に気づいている姿
3　本時の振り返りを行う。 （１）司書によるブックトークを聞く。 （２）授業の感想をまとめ，次時の意欲へとつなげる。	※　友だちの読書意欲を喚起するための本の紹介の仕方について理解している。（行動観察・ノート） ○　一人の作家の様々なテーマの本を提示することで，作家に着目した本の選び方の面白さに気づくことができるようにするとともに，伝えようとする意欲や伝えることの楽しさをもたせる。	

このように、教科のねらいを達成するために有効なほめポイントを吟味して位置付け、指導案にも明記しています。

ここでは、自分の思いを伝える活動において、読みたい本とそれを選んだ理由を伝えている姿や、本の紹介のポイントを話し合う活動において、聞き手側の立場になって、よりよい紹介の仕方に気づいている姿を見取り認めほめます。同時にほめポイントは育成していく姿でもありますから、そういった姿が見られなかったときには「One teamになるためにがんばろう」「みんなのことを考えて伝えよう」などと励まします。そうすると、子どもたちは気持ちを切り替え、集中力を持続させたり、やる気を出したりして、課題解決に向けての学びを進めていくのです。ほめポイントは私たち教師の強い味方です。

教科指導において、ほめポイントの吟味が難しいことも多々ありますが、各教科の力を支える意欲を向上することにつなげています。

ほめポイントの「強化」

実践を２年、３年と積み重ねていくと、前述のほめポイントの「見える化」「共有化」「意識化」が充実し、子どもたちの資質・能力の高まりを数多く見取ることができるようになりました。

朝の時間、休み時間、授業中、給食、清掃、家庭学習……。学校生活のあらゆる場面で、子どもたちの資質・能力が高まっている姿を見取り、認めほめていくと、その資質・能力が強化されていくと考えて取り組んでいます。

資質・能力は目に見えないものだからこそ「あなたの人に伝える力が育っていますね」「あなたは、ゴールを見通して行動する力が付いていますね」「そういう優しいところは、あなたの長所だわ」などと、子どもたち一人一人の姿を丁寧に見取り価値づけることが、「強化」の最も大切なことだと考えています。

(1)教師、保護者からのメッセージ　～キャリア・パスポート～

教師と保護者が、四半期ごとに、子どもたちのキャリア・パスポートにメッセージを添えています。教師は、日常的に見取ったほめポイントとその子どもの振り返りをもとに、次の四半期の学びへのエネルギーとなるように肯定的に言葉を添えます。保護者も、わが子の成長した姿からほめポイントを添えます。学校と家庭が、共に手を携えて、子どもの資質・能力の強化につなげています。

担任が、どんなことを大切にしてメッセージを記述しているかについては、第５章で詳細をご紹介します。実際のキャリア・パスポートは、次頁をご覧ください。

(2)児童同士の励まし認め合い　～キャリア・パスポート～

教師の日常的に行われている肯定的な声かけが、学級、学年、学校全体の温かな雰囲気を醸成するとともに、子どもたち同士の肯定的な関わりの増加にもつながっています。子どもたちは、友だちのよさを認め、キャリア・パスポートにほめポイントを書いています(キャリア・パスポートを他者に開示することのメリット、デメリットについては理解しており、子どもたちにとって教育効果が大きいと判断し、なおかつ、子どもたちの同意のもとに、友だちとキャリア・パスポートを交流することができるようにしています)。

子どもたち同士が互いのよさを認め、ほめポイントにより認め合うことは、特に高学年の子どもたちにとって、資質・能力を「強化」することに留まらず、自己への肯定的な気づきを促すことにつながる有効な取組になっています。

下は、５年生のキャリア・パスポートです。赤枠が、友だちからのメッセージ。子どもたちが互いに認め合い、励まし合っています。青枠が、担任と保護者からのメッセージです。

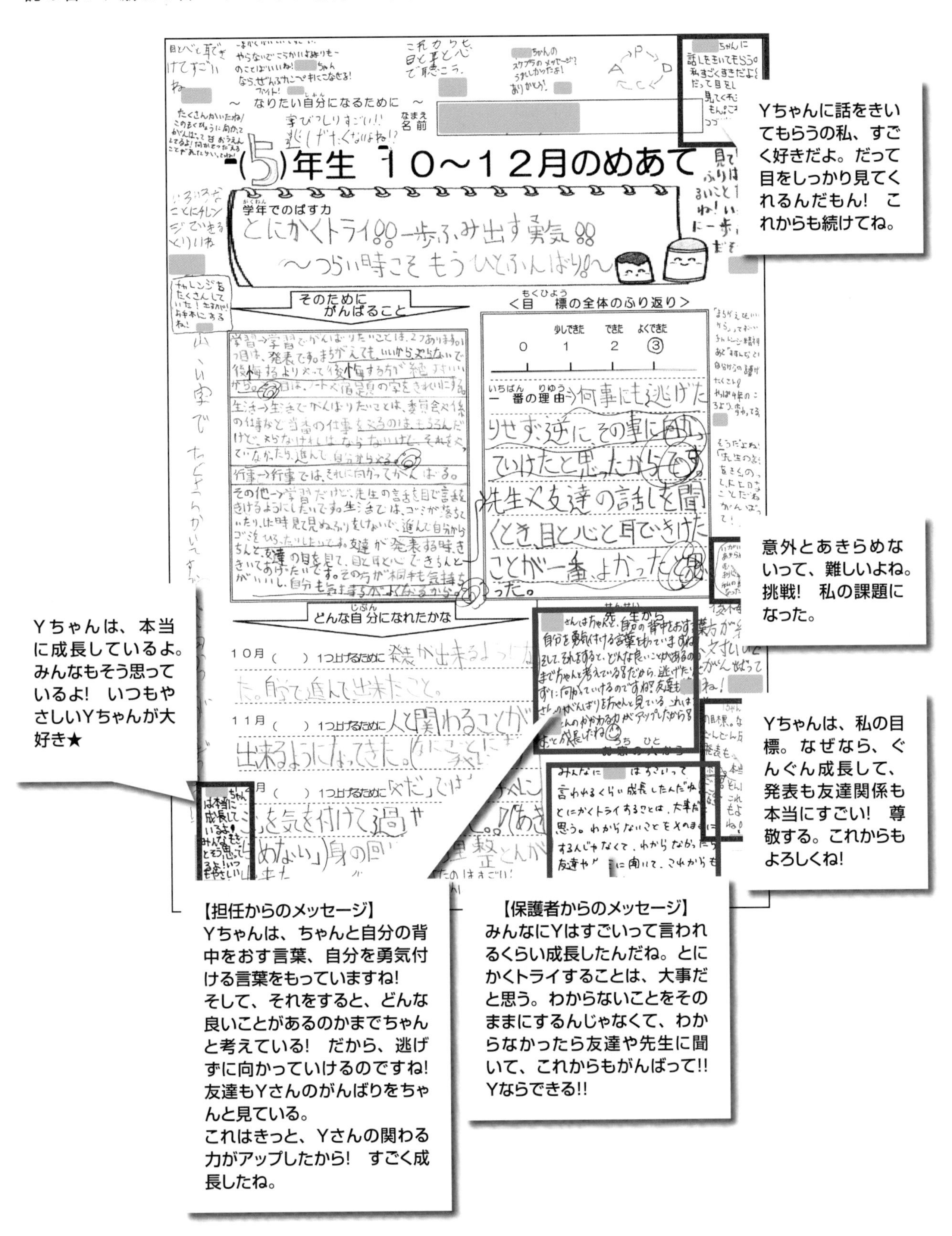

～ なりたい自分になるために ～
なまえ 名前
(5)年生 10～12月のめあて
学年でのばす力
とにかくトライ!!一歩ふみ出す勇気!!
～つらい時こそもうひとふんばり!!～
そのために がんばること
＜目標の全体のふり返り＞
少しできた できた よくできた
0 1 2 ③
一番の理由
どんな自分になれたかな
10月 1つ上げるために
11月 1つ上げるために
Yちゃんに話をきいてもらうの私、すごく好きだよ。だって目をしっかり見てくれるんだもん! これからも続けてね。
意外とあきらめないって、難しいよね。挑戦! 私の課題になった。
Yちゃんは、本当に成長しているよ。みんなもそう思っているよ! いつもやさしいYちゃんが大好き★
Yちゃんは、私の目標。なぜなら、ぐんぐん成長して、発表も友達関係も本当にすごい! 尊敬する。これからもよろしくね!
【担任からのメッセージ】
Yちゃんは、ちゃんと自分の背中をおす言葉、自分を勇気付ける言葉をもっていますね! そして、それをすると、どんな良いことがあるのかまでちゃんと考えている! だから、逃げずに向かっていけるのですね! 友達もYさんのがんばりをちゃんと見ている。
これはきっと、Yさんの関わる力がアップしたから! すごく成長したね。
【保護者からのメッセージ】
みんなにYはすごいって言われるくらい成長したんだね。とにかくトライすることは、大事だと思う。わからないことをそのままにするんじゃなくて、わからなかったら友達や先生に聞いて、これからもがんばって!! Yならできる!!

（3）スケジュールプランナーへのメッセージ

本校では「スケジュールプランナー」という手帳の役割を果たすワークシートを活用して、毎日の学習や生活の予定や振り返りを記録しています。言い換えれば、学習計画表です。そのスケジュールプランナーからも、教師は子どもたちのよさを見取り、ほめポイントの強化につなげています。子どもたちも、育てたい資質・能力である、なりたい自分を意識した目標設定や振り返りができるようになってきました。

４学年児童のスケジュールプランナーをご紹介します。高学年から本格的に活用するスケジュールプランナーを見通して取り組んでいます。後の章では、高学年のスケジュールプランナーをご紹介します。

赤枠が、子どもの振り返り、青枠が担任からのメッセージです。

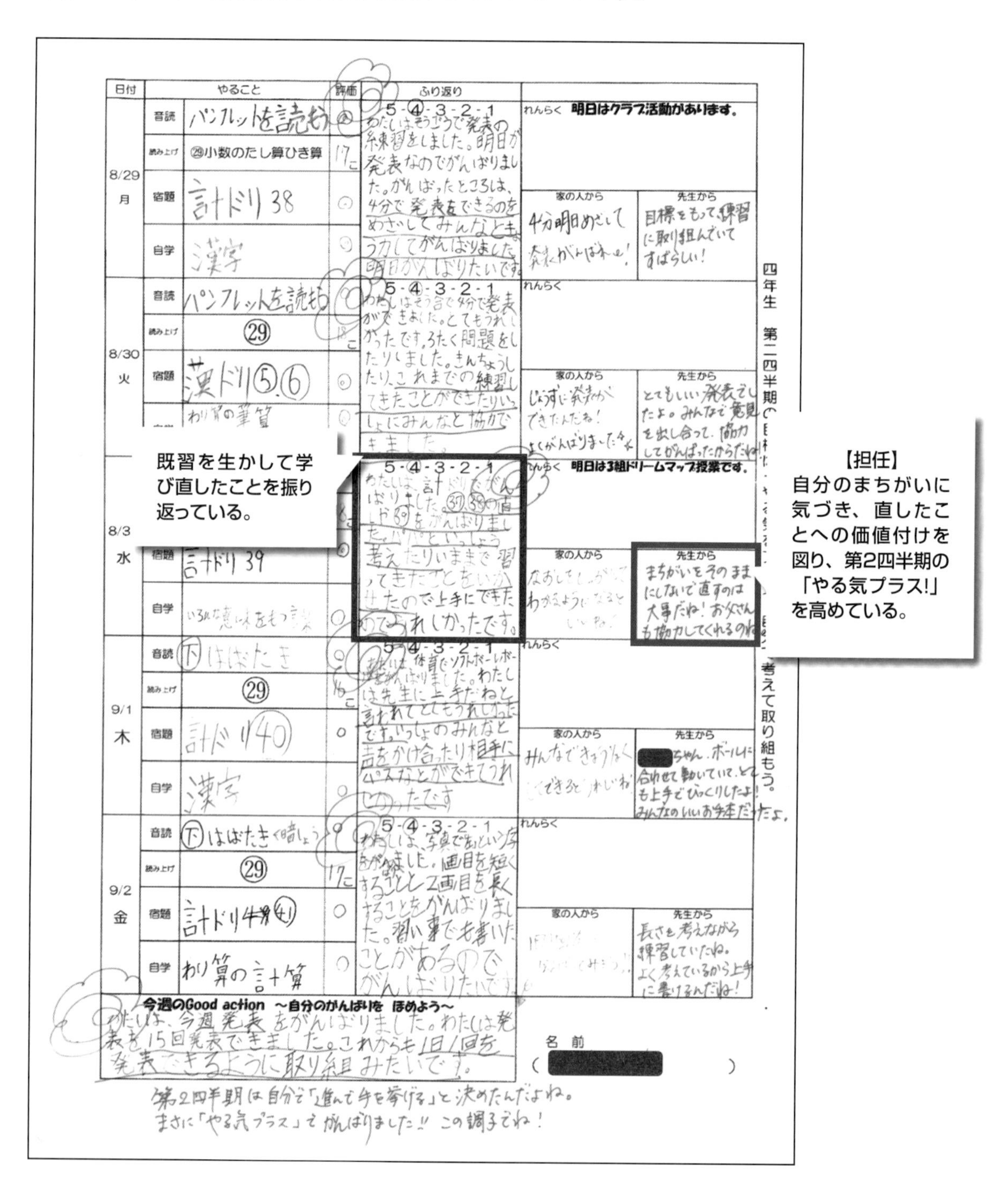

日付	やること		評価	ふり返り
8/29 月	音読	パンフレットを読む	◎	5-④-3-2-1 わたしはそうごうで発表の練習をしました。明日が発表なのでがんばりました。がんばったところは、4分で発表をできるのをめざしてみんなときょう力してがんばりました。明日がんばりたいです。
	読み上げ	㉙小数のたし算ひき算	17こ	
	宿題	計ドリ38	◎	
	自学	漢字	◎	
8/30 火	音読	パンフレットを読む	◎	5-④-3-2-1 わたしはそう合で4分で発表ができました。とてもうれしかったです。ろたく問題をしたりしました。きんちょうしたり、これまでの練習してきたことができたりいっしょにみんなと協力できました。
	読み上げ	㉙	18こ	
	宿題	漢ドリ⑤.⑥	◎	
	自学	わり算の筆算	◎	
8/31 水	音読	[illegible]		5-④-3-2-1 わたしは、計ドリをがんばりました。㊲㊳の直しや㊴をがんばりました。パパといっしょう考えたりいままで習ってきたことをいかせたので上手にできたのでうれしかったです。
	読み上げ	[illegible]	8こ	
	宿題	計ドリ39	◎	
	自学	いろんな意味をもつ言葉	◎	
9/1 木	音読	㊦はばたき	◎	5-④-3-2-1 わたしは体育でソフトボールボールをがんばりました。わたしは先生に上手だねと言われてとてもうれしかったです。いっしょのみんなと声をかけ合ったり相手にパスなとができてうれしかったです
	読み上げ	㉙	16こ	
	宿題	計ドリ㊵	○	
	自学	漢字	○	
9/2 金	音読	㊦はばたき〈暗しょう〉	◎	5-④-3-2-1 わたしは、写真でおといい序をがんばりました。画目を短くすることと２画目を長くすることをがんばりました。習い事でも書いたことがあるのでがんばりたいです。
	読み上げ	㉙	17こ	
	宿題	計ドリ㊶	○	
	自学	わり算の計算	○	

日付	れんらく	家の人から	先生から
8/29	明日はクラブ活動があります。	4分明日めざして発表がんばれ！	目標をもって練習に取り組んでいてすばらしい！
8/30		じょうずに発表ができたんだね！よくがんばりました☆	とてもいい発表でしたよ。みんなで意見を出し合って協力してがんばったからだね！
8/31	明日は3組ドリームマップ授業です。	なおしをしっかりしてわかるようになるといいね！	まちがいをそのままにしないで直すのは大事だね！お父さんも協力してくれるのね
9/1		みんなできょう力してできるとうれしいね	■■ちゃん、ボールに合わせて動いていて、とても上手でびっくりしたよ！みんなのいいお手本だったよ。
9/2			長さを考えながら練習していたね。よく考えているから上手に書けるんだね！

四年生　第二四半期の目標…考えて取り組もう。

今週のGood action　～自分のがんばりを　ほめよう～
わたしは、今週発表をがんばりました。わたしは発表を15回発表できました。これからも1日1回を発表できるように取り組みたいです。

名　前
（■■■■）

第２四半期は自分で「進んで手を挙げる」と決めたんだよね。
まさに「やる気プラス」でがんばりました!! この調子でね！

第2章　解説

文部科学省初等中等教育局教科調査官　長田徹

棚倉町立棚倉小学校の資質・能力の設定には相当な労力と時間がかかったことは事実です。特に児童と共有でき、自己評価や保護者や地域住民(学校関係者)が評価するときのことを考えて具体的な設定をねらったからです。町内すべての学校で重視している“ほめポイント”は資質・能力を重点化、焦点化したものであり、“ほめポイント”を意識した丁寧な教師の声がけ・対話(カウンセリング)は児童の自己肯定感の涵養に効果をあげています。

基礎的・汎用的能力の育成につながる指導方法や学習方法は限りなく存在し得るものです。だからこそ資質・能力、身に付けさせたい力の明確化が求められるのです。意図なく、計画なく「これも社会で重要」「これも将来は大事」とやりだせば、教師が各教科の目標を見失うだけでなく、児童にとっても何を目指しているのかわからない、混乱した授業になってしまいます。

学習指導要領(平成29年・30年告示)では、それぞれの学校において、必要な教育内容をどのように学び、どのような資質・能力を身に付けられるようにするのかを教育課程において明確にすることとしています。

(1) 知識及び技能が習得されるようにすること。
(2) 思考力、判断力、表現力等を育成すること。
(3) 学びに向かう力、人間性等を涵養すること。

その具体的な設定について、平成28年12月になされた中央教育審議会答申「幼稚園、小学校、中学校、高等学校及び特別支援学校の学習指導要領等の改善及び必要な方策等について」(以下：平成28年中央教育審議会答申)から読み解きましょう。

> こうした枠組みを踏まえ、教育課程全体を通じてどのような資質・能力の育成を目指すのかは、各学校の学校教育目標等として具体化されることになる。(中略)特に「学びに向かう力・人間性等」については、各学校が子供の姿や地域の実状を踏まえて、何をどのように重視するかなどの観点から明確化していくことが重要である。

資質・能力は各学校において具体化されるのです。目の前の児童生徒の現状を見つめていただき、どんなことができる児童生徒にしたいのか、どんな力を身に付けた大人になってほしいのか、地域の実情も踏まえて学校で明らかにしていくということです。

これまでもキャリア教育では、身に付けさせたい力である基礎的・汎用的能力について各校において具体的かつ焦点化して設定していただくことをお願いしてまいりました。児童生徒の「強み」と「弱み」を把握し、一定の期間を通じて具体的に「何ができる○年生(卒業生)」にしたいのか基礎的・汎用的能力の視点で目標を設定し、それによってアウトカム評価を実施していくということです。

小学校学習指導要領(平成29年告示)第１章総則　第２教育課程の編成　１各学校の教育目標と教育課程の編成

> 教育課程の編成に当たっては、学校教育全体や各教科等における指導を通じて育成を目指す資質・能力を踏まえつつ、各学校の教育目標を明確にするとともに、教育課程の編成についての基本的な方針が家庭や地域とも共有されるよう努めるものとする。

「社会に開かれた教育課程」の編成は、物理的に学校の扉を開くとか、学校が考えた行事や授業のお手伝いを地域住民が行うという「共同」の段階を終えて、次のステージを求めています。授業づくりや学校行事の運営に当たって、その目標や基本方針を家庭や地域と共有して「協働」する。そのためには教師でなくとも理解できる具体的な目標や資質・能力の設定が必要であると示しているのです。

棚倉小学校が児童生徒に身に付けさせたい資質・能力を重点化、焦点化した“ほめポイント”はこの点を大事にして丁寧な作業を繰り返した結果、できあがったものなのです。

これもまた、キャリア教育でこれまでお願いしてきたことですが、基礎的・汎用的能力の重点化、焦点化についてです。基礎的・汎用的能力が「人間関係形成・社会形成能力」「自己理解・自己管理能力」「課題対応能力」「キャリアプランニング能力」の四つの区分になっているからと言って均一・均等な能力設定にする必要は何らありません。むしろ、そういった総ナメ的な設定がキャリア教育を混乱させている可能性もあります。

児童生徒にこんな力が必要ではないかと教師が話し合い、それが社会の求める力と合致しているのか確認する際に基礎的・汎用的能力を活用していただくことは極めて有効です。教師の考え方や方針を意味付けるとともに、現在の取組状況を確認し、社会人・職業人として必要な能力の育成を積み上げていくのです。

また、身に付けさせたい力の焦点化がなかなかできないとの声を聞きます。「どの力もうちの児童生徒には身に付けてほしいものばかり」とも聞きます。さらには「例えば、課題対応能力に焦点化することによって人間関係形成・社会形成能力は身に付けさせなくてもよいことになるのか」との声もあります。しかし、基礎的・汎用的能力の四つの区分は相互に関わり合っており、はさみで切るように区分けはできません。だからこそ、キャリアプランニング能力に焦点化して引き上げようとすれば、密接に関わり合っている他の三つの力もキャリアプランニング能力に続いて引き上げられるものではないでしょうか。

キャリア教育が持続的に推進され、日常の指導に溶け込んでいる学校ではこの身に付けさせたい力である基礎的・汎用的能力の具体化・焦点化がうまくいっています。身に付けさせたい力の「焦点化を恐れない」という視点も大事なのです。

第3章

「四半期制」の提案

【棚倉小学校２】

棚倉小学校では、一年間の教育課程を四つに分けて、それぞれで育成する資質・能力の評価サイクルとした四半期制をとっています。令和元年度から試行し、令和２年度から本格的に導入しました。

第３章では、四半期制での資質・能力育成のメリットについて、各学年の実践を中心にお伝えします。

四半期ごとの資質・能力の設定

(1)二学期制から四半期制へ

棚倉町は、平成19年度より２学期制を採用し、ゆとりをもって学ぶことができるなど、多くの成果を上げてきました。しかし、評価が年に2回ということで、児童による自己の振り返りが不明確になってきていました。

一方、平成25年度から取り組み始めたキャリア教育では、基礎的・汎用的能力を、年間をとおして全体的に指導するという意識が強く、焦点化をして意図的・計画的に取り組むという点で課題がありました。

そこで、令和元年度から、2学期制のメリットを生かしながら、学期の半分の時期に自己を振り返るという四半期制の考え方を取り入れることとしたのです。2学期制(通知表は年2回)は堅持して、四半期ごとに、児童一人一人が4つの基礎的・汎用的能力をバランスよく高めることができるように焦点化することにしました。そして、四半期ごとのキャリア・パスポートを作成し自己評価させながら、意図的・計画的に、一人一人にアプローチしていく現在の四半期制の考え方に移行しました。

(2)育てたい資質・能力の設定

私たちの研究は、まず育てたい資質・能力を設定するところから始まりました。今、思い返せば、令和元年度の最初の年度は、「持久走記録会があるから、『あきらめずにやり遂げる』にしよう」「校外学習があるから、『人の話を最後まで聞く』にしよう」といった具合に、「○○があるから△△の力を付けよう」と活動優先の設定になっていた上に、学年間のざっくりとした話し合いで設定していたように思います。

そのような中、藤田晃之先生や町教育委員会のご指導により、目の前の子どもたちに必要な力に今以上にフォーカスすること、その資質・能力を育てるために教科等横断的な視点で教育活動を組み立てることを大切にすること等を学びました。

２年目の令和２年度、私たちが実践を積み重ねてつかんだ感覚は、「教師がその資質・能力を意識して意図的に指導すると、子どもたちも意識して伸びようとするんだ！」「クラスが、学年が、自然と一つにまとまっていくんだ！」でした。目の前の子どもたちにどんな資質・能力を身に付けさせたいか、目の前の子どもたちに必要な資質・能力は何だろうと学年で真剣に話し合い、設定することの大切さを実感しました。

(3)設定した資質・能力

令和２年度の第１四半期に設定した資質・能力は、下記のとおりです。

令和２年度　第１四半期（４～６月）　各学年の「育てたい資質・能力」一覧表

学　年	つくし・つばさ	１年	２年	３年	４年	５年	６年
重点化した資質・能力	自己理解・自己管理能力	自己理解・自己管理能力	自己理解・自己管理能力	キャリアプランニング能力	キャリアプランニング能力	自己理解・自己管理能力	人間関係形成・社会形成能力
	自己を知り見つめる力	自己を知り見つめる力	自己を知り見つめる力	見通す力	見通す力	自己を知り見つめる力	言葉と心でかかわる力
学年テーマ	５分前行動	元気なあいさつ返事をしよう	苦手なところを直して良いところを伸ばそう	次のことを考えて行動する力	目標達成のため計画を立てて行動する力	みんなちがってみんないい	相手や状況に応じてかかわり方を工夫する

学年テーマは、重点化した資質・能力を子どもたちに分かりやすくおろしたもの。
学年の教師は、子どもたちのやる気が出るように考えたり、子どもたちと一緒に考えたりしている。
学年テーマをもとに、子どもたちはなりたい自分を意思決定する。

重点化した資質・能力は、各学年の教師が、子どもたちに育てたい資質・能力を話し合って設定する。

令和２年度　第２四半期（７～９月）　各学年の「育てたい資質・能力」一覧表

学　年	つくし・つばさ	１年	２年	３年	４年	５年	６年
重点化した資質・能力	人間関係形成・社会形成能力	人間関係形成・社会形成能力	人間関係形成・社会形成能力	人間関係形成・社会形成能力	自己理解・自己管理能力	人間関係形成・社会形成能力	自己理解・自己管理能力
	言葉と心でかかわる力	言葉と心でかかわる力	言葉と心でかかわる力	言葉と心でかかわる力	自己を知り見つめる力	言葉と心でかかわる力	自己を知り見つめる力
学年テーマ	目・耳・心を向けて話を聞く	人のはなしは目を見てさいごまできこう	自分の思いを伝えよう	自分の考えを伝え人の考えをうけとる	自分のよさを伸ばそうマイナスもプラスにしちゃおう	自分からキャッチボールはじめてみない！？	自分や友だちのよさ発見！！

令和２年度　第３四半期（１０～１２月）　各学年の「育てたい資質・能力」一覧表

学　年	つくし・つばさ	１年	２年	３年	４年	５年	６年
重点化した資質・能力	課題対応能力	課題対応能力	課題対応能力	課題対応能力	課題対応能力	キャリアプランニング能力	キャリアプランニング能力
	失敗を恐れず取り組む	失敗を恐れず取り組む	失敗を恐れず取り組む	学習や行事にすすんで取り組む	難しいことでも失敗を恐れず挑戦する	分からないことや知りたいことは自分で調べたり人に聞いたりして解決する力	自分で工夫し学習・行動する
学年テーマ	まずは１つやってみよう！	さいごまであきらめないでがんばろう！	しっぱいをおそれずにがんばろう！	がんばりつづける！	やればできる!!あきらめないでチャレンジしよう!	新たな道(未知)を切り拓こう!!	Plan Do Check Action

令和２年度　第４四半期（１～３月）　各学年の「育てたい資質・能力」一覧表

学　年	つくし・つばさ	１年	２年	３年	４年	５年	６年
重点化した資質・能力	人間関係形成・社会形成能力	人間関係形成・社会形成能力	人間関係形成・社会形成能力	人間関係形成・社会形成能力	自己理解・自己管理能力	人間関係形成・社会形成能力	自己理解・自己管理能力
	夢や目標に向けて努力する	勤労、奉仕、体験に取り組む	夢や目標に向けて努力する	自己をみつめよりよい自分へと成長する	言葉と心でかかわる力	人の役に立つために何事にも進んで取り組む力	将来の夢や目標を意識して生活することができる
学年テーマ	なりたい自分になるためにできることからやってみよう！	みんなのためにできることをすすんでしよう	目ひょうにむかって自分で考えてどりょくしよう	もっと自分を知ろうやさしくて立派な４年生になるために	かかわり合う力 みんなが先生！高め合おう	今ある力を誰かのために次の自分のために	Story to Dream

令和３年度の育てたい資質・能力は下記のとおりです。

そして、３年目の令和３年度、校内研修では、「育てたい資質・能力を焦点化するときの拠り所に系統性があると学年の発達に合わせて育てていける」「棚倉小学校として、卒業までに目指すゴールの姿を明確にしたい」等、育てたい資質・能力を意図的・計画的・系統的に育てていくことが大切であることを話し合いました。そこで、次年度に向けて、規準表を作成することになりました。

令和３年度　第１四半期（４月～６月）　各学年の育てたい資質・能力一覧表

学　年	つくし・つばさ	１年	２年	３年	４年	５年	６年
重点化した資質・能力	自己理解・ 自己管理能力	人間関係形成・ 社会形成能力	自己理解・ 自己管理能力	自己理解・ 自己管理能力	キャリア プランニング能力	人間関係形成・ 社会形成能力	自己理解・ 自己管理能力
	適切な生活習慣を 身に付ける	言葉と心で かかわる力	適切な生活習慣を 身に付ける	自分に自信と 自己肯定感を もつ	次のことを 自分で考えて 行動する	言葉と心で かかわる力	他者との かかわりの中で 自分を見つめ 高め合う力
学年テーマ	自分から あいさつ ５分前行動	話を 最後まで きちんと 聞こう！	今、何を するべきか よく考えて 行動しよう	見ぃつけた みんなの いいところ	これからを 考えて 行動しよう	今こそ！！ チェンジ ～自分の力を 信じよう～	「和」 ～つながりの 架け橋を つくろう～

令和３年度　第２四半期（７月～９月）　各学年の育てたい資質・能力一覧表

学　年	つくし・つばさ	１年	２年	３年	４年	５年	６年
重点化した資質・能力	人間関係形成・ 社会形成能力	自己理解・ 自己管理能力	人間関係形成・ 社会形成能力	人間関係形成・ 社会形成能力	自己理解・ 自己管理能力	自己理解・ 自己管理能力	課題対応能力
	相手の気持ちを 考えて人の話を 最後まで聞く	時間やルールを 守って生活する	相手に分かり やすいように、 自分の考えや 気持ちを伝える	相手に分かり やすく伝える	自分に自信・ 自己肯定感を もつ	自分を知り、 見つめ、高める	失敗を恐れず、 挑み続ける
学年テーマ	目・耳・心を 向けて話を 聴こう	きまりを まもって にっこにこ！	みんなで協力 楽しい 学校生活に しよう！	伝え合おう！ みんなの思い	胸をはれる 自分になろう ～レベルアップ～	あの経験を 生かせ！ PDCA！！ ～自分の力を高めよう～	「超」 ～何度も挑戦！！ うまくいかなくて も、いいじゃん～

令和３年度　第３四半期（１０月～１２月）　各学年の育てたい資質・能力一覧表

学　年	つくし・つばさ	１年	２年	３年	４年	５年	６年
重点化した資質・能力	課題対応能力	課題対応能力	課題対応能力	課題対応能力	課題対応能力	課題対応能力	人間関係形成・ 社会形成能力
	失敗を恐れず 取り組む	失敗を恐れず 取り組む	失敗を恐れず 取り組む	難しいことでも失敗を 恐れずチャレンジし 最後まで あきらめないで がんばる力	これまでの 経験を生かして 進んで取り組む	難しいことでも失敗を 恐れずチャレンジし、 最後まで あきらめないで がんばる力	自分の置かれている 状況を受け止め、 役割を果たしつつ、 他者と 協力・協働する
学年テーマ	進んで やってみよう！	さいごまで あきらめないで がんばろう！	さいごまで あきらめないで がんばろう！	やってみよう！ あきらめないで	がんばり つづける！ レベルアップ	とにかくトライ! 一歩ふみ出す勇気 つらい時こそ もうひとふんばり	「協」創ろう! 自分たちの スクラム！！ その先には・・

令和３年度　第４四半期（１月～３月）　各学年の育てたい資質・能力の一覧表

学　年	つくし・つばさ	１年	２年	３年	４年	５年	６年
重点化した資質・能力	キャリア プランニング能力	キャリア プランニング能力	キャリア プランニング能力	キャリア プランニング能力	人間関係形成・ 社会形成能力	キャリア プランニング能力	キャリア プランニング能力
	１年間の学習や生活 でできたことを振り 返り今年の目標を 持つことができる。	夢や目標に 向けて努力する	夢や目標に 向けて努力する	夢や目標に向 かって自分で考 え計画を立てて 取り組む	相手に 分かりやすく 自分の考えや 気持ちを伝える	夢や目標に 向かって自分で 考え計画を 立てて取り組む	夢や目標に 向かって自分で 考え計画を 立てて取り組む
学年テーマ	「できた！」を 見つけて ステップ アップ！！	２年生に むかって レベルアップ！	３年生へ ジャンプ パワーアップ した 自分になろう！	ワンレベルアップ 未来の 自分のために	たくさん声を 出そう！ 問題解決に向けて	今から準備！！ 成長のために できること	「成」先を見通して 自分に合った計画を 立て決めたことを 必ず実行する Be Ambitious！！

（4）規準表の作成

規準表と言っても、まずは、教師が系統的に資質・能力を焦点化するための拠り所を作成することにしました。実践しながら修正していくこととしました。参考にさせていただいたものの一つに、島根県教育委員会様が作成された「学びを将来や社会につなぐ　キャリア教育ハンドブック」があります。

上段が、令和３年度末に作成した規準表です。下段が、学校経営ビジョンです。規準表を作成するときには、学校経営ビジョンに掲げる目指す姿からおろしました。

資質・能力 ＼ レベル				ゼロベース 習得以前	レベル1 単独習得	レベル2 複数組み立て	レベル3 関連付け・発展・応用
自己理解・自己管理能力	自己を知り見つめる	長所・短所の理解と個性の伸長を図る。	メタ認知	自己の長所・短所が分からない	自分の長所・短所が言える	自分の長所・短所を言え、得意なことを意識できる	自分の長所・短所を理解して、自分の得意分野を伸ばし苦手を克服しようと努力できる
		規則正しい生活習慣を身につける。	自制心	自分自身の感情や欲望がコントロールできない	自分の感情によらず、あいさつができ、時間を守ることができる	自分の感情をコントロールし、あいさつ、集団ルールの遵守、規則正しい生活ができる	自分の感情や欲望をコントロールし集団の中でルール遵守の規則正しい生活ができる
		自分に自信、自己肯定感を持つ。	自己肯定感	自分を肯定できず、自信がない	よいことをした時の気持ちよさに気づく	よいことをした自分を認め、自分を肯定できる	他者へ思いやりをもって接し、自己肯定感を高め、自信をもつことができる
		何ごとにも主体的に取り組む。	主体性	自分で決められない	自分の意思を表現できる	自分で考えて選んだり決めたりできる	自らやってみたい、自分で考えてみたいという気持ちで行動し充実感を得る
課題対応能力	考えてやりとげる	自分で疑問を持ち、追求する。	探究心	疑問をもたない	興味関心を示すことができる	興味関心をもったことに、粘り強く納得いくまで取り組める	興味関心をもったことに、粘り強く、工夫しながら集中して最後まで取り組める
		困難なことでも失敗を恐れず最後まで取り組む。	挑戦意欲	難しいことには取り組まない	自分には難しいと思っても、取り組むことができる	失敗を恐れず、何ごとも自分から取り組める	失敗してもめげずに、何度でも意欲をもって取り組み、最後までやりとげる
		自分で工夫し学習・行動する。	創造力	工夫できない	自分なりの工夫ができる	学習や日常生活を、よりよくしようとする考えを基に行動できる	学習や日常生活で、自分で考えた効率的なやり方で行動できる
		自己の行動を評価、改善する。	問題解決力	自分を振り返ることができない	自分を振り返ることができる	自分を振り返り、次の行動を考えることができる	自分の行動を内省し、工夫改善できる
人間関係形成・社会形成能力	言葉と心でかかわる	相手に分かりやすく考えを伝える。	伝える力	相手に分かるように話せない	自分の言葉で考えや気持ちを話すことができる	他者に自分の考えや気持ちが伝わるように理由をつけて話せる	他者に自分の考えや気持ちが分かりやすく伝わるように、言葉を選んで話せる
		先生や友達と対話ができる。	調整力	話を最後まで聴けない	話を最後まで静かに聴ける	疑問をもったり、自分の考えと比べながら聴くことができる	聴いた話に、質問や自分の意見を言える
		他者と協力・協働できる。	協調性	一緒に行動できない	一緒に行動できる	自分の考えを譲りながら、他者と協力できる	他者と折り合いをつけながら、協力、協働できる
		他者の個性を理解できる。	気づき	他者を責める	他者の良い行いが分かる	他者の良い行いを認め、感謝できる	他者の特徴を理解し、認め、許容できる
キャリアプランニング能力	見通す	夢や目標に向かって努力する。	行動力	努力しない	目標をもって、行動できる	夢や目標のために、継続して努力できる	夢や目標達成のために、粘り強く努力できる
		計画的に物事を進める。	自立心	予定を立てられない	物事を進める順序が分かる	先を見通して、計画を立てて実行できる	他者任せにせず、計画的に、順序立てて修正しながら物事を進めることができる
		目標を持って、意欲的に取り組む。	意欲	目標をもてない	夢や目標をもてる	夢や目標をもって意欲的に取り組もうとする	具体的な目標をもって、自分を理解しながら意欲的に取り組み続ける
		自己の役割、働く意義を理解する。	責任感	役割を果たせない	自分の当番を知り、自ら当番の仕事ができる	自分の役割を責任持って果たすことができる	自分の役割を責任持って果たし、役割を果たす充実感を感じることができる

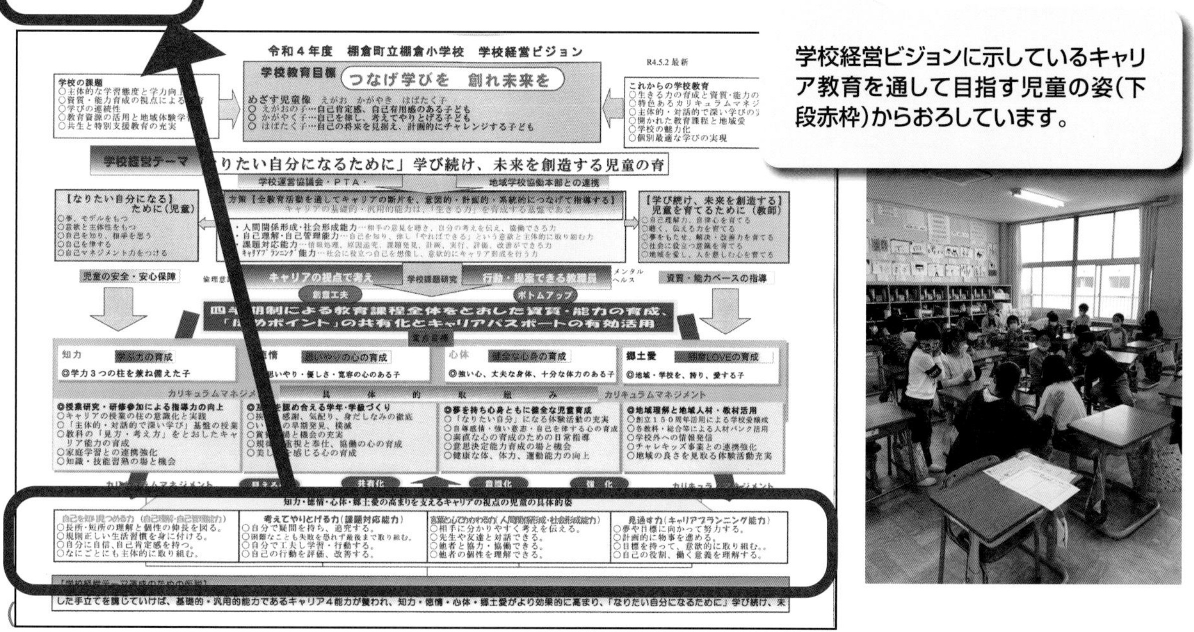

4年目となる令和4年度は、作成した規準表を拠り所として、育てたい資質・能力の設定を行っています。

令和4年度　第1四半期（4月～6月）　学年で育てたい資質・能力の一覧表

学　年	つくし・つばさ	1　年	2　年	3　年	4　年	5　年	6　年
育てたい資質・能力	自己理解・自己管理能力	人間関係形成・社会形成能力	自己理解・自己管理能力	人間関係形成・社会形成能力	人間関係形成・社会形成能力	人間関係形成・社会形成能力	キャリアプランニング能力
目指す姿	自分の感情によらずあいさつができ時間を守ることができる	最後まで話を聞くことができる	いつでもどこでもあいさつができ時間を守ることができる	相手のよさに気づくことができる	自分の考えや気持ちが伝わるよう理由をつけて話すことができる	友だちと折り合いをつけながら協力・協働することができる	6年生としての役割を理解して意欲的に取り組むことができる
学年テーマ	何てたって新学年自分もみんなも笑顔のスタート	「きく」に全集中！ゴールまで	1年生のお手本になろう	相手のいいところを発見しよう	ひとことプラス理由をつけて話そう	みんなで動こうOne Team 5年	ゴールをイメージし動こう

令和4年度　第2四半期（7月～9月）　学年で育てたい資質・能力の一覧表

学　年	つくし・つばさ	1　年	2　年	3　年	4　年	5　年	6　年
育てたい資質・能力	人間関係形成・社会形成能力	自己理解・自己管理能力	人間関係形成・社会形成能力	自己理解・自己管理能力	自己理解・自己管理能力	自己理解・自己管理能力	自己理解・自己管理能力
目指す姿	自分よさや友だちのよさを進んで見つけることができる	規則正しい生活習慣を身に付けることができる	自分の言葉で考えや気持ちを伝えることができる	自分のよさに気づくことができる	自分で考えて、選んだり決めたりして行動することができる	友だちのよいところを見つけたり、自分を見つめ直したりして、自分にはよいところがあると思うことができる	今までの様々な経験を生かし、困難な課題に対しても計画を立てて自己管理することができる
学年テーマ	よいところに目を向けて自分もみんなもレベルアップ	「みる」ことに全集中！そこに気づきがある！！	伝えよう！自分の思いを！	見つけよう自分のよさを育てようみんなのよさを	やる気をプラス！自分で考えて取り組もう	大発明！大発見！自分のいいところ！	発揮しよう！自分の力！

育てたい資質・能力を設定するときに私たちが大切にしていることは、以下の3点です。

・全国学力・学習状況調査や福島県が独自に行っているふくしま学力調査、町キャリア教育意識調査等、各種調査結果をもとに児童理解を深め、目の前の子どもたちに必要な資質・能力を焦点化・重点化すること。
・学校経営ビジョンに示すキャリア教育を通して目指す児童の姿から、各学年が育てたい資質・能力を設定すること。
・四半期ごとに、四つの基礎的・汎用的能力の中から、一つずつの資質・能力を設定すること。

(5)資質・能力の評価を指導に生かすために

本校では、資質・能力の評価として、大きく三つの取組を大切にして指導に生かしています。

1　日常的な「ほめポイント」の見取りを通した評価
2　キャリア・パスポートを通した評価
3　自己評価と教師評価を組み合わせた評価

それぞれの取組について、資質・能力をどのように育成しているかを次節で述べます。

四半期ごとの資質・能力の育成

（1）日常的な「ほめポイント」の見取りを通して

本校では、各学年で設定した育てたい資質・能力を「ほめポイント」として具体化し、教育活動全体を通して、見取り、認め、ほめています。そのことで、子どもたちの言動を価値付けたり、資質・能力が向上していることに気付かせたりしています。あわせて、「ここでは、この力を育てたい！」「ここでは、この力を発揮してほしい！」と意図した場面で、焦点化した資質・能力について、「ここで、この力を使って考えてみよう！」等と、声をかけています。

日々の生活の中で、焦点化した資質・能力を育てるために活用しているものの一つとして「スケジュールプランナー」と名付けている学習計画表があります。「スケジュールプランナー」は、毎日の学習や生活の計画を立て、振り返りながら、自己マネジメント力を育てることを目的として、高学年で作成、活用しています。低学年や中学年も、発達に応じた形式を作成、活用し、自己マネジメント力につながる素地づくりを行っています（４年生の取組については、第２章で紹介しました）。

こちらは、５年生の児童の一週間分のスケジュールプランナーです。

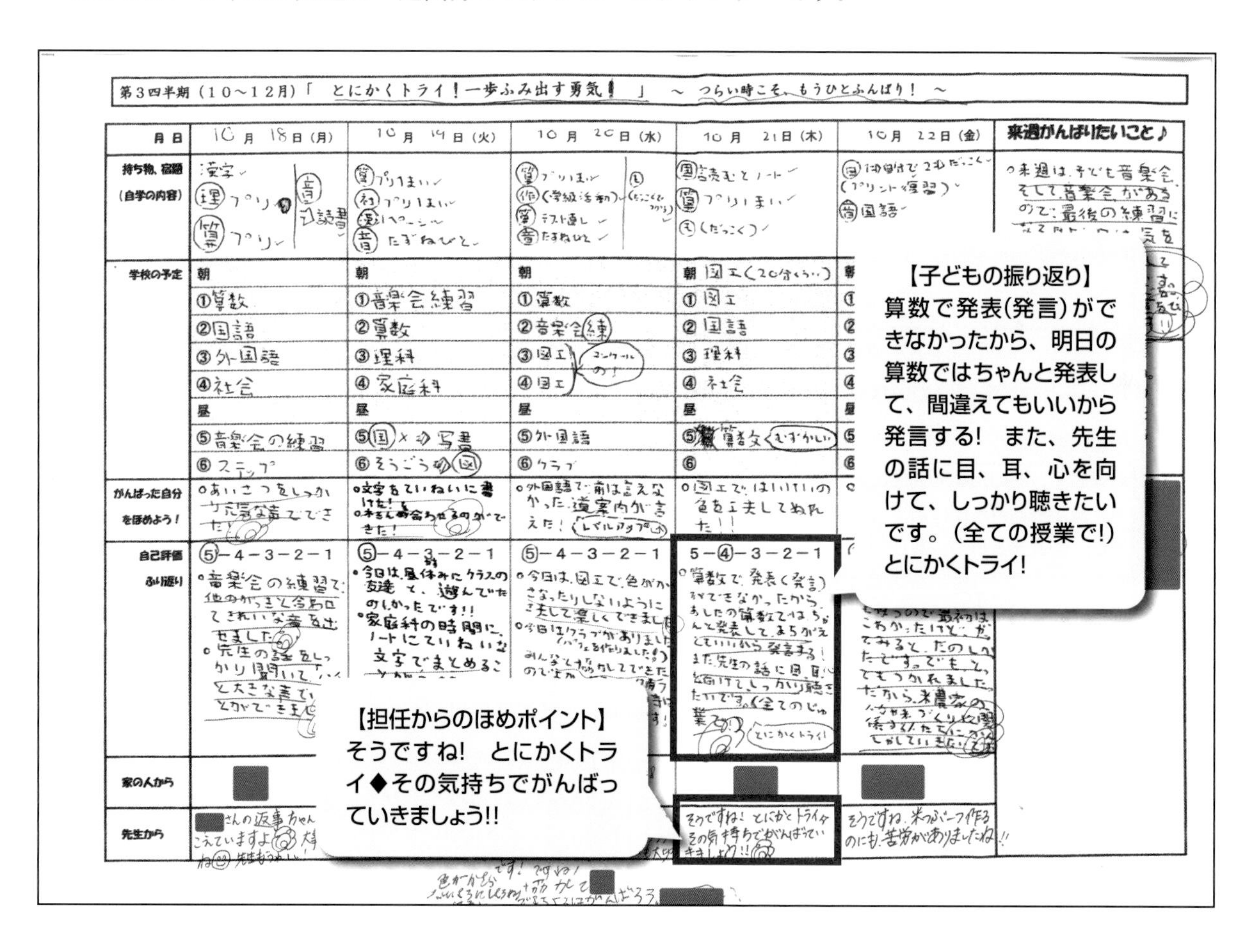

評価をもとに、フィードバックしたり全体に共有したりして、指導を積み重ねています。

(2)キャリア・パスポートを通して

子どもたちは、キャリア・パスポートを活用して、四半期ごとになりたい自分を意思決定し、それに近づくために努力したことを振り返って記述しています。教師は、子どもたち一人一人が記述したキャリア・パスポートから、一人一人のほめポイントを見取り、メッセージを記述しています。保護者もわが子のほめポイントを添えています。

<メッセージを添えるときに大切にしていること>

追手門学院大学　教授　三川俊樹先生にご指導いただいたことをもとに、子どもたちの学びの姿を肯定的に受容しながら、次の成長につながるようメッセージを添える。

参考資料　・文部科学省　国立教育政策研究所出版物「語る　語らせる　語り合わせる」
・広島県教育委員会「キャリア・ログ」

以下は、校内研修会にて全教職員で共通理解を図ったメッセージの書き方文例です。

キャリア教育充実のポイントⅡ　「メッセージの書き方文例１」

1　自己の経験を肯定的に捉え直すことができるメッセージ

児童の振り返り	先生からのメッセージ
漢字・算数コンクールの練習では，特に算数をがんばった。でも，本番では合格できなかった。残念だった。	算数コンクール，悔しかったね。でも，○○さんが自分で計画を立てて，毎日，自主学習ノートにがんばっていたことを，先生は覚えています。あなたは，算数コンクールで，グーンと成長しましたよ。

2　子どもが気づいていないよさや成長を伝えるメッセージ

児童の振り返り	先生からのメッセージ
委員会で，朝の仕事を先生に言われなくても，友だちと声をかけ合って，忘れずにできた。委員長として，責任をもってできた。	さすが委員長さん！でも，先生がもっとすばらしいなと思ったのは，同じ委員会の友だちが困っているときには助けたり，友だちの意見を取り入れたりしながら，全体のことを考えて取り組んでいた姿ですよ。

3　子どもが価値を置いていることをきっかけにして，さらなる自己理解へつなげるメッセージ

定期考査前の生徒の振り返り	先生からのメッセージ
昨日は久しぶりにバスケットボール部の練習がなかったので，Ｂ君と夕方まで遊んだ。夜は前々から楽しみにしていたテレビ番組を見ました。とても楽しかったです。	Ａさんはいつも部活動をがんばっていますものね。部活動がないときに思いきり羽を伸ばせてよかったですね。ただ，定期考査一週間前なので，先生は勉強もしてほしかったです。好きなバスケットボールに関わる仕事がしたいという大切な夢をかなえるために，思いきり勉強するのも必要ですね。持ち前の集中力と粘り強さを勉強でも発揮すれば，きっと夢にまた一歩近づくはずです。

下は、６年生の児童の第２四半期（７～９月）キャリア・パスポートです。児童の毎月の振り返りや四半期を通した振り返りから、教師は「ほめポイント」を見取り、本人へ声かけをしたり、メッセージを添えたりする等、個々の指導につなげています。あわせて、授業や短学活においても、児童個々の「ほめポイント」を全体に共有し、互いのよさを知り、互いに認め合う集団づくりの指導につなげています。

以下は、研修したことをもとに、担任が、児童の「ほめポイント」や次の成長につながる内容を記述したメッセージです。

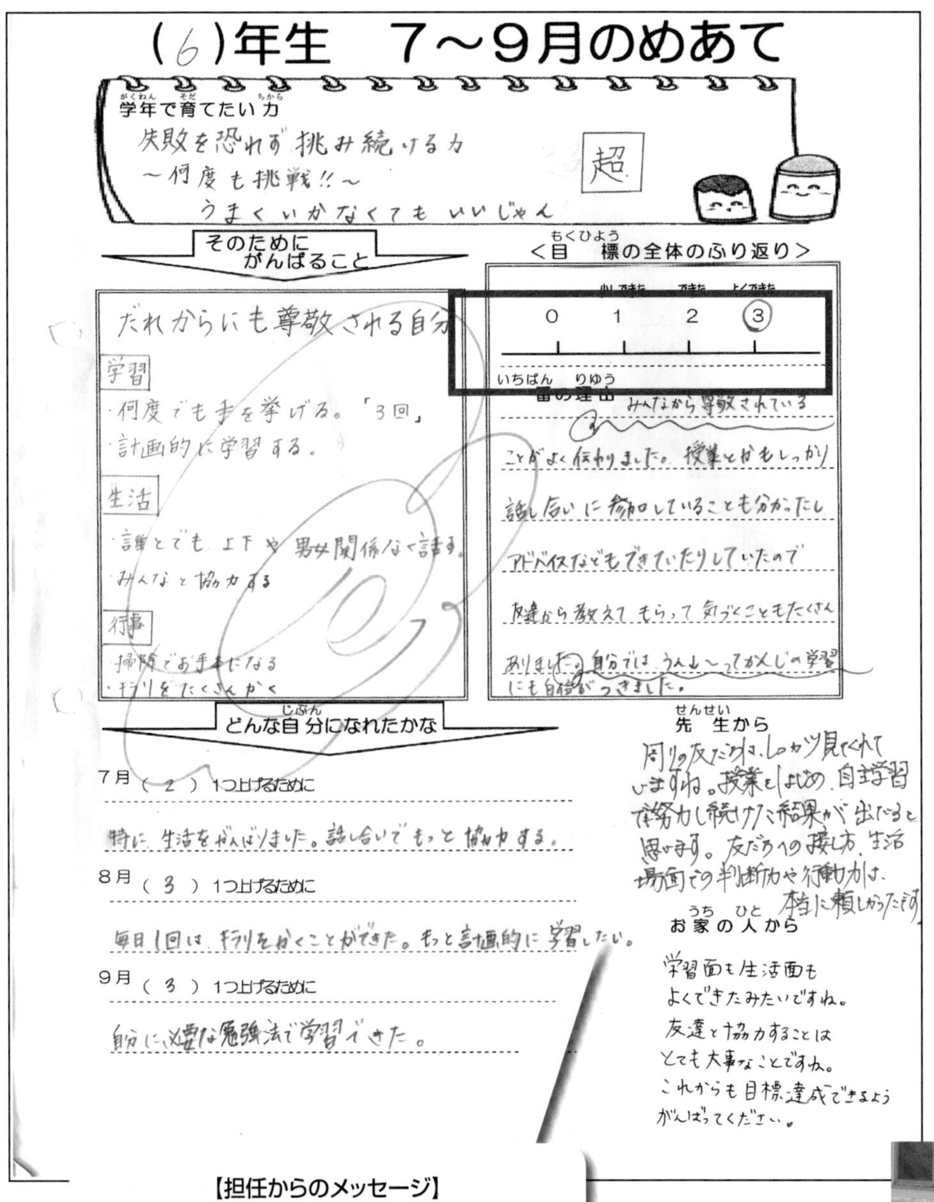
（6）年生　7～9月のめあて

学年で育てたい力
失敗を恐れず挑み続ける力
～何度も挑戦!!～
うまくいかなくても　いいじゃん
超

そのためにがんばること
だれからにも尊敬される自分
学習
・何度でも手を挙げる。「3回」
・計画的に学習する。
生活
・誰とでも上下や男女関係なく話す。
・みんなと協力する
行事
・掃除でお手本になる
・ドリルをたくさんかく

＜目標の全体のふり返り＞
少しできた　できた　よくできた
0　1　2　③
いちばんの理由
みんなから尊敬されていることがよく伝わりました。授業とかもしっかり話し合いに参加していることも分かったしアドバイスなどもできていたりしていたので友達から教えてもらって気づくこともたくさんありました。自分では「うんし～」ってかんじの学習にも自信がつきました。

どんな自分になれたかな
7月（2）1つ上げるために
特に生活をがんばりました。話し合いでもっと協力する。
8月（3）1つ上げるために
毎日1回はドリルをかくことができた。もっと計画的に学習したい。
9月（3）1つ上げるために
自分に必要な勉強法で学習できた。

先生から
周りの友だちは、しっかり見てくれていますね。授業をはじめ、自主学習を努力し続けた結果が出ていると思います。友だちへの接し方、生活場面での判断力や行動力は、本当に頼もしかったです。

お家の人から
学習面も生活面もよくできたみたいですね。友達と協力することはとても大事なことですね。これからも目標達成できるようがんばってください。

【担任からのメッセージ】

周りの友だちは、しっかり見てくれていますね。授業をはじめ、自主学習でも努力を続けた結果が出ていると思います。友だちへの接し方、生活場面での判断力や行動力は、本当に頼もしかったです。

(3)自己評価と教師評価

前頁のキャリア・パスポートの赤枠をご覧ください。キャリア・パスポートの詳細については、第5章をご覧いただきたいと思いますので、ここでは、評価をどのように指導につなげているかについてご紹介します。

数値による評価は、0を軸に「1少しできた　2できた　3よくできた」の3段階で肯定的に評価するスタイルをとっています。それは、子どもたちにも

・自分のよさに目を向けてほしい
・解決思考的な視点をもってほしい
・成功の根拠を見つめ、次の学びにつなげてほしい

というねらいがあるからです。

一方、教師評価については、「1していない　2あまりしていない　3どちらかといえばしている　4している」の4件法で評価しています。

それは、全ての子どもたちが意思決定したなりたい自分に近づくために、適切に評価し、方策を講じ、肯定的・対話的に指導するためです。四半期ごとのPDCAサイクルを大切にした指導に努めています。

下図は、研修全体会で先生方と共有した「児童の自己評価と教師評価の活用について」の資料です。

児童の自己評価と教師評価の活用について

1　名簿への記入の方法

白名簿	第1		第2		第3		第4	
	児童	教師	児童	教師	児童	教師	児童	教師
1 ○○ ○○	3	4						
2 ○○ ○○	3	4						
3 ○○ ○○	1	3						
4 ○○ ○○	2	1						
・	2	3						
・	2	3						
28 ○○ ○○	3	4						

2　評価規準

児童の評価	教師の評価
児童の評価ー1少しできた　まあまあできた 2できた 3よくできた　とてもできた	教師の評価ー1していない 2あまりしていない 3どちらかといえばしている 4している

3　留意点

・規準表を活用したり、日々の見取りをもとにしたりしながら、達成しているかどうかについて評価する。

・達成していない児童を全体で共有する。多くの目でがんばりを見取り称賛。個別支援。家庭との連携。など

・児童の自己評価と教師評価に差がある場合は、その要因を探り、個別支援。担任を中心に多くの目で肯定的・対話的にかかわる。家庭との連携。など

四半期ごとのマネジメントサイクル

(1)学期と評価サイクルを切り離す

学校における学期は、法的に定められたものです。棚倉町では、教育委員会規則が改定され、平成19年度より10月のスポーツの日の3連休を挟んで前期と後期に分れる2学期制が採用されました。小学校においては、以下の効果が挙げられ現在も継続実施されています。

① 学校生活にゆとりができ、学習や活動が楽しくなる。
② 学期が長くなり、個に応じて繰り返し学習などに取り組む時間ができる。
③ 授業時間が増え、勉強がより分かるようになる。
④ 夏休みや冬休みに向けて先生と相談する時間が増える。

ただ、6か月間という長いスパンの自己の振り返りには、小学生の発達段階として難しい面も見られるようになってきました。

一方、平成29年度公示の新学習指導要領においては、資質・能力の三つの柱が示されました。

これらについて自己を振り返る場合、評価スパンが長いことは、子どもたちにとって自己を振り返る視点が焦点化しにくく、自己を客観視しにくくなることにつながります。そこで、教科等における知識・技能を加味した資質・能力の振り返りは学期ごと(年2回の通知表)とし、教育課程全体で培われるキャリアの資質・能力の振り返りは、短期間にすることにしました。つまり、4能力の一つ一つを3か月間集中的に意識させ、振り返させるという学期と評価サイクルを切り離した四半期制を導入したのです。

(2)四半期で教育活動を行うよさ

四半期で教育活動を行うことのよさは、主に以下の2点が挙げられます。

【児童がなりたい自分のPDCAサイクルを回しやすい!】

6か月の評価サイクルでは、「取組の途中で目標が変わった児童に対応しにくい」「目標が児童の実態とずれていく」「児童の意欲が持続しない」などと、思うようにPDCAサイクルを意識した指導ができませんでした。

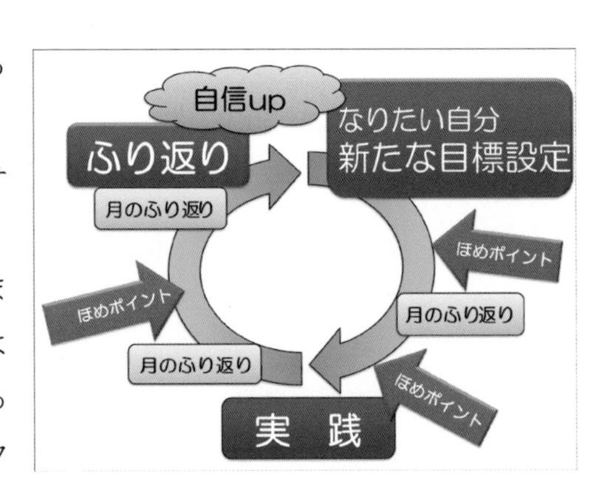

四半期制にしてからは、3か月という短期スパンをうまく活用して、「教師も児童もなりたい自分を意識できるようになった!」「児童のほめポイントを見取りやすくなった!」「児童の意欲が持続する!」などと、PDCAサイク

ルが回せるようになりました。

【育てたい資質・能力を一つずつ焦点化できる！】

四半期ごとに、「基礎的・汎用的能力」を構成している「自己理解・自己管理能力」「人間関係形成・社会形成能力」「課題対応能力」「キャリアプランニング能力」と重なる資質・能力を、目の前の児童の実態に応じて一つずつ焦点化することができます。年間を通して四つの能力全てを焦点化することができます。一つの四半期に一つの能力を意識して育てていきますので、教師にとっても、児童や保護者にとっても、シンプルで分かりやすくてとてもよいのです。

さらに、焦点化した一つの能力を育てる中で、その能力に重なり合う他の能力も引き上がるというレバレッジ効果があります。令和元年度の学校公開で、藤田晃之先生がレバレッジ効果について、風呂敷を能力に例えて、分かりやすくご指導してくださいましたのでご紹介します。

「ちょうど風呂敷を広げて、真ん中をつまんで引き上げます。そのまま、引き上げていくと、風呂敷の全てが引き上がっていきますね。焦点化した一つの能力を引き上げていくと、自ずと重なり合う能力も引き上がっていきます。」

このことが、レバレッジ効果と言われています。

４年生の児童の姿を例に取り上げてみます。４年生は、課題対応能力の「粘り強くやり遂げる」ことに焦点化しました。図画工作科の絵を描く学習で、本児は、自分の思いに合った山の色を表現するために、何度も試しながら混色して色をぬったり、これまでの学びを振り返っていろいろな表現方法を試したりしながら、「粘り強くやり遂げる」力を高めていく中で、友だちの表現のよさに気付いて自分の表現に取り入れたり、友だちに自分の表現方法についてのアドバイスをもらったりしました。つまり、「課題対応能力」につながる力を育てていく中で、「自己理解・自己管理能力」や「人間関係形成・社会形成能力」につながる力も同時に育てていくことができるのです。このように、シンプルに児童の資質・能力を育てていくことができるというところに、四半期のよさを感じています。

（3）四半期ごとに教育課程を検討

令和４年度から、四半期ごとに焦点化した資質・能力を、教育活動全体の計画を見通して「この行事とこの単元では、特に意識して育てていこう」と、教科等横断的な視点で行事や単元などを精選配列しています。

焦点化した資質・能力は、教育活動全体を通して育てていきますが、精選配列した単元などにおいては、特に意識して四半期間を指導していきます。

四半期ごとに教育課程を検討することのよさとして、次のようなことが挙げられます。

学校の教育目標「つなげ学びを　創れ未来を」の実現に向け、学校経営ビジョンに基づき、先生方が子ども達や地域の実態に合わせて教育課程を実施していますが、本校の素晴らしいところは、１年間を四つに分けて、キャリア教育の四つの基礎的・汎用的能力を四半期ごとに重点化し、その力を高めるための教育活動を、教科等横断的に仕組んでいくことです。例えば１年生を例にとってみると、第１四半期の育てたい資質・能力は「最後まで話を聞くことができる」でした。先生方は、その姿に近づくよう、日常の生活、授業、行事などの中に「ほめポイント」を設定し、意図的に教育活動を実施し、子どもの成長した姿で評価を行っていくのです。成長が見られた場合には、担任と限らず、どの教師もほめ認める言葉かけをします。改善が必要ならば、その分野を担う教師が実態を捉え、改善策を考えるというRV・P・D・C・Aサイクルがしっかりとできています。

また、学年ごとの「目指す姿」が具体的で、しかも子どもたちにも理解しやすい目標なので、児童も先生方も同じ思いをもち、なりたい自分になるために一人一人が学校での教育活動に取り組みやすいと感じています。

このように、学級単位、学年単位、学校単位で、教育目標具現化に向けて、子どもたちと教師が一丸となり日々の教育活動に取り組むことができています。　　（令和４年度　教頭）

今後、より効果的な単元などの精選配列について、児童の学びの姿をもとに、検証していき、次年度の教育課程につなげたいと思います。

以下は、各学年が精選配列した「キャリア教育関連表」です。

学年の廊下に掲示し、教師も子どもも確認できるようにしています。紙面の都合上、全ての四半期のキャリア教育関連表を掲載することはできませんが、各学年精選した一つの四半期分をご覧ください。

第2学年　第1四半期
目指す姿
いつでもどこでもあいさつができ、
時間を守ることができる
学年テーマ
1年生のお手本になろう！
月
4
5
6
交通教室
訓練
運動会
ハッピー&ハッピータイム
学級づくり
教科
特別活動
学級活動
「やくそくを守って
学習しよう」
生活科・総合
生活科
「はるだ！きょうから2年生」
道徳科
題材名
「学校たんけん」
（親切・思いやり）
振り返り

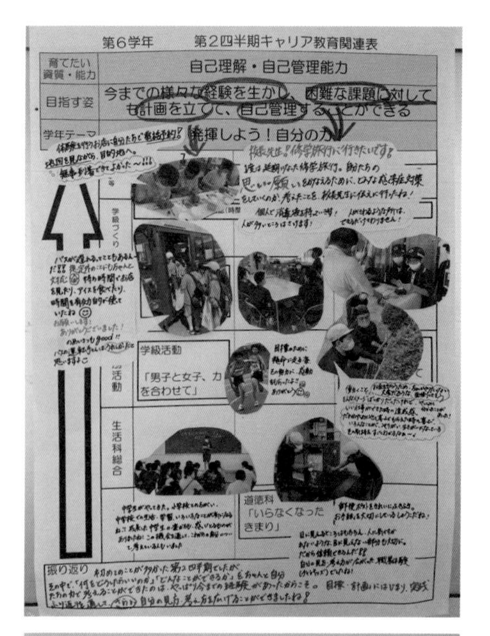
第6学年　第2四半期キャリア教育関連表
育てたい資質・能力
自己理解・自己管理能力
目指す姿
今までの様々な経験を生かし、困難な課題に対して
も計画を立てて、自己管理することができる
学年テーマ
発揮しよう！自分の力！
学級づくり
学級活動
「男子と女子、力を合わせて」
特別活動
生活科総合
道徳科
「いらなくなったきまり」
振り返り

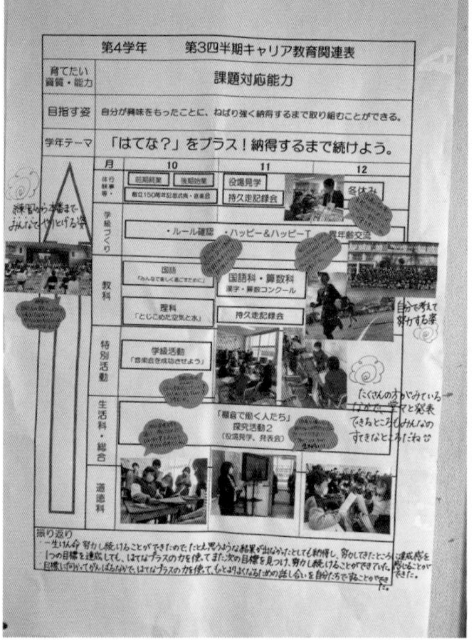
第4学年　第3四半期キャリア教育関連表
育てたい資質・能力
課題対応能力
目指す姿
自分が興味をもったことに、ねばり強く納得するまで取り組むことができる。
学年テーマ
「はてな？」をプラス！納得するまで続けよう。
月
10
11
12
役場見学
持久走記録会
冬休み
学級づくり
ルール確認
ハッピー&ハッピーT
国語科・算数科
持久走記録会
教科
特別活動
学級活動
生活科・総合
探究活動2
道徳科
振り返り

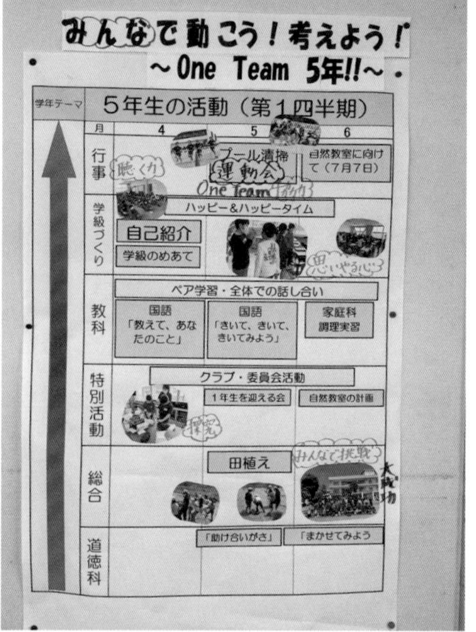
みんなで動こう！考えよう！
～One Team 5年!!～
学年テーマ
5年生の活動（第1四半期）
月
4
5
6
行事
運動会
プール清掃
自然教室に向けて（7月7日）
One Team
学級づくり
ハッピー&ハッピータイム
自己紹介
学級のめあて
ペア学習・全体での話し合い
教科
国語
「教えて、あなたのこと」
国語
「きいて、きいて、きいてみよう」
家庭科
調理実習
特別活動
クラブ・委員会活動
1年生を迎える会
自然教室の計画
総合
田植え
みんなで挑戦
道徳科
「助け合いがさ」
「まかせてみよう」

特別支援　第2四半期キャリア教育関連シート
目指す姿
自分のよさや、友だちのよさを
進んで見つける姿
学年テーマ
よいところに目を向けて
自分もみんなもレベルアップ
月
7
8
9
行事
自然教室
修学旅行
交流会
学級づくり
ハッピー&ハッピータイム
チャレキッズの準備
（自立活動）教科
自立活動
「プラス思考でいこう」
特別活動
生活科・総合
総合
「自然教室と私たち」
振り返り

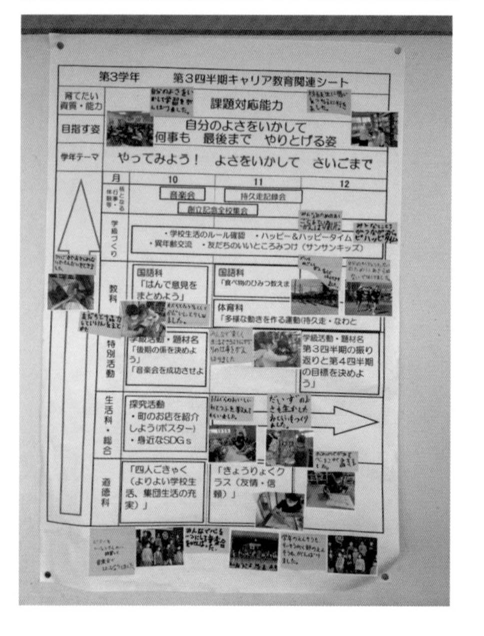
第3学年　第3四半期キャリア教育関連シート
育てたい資質・能力
課題対応能力
目指す姿
自分のよさをいかして
何事も　最後まで　やりとげる姿
学年テーマ
やってみよう！　よさをいかして　さいごまで
月
10
11
12
音楽会
持久走記録会
学校生活のルール確認　・ハッピー&ハッピータイム
異年齢交流　・友だちのいいところみつけ（サンサンキッズ）
学級づくり
教科
国語科
「はんで意見を
まとめよう」
国語科
体育科
「多様な動きを作る運動（持久走・なわと
特別活動
学級活動・題材名
第3四半期の振り返りと第4四半期の目標を決めよう」
生活科・総合
探究活動
・町のお店を紹介しようポスター
・身近なSDGs
道徳科
「四人ごきゃく
（よりよい学校生活、集団生活の充実）」
「きょうりょくクラス（友情・信頼）」

第1学年の実践

（1）実践事例１　令和３年度　第１四半期

＜運動会を中核にして＞

第１四半期に学年で育てたい資質・能力を「言葉と心でかかわる力」、学年テーマを「話を最後まで聞こう」と設定し、教育活動全体を通して育成しました。道徳科「みんなでたのしく」において、友だちの話を聞くことへの心情を養い、国語科「あつまってはなそう」や運動会練習において、話を最後まで聞くことができた姿を見取りほめました。高まった力を運動会本番、生活科「がっこうだいすき」のインタビュー活動につなぎ、学級活動の振り返りで、児童のよさ「ほめポイント」をみんなで共有し、第２四半期に学びをつなぎました。

＜担任の見取りによる児童の学びの姿＞

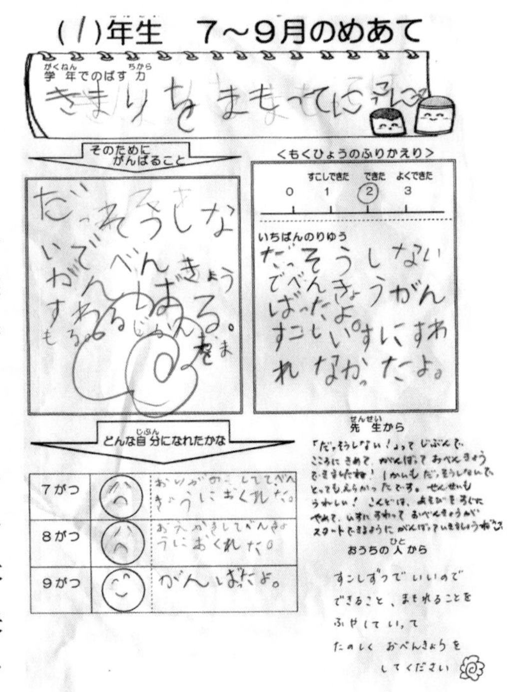

本児は、４月当初、教室外への離席があり、集団生活になじめませんでした。本児と話し合いながら約束事「長い針が○に来るまでに戻ってくる」等を決め、約束を守った姿をほめるという経験を積み重ねました。その日々の成功体験が自信となり、運動会のはじめの言葉に立候補することができました。見事に選ばれ、本番でも堂々とやり遂げました。

併せて、本児の話を聞く姿「ほめポイント」を迎えに来た保護者や他職員と共有し続けました。そうして、第２四半期の目標設定で、学年テーマ「きまりをまもってにっこにこ」のもと、本児は「脱走しないで勉強をがんばる」と意思決定することができました。第１四半期の学びをつなぎ、本児のきまりを守る姿「ほめポイント」を全体で共有し称賛しました。本児は席に着き話を聞いて学習し、困った友だちを助けるまでに成長しました。

本児は「脱走しないで勉強をがんばった」と振り返り、次のなりたい自分への意欲を高めたのです。

(2)実践事例2 令和2年度 第1四半期

<学校探検を中核にして>

第1四半期に学年で育てたい資質・能力を「規則正しい生活習慣を身に付ける」、テーマを「元気なあいさつ、返事をしよう」と設定し、重点的に育てることとしました。主に、朝の健康観察において、元気な声で返事ができた姿を見取り、道徳科「あいさつで」等で「ほめポイント」を意識してがんばっている姿を称賛しました。高まったあいさつへの意欲やスキル等の資質・能力を生活科「学校大すき」の学校探検につなげました。

<担任の見取りによる児童の学びの姿>

本児は、初めのうちは緊張して返事やあいさつをすることができませんでした。第1四半期の本児の目標「大きな声で返事やあいさつをしよう」を「ほめポイント」として意識させ、できたときには称賛することを繰り返し行ってきたところ、声が出なかった朝の健康観察の返事が堂々とできるようになりました。その様子を保護者に伝えたり、校長先生に学校便りで紹介してもらったりして、本児に関わる多くの人々から称賛や励ましの言葉をもらうようにしました。これらの働きかけによって、本児は他教科の学習にも自信をもって取り組めるようになり、生活科の朝顔の観察カードには、様々な視点で観察したことをまとめることができました。さらに、家庭では進んで妹に本を読んで聞かせることができるようになりました。

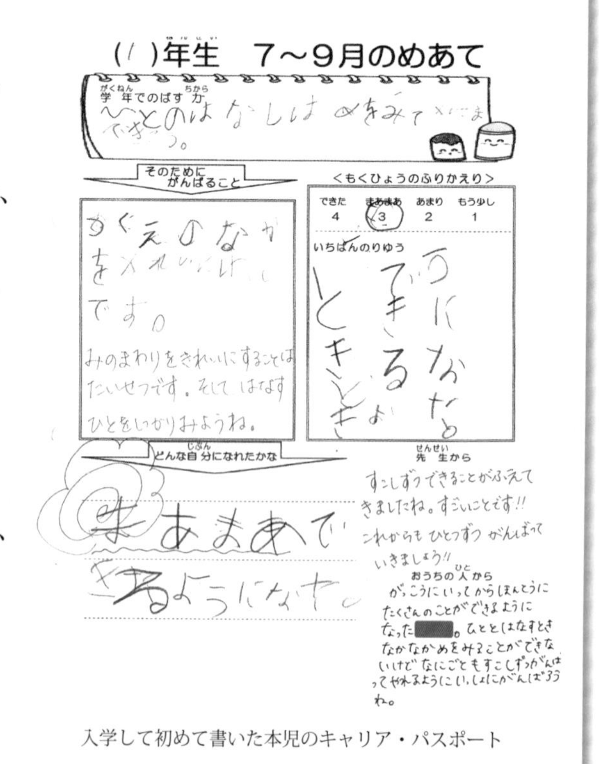

入学して初めて書いた本児のキャリア・パスポート

第2学年の実践

(1)実践事例1　令和２年度　第２四半期

＜夏季休業中の家庭生活を中核として＞

第２四半期に学年で育てたい資質・能力を「相手に分かりやすく伝える力」、テーマを「自分の思いを伝えること」と設定し、重点的に育てました。国語科「つたえたいことを発表しよう」で、自分の考えを分かりやすく伝えるための学習をきっかけにして、各教科等において自分の考えを伝える場を増やし、がんばっている児童の姿を見取り称賛しました。夏季休業中に、「ありがとう」や「ごめんなさい」など、自分の気持ちを伝えている姿を家庭と連携して見取り、称賛しました。さらに、以下の道徳科の授業実践を通して、自分の気持ちを自分の言葉で伝えていこうとする心情を育てました。

＜道徳科「ぐみの木と小鳥」の授業実践＞

「身近にいる人の身の上や気持ちに思いを寄せ、親切にしていこうとする心情を育てる」ことをねらい、設定した資質・能力を育てるために関連的に実践しました。担任が価値を深めるための話し合いをコーディネートし、「ほめポイント」を見取って「○○さん、きちんとお話できたね」等と細やかに言葉かけをしたことで、児童は自分の思いを「早く書きたい」と意欲的に取り組んだり、分かりやすく伝えようと発表をがんばったりしました。互いに思いを伝え合う場を意図的に設け、「ほめポイント」を見取り称賛したことで、思いやりについての価値を深めるとともに、「自分の思いを伝えること」を育てることにつながりました。

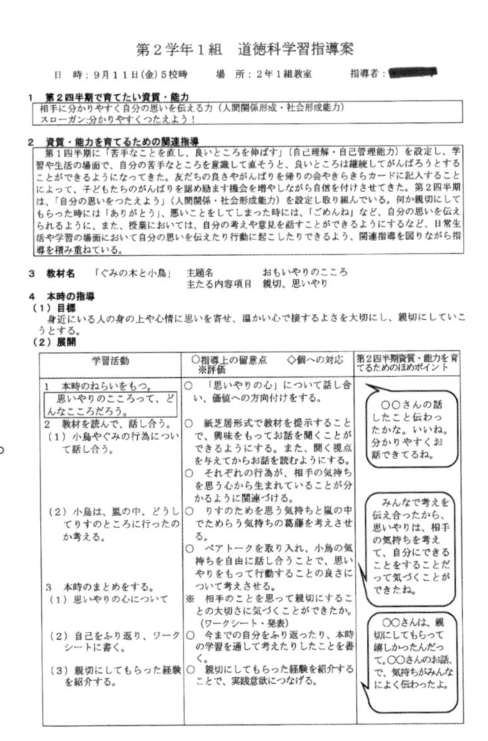

第２学年１組　道徳科学習指導案

日　時：９月１１日(金)５校時　　場　所：２年１組教室　　指導者：

1　第２四半期で育てたい資質・能力

相手に分かりやすく自分の思いを伝える力（人間関係形成・社会形成能力）
スローガン:分かりやすくつたえよう！

2　資質・能力を育てるための関連指導

第１四半期に「苦手なことを直し、良いところを伸ばす」（自己理解・自己管理能力）を設定し、学習や生活の場面で、自分の苦手なところを意識して直そうと、良いところは継続してがんばろうとすることができるようになってきた。友だちの良さやがんばりを帰りの会やきらきらカードに記入することによって、子どもたちのがんばりを認め励ます機会を増やしながら自信を付けさせてきた。第２四半期は、「自分の思いをつたえよう」（人間関係・社会形成能力）を設定し取り組んでいる。何か親切にしてもらった時には「ありがとう」、悪いことをしてしまった時には、「ごめんね」など、自分の思いを伝えられるように、また、授業においては、自分の考えや意見を話すことができるようにするなど、日常生活や学習の場面において自分の思いを伝えたり行動に起こしたりできるよう、関連指導を図りながら指導を積み重ねている。

3　教材名　「ぐみの木と小鳥」　主題名　おもいやりのこころ
主たる内容項目　親切、思いやり

4　本時の指導

（1）目標

身近にいる人の身の上や心情に思いを寄せ、温かい心で接するよさを大切にし、親切にしていこうとする。

（2）展開

学習活動	○指導上の留意点　◇個への対応　※評価	第２四半期資質・能力を育てるためのほめポイント
1　本時のねらいをもつ。 思いやりのこころって、どんなこころだろう。	○　「思いやりの心」について話し合い、価値への方向付けをする。	○○さんの話したこと伝わったかな。いいね。分かりやすくお話できてるね。
2　教材を読んで、話し合う。 （1）小鳥やぐみの行為について話し合う。	○　紙芝居形式で教材を提示することで、興味をもってお話を聞くことができるようにする。また、聞く視点を与えてからお話を読むようにする。 ○　それぞれの行為が、相手の気持ちを思う心から生まれていることが分かるように関連づける。	
（2）小鳥は、嵐の中、どうしてりすのところに行ったのか考える。	○　りすのためを思う気持ちと嵐の中でためらう気持ちの葛藤を考えさせる。 ○　ペアトークを取り入れ、小鳥の気持ちを自由に話し合うことで、思いやりをもって行動することの良さについて考えさせる。	みんなで考えを伝え合ったから、思いやりは、相手の気持ちを考えて、自分にできることをすることだって気づくことができたね。
3　本時のまとめをする。 （1）思いやりの心について	※　相手のことを思って親切にすることの大切さに気づくことができたか。（ワークシート・発表）	
（2）自己をふり返り、ワークシートに書く。	○　今までの自分をふり返ったり、本時の学習を通して考えたりしたことを書く。	○○さんは、親切にしてもらって嬉しかったんだって。○○さんのお話で、気持ちがみんなによく伝わったよ。
（3）親切にしてもらった経験を紹介する。	○　親切にしてもらった経験を紹介することで、実践意欲につなげる。	

（2）実践事例2　令和３年度　第４四半期

<アルバムづくりを中核として>

第４四半期に学年で育てたい資質・能力を「夢や目標に向けて努力する」、学年テーマを「３年生へジャンプ！パワーアップした自分になろう」と設定し、教育活動全体を通して育成しました。学年テーマをもとに、全ての児童のなりたい自分を各自の机に提示し、常に意識できるようにしました。漢字・算数コンクールに向けては、計画的に自主学習に取り組みパワーアップしている姿を見取り、保護者と共にほめました。国語科「楽しかったよ２年生」では、目標達成に向けてパワーアップしたことを全体で振り返るとともに、その学びを生活科「あしたへジャンプ」につなぎ、自他の成長を実感させました。第４四半期の学級活動では、「棚小モデル」をもとに授業を行い、第４四半期と１年間のがんばりをみんなで振り返り、次の２年生に応援の手紙を書きました。児童が書いた手紙からは、この１年間で身に付けた力や進級への意欲が伝わってきました。

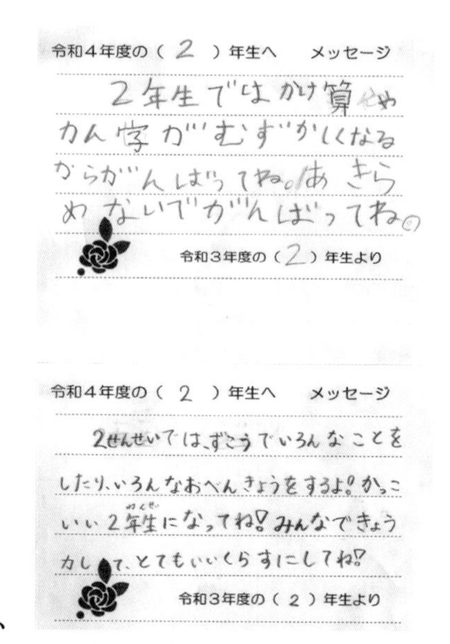
令和4年度の（ 2 ）年生へ　メッセージ
2年生ではかけ算や
カん字がむずかしくなる
からがんばってね。あきら
めないでがんばってね。
令和3年度の（2）年生より

令和4年度の（ 2 ）年生へ　メッセージ
したり、いろんなおべんきょうをするよ!かっこ
いい2年生になってね!みんなできょう
令和3年度の（ 2 ）年生より

<担任の見取りによる児童の学びの姿>

困難な場面にぶつかると泣いて前に進めなかった本児が、「前回の算数コンクールでは満点が取れなかったけど、次は満点を取りたい」と目標を意思決定しました。目標達成に向けてがんばったが、満点は取れませんでした。しかし、本児は、「今度は取りたい」と振り返り、あきらめずに次の目標に向かうことができました。挑戦し続けよう！　学び続けよう！　とする姿が見られ、大きな成長を感じました。併せて、「みんなで優しくし合って楽しい学校生活にしたい」という目標も立て、友だちのよさに目を向けて生活することができました。本児の振り返り「目標を達成でき、楽しく生活できた」から、自信に満ち溢れたパワーアップした姿が伝わりました。

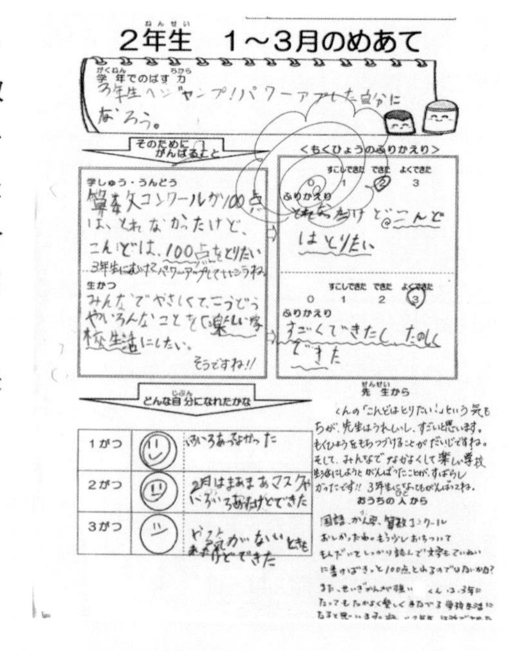

第3学年の実践

(1)実践事例1　令和3年度　第2四半期

<総合的な学習の時間「グルメPR大作戦」を中核として>

夏季休業も位置づけられている第2四半期に学年で育てたい資質・能力を「相手に分かりやすく伝える力」、学年テーマを「伝え合おう！　みんなの思い！」と設定し、教育活動全体を通して育成しました。算数科「かけ算の筆算」や学級活動「夏休みの計画」では、自分の考えを伝え合う場を意図的に設け、相手を意識して伝えている姿を見取りほめました。そのことが、自己マネジメント力の育成にもつながりました。伝える力の高まりを総合的な学習の時間「グルメPR大作戦」につないだことで、町の店の魅力を分かりやすく発信することができました。

<担任の見取りによる児童の学びの姿>

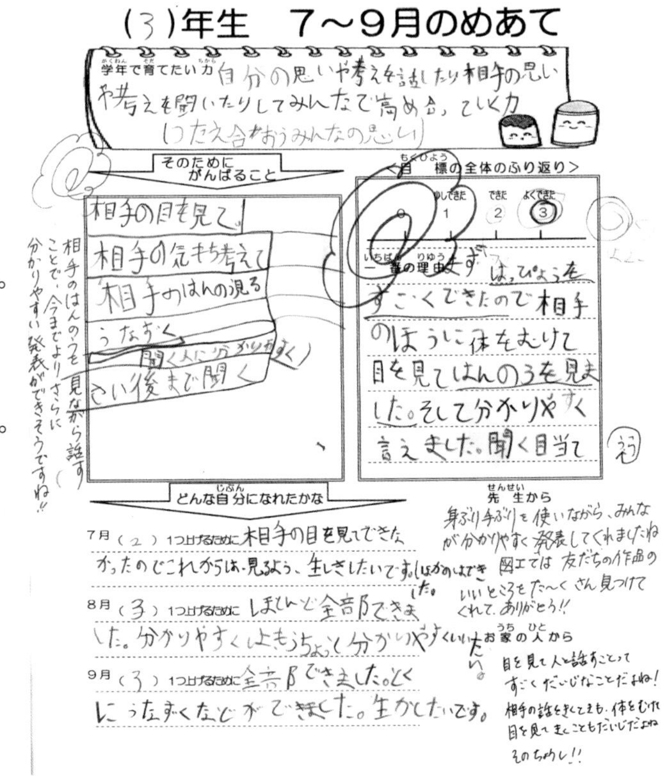

学習や生活に意欲的な本児は、学年テーマのもと、「相手の目を見て相手の気持ちや反応を見ながら伝える」と目標を意思決定し努力しました。算数科で発表する友だちが戸惑っていると「大丈夫だよ。『伝え合おう』だよ」と声をかける等、常に育てたい資質・能力に立ち返りながら学習していました。総合的な学習の時間には、「理科でもやった」、「社会でも勉強した」と学びのつながりを意識しながら学習していました。本児は、「相手に体を向けて反応を見た」と振り返り、教師や保護者からも身振り手振りを使いながら発表できたことをほめられたのです。こうして、自己の目標や学びのつながりを意識して学び続けている姿に成長しました。

第4学年の実践

(1)実践事例1　令和2年度　第1四半期

<運動会を中核として>

学年で育てたい資質・能力を「自分で考え計画を立てて取り組む」、学年テーマを「計画を立てて行動する」と設定し、重点的に育てることとしました。

主に、学習計画表「スケジュールプランナー」を活用して、目標達成のために計画を立てて取り組んでいる姿を見取り、学級活動「自分、友達のよいところ」で「ほめポイント」を称賛しました。そして、計画を立てて行動する力を運動会成功のために発揮できるよう関連的に指導しました。

さらに、見取った児童の「ほめポイント」を毎日の短学活や算数科で称賛するとともに、計画を立てて行動することへの意欲を高めることができました。

<担任の見取りによる児童の学びの姿>

本児は、当初から自分のことは自分でできる児童でしたが、自ら計画を立てて実行する姿を「ほめポイント」として称賛し意識させたところ、自主学習や運動に計画的に取り組めるようになりました。自主学習では、自分の力に合わせて、社会科の都道府県や環境などについて幅広く取り組むことができました。

根気強く取り組むことで、学力も確実に伸びています。「計画を立てることが好きになった」という本児の振り返りの言葉にも成長を感じ、さらに称賛しました。

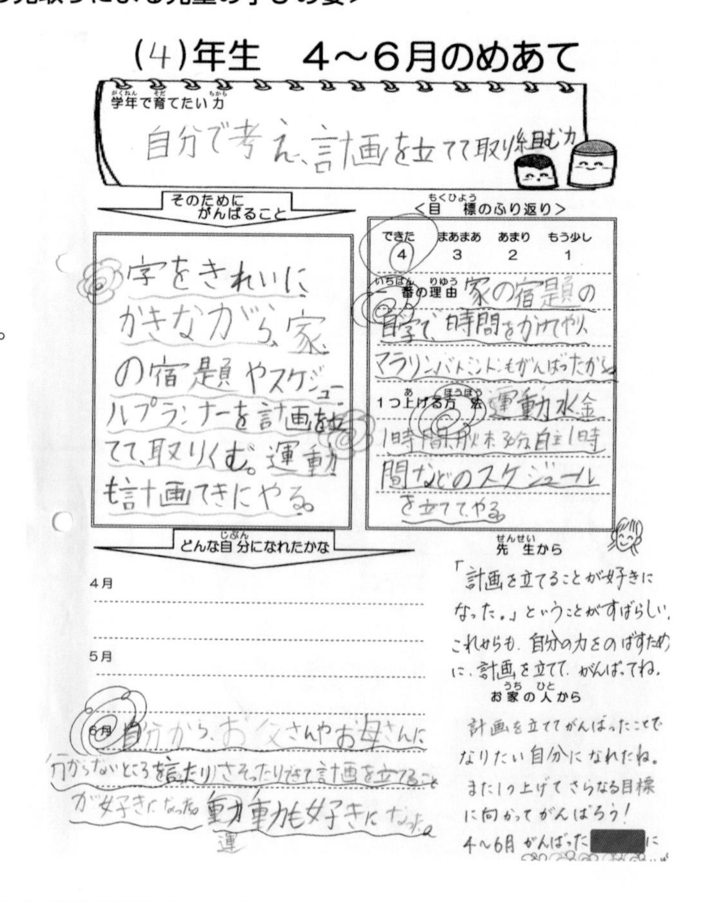

(4)年生　4～6月のめあて

学年で育てたい力
自分で考え、計画を立てて取り組む力

そのためにがんばること
字をきれいにかきながら、家の宿題やスケジュールプランナーを計画を立てて、取りくむ。運動も計画てきにやる。

<目標のふり返り>
できた 4　まあまあ 3　あまり 2　もう少し 1
一番の理由　家の宿題の自学で時間をかけてやり、マラソンバドミントンもがんばったから。
1つ上げる方法　運動水金1時間、休日自主1時間などのスケジュールを立ててやる。

どんな自分になれたかな
4月
5月
6月　自分から、お父さんやお母さんに分からないところを言ったりさそったりできて計画を立てることが好きになった。運動も好きになった。

先生から
「計画を立てることが好きになった。」ということがすばらしい。これからも、自分の力をのばすために、計画を立てて、がんばってね。

お家の人から
計画を立ててがんばったことでなりたい自分になれたね。また1つ上げてさらなる目標に向かってがんばろう！
4～6月 がんばった■■■に

（2）実践事例２　令和３年度　第３四半期

＜総合的な学習の時間、持久走記録会、国語科、道徳科等を位置づけ、関連指導を通して課題を解決する力を育成＞

第３四半期に学年で育てたい資質・能力を「これまでの経験を生かして進んで取り組む力」、テーマを「がんばりつづける！　レベルアップ」と設定し，教育活動全体を通して育成しました。持久走記録会に向けては、目標を決めて根気強く練習を積み重ねている姿を見取りほめました。タブレット端末を活用して練習前と本番後の様子を可視化し、児童に自己の成長やがんばり続けることの大切さを実感させました。

進んで根気よく取り組む力を総合的な学習の時間「棚倉で働く人たち」の探究学習につなぎ、課題解決のために役場職員へ意欲的に聞き取りをしたり、聞き取りをもとに各課ごとのパンフレットを作成したりしてがんばり続けている姿を見取りほめました。

さらに、以下の授業実践において、がんばり続けたことをつなぎ、働くことのよさについて学びを深めました。

＜総合的な学習の時間「棚倉で働く人たち」の授業実践＞

役場見学を通して学んだことを生かし、働くことについての理解を深めることをねらって実践しました。作成したパンフレットや友だちとの対話をもとに働く人たちの思いを共有したことで、児童は働くことのよさに気付くことができました。

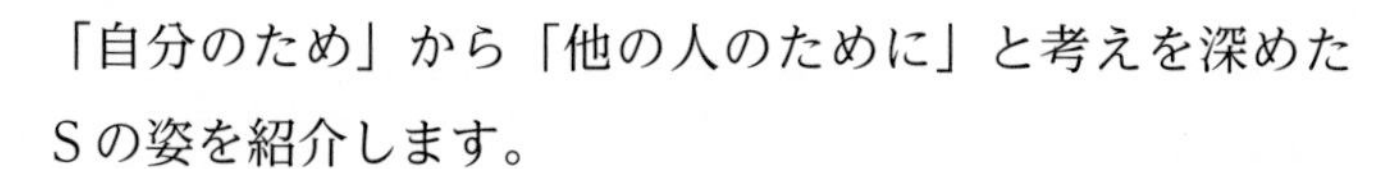

「自分のため」から「他の人のために」と考えを深めたＳの姿を紹介します。

＜担任の見取りによるＳの学びの姿＞

＜授業導入＞

Ｔ：何のために働くのだろう。

Ｓ：野菜のお金と子どものため。（記述）

＜展開＞

Ｓが、パンフレットを見たり、友だちと意見を交流したりしながら、働いてみたい課を考え続け、課題を解決している姿を見取りほめた。

＜授業終末＞

Ｔ：何のために働くのか。

Ｓ：自分が楽しくて、人のため、地域の誰かのために働く。それは自分のためになるから。（記述し発表）

第5学年の実践

(1)実践事例1　令和3年度　第3四半期

<音楽会、持久走記録会、算数科、外国語科、短学活等を位置づけ、関連指導を通してあきらめない力を育成>

第３四半期に育てたい資質・能力を「難しいことでも、失敗を恐れずチャレンジし、最後まであきらめないでがんばる力」、学年テーマを「とにかくトライ！　一歩ふみ出す勇気！　つらい時こそもうひとふんばり」と設定しました。この背景として、「困難なことがあると一歩引いてしまう姿を、まずはトライして前向きに挑戦する姿に変えたい」という願いがありました。また、第２四半期に向上した「高い目標を立てて自分を振り返る力」をつなげて、「DO(実行)の力を育てたい」という学年の強い思いがありました。そのために、位置付けた教科を中心に、授業では「できる！　できる！」の課題を提示し、自力解決の場を設定し、ふみ出そうとした姿を見取りほめました。

高まった力を音楽会や持久走記録会につなぎ、結果よりも個々のトライ、集団のトライを見取りほめました。併せて、見つけた友だちのよさを「キラリンスマイル」のカードに書き、短学活を活用して認め合う学級づくりに努めました。

<担任の見取りによる児童の学びの姿>

控えめだが学習意欲がある本児は、学年テーマのもと、「発表をがんばりたい。間違えてもいいからやらないで後悔するよりやって後悔する方がいい」と目標を意思決定しました。自信をもって授業で発表するために、自学の内容を工夫し、休み時間には、友だちと自学ノートを見せ合い、アドバイスし合いました。

コミュニケーションに苦手意識のある本児が、外国語科の授業では困っている友だちに物おじせずに教える姿が見られ、称賛しました。

第３四半期の振り返りで「発表ができるようになった。自学が進んでできた。何事にも逃げずに向かっていけた」と記述し、加えて「みんなが聞いてくれるから発表をがんばれる」と全体に発表しました。

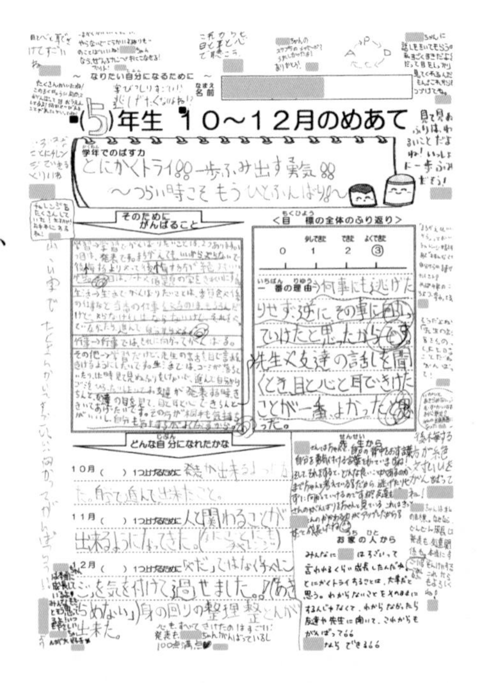

(2)実践事例２　令和３年度　第４四半期

＜国語科、道徳科、６年生へつなぐ活動などを関連指導し、先を見通す力を育成＞

第４四半期に育てたい資質・能力を「今ある力を誰かのために、次の自分のために」と設定し、国語科や道徳科などを位置付けて、関連指導しました。

学級活動「第４四半期の振り返り」では、計画的に学習できたこと、友だちの学びを深める発言ができたこと、６年生の姿から自分を見つめ高めるように努力したことなど、がんばった姿を全体で共有し、最高学年への意欲を高めました。

＜通知表を通して保護者に知らせた児童の成長の姿＞

「人任せにせず先のことを考えて行動する」という目標をもち、計画を立てて実行したり準備を確実にしたりしながら生活することができました。国語科の読み取りの学習では、手順や方法を考えて疑問を解決することができ、自分の意見や感想を堂々と述べて理解を深めることができました。そうした経験を積み重ねることで自信を深め、社会科や算数科の学習でも考えを発表することができました。道徳科の「ふるさと」では、朝ボランティアをなぜやるのかを真剣に考え、伝統を引き継ぐことの大切さと誰かの役に立つことの喜びに気付き、６年生からのバトンをしっかり引き継ごうと考えてボランティアや委員会活動に取り組むことができました。

困っている友だちや下級生の役に立つという目標をもち、進んで声をかけたり分からないことを優しく教えたりすることができました。国語の「あなたはどう考える」では、同じテーマの友だちと話し合って相手の反論を予想し、説得力のある意見文を書くことができました。なわとび記録会では、下級生がのびのびと競技できるように優しく声をかけたり、応援したりして上級生らしい行動ができました。道徳の「ふるさと」では、みんなが使う場所をきれいにすると心もきれいになるということに気付き、朝のボランティア活動に意欲的に取り組むことができました。人の役に立つ喜びを実感し、最高学年になるという自覚をもって生活できました。

第6学年の実践

(1)実践事例1　令和3年度　第3四半期

<町交流学習を中核として、総合的な学習の時間、道徳科、学習計画表等を位置づけ、関連指導を通して他者と協力・協働する力を育成>

第3四半期に育てたい資質・能力を「自分の役割を受け止め、友だちと協力・協働する力」、学年テーマを「創ろう！　自分たちのスクラム」と設定しました。

道徳科「ブランコ乗り」や総合的な学習の時間「地域の伝統　和太鼓演奏」を通して、多様性を受け入れることの大切さや、他者と協力・協働することの喜び等の学びを、町交流学習における他校児童との関係づくりにつなげました。

併せて、毎日、学習計画表の児童の振り返りに目を通して児童のよさを見取りほめました。加えて、職場体験に来た中学生に小学校と中学校の学びについて語ってもらう場を設定し、学びのつながりや意義を実感させました。振り返りでは、目標達成に向けて努力した経験等、自他の成長を全体で共有し、中学校へ学びをつなぎました。

<担任の見取りによる児童の学びの姿>

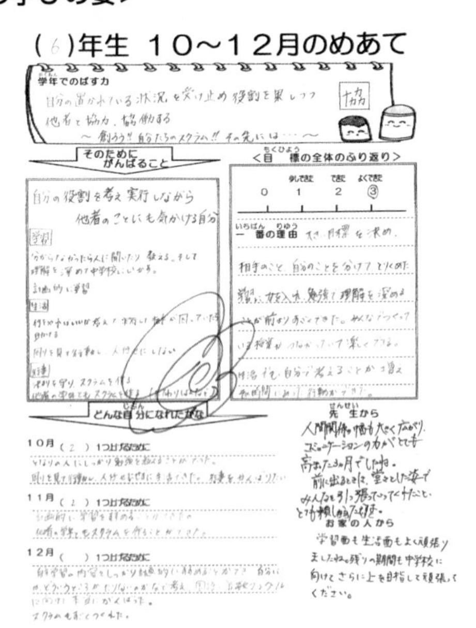

(6)年生　10～12月のめあて

学年でのばす力
自分の置かれている状況を受け止め役割を果しつつ他者と協力、協働する
～創ろう!! 自分たちのスクラム!! その先には…～
協力

そのために　がんばること
自分の役割を考え実行しながら他者のことにも気かける自分

<目標の全体のふり返り>
0　1 少しできた　2 できた　③ よくできた
一番の理由

どんな自分になれたかな
10月 (2) 1つ上がるために
11月 (2) 1つ上がるために
12月 (　) 1つ上がるために

先生から
人間関係の幅も大きく広がり、コミュニケーションの力がとても高まった3ヵ月でしたね。前に出るときは、堂々とした姿でみんなを引っ張っていってくれたこと、とても頼もしかったです。

お家の人から
学習面も生活面もよく頑張りましたね。残りの期間も中学校に向けてさらに上を目指して頑張ってください。

何事にも意欲的に取り組む本児は、学年テーマのもと、目標を「自分の役割を考えながら実行し、他者のことにも気をかける自分」と意思決定しました。学習計画表を活用し、中学校の学習を意識しながら自分にどんな力が足りないのかを考え、計画を立て学び続けました。それにより、本児は授業でも積極的に自分の考えを発表したり、自ら友だちに教えたりできるようになりました。本児は「学習に力を入れ、理解を深めることがすごくできた。みんなでつくっている授業がつながって楽しくなる」と振り返りました。このようになりたい自分を目指しがんばっている姿を、学習計画表や自学ノートから見取りほめました。自信を高めた本児は、町交流学習でも意欲的に他校児童と協力・協働し、「スクラムを組むことができた」と振り返りました。みんなから信頼されクラスをリードする存在に成長しました。

さらに、以下の授業実践において、学び続けることについての理解を深めました。

<学級活動「学びの習慣づくり」の授業実践>

なりたい自分に近づくための学びについて考え、具体的に行動につなげるために実践しました。事前に録画した中学生や保護者等のメッセージを提示したことで、児童は今の学びと今後の学校生活や社会生活とのつながりについての理解を深めることができました。加えて、友だちと考えを交流する場を３回設けたことは段階的に学びを深めるために有効でした。児童は「どんな勉強でも視点を変えれば必ずつながる」と話していました。

第６学年１組　学級活動（３）学習指導案

日　時：１２月１０日(金)５校時　　場　所：６年１組教室　　指導者：

1　第３四半期で育てたい資質・能力

自分の置かれている状況を受け止め，役割を果たしつつ，他者と協力・協働する
「創ろう！！自分たちのスクラム！！その先には･･･」　　（人間関係形成・社会形成能力）

2　資質・能力を育てるための関連指導

第３四半期では，「自分の置かれている状況を受け止め，役割を果たしつつ，他者と協力・協働する」を育成するために，国語科や社会科等の教科，音楽会や町の交流学習等の学校行事等において，自分の役割や状況を自覚して努力したり，協力して話し合ったりしている姿を見取り称賛している。協力することのよさを実感できるよう，意図的・計画的に指導している。

3　単元名　学びの習慣づくり

4　本時の指導

（1）目標

これまでの学びの振り返りや様々な立場の方からの話をもとに，友だちとの対話的な関わりを通して，学ぶことの意義や生涯にわたって学び続けることの大切さについて考え，自分が実践することを意思決定することができる。

（2）展開

学習活動	○キャリアの視点に基づいた指導上の留意点 ◇個への対応　※評価	第3四半期の資質・能力を育てるためのほめポイント
1　今年１年間での学び続けてきた姿をふり返る。 2　学習課題を確認する。 なぜ学び続けることが大切なのかな。	○　キャリア・パスポートや写真等でこれまで学び続けてきた姿を振り返ったり，アンケートの結果から学び続けることへの関心の高さを示したりすることで，本時への課題意識を高めることができるようにする。	
3　課題を解決する。 （1）自分の考えをもち，友だちと交流する。 ・現段階での自分の考えを書く。	○　様々な立場の方の考えに触れたり，友だちと交流したりすることを通して，解決への見通しをもち，自分の考えをもつことができるようにする。	自分の立場や状況を考えて発言したり，傾聴したりしている姿
・先輩の話の動画を視聴して自分の考えを書く。	◇　Ｓ児が学習課題について理解し，自分事として考えることができるように机間指導をしながら声かけをする。	
・保護者，中学校の先生の話の動画を視聴して自分の考えを書く。	○　学び続けることの大切さや学んだことの生かし方について気付き，記述している児童を称賛することで，粘り強く課題を解決することができるようにする。	話合いを通して，学びが深まることを実感しながら，協力・協働のよさに気付いている姿
（2）全体で話し合う。	○　全体での話合いを通して，多様な考えに触れたり，自分の考えを深めたリすることができるようにする。	
4　本時の振り返りを行う。 （1）ワークシートに学習感想を書く。	※　自己実現を図るための学び方を意思決定している。　（発言・ワークシート）	
（2）これからの生き方につながることを全体で交流する。	○　本時の学習で学んだことを振り返ることを通して，考えたことや意思決定したことが，今後の学習や生き方につながっていることに気付くことができるようにする。	

5　本題材での学びと将来とのつながり

児童は学校生活の様々な場面で学び続ける経験を積み重ねながら，自己を肯定的に捉えることができるようになっている。一方，学び続けることの大切さや価値を理解している児童は多いとは言えない。そこで，これからの自己の学び方をよりよく変容させていくことが重要だと考え，本題材を設定した。本題材で，学び続けることの大切さを話し合うことにより，各教科や学校行事等で身に付けている力が，中学校生活においても自己実現するための力につながるとともに，その連なりが将来の自分の姿になるという考えを基盤として，様々な学びを大切にしていこうとする態度の育成を見通して指導する。

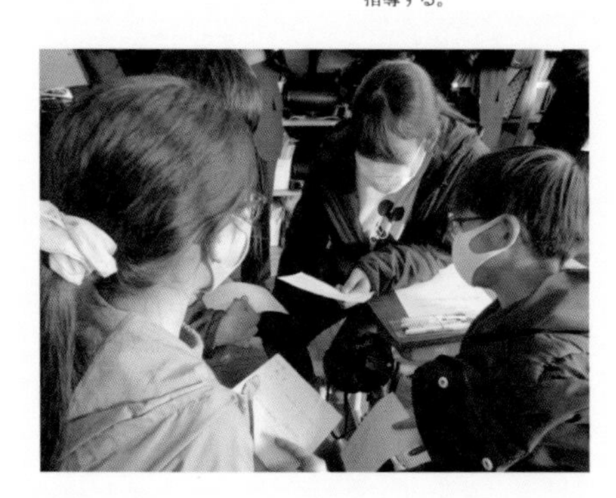

特別支援学級の実践

(1)実践事例1　令和3年度　第1四半期

＜当番活動、異学年交流、家庭との連携等を関連指導し、適切な生活習慣を定着＞

第1四半期に学年で育てたい資質・能力を「適切な生活習慣を身に付ける」、テーマを「自分からあいさつ・5分前行動！」と設定し、重点的に育てることとしました。

朝や帰りの短学活で、元気にあいさつしている姿を見取りほめるとともに、当番活動の見える化等、役割を明確にすることで、児童の成功体験を積み重ねるようにしました。見取った児童のよさをきめ細かに家庭へ発信し、よさを強化しました。

＜担任の見取りによる児童の学びの姿＞

入学当初から欠席が多く、学びに向かう気持ちが育っていない本児が、今年度から特別支援学級に入級し、「先生と友だちの話を聞く」と目標を意思決定しました。本児の支援計画をもとに、興味をもった活動から取り組ませ、教師や友だちと教室で生活することへの安心感や意欲を高めました。その意欲を重点化したあいさつや5分前行動の力の育成につなげるようにしました。廊下で「○○先生おはようございます」とあいさつしている姿や給食着を身に付けて当番をしている姿等を見取りほめるとともに、そのよさを家庭と共有しました。本児は、自分の好きなことやできることを増やしながら、学びに向かう気持ちを高めています。

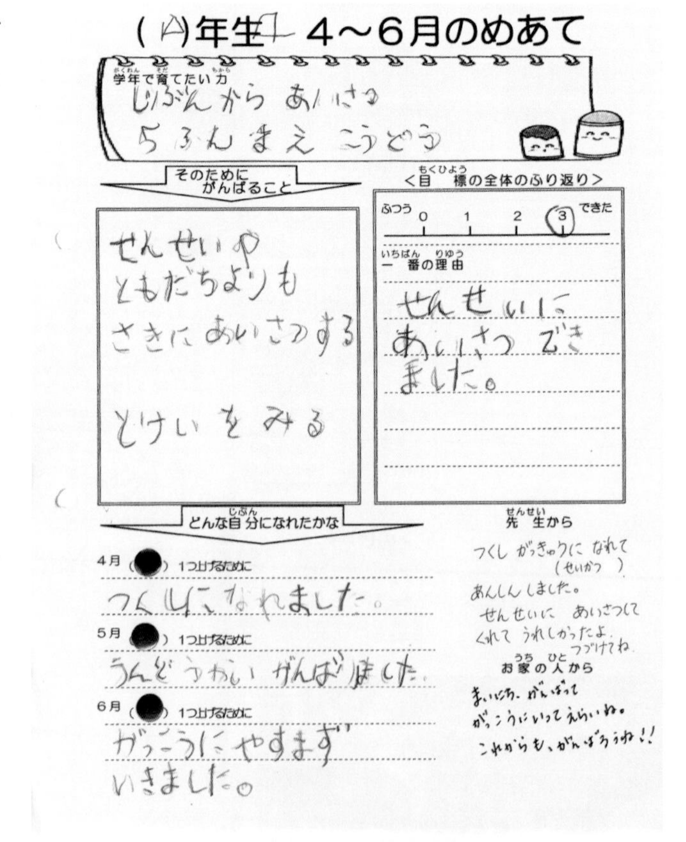

（2）実践事例２　令和４年度　第２四半期

＜自立活動、学校行事、家庭との連携等を関連指導し、
他者の個性を理解し人とかかわる力を育成＞

第２四半期に学年で育てたい資質・能力を「他者の個性を理解できる」、テーマを「よいところに目を向けて自分もみんなもレベルアップ」と設定し、重点的に育てることとしました。

自立活動では、友だちとかかわるスキルを高められるような活動を設定しました。学校行事等において、友だちとかかわる場を意図的に設定することにより、自立活動での学びを生かすことができるようにし、成功体験を積み重ねるようにしました。

見取った児童のよさを家庭に発信し、保護者と共有していったことで、よさを強化することにつながっっていきました。

＜担任の見取りによる児童の学びの姿＞

集中力が続かず、離席し教室を飛び出してしまうことがあった本児が、「友だちのよいところを理解して、認め、許すことができる」ことを目標としました。教師は、本児の支援計画をもとに、何事も自分で意思決定させるということを大事に指導にあたりました。

自立活動や、保護者との面談の際に、進学について見通しをもてるような話題を提供することを継続していったところ、本児の将来の目標が明確になっていきました。目標が定まり、現在の学習が将来につながっていると感じることができるようになった本児は、交流学級でも少人数のグループの中で意見交換ができるようになり、さらには、全校集会で堂々と作文発表するなど、大勢の人の前で話す力を伸ばし、人とかかわることに前向きになっていったのです。

担任は、本児が友だちを励ます姿や自分の要求が通らない時に、時と場合を考えて行動できるようになった姿を見取ってほめるとともに、そのよさを保護者に伝え、ほめポイントを共有しました。本児は、将来の夢に向かって学ぶ力を高めながら、人とかかわる力も育んでいます。

第3章　解説

文部科学省初等中等教育局教科調査官　長田徹

棚倉小学校のキャリア教育の取組で、私が最も評価したいのは“四半期”で見直される資質・能力の設定です。児童が目標に切迫感をもち、確かな自己評価に導く見事な工夫だと思われます。

我が国の急激な人口減少、産業構造や社会構造の変化、消えてなくなる仕事や自治体などのニュースについては説明不要でしょう。さて、そんな急激な変化を中学生や高校生がどう捉えているのか確認してみましょう。

令和元年に全国の小学校、中学校、高等学校にご協力いただき、私が所属する国立教育政策研究所生徒指導・進路指導研究センターで「キャリア教育に関する総合的研究」を行いました。中学生と高校生に、自分の将来や生き方、進路について考えるために学級活動もしくはホームルーム活動などの時間で担任の先生にどんなことを指導して欲しかったかを、21個の選択肢から選んでもらいました。中学生、高校生を足して１位だったのは、「自分の個性や適性を考える学習」でした。これは私の想像通りです。しかし、第２位となったのは、「就職後の離職、失業など、将来起こりうる人生上の諸リスクへの対応」でした(右図上)。

知りたい「人生上の諸リスクへの対応」

自分の将来の生き方や進路について考えるため、学級・ホームルーム活動の時間などで、どのようなことを指導してほしかったですか［生徒調査］（全21項目中、上位４項目を抜粋）「キャリア教育に関する総合的研究」（R2.3）

選択項目	中学	高校
自分の個性や適性(向き・不向き)を考える学習	37.6%	33.5%
社会人・職業人としての常識やマナー		22.9%
就職後の離職・失業など、将来起こり得る人生上の諸リスクへの対応	25.5%	19.7%
卒業後の進路(進学や就職)選択の考え方や方法	26.0%	
上級学校や企業への合格・採用の可能性	24.7%	
特に指導してほしかったことはない		25.4%

次に、高校生の自分の性格評価の調査について紹介します。一ツ橋文芸教育振興会と日本青少年研究所の行った意識調査では、自分を『価値のある人間』と評価する日本の高校生の比率は、米国、中国、韓国に比べ圧倒的に低く、『自分はダメな人間』と評価する高校生の比率は圧倒的に高くなっています。また、『自分の参加で社会現象を変えられる』と考える中学生、高校生の比率は、海外に比べかなり低くなっています。我が国の若者の自己肯定感や社会参画意識の低さを示しています(右図下)。

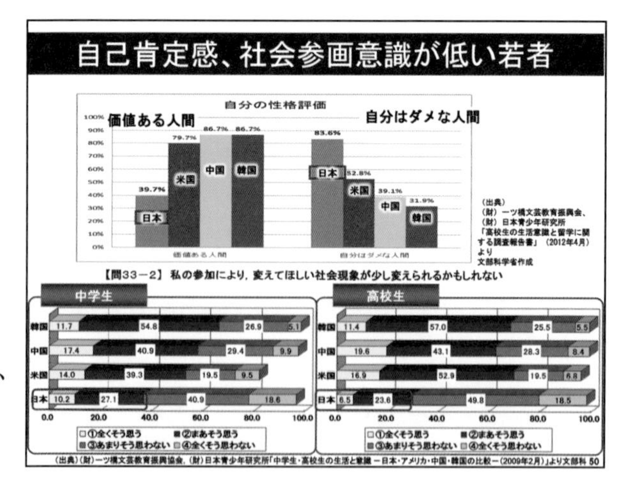

小学校学習指導要領(平成29年告示)の前文「一人一人の児童が、自分のよさや可能性を認識する」「児童が学ぶことの意義を実感できる」や「幼児期の教育及び小学校教育の基礎の上に、高等学校以降の教育や生涯にわたる学習とのつながりを見通しながら、児童の学習の在り方を展望していく」の背景はここにあります。

小学校学習指導要領(平成29年告示)前文　(太字は筆者)

教育は、教育基本法第１条に定めるとおり、人格の完成を目指し、平和で民主的な国家及び社会の形成者として必要な資質を備えた心身ともに健康な国民の育成を期すという目的のもと、同法第２条に掲げる次の目標を達成するよう行われなければならない。

1 幅広い知識と教養を身に付け、真理を求める態度を養い、豊かな情操と道徳心を培うとともに、健やかな身体を養うこと。
2 個人の価値を尊重して、その能力を伸ばし、創造性を培い、自主及び自律の精神を養うとともに、職業及び生活との関連を重視し、勤労を重んずる態度を養うこと。
3 正義と責任、男女の平等、自他の敬愛と協力を重んずるとともに、公共の精神に基づき、主体的に社会の形成に参画し、その発展に寄与する態度を養うこと。
4 生命を尊び、自然を大切にし、環境の保全に寄与する態度を養うこと。
5 伝統と文化を尊重し、それらをはぐくんできた我が国と郷土を愛するとともに、他国を尊重し、国際社会の平和と発展に寄与する態度を養うこと。

これからの学校には、こうした教育の目的及び目標の達成を目指しつつ、**一人一人の児童が、自分のよさや可能性を認識する**とともに、あらゆる他者を価値のある存在として尊重し、多様な人々と協働しながら様々な社会的変化を乗り越え、豊かな人生を切り拓き、持続可能な社会の創り手となることができるようにすることが求められる。このために必要な教育の在り方を具体化するのが、各学校において教育の内容等を組織的かつ計画的に組み立てた教育課程である。

教育課程を通して、これからの時代に求められる教育を実現していくためには、よりよい学校教育を通してよりよい社会を創るという理念を学校と社会とが共有し、それぞれの学校において、必要な教育内容をどのように学び、どのような資質・能力を身に付けられるようにするのかを教育課程において明確にしながら、社会との連携及び協働によりその実現を図っていくという、社会に開かれた教育課程の実現が重要となる。

学習指導要領とは、こうした理念の実現に向けて必要となる教育課程の基準を大綱的に定めるものである。学習指導要領が果たす役割の一つは、公の性質を有する学校における教育水準を全国的に確保することである。また、各学校がその特色を生かして創意工夫を重ね、長年にわたり積み重ねられてきた教育実践や学術研究の蓄積を生かしながら、児童や地域の現状や課題を捉え、家庭や地域社会と協力して、学習指導要領を踏まえた教育活動の更なる充実を図っていくことも重要である。

児童が学ぶことの意義を実感できる環境を整え、一人一人の資質・能力を伸ばせるようにしていくことは、教職員をはじめとする学校関係者はもとより、家庭や地域の人々も含め、様々な立場から児童や学校に関わる全ての大人に期待される役割である。**幼児期の教育及び小学校教育の基礎の上に、高等学校以降の教育や生涯にわたる学習とのつながりを見通しながら、児童の学習の在り方を展望していく**ために広く活用されるものとなることを期待して、ここに小学校学習指導要領を定める。

そういった背景を受けて「一人一人の児童が、自分のよさや可能性を認識する」「児童が学ぶことの意義を実感できる」や「幼児期の教育及び小学校教育の基礎の上に、高等学校以降の教育や生涯にわたる学習とのつながりを見通しながら、児童の学習の在り方を展望していく」ための一つの取組を、小学校学習指導要領(平成29年告示)の総則では、児童を主語にした「見通し、振り返る活動」としたのです。児童が主語の「見通し、振り返る活動」とは、まさに自己評価ということになります。その具体的な一つの場面をキャリア教育に求めたということです。

しかし、児童の自己評価は簡単ではありません。自己評価を促すにはいくつかのポイントがあります。一つは第２章で触れた目標の具体化・焦点化です。そして一つは目標設定と評価の時期(期間)です。よく見られるパターンは学年始めに目標設定をして、学年末に評価するものです。この時期(期間)で効果を上げている学校があるかもしれませんが、一方で、目標を立てっ放しに学年末の評価まで目標は全く意識されなかったという失敗例もあるはずです。これを学期単位で行っている学校もあるでしょう。しかし、棚倉小学校では小学生の発達段階を踏まえ“四半期”(３か月)としたのです。

教科におけるキャリア教育の視点は右図のように大きく「学習の内容」「指導の手法」「学習のルール」「体験学習」の四つに整理することができます。ややもすると、うちの学校の目標は「人や社会とつながり続けることができる」だから、一年間全ての教科の授業でグループでの話し合いを取り入れればキャリア教育になってしまうのです。うちの学校の目標は「時間を守ることができる」だから、年間を通じてチャイム着席をすることがキャリア教育になってしまうのです。

棚倉小学校では“四半期”という適切な時期(期間)に自己評価や相互評価をし、目標を改善することで児童が目標に切迫感をもち、資質・能力を身に付けるための年間４回のPDCAサイクルが循環されているのです。もちろん、この取組は児童の自己肯定感の涵養に効果をあげています。

●教科におけるキャリア教育の視点

1.学習の内容
教科で学ぶ内容が実際に活用される場面を伝える

2.指導の手法
指導を通じて、社会で必要とされる能力を培う

3.学習のルール
時間を守るなど実社会で求められる態度を身につける

4.体験学習
1から3を通じて学んだことを実践で確認する

第4章

資質・能力を育成する カリキュラム・マネジメント

【棚倉町教育委員会2】

社会的・職業的自立に必要な資質・能力を育むキャリア教育は、別の言い方をすれば、資質・能力を育むカリキュラム・マネジメントに取り組むことと同じです。

第4章では、資質・能力を身に付けた子どもの学びの姿で実践成果を共有し発信することで、教育活動の質の向上を図ることについて述べます。

カリキュラム・マネジメントで資質・能力を育成

第１章で、資質・能力を育むためには、カリキュラム・マネジメントが重要であることを述べています。キャリア教育は、カリキュラム・マネジメントと、すこぶる相性がよいものなのです。

本章では、カリキュラム・マネジメントに取り組むことが、キャリア教育の充実につながることについて詳述します。

（1）資質・能力とカリキュラム・マネジメント

「キャリア教育に加えて、カリキュラム・マネジメントにも取り組むのですか。」

とある先生が心配そうに言いました。違います。カリキュラム・マネジメントに取り組むことが、即ちキャリア教育を進めることなのです。

キャリア教育は、資質・能力を育てる教育です。
資質・能力を育てるためには、カリキュラム・マネジメントが不可欠です。

このことが腑に落ちないと、カリキュラム・マネジメントは、その効果を最大限に発揮することが難しいのです。

「資質・能力の三つの柱」は、中教審の答申で述べられています。覚えておられるでしょうか。「**生きて働く**知識・技能」「**未知の状況にも対応できる**思考力・判断力・表現力」「**学びを人生や社会に生かそうとする**学びに向かう力・人間性等の涵養」。つまり、**生きて働き、未知の状況に対応でき、人生に生かすことができる力**が資質・能力であると考えてよいでしょう。

資質・能力は、関連性、発展性、汎用性を有するので、教科等横断的に、ＰＤＣＡサイクルの中で、地域の物的資源や人的資源を生かしながら（カリキュラム・マネジメントの三つの側面を踏まえて）育成すべきだと考えています。

（2）レバレッジポイント

【図１】

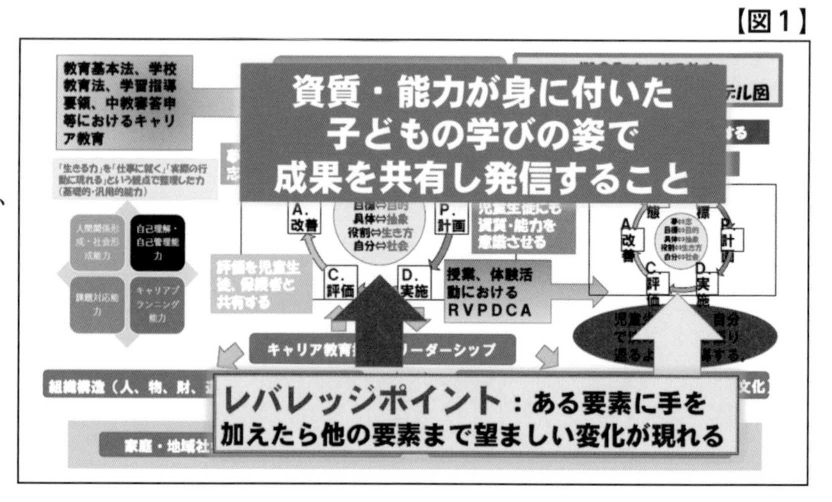

図１をご覧ください。第１章でもお示ししたものですが、RVPDCAのDとCの間のところに、矢印があります。これが、本町におけるカリキュラム・マネジメントの**レバレッジポイント**（Leverage Point）です。

レバレッジポイントとは、システム思考において「ある要素に手を加えたら他の要素にまで望ましい効果が現れる」ところです。本町におけるキャリア教育のレバレッジポイントは「実践の成果を資質・能力が身に付いた子どもの学びの姿で、共有し発信すること」であると考えています。

キャリア教育で身に付けさせたい資質・能力が身に付いた姿で成果を共有、発信するようにすれば、少ない労力で教育課程の編成、実施、評価、改善のすべてによい影響を及ぼし、教育活動の質を向上させることができるのです。教師の職務は「子どもの教育を司る」ことにあります。指導すべき内容をしっかりと身に付けさせ、育てたい資質・能力が身に付いた姿で具現化し、保護者と共有し指導要録に記入すればよいのです。

(3)子どもの姿で共有・発信するために

第1章で子どもの姿で共有、発信するのが難しい理由(図2)を挙げましたが、どう対応するかを述べておいた方がよさそうです。

【図2】

なぜ、難しいのか

- •1　個人情報だから発信できない。
- •2　称賛に値しない。
- •3　子どもの成長など当たり前である。
- •4　公平・平等に称賛しなければならない。
- •5　その他（子どもの姿が見えない？）
- •（それはないですよね）

まず、個人情報だからという理由についてですが、発信する内容によると思います。「ダメなところをよくした」という内容では、抵抗があります。「よいところがさらによくなった」「自分で決めて変わった」という内容であれば、特定されたとしても悪い気はしないと思います。ですが、氏名の公表も含めて、承諾を得る等、個人情報そのものへの配慮、発信条件の確認は絶対に必要です。

次に「些細なこと」だから「当たり前」だからという理由については、些細で当たり前だからこそ「力が付いたね」「成長したね」と積み上げていきたいですね。よくなるにしろ、悪くなるにしろ、突然そうなったというケースは、まれではないかと思います。時間をかけて、肯定していくことが大切なのです。

【図3】

子どもの姿で共有・発信するために

- •1　家庭と連絡を取り、発信条件を確認。
- •2　称賛に値しないことなどありません。
- •3　子どもの成長は、些細なものです。
- •4　みんな肯定すれば、公平・平等です。
- •5　子どもの姿を見る努力を積み重ねましょう。（授業場面や対話の再現を）

さらに、「公平・平等」ですが、1年間約200日、約1000単位時間の授業で2～3度は主役として脚光を浴びることがあってもよいのではないでしょうか。ほめられる子が固定化しなければよいのです。みんな平等に、公平に肯定してあげましょう。また、一人に焦点を当てながらも、他の子や全体を称賛する手法もあります。工夫次第です。

資質・能力が身に付いた子どもの姿が見取りにくいという方もいるかもしれません。話はキャリア教育からはそれますが、昭和の名人と呼ばれる教師には、放課後誰もいない教室で1時間の授業を再現するという修行をした人がいるようです。教師としての力量の一つとして、子どものよさを見取る努力や子どもとの対話を再現する力(観察力や記憶力と言い換えてもよいでしょう)を磨くことも必要かと思われます。

（4）資質・能力が育成された子どもの姿

子どもの姿で共有、発信することの具体例を紹介します。

図4は、棚倉小学校の5年生で、控え目で自信が持てなかった児童が、何事にも前向きに取り組むように変容した姿を報告して共有した事例です。

【図4】

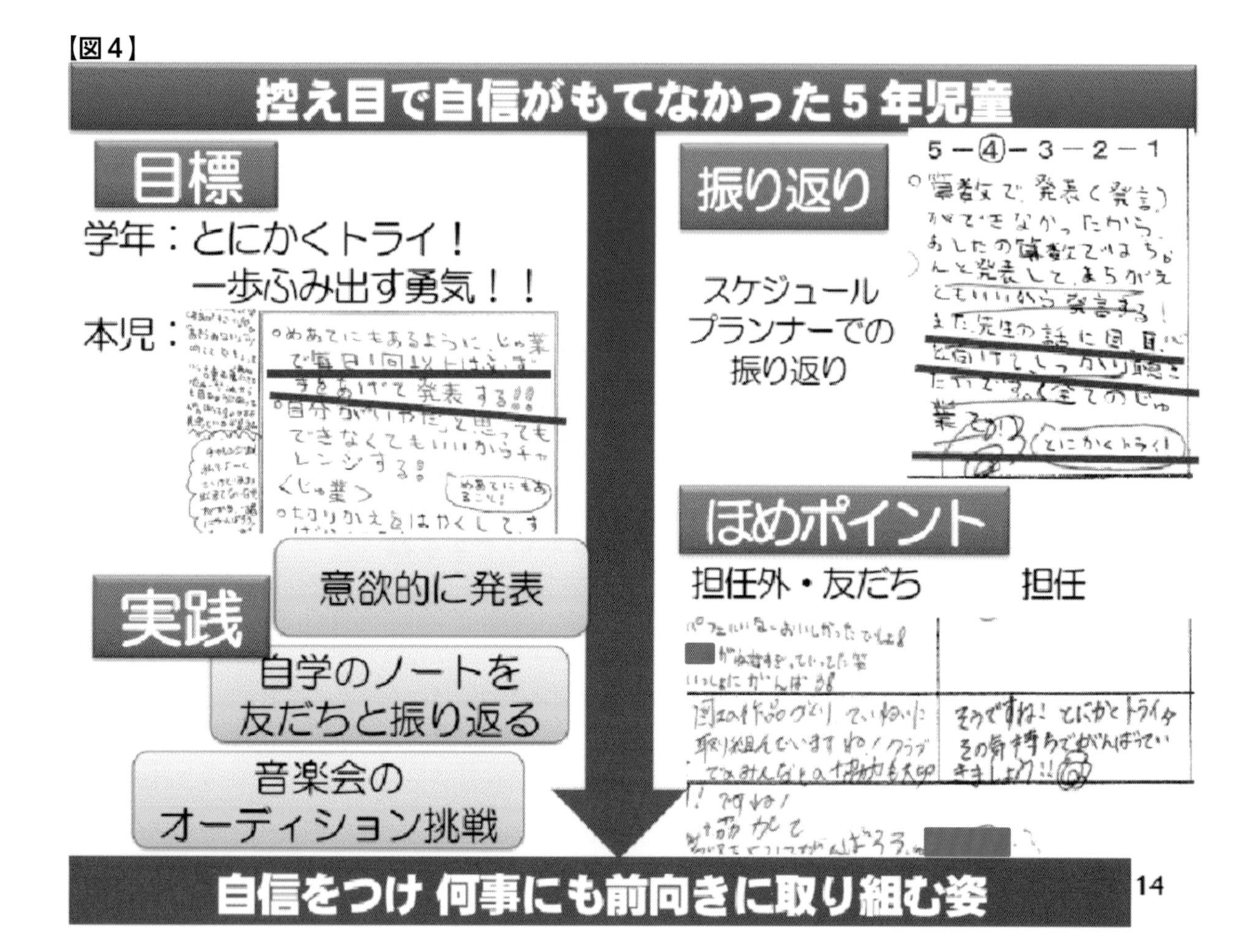

学年で設定した資質・能力をもとに「とにかくトライ！　一歩踏み出す勇気！！」というキャッチフレーズで子どもに意識化させ、子どもの目標をもとに教師がどのように関わってきたかをまとめたものです。

本児は、学年目標をもとに「授業で毎日1回は発表する」という目標を設定しました。教師は、発表にトライする姿を「ほめポイント」として、各教科の授業などで励まし称賛するように関わりました。「まちがえてもよいから発表する」と自分の頑張りを振り返った児童は、自信をもち、自主学習や鼓笛隊の楽器オーディションなどにも前向きに取り組むようになりました。

毎日の授業における些細な努力を肯定的に評価したり学習計画表（スケジュールプランナー）において励ましたりしたこと、それを教育課程に位置づけた学校行事（音楽会）への取組とつなげたことによって、資質・能力を身に付け子どもの変容した姿を教育活動の成果として発信するとともに、キャリア・パスポートや通知表の所見によって保護者と共有しました。

(5)子どもの姿から教育活動の質の向上を

子どもの変容を促した要因を、カリキュラム・マネジメントの三つの側面から、棚倉小学校では、図5のようにまとめ考察しました。

【図5】

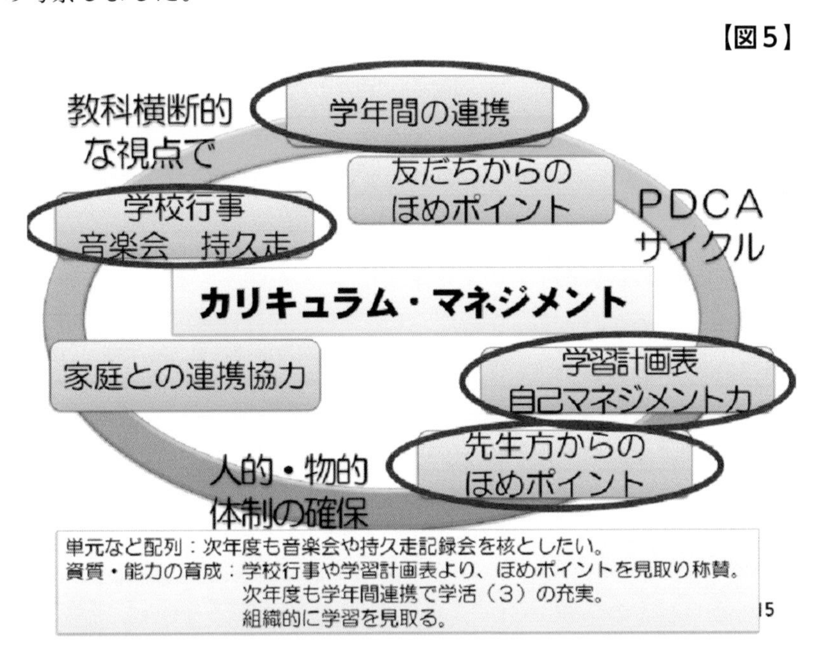

当該児童に対して学年間で連携したこと、第３四半期において「音楽会」や「持久走記録会」への頑張りを称賛するよう指導したこと、学習計画表のコメントを活用して称賛し励まし続けたことなどが効果的であったことが明らかになりました。

これらの成果を受けて、次年度も第３四半期は「音楽会」や「持久走記録会」などの行事を中核として展開すること、学年の教師間で「ほめポイント」を共有して、資質・能力を育成すること、「要」としての学級活動(3)の指導を充実させることなどを確認できたのです。

特に、学習計画表での日常的な教師の励ましや、担任外の先生方からの声かけ、それらを保護者に伝えること、友だちからの励ましなどが大きな意味をもつことなど、指導計画の内容面だけでなく、方法面についても成果が確認できました。

カリキュラム・マネジメントの成果を子どもの学びの姿で共有・発信することで、教育課程の内容面だけでなく、それを実際に指導する教師の指導方法にまで影響を与えることが明らかになりました。

この成果は、次年度の教育課程編成と指導に生かされるのです。

(6)カリキュラム・マネジメントの成果

棚倉小学校では、四半期ごとに資質・能力を育成しているため、教育課程の編成も四半期ごとに行います。年度末には、それらをつないで、年間の流れを確認します。そうすることで、教育課程の編成も、ある程度負担を軽減することができます。

もう一つの成果は、カリキュラム・マネジメントに子どもが参画する可能性が見えてきたことです。子どもの姿で成果を検討することで、子どもたちの思いや願いが教育課程の編成に生かされるようになってきているのです。子どもを編成会議に参加させなくても、子どもの姿は、先生方の編成の姿勢に影響を与えます。

資質・能力を育成する教育課程とは

資質・能力は1時間の授業では育成が困難です。資質・能力を育成するという観点に立つと、その育成にかかる期間や評価と指導、教科等横断的な指導、保護者や地域等との連携が必要となります。つまり、資質・能力の育成のためには、教科等横断的な指導、評価サイクル、地域の物的・人的資源の活用など、カリキュラム・マネジメントの三側面からのアプローチが不可欠なのです。

(1)教科等横断的に指導できる内容配列

教科等横断的に指導するためには、同じ時期に関連した指導内容が計画されていることが必要です。学年始めには、学級活動や道徳科の内容にそれに関連した内容を配列し、運動会があれば体育科、国語科、学級活動、道徳科などに関係した内容を配列するなどは、どこの学校でも行われていることだと思います。図6は、令和元年度に関連的に指導した例です。

「学級開き」や「運動会」など、核となる出来事や行事(関連した内容)があれば、教科等横断的に指導できます。しかし、1年間は長いのです。そこで、関連した内容でなくても、教科等横断的に指導できるシステムが必要となります。それが資質・能力を育成する指導方法なのです。

【図6】

関連指導（第3四半期）【4年】

1　育てたい資質・能力

第1四半期は「自己理解・自己管理能力（自己を知り見つめる力)」の「自分に自信、自己肯定感を持つ」に設定した。達成する成功体験を通して自分に自信を持つ児童が増えたという実態をもとに、第2四半期は、育てたい資質・能力を「困難でも失敗を恐れず取り組む。（課題対応能力)」に設定した。成果と課題から、第3四半期においては、「計画を立てて、学習や生活に取り組む」に設定した。

2　関連指導の流れ

（1）音楽祭前

指示された時間で動くことはできたが、計画した時間内に取り組むことが苦手な児童が多かった。

リコーダーのグループ発表を取り入れたことで、自分たちで声を掛け合って練習すること、個人練習を一日の生活の中に取り入れた。

そこでの「ほめポイント」をもとに、学級活動や道徳科で関連指導を行った。

（2）音楽祭後

先を見通し、今何をするべきかを踏まえ、優先順位を決めることができたり、目標に向かって少しずつ取り組んだりすることができるようになった。

時間を意識して生活し、自分で考えて行動することを「ほめポイント」として、全教育活動を通して称賛した。

キャリア教育関連表　4年

		10月	11月	12月
		○　計画を立てて、学習や生活に取り組む。（課題適応能力）【考えてやりとげる力】		
月		10月	11月	12月
月別合計時数		115	114	86
学校行事		終業式・始業式 [illegible]	音楽会 子ども音楽会	PTAバザー
	時数	4	1	0
学級活動		[illegible]	[illegible]	[illegible]
	時数	4	2	3
学級づくり（諸調査）		ピアサポート ソーシャルスキルトレーニング	キャリアアンケート2	（QUテスト）
クラブ・児童会	時数	2	0	1
道徳		・自分の生活を見つめて ・信頼し合う友 [illegible] ・自然や動植物を大切に	○せいいっぱい生きる ・きょうを大切にする ・好ききらい[illegible]	[illegible] ・他国の文化に触れてみよう
	時数	4	3	2
外国語活動	時数	5	3	4
テーマ学習		8	7	6
	単元の流れ	＜探究活動３＞㉚ ～研究発表会～ ・招待し、資料を作り、発表会をしよう ～1／2成人式をしよう～ ・できるようになったことを調べよう ・自分の成長を振り返ろう		
		プログラミング教育⑩		
	関連する教科単元	国：調べたことを整理し、発表しよう ○相手や目的に応じ、理由や事例などを挙げながら筋道を立て、話し方の工夫を考えて話す。		
		国：興味を持ったところを中心に紹介しよう。		
	重要教科単元	体：多様な動きをする運動		音：旋律と音色

設定した基礎的・汎用的能力を育む関連
「学びに向かう力・人間性等」を育む関連

3　成果と課題

音楽会を通して、友だちと協力し心を合わせて、1つのものを作り上げることができるようになった。目標（ゴール）を決めることで、それに対して自分たちが何をすべきかを考え、計画を立てて進めることができるようになった。

課題としては、個人差があるので、それに対して教師がどう支援していくかということである。

資質・能力の評価については、自己評価で95%、教師評価では86%の児童が肯定的にとらえている。

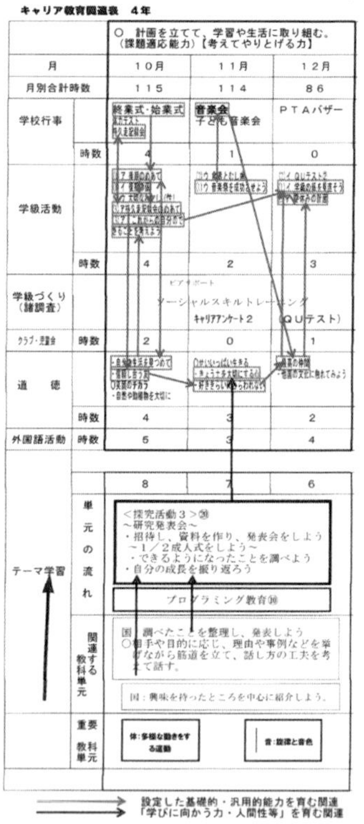

(2)資質・能力を育成する指導方法

すでに述べたように、資質・能力を身に付けるためには、重点化・具体化・意識化・共有化が必要です。一見その資質・能力とは無縁の内容であっても、育成することは可能なのです。ここに、教科等横断的に指導する意義があるように思います。

例えば、育てたい資質・能力が「失敗を恐れず取り組む力」であれば、国語科では漢字を間違えて使っても「漢字を使おうと思ったのは嬉しいね」、算数科では答えが間違っていても「ここまでは合ってたね。間違いについて学べてよかったね」などと肯定することができます。

つまり、資質・能力の育成のためには、内容以外のつながりの中でも、教科等横断して関連的に指導することが実施可能なのです。

（3）資質・能力の評価サイクル

育てたい資質・能力の評価を教科等横断的に行うことが可能ならば、資質・能力の評価サイクルを学期と切り離して、独自に設定することも可能となります。

各教科等のねらいを達成することと、育てたい資質・能力の育成を別に評価していくのです。

図７は、高野小学校の評価サイクルを図示したものです。

【図７】

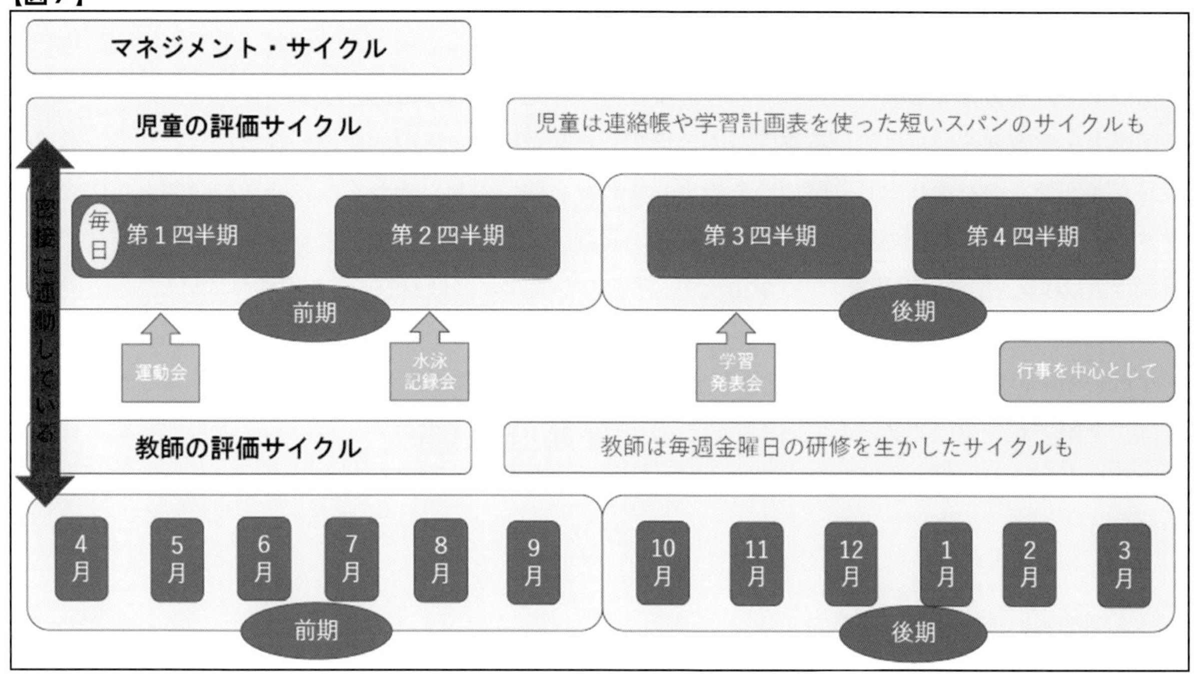

まず、２学期制なので、評価は年２回行っております。結果は通知表の形で、保護者へ通知します。児童については、前期、後期をさらに２等分した「四半期」で資質・能力を評価しております。さらに、教育課程の評価は、月案（月の学習指導案）の形で、毎月行うようになっています。

このように、学期と評価サイクルを切り離して考えていくのが、資質・能力を育成する教育課程の特徴の一つなのです。

（4）地域の物的資源、人的資源（特に対話）の活用

資質・能力が身に付いた児童の学びの姿で保護者と成果を共有することは、既に述べたとおりです。さらに、一歩進んで、地域の方々との対話を通して、地域と共有することも視野に入れています。

後ほど詳しく述べますが、共有のための体制が、学校運営協議会（コミュニティスクール）であり、地域学校協働本部です。どちらも、地域の物的資源や人的資源の活用に貢献していただいております。図８は、社川小学校の取組の基本的な考え方です。

【図８】

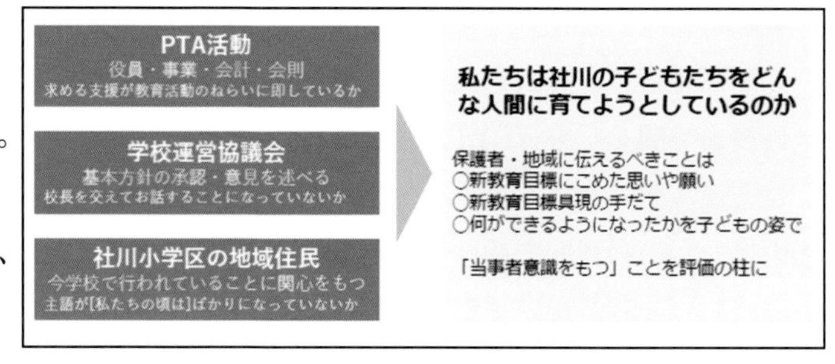

資質・能力の評価（キャリア教育意識調査）

(1)資質・能力の具体化

子どもたちが資質・能力が身に付いていると思っているかどうかを調べるのが、キャリア教育意識調査です。そのためには、四つの基礎的・汎用的能力のそれぞれについて具体化した項目を設定する必要があります。

第1章でも述べたように、基礎的・汎用的能力は「生きる力」でもあり「資質・能力の三つの柱」でもあります。学習指導要領で示された内容を身に付けるための力でもあります。そこで注目したのが、全国学力・学習状況調査における質問紙の項目でした。基礎的・汎用的能力の趣旨に合わせて、項目の中から適切なものを選び出し質問項目を設定しました。四つの項目それぞれに四つの設問を４件法で回答させるアンケート調査です。なお、この調査の詳細は、日本キャリア教育学会編『新版キャリア教育概説』(2020年、東洋館出版社)のⅦ章第3節「評価の先進的実践例」(165～167頁)において柴沼俊輔氏によって紹介されております。

平成28年11月には第１回調査を実施しておりますので、基礎的・汎用的能力のアウトカム評価としては、全国でも先駆けであると思います。このたび、藤田晃之先生のアドバイスにより、６年ぶりに改訂しましたので、ここでは改訂前・後の比較も兼ねて、詳しく述べてみたいと思います。調査対象は、小学校４～６年、中学校１～３年です。

(2)人間関係形成・社会形成能力

1 『人間関係形成・社会形成能力』に関する項目

(1)　人の役に立つ人間になりたいと思う。
1　そう思う　2　どちらかといえば、そう思う　3　どちらかといえば、そう思わない　4　思わない

(2)　地域や社会をよくするために何をすべきか考えている。
1　当てはまる　2　どちらかといえば、当てはまる　3　どちらかといえば、当てはまらない　4　当てはまらない

(3)　人が困っているときは、進んで助けている。
1　している　2　どちらかといえば、している　3　あまりしていない　4　していない

(4)　学級の友だちとの間で話し合う活動を通じて、自分の考えを深めたり、広げたりすることができている。
1　している　2　どちらかといえば、している　3　あまりしていない　4　していない

人間関係形成・社会形成能力に関しては、旧項目「(１)相手に分かりやすく伝える」「(２)話や意見を最後まで聞く」を「**(1)人の役に立つ**」「**(2)地域や社会をよくする**」という項目と入れ替えました。

コミュニケーションを問う設問から社会形成の設問に替え、聞く・話すなどのコミュニケーションの能力は、(４)の設問で総合的に把握するようにしました。「考えを伝える」や「話を聞く」は、３学年までにしっかりと育てます。

(3)自己理解・自己管理能力

2『自己理解・自己管理能力』に関する項目

(5) 自分の短所はなおし、長所はさらにのばそうとしている。
1 している　2 どちらかといえば、している　3 あまりしていない　4 していない

(6) 自分で決めたことは、やりとげるようにしている。
1 している　2 どちらかといえば、している　3 あまりしていない　4 していない

(7) いじめは、どんな理由があってもいけないことだと思う。
1 そう思う　2 どちらかといえば、そう思う　3 どちらかといえば、そう思わない　4 思わない

(8) 自分にはよいところがあると思う。
1 そう思う　2 どちらかといえば、そう思う　3 どちらかといえば、そう思わない　4 思わない

旧項目「(6)新しい問題に対する解決意欲」を「(6)自分で決めたことはやりとげる」に変更しました。資質・能力の趣旨としては「自分で決めたことはやり遂げる」の方が適切であると考えたからです。本町では「自分で決める」ということを重視しているので、ここで調査することにしました。

(4)課題対応能力

3『課題対応能力』に関する項目

(9) わからないことやもっと知りたいことがあった時、調べたり、人に聞いたりしている。
1 している　2 どちらかといえば、している　3 あまりしていない　4 していない

(10) 難しいことでも、失敗を恐れないで挑戦している。
1 している　2 どちらかといえば、している　3 あまりしていない　4 していない

(11) 勉強をするとき、自分で考えて計画を立てている。
1 している　2 どちらかといえば、している　3 あまりしていない　4 していない

(12) 何事にも、自分で考え、自分から取り組むことが大切だと思う。
1 そう思う　2 どちらかといえば、そう思う　3 どちらかといえば、そう思わない　4 思わない

旧項目「(11)簡単に解く方法を考える」を「(11)勉強をするとき、自分で考えて計画を立てている」の方が「課題対応能力」の趣旨に合っていると考え入れ替えました。

さらに、旧項目「(12)授業で学んだことを他の学習で生かす」よりは「(12)自分で考え、自分から取り組むこと」が本町で目指す「自己マネジメント力」の趣旨に合うことから入れ替えたものです。

(5)キャリアプランニング能力

4『キャリアプランニング能力』に関する項目

(13)　将来の夢や目標をもっている。
1　当てはまる　2　どちらかといえば、当てはまる　3　どちらかといえば、当てはまらない　4　当てはまらない

(14)　夢や目標を達成するために、努力していることがある。
1　している　2　どちらかといえば、している　3　あまりしていない　4　していない

(15)　国語の授業で学習したことは、将来、社会に出たときに役に立つ。
1　そう思う　2　どちらかといえば、そう思う　3　どちらかといえば、そう思わない　4　思わない

(16)　算数・数学の授業で学習したことは、将来、社会に出たときに役に立つ。
1　そう思う　2　どちらかといえば、そう思う　3　どちらかといえば、そう思わない　4　思わない

旧項目「(14)自分で学習計画を立てる」は、課題対応能力に移行したので「(14)夢や目標を達成するために努力していることがある」を加え、計画と実践を分けました。

旧項目「(16)人の役に立つ人間になりたい」は「人間関係形成・社会形成能力」に移行したので「(16)算数・数学の授業で学習したことは、将来、社会に出たとき役に立つ」を加え、国語科と同様に算数・数学科を学び続けようとする態度を調査します。

なお、基礎的・汎用的能力については、４能力を厳密に区別する必要がなく、相互に関連・依存しており、独立したものではない(平成23年答申より)という趣旨を生かし、総合的に調査できるように配慮しています。

なお、詳しくは、柴沼俊輔氏の「福島県棚倉町教育委員会『基礎的・汎用的能力』の評価」(前掲書165〜167頁所収)を参照してください。

(6)その他の項目

その他の項目として、家庭学習の時間やICT機器の活用状況、学習以外でのメディアとのかかわり方を調べています。

5　その他の項目

(17)　学校の授業時間以外に、普段(月〜金曜日)、１日あたりどれぐらいの時間、勉強をしますか(学習塾で勉強している時間や家庭教師の先生に教わっている時間もふくみます)。
1　4時間以上　2　3時間以上、4時間より少ない　3　2時間以上、3時間より少ない
4　1時間以上、2時間より少ない　5　30分以上、1時間より少ない　6　30分より少ない
7　まったくしない　(以下選択肢は同じです)

(18)　学校の授業時間以外に、普段(月〜金曜日)、１日あたりどれぐらいの時間、パソコンやタブレットなどを用いて学習(調べる活動などを含む)をしますか。

(19)　普段(月〜金曜日)、１日あたりどれぐらいの時間、学習以外のことで携帯電話やスマートフォン、パソコンやタブレットを使いますか。

(20)　土曜日や日曜日など学校が休みの日に、１日あたりどれぐらいの時間、勉強をしますか(学習塾で勉強している時間や家庭教師の先生に教わっている時間もふくみます)。

参考までに、令和４年11月の(18)(19)の結果は、ICTを用いて30分以上学習する児童生徒は54%、学習以外のことで30分以上利用する児童生徒は81%でした。

(7)評価結果の考察

図９は、町内小学生全体(４～６年)の「そう思う」「どちらかといえばそう思う」という肯定的に回答した児童の割合を、令和3年11月と令和4年６月の結果で比較したものです。「人間関係形成・社会形成能力」は、２%減少していますが、その他の能力については１～３%増加しています。

【図9】

基礎的・汎用的能力の変容（11月－6月）

	人間関係形成・社会形成能力	自己理解・自己管理能力	課題対応能力	キャリアプランニング能力
R3 11月全	92%	89%	86%	91%
R4 6月全	90%	90%	89%	93%

図10は、あるクラスの肯定的な評価の割合を町全体の平均と比較したものです。前回調査の比較と併せて、肯定的な評価の割合を考察することができます。

【図10】

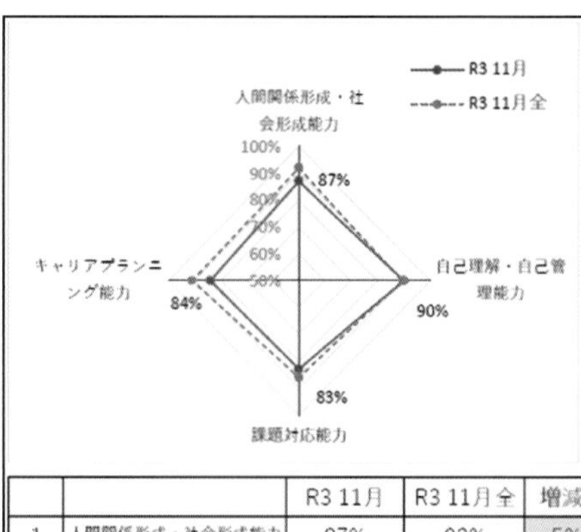

		R3 11月	R3 11月全	増減
1	人間関係形成・社会形成能力	87%	92%	-5%
2	自己理解・自己管理能力	90%	89%	1%
3	課題対応能力	83%	86%	-3%
4	キャリアプランニング能力	84%	91%	-7%

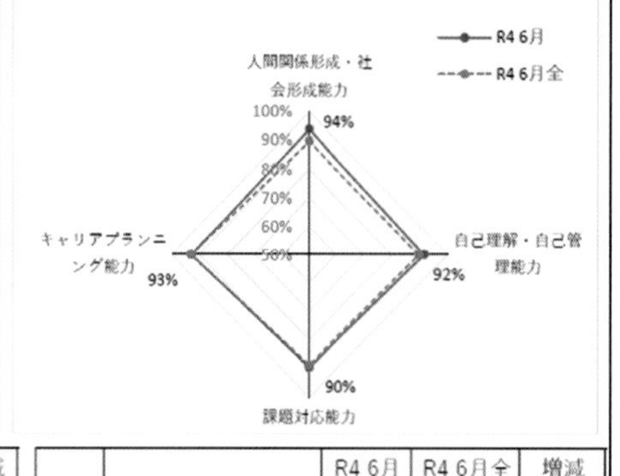

		R4 6月	R4 6月全	増減
1	人間関係形成・社会形成能力	94%	90%	4%
2	自己理解・自己管理能力	92%	90%	2%
3	課題対応能力	90%	89%	1%
4	キャリアプランニング能力	93%	93%	0%

各設問ごとの結果は、図11のようにまとめられます。さらに、各項目ごとには、図12のようにグラフ化して変容を考察しています。

また、図13は、ある学級における全体との比較です。この学級では、肯定的に評価している層は伸びていますが、否定的に評価している個へのアプローチが必要となることを示唆しています。

【図11】

基礎的・汎用的能力の変容

No	基礎的・汎用的能力	R3 11月全	R4 6月全	増減	R3 11月全	R4 6月全	増減
1	人間関係形成・社会形成能力	92%	90%	-2%	93%	98%	5%
2					97%	78%	-19%
3					94%	95%	1%
4					84%	87%	3%
5	自己理解・自己管理能力	89%	90%	0%	90%	88%	-3%
6					88%	93%	5%
7					97%	97%	0%
8					82%	82%	-1%
9	課題対応能力	86%	89%	3%	90%	90%	0%
10					86%	88%	3%
11					82%	81%	-1%
12					86%	95%	9%
13	キャリアプランニング能力	91%	93%	2%	92%	90%	-2%
14					83%	90%	6%
15					93%	96%	3%
16					96%	96%	1%

【図12】

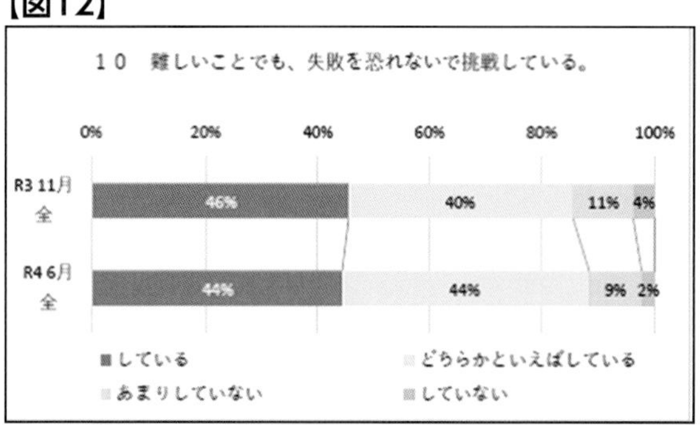

【図13】

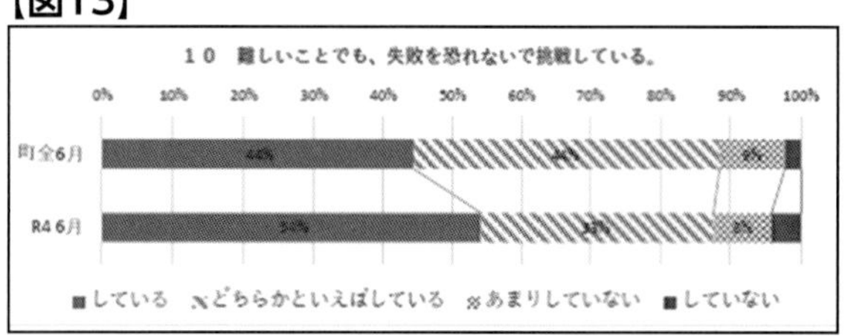

（8）評価結果を基にした個別指導

指導に生かすのが評価です。本町では、同じ調査を６月と11月の２回実施し、それぞれの結果を基に個別に指導しています。指導する際には、肯定の弱い項目、否定的な項目を洗い出し、その項目に応じ、教育活動全体を通して肯定感をもつように対話的に個に応じて関わっています。

それだけではなく「どちらかといえばそう思う」と肯定的に答えた項目に対しても「そう思う」のように、さらに肯定感が増すように関わっていくことにしています。自分が肯定した項目に対して、さらに肯定されることで安心感と自信を育むことが大切です。ただし、それらの関わりについては、具体的な根拠を基に肯定するようにしています。根拠が明確でないと、過信やうぬぼれにつながるからです。質問項目20のうち、17項目が全国学力・学習状況調査の質問紙の調査項目と同じか、似ています。調査項目を同じにすることで、全国や県の結果と比較することができるからです。

（9）評価結果を活用した事例

調査において下記のように回答した児童についての対応を考えてみましょう。

氏名	(1)	(2)	(3)	(4)	(5)	(6)	(7)	(8)	(9)	(10)	(11)	(12)	(13)	(14)	(15)	(16)	(17)	(18)	(19)	(20)
A	1	2	1	1	1	1	1	1	1	1	1	1	1	1	1	1	4	5	5	6
B	2	1	1	2	1	2	1	3	1	2	1	2	1	1	1	1	2	2	2	3
C	2	3	2	2	2	2	2	3	1	3	3	3	4	3	1	3	4	6	4	7

Ａ児については、（２）「話を聞く」を中心に、全体的によさを認め、肯定的に関わっていけばよいことが分かります。

Ｂ児については、（８）「自分にはよいところがある」について、どちらかと言えばそう思わないとしているので、よさを意識させていくことが必要となります。特に、キャリアプランニング能力については、よい評価をしているので、積極的に肯定していきたいものです。また、（４）（10）（12）からは、話し合いに抵抗を感じ、新しいことに積極的に挑戦しがたい面もあるので、励ましていく必要があると考えます。

Ｃ児に対しては、（９）「知りたいことを調べたり聞いたりする」（15）「国語の学習は将来役に立つ」を肯定しているよさをさらに伸ばしていくことを重視します。その際（13）「将来の夢や目標」をもつことができるように（14）（16）と併せて働きかけるとともに、（10）（11）（12）をもとに失敗を恐れず自主的・計画的に取り組むことを肯定的に働きかけていきます。

それぞれについては、様々なアプローチがあることでしょう。大切なことは、個別の回答状況に着目をしながら、よいところはさらに伸ばし、否定的に回答している項目については自信をもつように励ましていくことです。

さらに、それぞれの項目はつながっています。能力内での項目のつながりや能力間のつながりを見据えて、肯定的に働きかけていく必要があるのです。

個人評価シートの作成と活用

本町では、キャリア教育意識調査の他に、Q-UテストやCRT、全国学力・学習状況調査「ふくしま学力調査」等を行っています。さらに学校で設定した資質・能力に対する教師評価や自己評価、日々の各教科の授業や学期末評価なども行っています。いじめのアンケートや学校評価のためのアンケートなども入れると、かなりのデータを得ているといってよいでしょう。それらをつなげて、資質・能力を育成する方法を述べます。

(1)各調査結果をつなげる

調査は多様ですが、それを生かす対象となる子どもは同じです。ですから、調査結果を関連させて、個の生活や学習を考察する必要があります。特に、四つの基礎的・汎用的能力は、日々の授業において各教科での知識や技能、思考力・判断力・表現力が身に付いているという前提で育成されるものです。

多様な調査や評価活動を関連させて考察し、指導に生かしていくことが必要です。これが、難しいのです。同じ会社の調査結果を除いては、それらの調査結果はバラバラに存在しています。教師は、いちいち調査結果を個人ごとに調べ、それらをつなぎ合わせるという作業を行っています。

そこで、多種多様な調査結果を個人ごとに1枚のシートにまとめ、関連して考察し、個の特性を把握した上で、個に応じた指導を行い、資質・能力を高めていくために、図9のような個人シートを作成しました。

【図9】

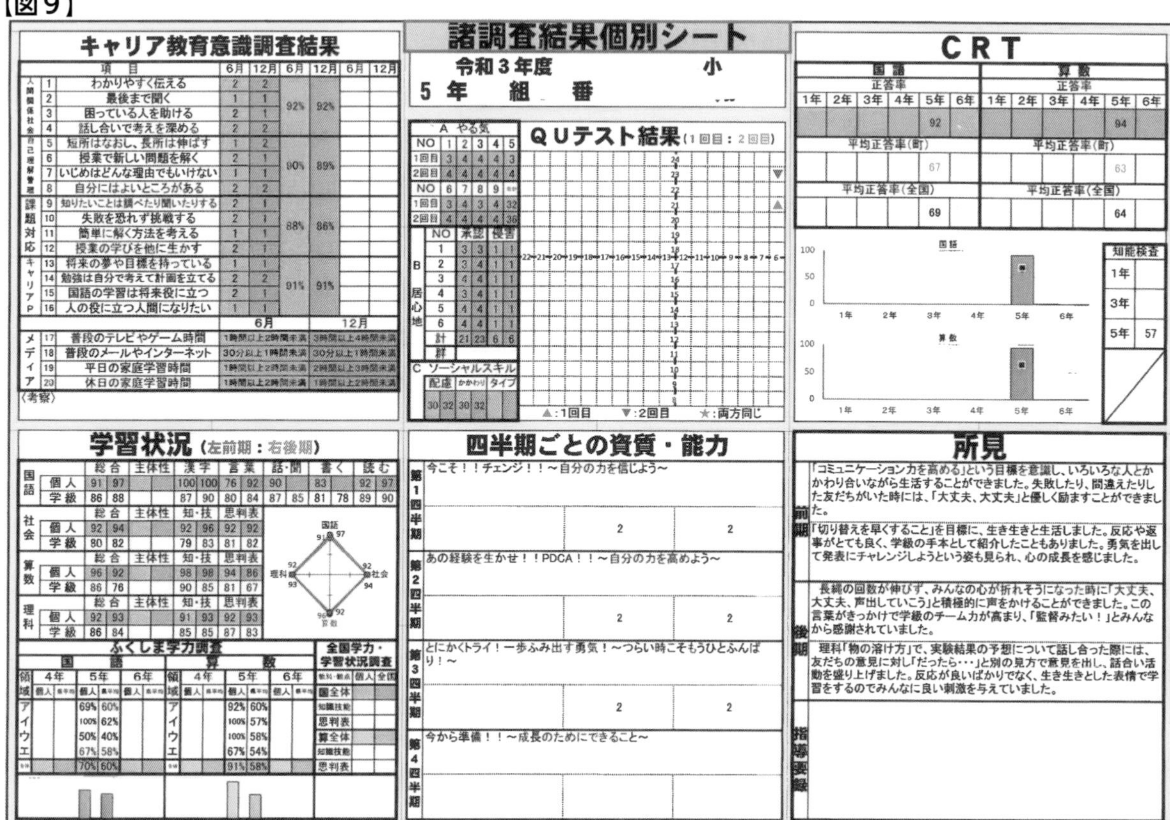

諸調査結果個別シート

令和3年度　　小
5年　組　番

キャリア教育意識調査結果

		項目	6月	12月	6月	12月	6月	12月
人間関係社会	1	わかりやすく伝える	2	2	92%	92%		
	2	最後まで聞く	1	1				
	3	困っている人を助ける	2	1				
	4	話し合いで考えを深める	2	2				
自己理解管理	5	短所はなおし、長所は伸ばす	1	2	90%	89%		
	6	授業で新しい問題を解く	2	1				
	7	いじめはどんな理由でもいけない	1	1				
	8	自分にはよいところがある	2	2				
課題対応	9	知りたいことは調べたり聞いたりする	2	1	88%	86%		
	10	失敗を恐れず挑戦する	2	1				
	11	簡単に解く方法を考える	1	1				
	12	授業の学びを他に生かす	2	1				
キャリアP	13	将来の夢や目標を持っている	1	1	91%	91%		
	14	勉強は自分で考えて計画を立てる	2	2				
	15	国語の学習は将来役に立つ	2	1				
	16	人の役に立つ人間になりたい	1	1				

			6月	12月
メディア	17	普段のテレビやゲーム時間	1時間以上2時間未満	3時間以上4時間未満
	18	普段のメールやインターネット	30分以上1時間未満	30分以上1時間未満
	19	平日の家庭学習時間	1時間以上2時間未満	2時間以上3時間未満
	20	休日の家庭学習時間	1時間以上2時間未満	1時間以上2時間未満

〈考察〉

QUテスト結果（1回目：2回目）

A やる気

NO	1	2	3	4	5
1回目	3	4	4	4	3
2回目	4	4	4	4	4
NO	6	7	8	9	合計
1回目	3	4	3	4	32
2回目	4	4	4	4	36

B 居心地

NO	承認		被害	
1	3	3	1	1
2	3	4	1	1
3	4	4	1	1
4	3	4	1	1
5	4	4	1	1
6	4	4	1	1
計	21	23	6	6
群				

C ソーシャルスキル

配慮		かかわり		タイプ	
30	32	30	32		

▲：1回目　▼：2回目　★：両方同じ

CRT

	国語						算数					
	1年	2年	3年	4年	5年	6年	1年	2年	3年	4年	5年	6年
正答率					92						94	
平均正答率(町)					67						63	
平均正答率(全国)					69						64	

知能検査	
1年	
3年	
5年	57

学習状況（左前期：右後期）

国語	総合		主体性		漢字		言葉		話・聞		書く		読む	
個人	91	97			100	100	76	92	90		83		92	97
学級	86	88			87	90	80	84	87	85	81	78	89	90

社会	総合		主体性		知・技		思判表	
個人	92	94			92	96	92	92
学級	80	82			79	83	81	82

算数	総合		主体性		知・技		思判表	
個人	96	92			98	98	94	86
学級	86	76			90	85	81	67

理科	総合		主体性		知・技		思判表	
個人	92	93			91	93	92	93
学級	86	84			85	85	87	83

ふくしま学力調査

国語 領域	4年 個人	4年 県平均	5年 個人	5年 県平均	6年 個人	6年 県平均
ア			69%	60%		
イ			100%	62%		
ウ			50%	40%		
エ			67%	58%		
全体			70%	60%		

算数 領域	4年 個人	4年 県平均	5年 個人	5年 県平均	6年 個人	6年 県平均
ア			92%	60%		
イ			100%	57%		
ウ			100%	58%		
エ			67%	54%		
全体			91%	58%		

全国学力・学習状況調査

教科・観点	個人	全国
国全体		
知識技能		
思判表		
算全体		
知識技能		
思判表		

四半期ごとの資質・能力

第1四半期	今こそ！！チェンジ！！～自分の力を信じよう～		
		2	2
第2四半期	あの経験を生かせ！！PDCA！！～自分の力を高めよう～		
		2	2
第3四半期	とにかくトライ！一歩ふみ出す勇気！～つらい時こそもうひとふんばり！～		
		2	2
第4四半期	今から準備！！～成長のためにできること～		

所見

前期	「コミュニケーション力を高める」という目標を意識し、いろいろな人とかかわり合いながら生活することができました。失敗したり、間違えたりした友だちがいた時には、「大丈夫、大丈夫」と優しく励ますことができました。
	「切り替えを早くすること」を目標に、生き生きと生活しました。反応や返事がとても良く、学級の手本として紹介したこともありました。勇気を出して発表にチャレンジしようという姿も見られ、心の成長を感じました。
後期	長縄の回数が伸びず、みんなの心が折れそうになった時に「大丈夫、大丈夫、声出していこう」と積極的に声をかけることができました。この言葉がきっかけで学級のチーム力が高まり、「監督みたい！」とみんなから感謝されていました。
	理科「物の溶け方」で、実験結果の予想について話し合った際には、友だちの意見に対し「だったら・・・」と別の見方で意見を出し、話合い活動を盛り上げました。反応が良いばかりでなく、生き生きとした表情で学習をするのでみんなに良い刺激を与えていました。
指導要録	

(2)キャリア教育で学力向上を

本町の小学校では、２学期制を採用し、四半期(３か月)ごとに資質･能力を評価していますので、「個別シート」には、全体や個人の目標や評価結果、通知表や指導要録の所見などが記入できるようになっています。個人の資質・能力の総合的な把握とともに、調査結果の把握、活用に至る教師の働き方改革も視野に入れています。

本町でキャリア教育に取り組むようになった理由が学力向上でした。平成24年度に教育長に就任した松本市郎氏が推進したものです。松本前教育長は、高等学校の校長経験がありました。小・中学校で意欲的に勉強していた子どもたちが、高等学校に入学した途端に学ぶのを止める事実を目の当たりにして、今の学びを将来につなげるキャリア教育の必要性を痛感したのです。

【図10】

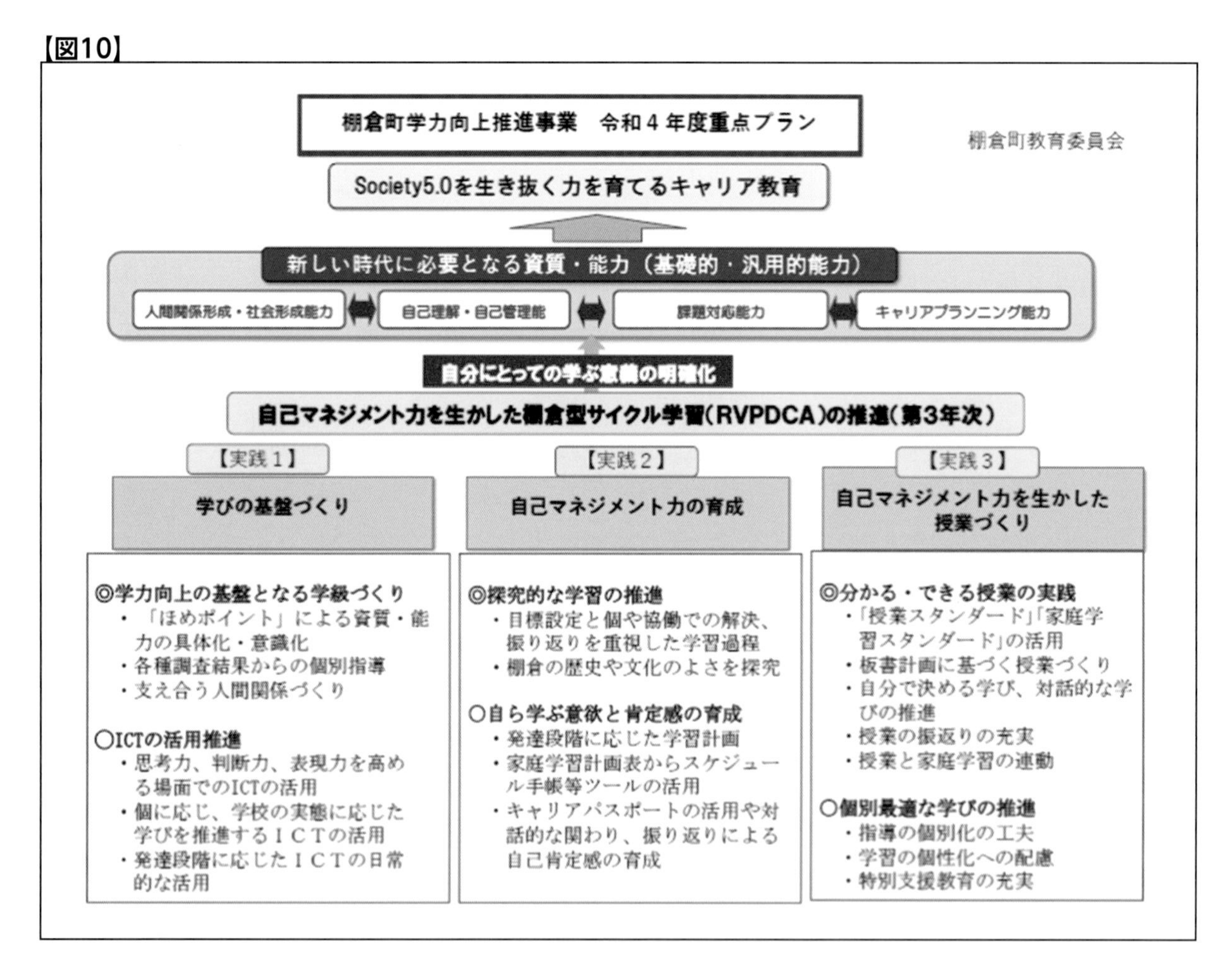

図10は、学力向上推進重点プランです。今まで述べてきたように「学びの基盤」「自己マネジメント力の育成」「授業づくり」の３点から学力向上に取り組んでいます。

「学力向上を伴わないキャリア教育はない」と松本前教育長は主張します。最初は、筆者も半信半疑でしたが、今では自信をもってそう言うことができます。ただし、必ずしも点数を上げるだけが学力向上ではありません。今の学びを将来につなげ、夢や志をもって学び続ける力をつけることが大切なのです。

そのためにも、個人シートには、学力調査結果の経年変化を記入できるようにしています。即席でなく、真の学力向上を支援するために。

（3）シートの説明（上段）

シートについて詳しく説明します。まず、「キャリア教育意識調査」の結果を記入できるようになっています。

図11のように、当該学年２回の結果を項目ごとにどう回答したか、能力ごとの平均肯定率と設問ごとの児童回答結果と比較しながら考察できるようになっており、どの項目を個別指導で補強すればよいかが確認できるようになっています。

【図11】

キャリア教育意識調査結果

		項目	6月	12月	6月	12月	6月	12月
	1	わかりやすく伝える	2	2	92%	92%		
	2	最後まで聞く	1	1				
	3	困っている人を助ける	2	1				
	4	話し合いで考えを深める	2	2				
	5	短所はなおし、長所は伸ばす	1	2	90%	89%		
	6	授業で新しい問題を解く	2	1				
	7	いじめはどんな理由でもいけない	1	1				
	8	自分にはよいところがある	2	2				
課題対応	9	知りたいことは調べたり聞いたりする	2	1	88%	86%		
	10	失敗を恐れず挑戦する	2	1				
	11	簡単に解く方法を考える	1	1				
	12	授業の学びを他に生かす	2	1				
キャリアP	13	将来の夢や目標を持っている	1	1	91%	93%		
	14	勉強は自分で考えて計画を立てる	2	2				
	15	国語の学習は将来役に立つ	2	1				
	16	人の役に立つ人間になりたい	1	1				
			6月		12月			
メディア	17	普段のテレビやゲーム時間	1時間以上2時間未満		3時間以上4時間未満			
	18	普段のメールやインターネット	30分以上1時間未満		30分以上1時間未満			
	19	平日の家庭学習時間	1時間以上2時間未満		2時間以上3時間未満			
	20	休日の家庭学習時間	1時間以上2時間未満		1時間以上2時間未満			

（考察）

【図12】

QUテスト結果（1回目：2回目）

A やる気

NO	1	2	3	4	5
1回目	3	4	4	4	3
2回目	4	4	4	4	4
NO	6	7	8	9	[illegible]
1回目	3	4	3	4	32
2回目	4	4	4	4	36

B 居心地

NO	承認		被害	
1	3	3	1	1
2	3	4	1	1
3	4	4	1	1
4	3	4	1	1
5	4	4	1	1
6	4	4	1	1
計	21	23	6	6
群				

C ソーシャルスキル

配慮		かかわり		タイプ	
30	32	30	32		

▲：1回目　▼：2回目　★：両方同じ

図12はQ-Uテストの結果を記入して考察できる部分です。当該児童の属する群は視覚化できるようにしましたが、紙面の都合上、設問項目は番号表示なので、質問用紙と照合していただくようになっています。「意欲」と「ソーシャルスキル」も掲載しています。

標準学力検査CRT／目標基準準拠検査の結果は、図13のように記述されます。

国語科、算数・数学科の２教科について、本人の正答率と町の平均正答率、全国平均正答率を比較でき、その経年変化も記入できるようになっています。その結果は、グラフに表示され、視覚的にも考察できます。経年変化の視覚化は、非常に貴重な資料です。

さらに、隔年に行われる知能検査の結果も記入され、知能との相関も考察できるようになっています。

【図13】

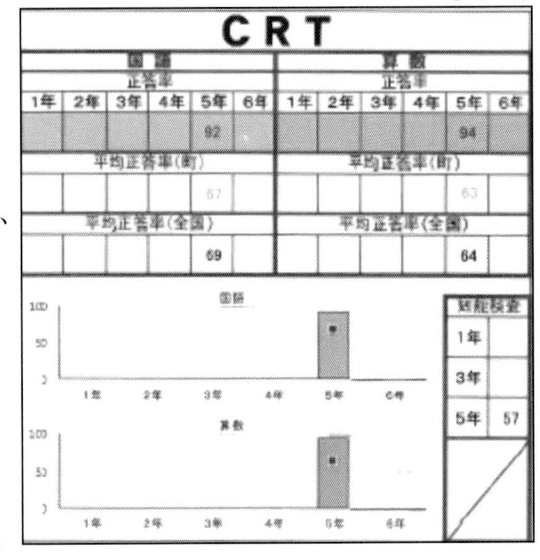

CRT

	国語 1年	国語 2年	国語 3年	国語 4年	国語 5年	国語 6年	算数 1年	算数 2年	算数 3年	算数 4年	算数 5年	算数 6年
正答率					92						94	
平均正答率（町）					57						63	
平均正答率（全国）					69						64	

シート上段は、資質・能力の意識、学校生活満足度、目標に準拠した学力調査の経年変化が一望でき、それぞれをつなげて考察し、指導できるところに特徴があります。特に、キャリア教育意識調査とQ-Uテストについては、否定的で課題のある項目について、個別指導をする必要がありますので、その参考資料として活用します。

(4)シートの説明(下段)

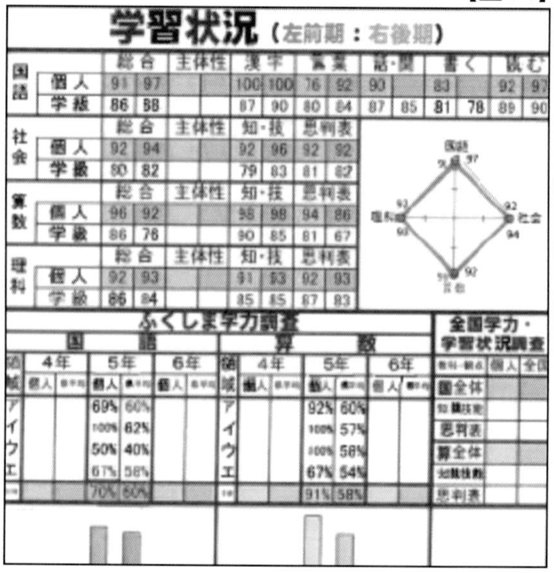

下段左側には、図14のように、単元テストの学習状況(学期)の結果、4年生以上で実施するふくしま学力調査(県学力調査)の結果、第6学年で実施する全国学力・学習状況調査の結果を確認できるようにしました。

単元テストは、通知表や指導要録の観点別評価の資料となるものであり、各教科の総合的な正答率のバランスをグラフ化して提示できるようにしています。

ふくしま学力調査は、県独自の学力調査であり「児童生徒一人一人の学力の伸びや学習等に対する意識、生活の状況等を把握する調査」です。全国学力・学習状況調査は、個人、全国平均、観点別の結果を表示するようにしました。

【図14】

学習状況(左前期:右後期)

教科		総合		主体性		漢字		言葉		話・聞		書く		読む	
国語	個人	91	97			100	100	76	92	90		83		92	97
	学級	86	88			87	90	80	84	87	85	81	78	89	90

教科		総合		主体性		知・技		思判表	
社会	個人	92	94			92	96	92	92
	学級	80	82			79	83	81	82
算数	個人	96	92			95	98	94	86
	学級	86	76			90	85	81	67
理科	個人	92	93			91	93	92	93
	学級	86	84			85	85	87	83

ふくしま学力調査

領域	国語 4年 個人	国語 4年 [illegible]	国語 5年 個人	国語 5年 [illegible]	国語 6年 個人	国語 6年 [illegible]	領域	算数 4年 個人	算数 4年 [illegible]	算数 5年 個人	算数 5年 [illegible]	算数 6年 個人	算数 6年 [illegible]
ア			69%	60%			ア			92%	60%		
イ			100%	62%			イ			100%	57%		
ウ			50%	40%			ウ			100%	58%		
エ			67%	58%			エ			67%	54%		
[illegible]			70%	60%			[illegible]			91%	58%		

全国学力・学習状況調査

教科・観点	個人	全国
国全体		
知識技能		
思判表		
算全体		
知識技能		
思判表		

【図15】

四半期ごとの資質・能力

期			
第1四半期	今こそ！！チェンジ！！～自分の力を信じよう～		
		2	2
第2四半期	あの経験を生かせ！！PDCA！！～自分の力を高めよう～		
		2	2
第3四半期	とにかくトライ！一歩ふみ出す勇気！～つらい時こそもうひとふんばり！～		
		2	2
第4四半期	今から準備！！～成長のためにできること～		

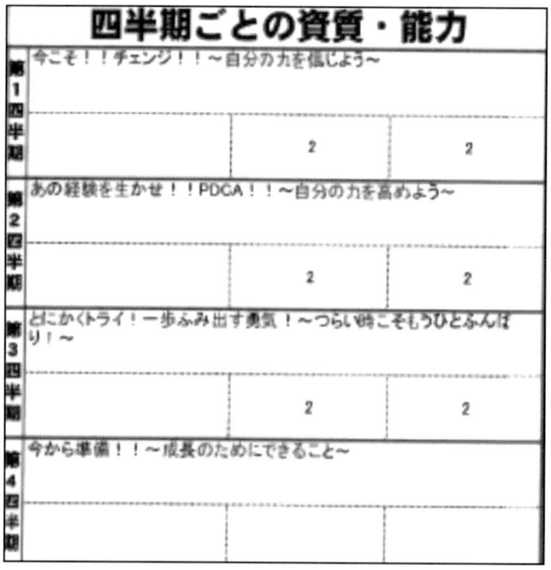

図15には、四半期ごとに育てたい資質・能力に関する内容と自己目標、教師評価と自己評価の結果が記入できるようにしました。

特に、四半期ごとに育てたい資質・能力を設定し、児童に意識させ、取り組んだ成果を教師と児童がそれぞれ評価し、つきあわせることで、資質・能力の意識についてのズレを明らかにし、指導に生かすようにしています。

評価は、0ベースの4件法「0:身に付いていない」「1:少し身に付いている」「2:身に付いている」「3:とてもよく身に付いている」の4項目で、肯定を3段階にしました。

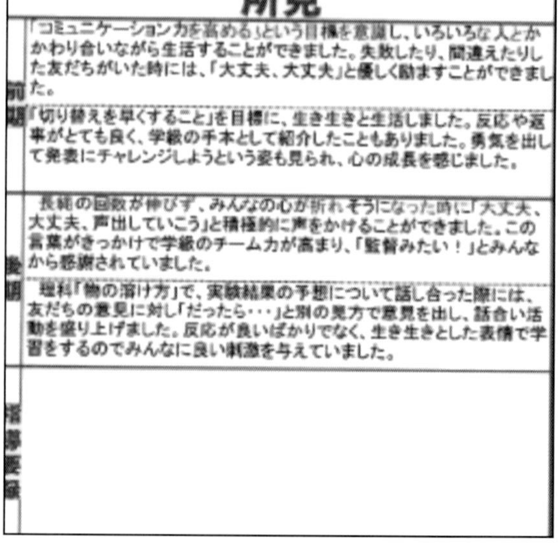

図16は、通知表と指導要録の所見です。学期や年間で資質・能力が身に付いた児童の学びの姿を記載します。

ここが1年間の指導のゴールとなり、次年度の出発点となります。次年度は、このシートにデータを上書きして活用していくようにします。なお、データはエクセルで作成し、要録も電子化でエクセルデータを使用しているので、同じものを用いています。

【図16】

所見

期	
前期	「コミュニケーション力を高める」という目標を意識し、いろいろな人とかかわり合いながら生活することができました。失敗したり、間違えたりした友だちがいた時には、「大丈夫、大丈夫」と優しく励ますことができました。
	「切り替えを早くすること」を目標に、生き生きと生活しました。反応や返事がとても良く、学級の手本として紹介したこともありました。勇気を出して発表にチャレンジしようという姿も見られ、心の成長を感じました。
後期	長縄の回数が伸びず、みんなの心が折れそうになった時に「大丈夫、大丈夫、声出していこう」と積極的に声をかけることができました。この言葉がきっかけで学級のチーム力が高まり、「監督みたい！」とみんなから感謝されていました。
	理科「物の溶け方」で、実験結果の予想について話し合った際には、友だちの意見に対し「だったら・・・」と別の見方で意見を出し、話合い活動を盛り上げました。反応が良いばかりでなく、生き生きとした表情で学習をするのでみんなに良い刺激を与えていました。
指導要録	

(5)シートの活用について

個人シートの活用に当たっては、次の点に留意するようにしています。

① 指導に必要なデータは、エクセルで作成すること。
② 児童理解のためのシートであり、全ての項目を埋める必要はないこと。
③ 個人の資質・能力を、学力等を含め、つながりの中でとらえるようにすること。

① エクセルでのデータ作成

個人シートは、すべてのデータがエクセルで処理されていることを前提に開発しています。ですから、キャリア・パスポートや通知表、指導要録も電子化され、エクセルで作成されている必要があります。その意味では、教師の働き方改革に、エクセルを活用した校務処理が重要であると考えます。

② 児童理解のためのシート

シートの作成が目的ではなく、あくまでも児童理解のために手段として作成するものなので、空欄があってもよいのです。キャリア・パスポート、通知表、指導要録をエクセルで作成する過程で、データが得られたら、それらをシートのデータとして活用すればよいのです。得られたデータの範囲内で児童理解を深めること、指導の方法を考えるために、有効活用することを大切にしています。

③ つながりでとらえる資質・能力

前節の(7)でキャリア教育意識調査結果を活用する際に説明したように、項目自体を単独で考察するのではなく、他の項目と関連させて捉えることが必要です。

例えば、意識調査の(16)「算数の学習は将来役に立つ」は肯定的に評価し学習意欲も高いのに、算数科の正答率が低い場合は、学習方法や既習事項の習得に課題があるかもしれません。この場合は、やみくもに学習時間を増やすよりは、他の項目などを参考に算数科の学び方を丁寧に分析して、個に応じた学び方を助言したほうが効果的です。

資質・能力はつながっています。指導の際には具体化・重点化・焦点化しますが、評価の際にはつながりで捉えて総合的に考察し、関連性や因果関係を明らかにしていくことで、個に応じた具体化・重点化・焦点化を図ることができるのです。

カリキュラム・マネジメントは、三側面から、教育の質を高めるために行うものです。教育の質を高めるということは、個に応じた指導を充実すること、個別最適な学びと協働的な学びを通して、個に応じた資質・能力を育成することに他ならないと考えます。その意味で、カリキュラム・マネジメントは、社会的・職業的自立に必要な資質・能力を育むキャリア教育そのものなのです。

地域の教育資源（人的・物的）の活用

図17は、本町の地域連携推進事業重点プランです。

地域連携の柱として、「学校運営協議会」と「地域学校協働本部」が位置付けられ、令和４年度より新たに「キャリア教育支援室」が立ち上げられました。学びの内容としては「地域の歴史や文化」「地域の産業」が中心に設定され、「ひと、もの、しごと」と出会う活動が企画されていることが分かります。

【図17】

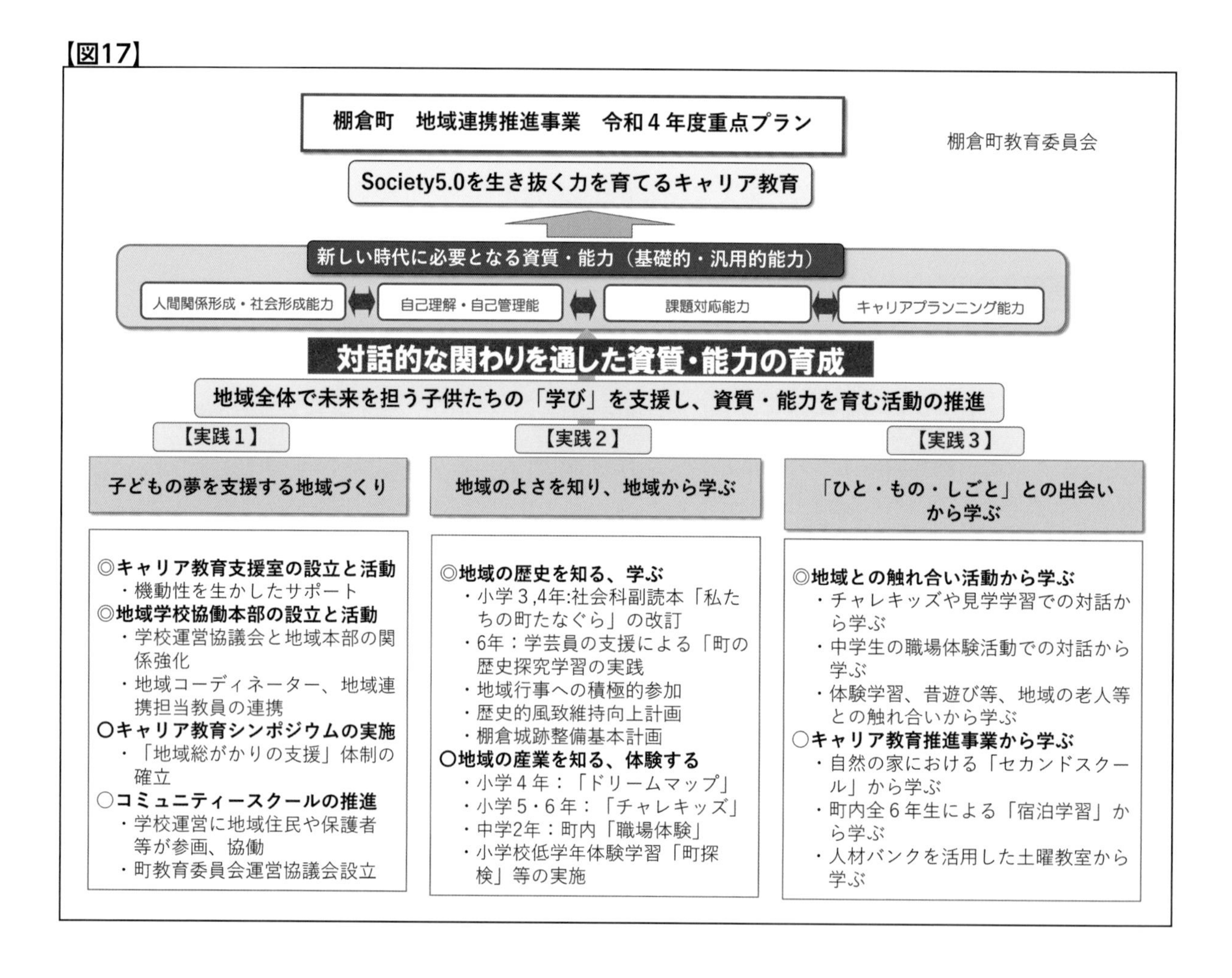

（1）学校運営協議会と地域学校協働本部

キャリア教育では、地域との連携が重要な意味をもっています。キャリア教育を推進するカリキュラム・マネジメントにおいても、同様に重要です。

資質・能力は、学校が設定し、児童に意識させ、その結果を児童の学びの姿で共有・発信することで育成されるからです。児童の資質・能力を育てるという共通の目的の下で、地域の物的資源、人的資源を効果的に活用することができるからです。

地域には、キャリア教育に必要な職場が多く存在し、そこで働く人々が多数いらっしゃいます。その方々との対話を通してこそ「仕事は人のためになり、楽しいものである」ということを実感できるのです。そのような地域との連携を支えるのが、学校運営協議会と地域学校協働本部です。

【図18】

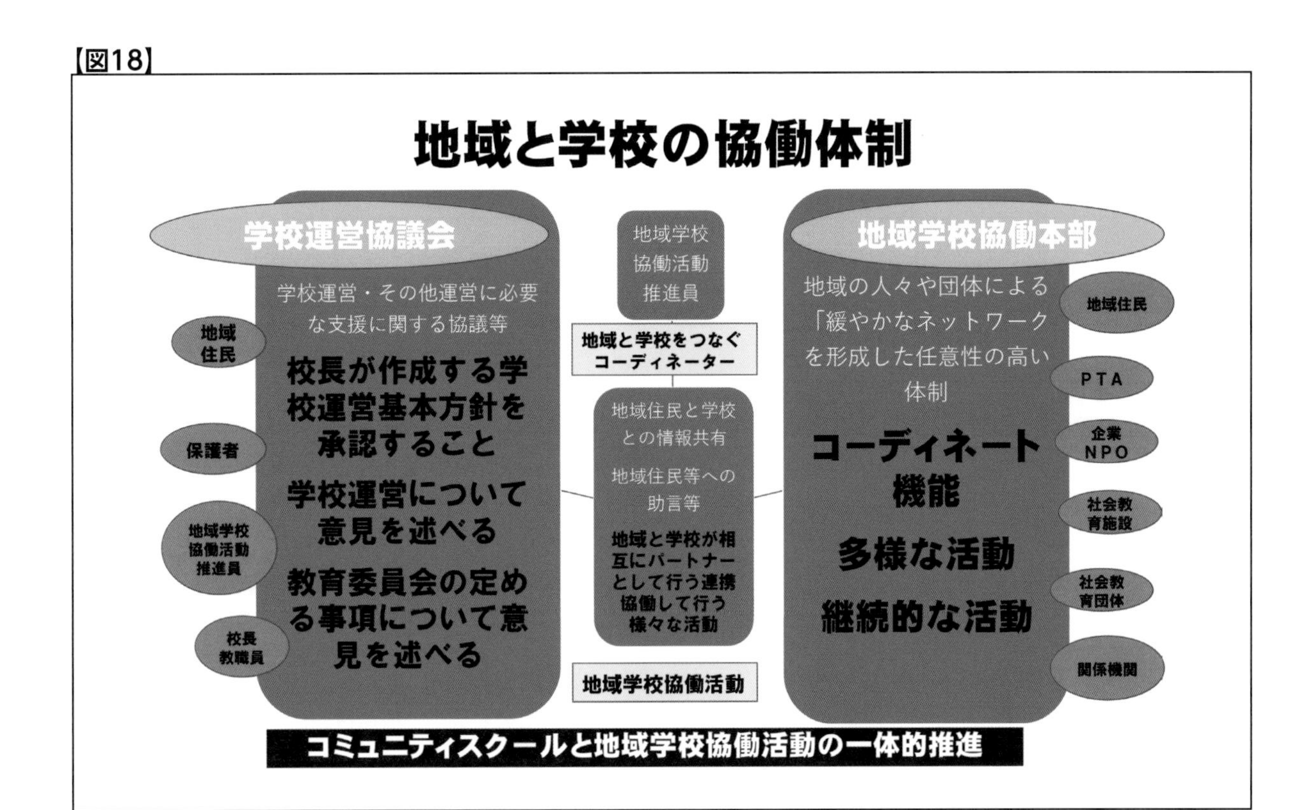

図18は、学校運営協議会と地域学校協働本部の関係を図に示したものです。学校運営協議会は学校の内側に設置され、地域学校協働本部は学校の外側にあります。二つは、地域学校協働活動推進員(地域コーディネーター)を通してつながっています。地域学校協働活動推進員と直接にやりとりし学校の連絡を担当するのが、地域連携担当教員です。

(2)地域コーディネーターと地域連携担当教員

地域連携担当教員は、教職員の希望をもとに地域の物的資源や人的資源の活用を地域コーディネーターに要請します。地域コーディネーターは、それをもとに、企業や団体、個人に協力を依頼し、物的資源を生かした協働活動、体験活動、放課後等の学習活動等を実施する段取りをし、地域連携担当教員へ連絡します。

地域連携担当教員は、それを授業者に伝えます。授業者は、その情報をもとに、授業計画や活動計画を立案します。外部人材の活用や、校外での学習は、準備や連絡調整に時間がかかり敬遠されがちですが、コーディネーターと担当教員が間に入ることで負担がかなり軽減され、必要に応じて行うことができるようになります。

その結果、地域の方々との対話が可能となり、教室での学習では体験できなかったことや学ぶことができなかったことについて、実感をもって学ぶことができるようになります。さらに、それらが、肯定感や有用感につながったり、資質・能力の向上につながったりするのです。

(3)地域人材の活用例

図19は、高野小学校の事例ですが、児童数の急激な減少で悩む高野小学校では、学校運営協議会が学校の活性化について協議する中で、子どもたちも意見を述べました。同一の校舎に設置されていた幼

稚園が閉園となるので、その教室を利用して地域の人が集まる「カフェ」を開いてはどうかという提案をしたのです。

【図19】

地域との交流

学校運営協議会とタイアップ
児童数減少と高野小学校の活性化
子どもたちが動き出した！

・・・１０年後、２０年後の高野が、優しく温かい人があふれる高野の良さはそのままに、今より活気がある地域になってほしいと思います。そのために、地域と繋がっていく場所やみんなで地域をよくしていく仕組みを作り、地域とこれからももっともっと関わっていきたいと思います。

学校運営協議会で意見を述べる児童

地域学校協働活動と
コミュニティ・スクール（学校運営協議会）

2つが両輪となって機能しているために、地域と密接な教育が展開できている。

学校評価では、「お子さんは、地域の方と一緒に活動したり、棚倉町や高野地区のことを学んだりすることを楽しいと感じている」の項目において、保護者の評価が「あてはまる」「ほぼあてはまる」が100％

<地域の方と共同作業>

人的資源の活用

（4）キャリア教育支援室の誕生

学校運営協議会と地域学校協働本部を両輪として進めてきた地域との協働ですが、令和３年度から協働のための第３の組織が誕生しました。キャリア教育支援室です。

松本市郎前教育長が立ち上げたキャリア教育推進のための組織で、活動内容は学校や教育委員会を側面から支援する機動性のある組織です。例えば、令和３年度には、右の写真のように、企業等から寄付を募り、町内の４小学校において、４年生全員に「ドリームマップ®」の授業を実施しました。講師や教材にかかる費用をすべて負担していただいたのです。

令和４年度には、学校とは別に、土曜授業を町立図書館で実施し、少数の子どもたちのニーズに応じた講座を開設していただく予定です。

チャレキッズ（小学生の職業体験）の実施

本町の特徴的な取組としては、平成26年度より、教育委員会が主催し、生涯学習課が主管している「チャレキッズ(小学生の職業体験活動)」が挙げられます。当初は、夏休みの課外活動として実施していましたが、現在では教育課程に位置付けて実施しています。地域の人的・物的資源を最大限に活用した教育活動です。

(1)小学生の職業体験活動【5年】

まず、5年生は、棚倉町文化センターで行います。各事業所がブースを開設し、子どもたちがそれらを回って体験します。

図20は会場図、図21は実施方法です。三つのブースを体験できます。

【図20】

【図21】

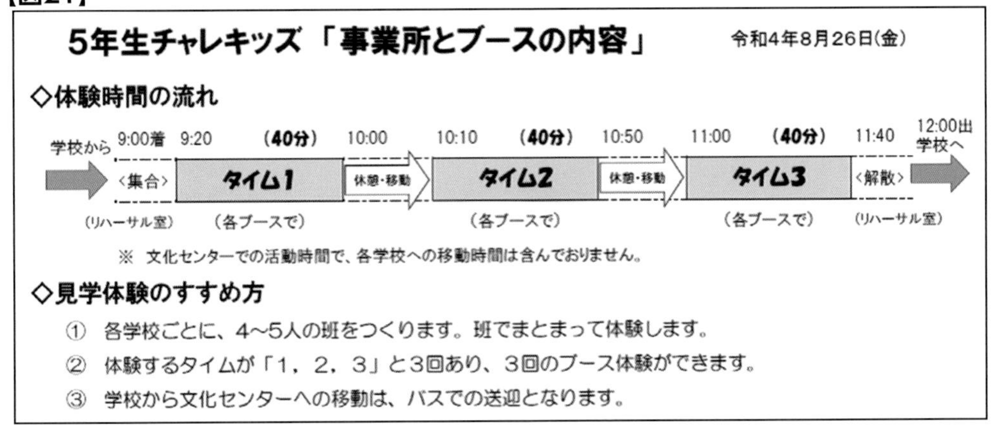

5年生チャレキッズ「事業所とブースの内容」 令和4年8月26日(金)

◇体験時間の流れ

学校から → 9:00着 <集合>（リハーサル室） → 9:20 タイム1（40分）（各ブースで） → 10:00 休憩・移動 → 10:10 タイム2（40分）（各ブースで） → 10:50 休憩・移動 → 11:00 タイム3（40分）（各ブースで） → 11:40 <解散>（リハーサル室） → 12:00出 学校へ

※ 文化センターでの活動時間で、各学校への移動時間は含んでおりません。

◇見学体験のすすめ方

① 各学校ごとに、4~5人の班をつくります。班でまとまって体験します。

② 体験するタイムが「1，2，3」と3回あり、3回のブース体験ができます。

③ 学校から文化センターへの移動は、バスでの送迎となります。

（2）小学生の職業体験活動【6年】

6年生は、事業所での体験になります。人数が多いので、令和4年度は、棚倉小学校と他の三つの小学校を分けて実施しました(棚小のプログラムは、第5章参照)。

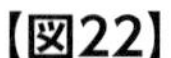
【図22】

（3）体験の実際

図23は、「広報たなぐら10月号」に掲載された活動の様子です。それぞれの事業所が創意工夫し、安全に留意して子どもたちの体験活動を充実させています。

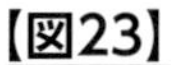
【図23】

（4）活動の評価

事後に実施したアンケートから、児童の変容を確認しました。

【図24】

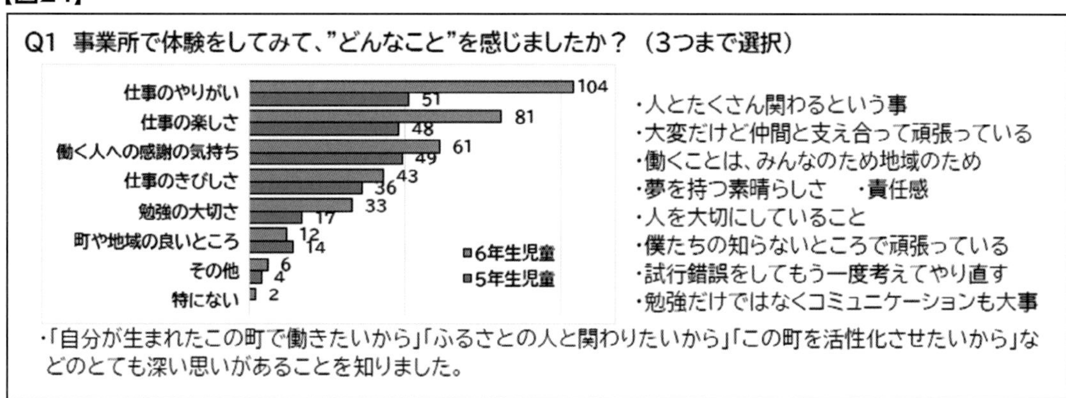

まず、「体験後にどんなことを感じたか」については、図24の通りです。「仕事のやりがい」や「仕事の楽しさ」を全体の３分の2以上の児童が感じてくれているのは、主催者としてはとてもうれしく思います。さらに多くの子に感じてほしいと思います。

体験後に「自分自身が変わろうと思うこと」については、図25のとおりです。

【図25】

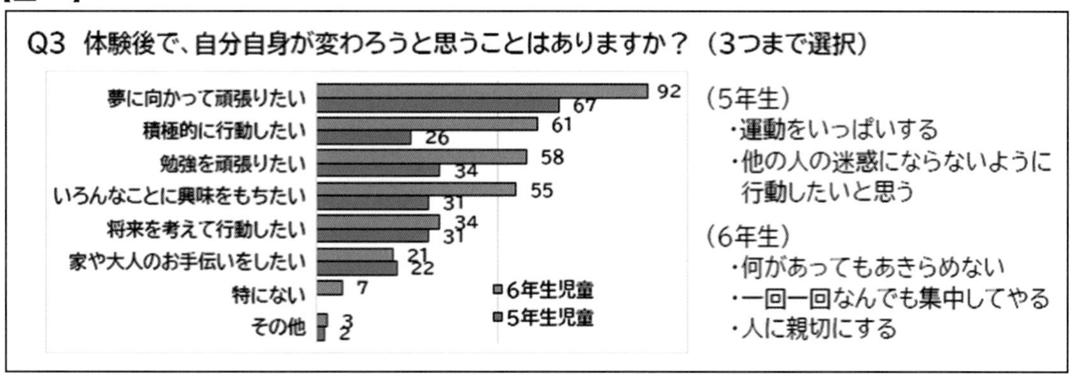

「夢に向かって頑張る」が最も多く「積極的に行動する」「勉強する」「いろんなことに興味をもつ」など、将来に向けての動機付けになったことがうかがえます。

ある児童の感想です。体験を通して考え方が変わったという事例です。

チャレキッズに参加してみて、仕事の楽しさや、仕事をしている人への感謝の気持ちなど、色々なことが学べました！　新しく、やってみたいお仕事など、色々考え方が変わりました。こういう機会を作っていただき、ありがとうございました。チャレキッズ、楽しかったです！！

図26は「地域の産業やよさについて、理解を深めるために有効だったと思いますか」という設問に対しての事業所の回答です。

来年度以降の協力についても、ほとんどの企業が肯定的に回答していただいております。

これからもさらに、方法・内容を検討していきたいです。

【図26】

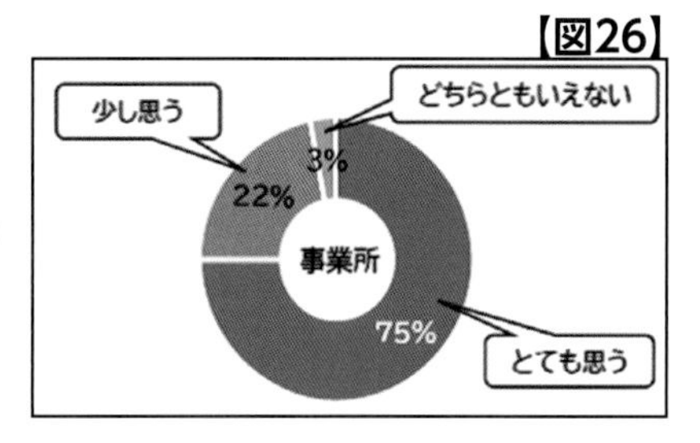

第4章　解説

文部科学省初等中等教育局教科調査官　長田徹

教科等横断で、学年や校種を縦断して、児童生徒に資質・能力を育むためには、全ての教職員が足並みをそろえて取り組むための道標である年間指導計画の作成を核としたカリキュラム・マネジメントが求められます。

小学校学習指導要領(平成29年告示)第１章総則　第１小学校教育の基本と教育課程の役割

４ 各学校においては、児童や学校、地域の実態を適切に把握し、教育の目的や目標の実現に必要な教育の内容等を教科等横断的な視点で組み立てていくこと、教育課程の実施状況を評価してその改善を図っていくこと、教育課程の実施に必要な人的又は物的な体制を確保するとともにその改善を図っていくことなどを通して、教育課程に基づき組織的かつ計画的に各学校の教育活動の質の向上を図っていくこと(以下「カリキュラム・マネジメント」という。)に努めるものとする。

平成28年中央教育審議会答申には(カリキュラム・マネジメントの重要性)として以下のように示しています。

① 各教科等の教育内容を相互の関係で捉え、学校教育目標を踏まえた教科等横断的な視点で、その目標の達成に必要な教育の内容を組織的に配列していくこと。
② 教育内容の質の向上に向けて、子供たちの姿や地域の現状等に関する調査や各種データ等に基づき、教育課程を編成し、実施し、評価して改善を図る一連のPDCAサイクルを確立すること。
③ 教育内容と、教育活動に必要な人的・物的資源等を、地域等の外部の資源も含めて活用しながら効果的に組み合わせること。

本書で、ここまで取り上げてきた内容は、まさに、基礎的・汎用的能力を育むキャリア教育の視点で挑んだ、棚倉小学校のカリキュラム・マネジメントの紹介でもありました。

平成28年中央教育審議会答申で、全ての教職員で創り上げる各学校の特色として整理された文面を確認してみましょう(下線筆者)。

「カリキュラム・マネジメント」の実現に向けては、校長又は園長を中心としつつ、教科等の縦割りや学年を越えて、学校全体で取り組んでいくことができるよう、学校の組織や経営の見直しを図る必要がある。そのためには、管理職のみならず全ての教職員が「カリキュラム・マネジメント」の必要性を理解し、日々の授業等についても、教育課程全体の中での位置付けを意識しながら取り組む必要がある。また、学習指導要領等の趣旨や枠組みを生かしながら、各学校の地域の実情や子供たちの姿等と指導内容を見比べ、関連付けながら、効果的な年間指導計画等の在り方や、授業時間や週時程の在り方等について、校内研修等を通じて研究を重ねていくことも重要である。

このように、「カリキュラム・マネジメント」は、全ての教職員が参加することによって、学校の特色を創り上げていく営みである。このことを学校内外の教職員や関係者の役割分担と連携の観点で捉えれば、管理職や教務主任のみならず、生徒指導主事や進路指導主事なども含めた全ての教職員が、教育課程を軸に自らや学校の役割に関する認識を共有し、それぞれの校務分掌の意義を子供たちの資質・能力の育成という観点から捉え直すことにもつながる。

また、家庭・地域とも子供たちにどのような資質・能力を育むかという目標を共有し、学校内外の多様な教育活動がその目標の実現の観点からどのような役割を果たせるのかという視点をもつことも重要になる。そのため、園長・校長がリーダーシップを発揮し、地域と対話し、地域で育まれた文化や子供たちの姿を捉えながら、地域とともにある学校として何を大事にしていくべきかという視点を定め、学校教育目標や育成を目指す資質·能力、学校のグランドデザイン等として学校の特色を示し、教職員や家庭・地域の意識や取組の方向性を共有していくことが重要である。

平成25年から、棚倉小学校の教職員で作り上げてきた教育課程は、目の前の児童の今と将来を見つめ、試行錯誤を繰り返した“結晶”と言えます。本書が、全国の学校における学校教育改善の一助になることを願いつつも、棚倉小学校の取組を「コピー　アンド　ペースト」することはお勧めできません。お分かりの通り、目の前の児童、教職員や地域の実態があってこその本書の内容に至っているからです。もちろん、棚倉小学校も毎年児童や保護者が異なり、教職員も異動し、協力してくださる地域住民や外部講師も同じではありません。棚倉小学校の教育課程、キャリア教育は日々進化し続けているのです。

キャリア教育の内容や取組は基より、棚倉小学校の教育課程やキャリア教育の編成、実施、評価、改善の過程をヒントにしていただけることを切に願っています。

キャリア教育の推進校といわれる学校に訪問させていただいたり、都道府県等のキャリア教育研修で演習させていただいたりする中で各校の年間指導計画を見せていただく機会があります。その際に「これって実現可能なのか」と思うことがあります。どの学年も４月から３月まで全ての教科等にわたってびっしりとキャリア教育にかかわる単元や題材が示されているのです。確かにどれもその学校が目指す、児童に身に付けさせたい力に迫る内容ではあるのですが、学校教育という中で実践できることには限りがあります。だからこそ、各学校においては、学校や地域の特色、子どもたちの実態などに応じて、学校ごとの焦点化・重点化が求められるのです。これまでの紹介のように、棚倉小学校では「今(四半期)に」「この学校で」「この児童に」といった視点から、優先順位をもって四半期指導計画を作成しているのです。キャリア教育の年間指導計画には「隙間を恐れない」覚悟が必要なのかもしれません。

また、キャリア教育を推進しようとすると新たな取組や象徴的な体験活動を立ち上げたくなるものですが、キャリア教育は、一人一人のキャリア発達や個としての自立を促す観点から、従来の学校教育の在り方を幅広く見直し、改善していくための理念と方向性を示すものです。まずは“今ある宝”である、既存の教育活動を生かしながら、不足する活動を補う手順を踏むことによって「これならできる」というキャリア教育のスムーズな浸透につながるのです。

第５章

キャリア・パスポートの活用

【棚倉小学校３】

　第５章では、子どもたち一人一人の大事な学びの足跡がつまっているキャリア・パスポートを活用した取組についてご紹介します。
　肯定感や有用感を未来の学びにつなぐキャリア・パスポートは、キャリア教育の最重要ツールです。

キャリア・パスポートで子どもが変わる

(1)キャリア・パスポートは簡単

「キャリア・パスポート⁉」初めてその言葉を聞いた時、何か新しいものをやらなければならないのかと、錯覚してしまいましたが、そうではありませんでした。これまでも、栽培活動や校外学習などの記録、二分の一成人式や将来の夢などの作文、自分のめあてのワークシートなど、学びの足跡を残していました。それらの学びの足跡に、私たちは赤ペンで丸やコメントを書いたり、シールを貼ったりして、廊下や教室に掲示していました。３月になって、ファイリングして、持ち帰らせるというスタイルが、本校でも一年間の流れになっていました。

その一年間の流れに沿って「子どものキャリア形成にかかわる大事な大事な学びの記録は、家に眠らせておくだけではもったいないので、別のファイルに綴り、持ち上げて次年度以降の学びにつなげましょう」というだけのことでした。こういう理解ができたのも、藤田晃之先生、長田徹先生のご指導のおかげです。

棚倉小学校では、平成28年度から、ドリームファイルと名付けたキャリア・パスポートを作成、活用していました。令和３年度からは文部科学省より例示された「キャリア・パスポート」の趣旨を踏まえて、改善したものを活用しています。

右は、これらのことを踏まえて、令和３年度末に作成した本校の「キャリア・パスポート活用年間計画」です。

それでは、現在活用しているキャリア・パスポートについてご紹介します。キャリア・パスポートは、大きく分けて３種類あります。**四半期ごとのキャリア・パスポートと行事のキャリア・パスポート、学年の特色を生かしたキャリア・パスポート**です。

キャリア・パスポート活用年間計画

1　キャリアとの関連

・学校，家庭及び地域における学習や生活の見通しを立て，学んだことを振り返りながら，新たな学習や生活への意欲につなげたり，将来の生き方を考えたりする。

2　留意点

・学級活動の授業を活用して，目標設定と振り返りを行う。授業時数は６，７時間程度。
・肯定的，対話的に関わり，全ての子どもたちが前向きに振り返ることができるようにする。

3　手順等

○ファイリングするキャリア・パスポート
・全学年共通５枚：四半期４枚，行事１枚
・上学年＋１枚：二分の一成人式，自然教室，チャレキッズ等，成長や自信につながる学び
○保管
・記入－廊下掲示（高学年は実態に応じる）－持ち帰る－ファイルへ－学校保管

月	題材名（①は時数）	使用するキャリア・パスポート	計画振り返りをしたい その他の題材（①時数）
4	①第１四半期の目標設定	・四半期のキャリア・パスポート（別紙略案参照）	春休みの振り返り
5	①運動会を成功させよう	・行事のキャリア・パスポート（当日持ち帰り，自己評価と保護者評価記入）	
6	①ふり返りと第２四半期の目標設定 ①５年：自然教室の計画を立てよう ①６年：チャレキッズの計画を立てよう	・四半期のキャリア・パスポート ・学年のキャリア・パスポート ・学年のキャリア・パスポート	漢字算数コンクール計画（時数は教科の中で）
7			①夏休みの計画
9	①ふり返りと第３四半期の目標設定	・四半期のキャリア・パスポート	①夏休みの振り返り
10	①音楽会を成功させよう	・行事のキャリア・パスポート（当日持ち帰り，自己評価と保護者評価記入）	
11	①ふり返りと第４四半期の目標設定	・四半期のキャリア・パスポート	漢字算数コンクール計画（時数は教科の中で）
12			①冬休みの計画
1	①４年：二分の一成人式のふり返り	・学年のキャリア・パスポート	①冬休みの振り返り
2			漢字算数コンクール計画（時数は教科の中で）
3	①ふり返りと○年生のまとめ	・四半期のキャリア・パスポート（略案参照）	春休みの計画

（2）四半期ごとのキャリア・パスポート

まずは、下の四半期ごとのキャリア・パスポートをご覧ください。第３章で説明したとおり、本校では、一年間を四つに分けた四半期制を取っています。

令和元年度、校長で現教育長である荒川先生の大きな決断でした。私たちも、もともと二期制でしたし、その区切りのよさを活かして、さらに半分にした四半期制を取ることに、大きな抵抗もなく、スムーズに移行できたように思います。

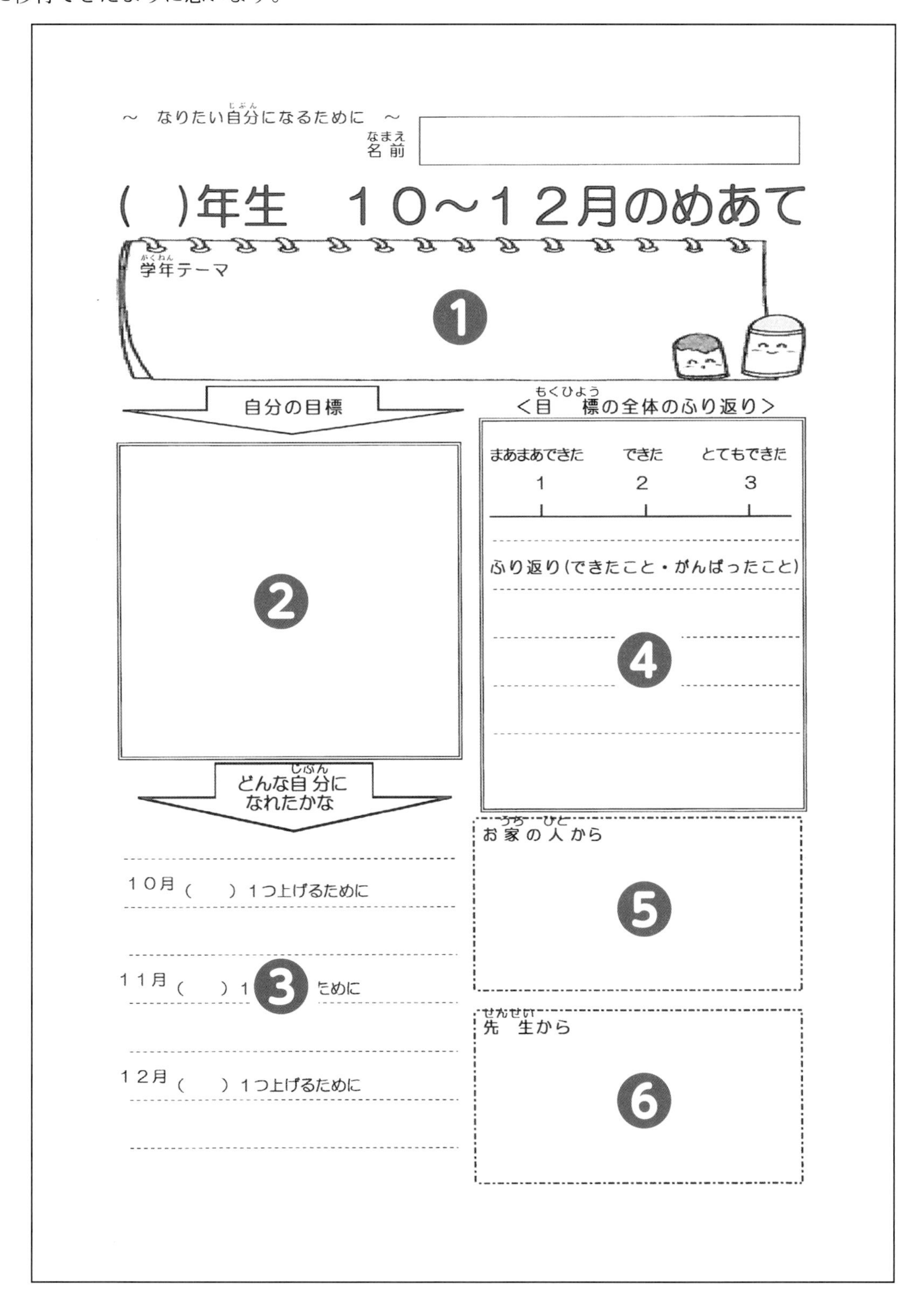

～　なりたい自分になるために　～

名前

（　）年生　１０～１２月のめあて

学年テーマ

❶

自分の目標

❷

どんな自分になれたかな

１０月（　　）１つ上げるために

１１月（　　）１つ上げるために

１２月（　　）１つ上げるために

❸

<目標の全体のふり返り>

まあまあできた	できた	とてもできた
1	2	3

ふり返り（できたこと・がんばったこと）

❹

お家の人から

❺

先生から

❻

❶ 一番上の「学年テーマ」には、四半期ごとに学年で焦点化した育てたい資質・能力を記述します(第２章参照)。

❷ その下「自分の目標」には、学年で焦点化した資質・能力を身に付けるために、自分はどんなことをがんばるのかを記述します。子どもたち一人一人が意思決定したなりたい自分になります。ここは、四半期の末～四半期の初めに行っている学活(３)「第○四半期の振り返りと次の目標設定」の授業で取り組みます。

❸ その下の「どんな自分になれたかな」には、達成に向けて個々または協働でがんばったことを、毎月、振り返って記述します。ここは、朝の時間やちょっとしたすき間時間を利用してちょこちょこと取り組んでいます。「(　)」の中には、３段階の肯定的な自己評価をするようにしています。「１つ上げるために」には、今の自分の立ち位置を見つめて、この先はどう行動していくかを意思決定して記述しています。

❹ そして、キャリア・パスポートの右側にある「目標の全体の振り返り」には、四半期の終わりに振り返りをして記述します。数値と記述による自己評価を行います。ここで、成功の根拠を十分に見つめることができるようにしたいので、教師は肯定的、対話的に関わります。ここは、学年の実態や教師の意図に沿って、朝の時間やちょっとしたすき間時間を使ったり、学活(３)の「振り返りと目標設定」の時間を使ったりしています。

❺ 子どもたちが振り返りを記述したら、キャリア・パスポートを家に持ち帰って、保護者に「お家の人から」の欄に、わが子のほめポイントを記述していただいています。保護者からのほめポイントは、子どもたちの自信や次への意欲を高めることはもちろん、私たち教師にとっても学校では見取ることのできない子どもたちのよさを知ることができるよい機会となっています。

❻ 最後に、「先生から」の欄に、教師がほめポイントを記述します。第２章と重なりますが、なりたい自分に近づくためにがんばってきたよさを価値付けることは、

- **「あなたも振り返っていたように、先生もあなたのその力が高まっていると分かったよ」と、子どもが実感しているよさを教師もフィードバックすることで、その資質・能力を強化する。**
- **「あなたにはそういう力がついているんだよ」と、子どもが気付いていないよさを教師のフィードバックにより気付きを促す。**

という、大きく分けて二つの役割があることを意識しながら記述するようにしています。いずれにしても、子どもたち一人一人の肯定感を高め、学習や生活への意欲の向上につなげるための一つのツールだと考えています。

(３)キャリア・パスポートの工夫

一連の取組は、❶～❻の記述が自己マネジメント力の育成につながっていることに注目してください。「❶高めたい資質能力、❷自己目標、❸実践と振り返り、❹振り返りと自己評価、❺保護者との共有と評価、❻教師との共有と評価」は、RVPDCAの自己マネジメントサイクルに相当します。

さらに、児童の振り返りと保護者からのコメント、そして教師のコメントは、そのまま３者による対

話となっていることが重要なのです。対話で育む資質・能力の取組が、キャリア・パスポート上で実際に行われているのです。

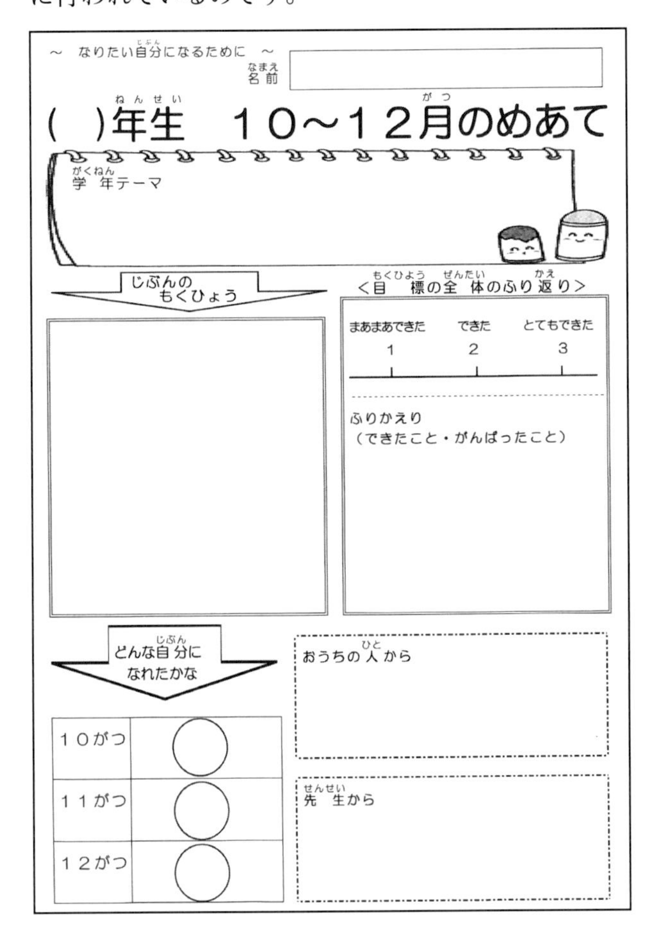
～ なりたい自分になるために ～

名前

( )年生　10～12月のめあて

学年テーマ

じぶんの もくひょう

<目標の全体のふり返り>

まあまあできた	できた	とてもできた
1	2	3

ふりかえり
（できたこと・がんばったこと）

どんな自分に なれたかな

10がつ	
11がつ	
12がつ	

おうちの人から

先生から

低学年は、❸の欄に「☺」マークを記述して、振り返るようにしています。

左のキャリア・パスポートは、低学年で活用しているものです。文字での振り返りが困難であることからの配慮です。

しかし、２年生の先生方からは「２年生でも２年生なりに、文字で振り返ることができるようになってきたので、「☺」マークだけではなくて、記述欄があってもいいかな」という話も上がりました。

文字の習得や言語による表現力の向上に配慮しながら、大きな軸は変えることなく、学年の実態に応じて柔軟に改善していきたいと考えています。その過程においては、マークと文字の併用という方法も考えられるかもしれません。

(4)行事のキャリア・パスポート

次にご紹介するキャリア・パスポートは、行事で活用しているものです。令和３年度までは、運動会、水泳学習、持久走記録会、音楽会のそれぞれにキャリア・パスポートを活用していましたが、水泳学習と持久走記録会は、体育科の学習として振り返ることとし、令和４年度からは、運動会と音楽会の二つの行事に精選しました。この二つが、第１四半期と第３四半期の中核となっております。ちなみに、第２四半期は夏期休業、第４四半期は修了式や卒業証書授与式、学年によっては二分の一成人式が中核となります。右端の枠は、担任がシールを貼ったり、一言書いたりする欄です。

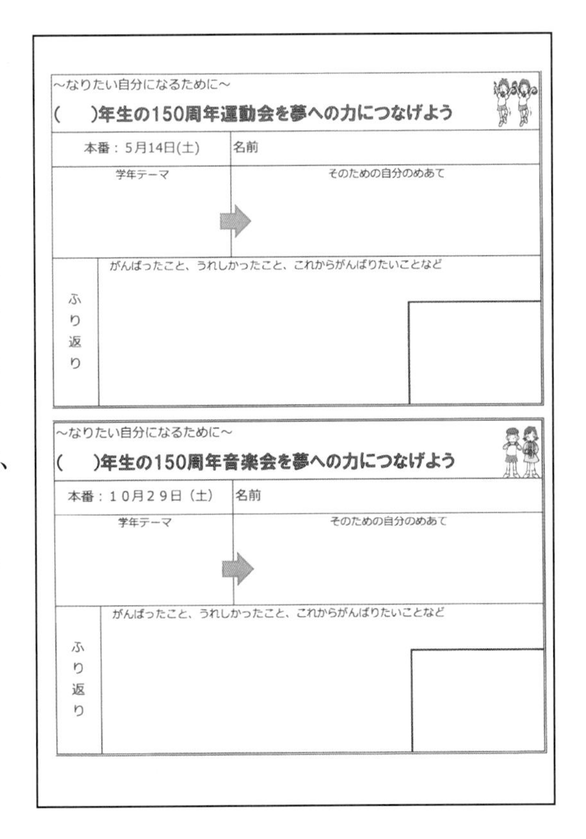
～なりたい自分になるために～

( )年生の150周年運動会を夢への力につなげよう

本番：5月14日(土)	名前
学年テーマ	そのための自分のめあて

ふり返り　がんばったこと、うれしかったこと、これからがんばりたいことなど

～なりたい自分になるために～

( )年生の150周年音楽会を夢への力につなげよう

本番：10月29日（土）	名前
学年テーマ	そのための自分のめあて

ふり返り　がんばったこと、うれしかったこと、これからがんばりたいことなど

キャリア・パスポートはみんなをつなぐ

(1)キャリア・パスポートは子どもがつくり、先生とつなぐ

4年生の学級活動(3)で第3四半期の目標設定をしたときの授業の一コマをご紹介します。下のキャリア・パスポートは、通級指導教室で過ごすことが多い児童のものです。

本児は、学年テーマ「やればできる！　あきらめないでチャレンジしよう」のもと「算数と体育にほとんど参加する」という目標を意思決定して記述しました。担任は「教室での勉強に気持ちが向いてきたみたいで嬉しいです」と話してくれました。

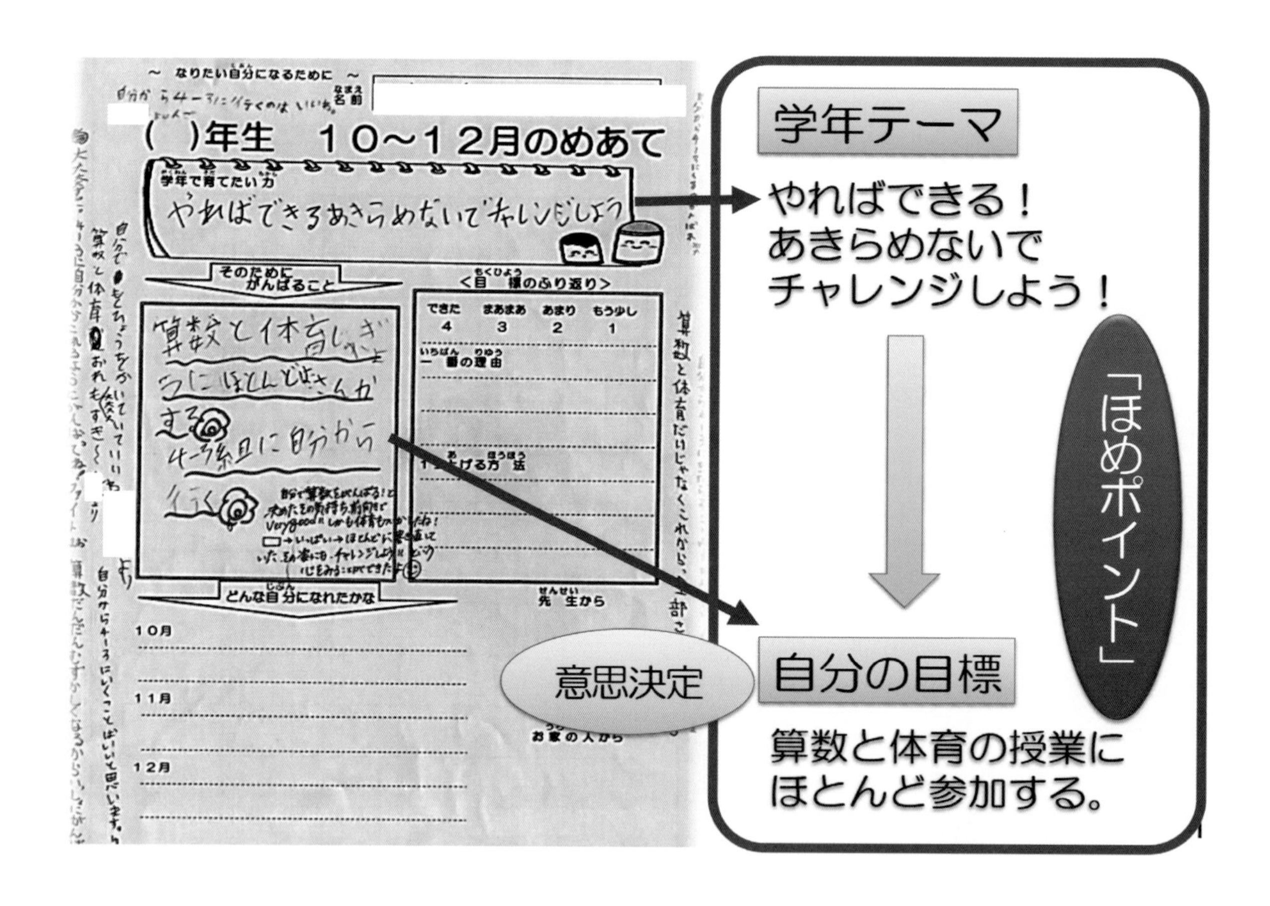

目標設定において、担任と本児との間でこのようなやりとりがありました。

本児は「算数、じゅぎょうにいっぱいさんかする」と書いたが、消して「算数と体育じゅぎょうにいっぱいさんかする」と記述しました。

それを見取った担任は「お～、あきらめないでチャレンジにつながるいい目標を立てたね」

本児は「すごいだろう」と照れながら担任に言いました。

その後、Cは自分が書いた目標をじっと見つめ「いっぱい」を「ほとんど」に再度、書き直しました。

授業後、担任は意思決定した本児のキャリア・パスポートにメッセージを添えました。

「自分で算数をがんばる！　と決めたその気持ち、前向きでVery good!!　しかも体育も追加したね！□➡いっぱい➡ほとんどに書き直していた。その姿にも、チャレンジしよう！！　という心をみることができたよ☺」と。

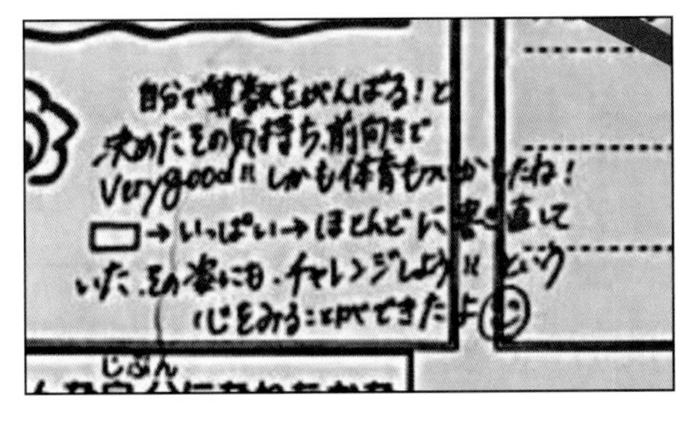

本児はきっと「先生は、わたしのこと、ちゃんと見てくれる。応援してくれる」と思ったことでしょう。

左は、キャリア・パスポートの赤枠を拡大したものです。

子どもたちがなりたい自分である目標を考えているときに、どれだけ教師が個々の内面を見取り、肯定的・対話的にかかわることができるか、このことはとても大切なことです。

(2)自分で決めるようになる

育てたい資質・能力をぎゅっと絞り「この力を付けるんだ」と焦点化することに伴って、子どもたち一人一人のほめポイントが見取りやすくなります。そうすると、子どもを見取る力が身に付いていきます。さらに、見取ることができると、子どもにそのことを伝えたくなりますから、対話が増えます。そうした実践の流れが、私たちの見取る力と子どもへ肯定的に声をかける力を向上させます。この４年生の担任のように、目の前の子どもの内面をも見取り、肯定的･対話的にかかわることができるようになっていくのでしょう。

このような子どもと教師とのつながりを大切にしていくと、全ての子どもが、自分で目標を決めることができるようになります。自分で決めたからこそ、やる気も増します。自分の課題に挑戦し、それを成し遂げることに喜びを見出すという発達段階を獲得していく子どもたちにとって、どれだけ自分で決めるという学びが大切なことか、私たちはもう一度、そのことを確認しておく必要があります。教師とのつながりが自分で決める力を伸ばします。

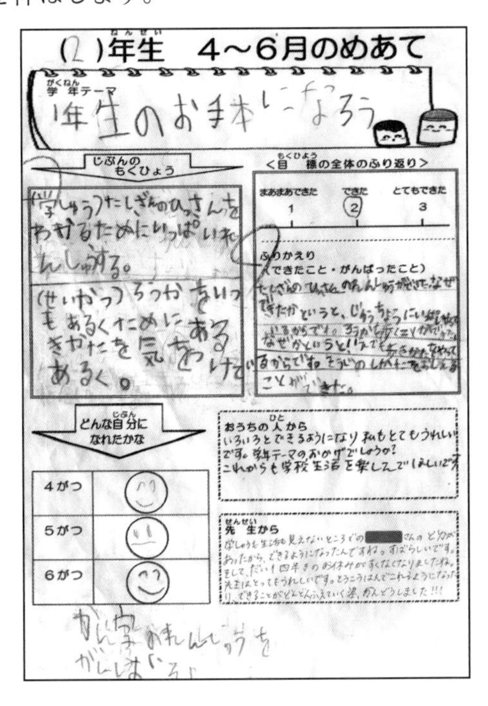

（3）子どもと先生をつなぐキャリア・パスポート

紹介したいキャリア・パスポートはたくさんあります。一つ一つが教師と児童とのつながりの中で生まれ、その子の資質・能力を高めていくのです。自分で決めさせたいのなら、子どもとのつながりを大切にするということを私たちは学びました。

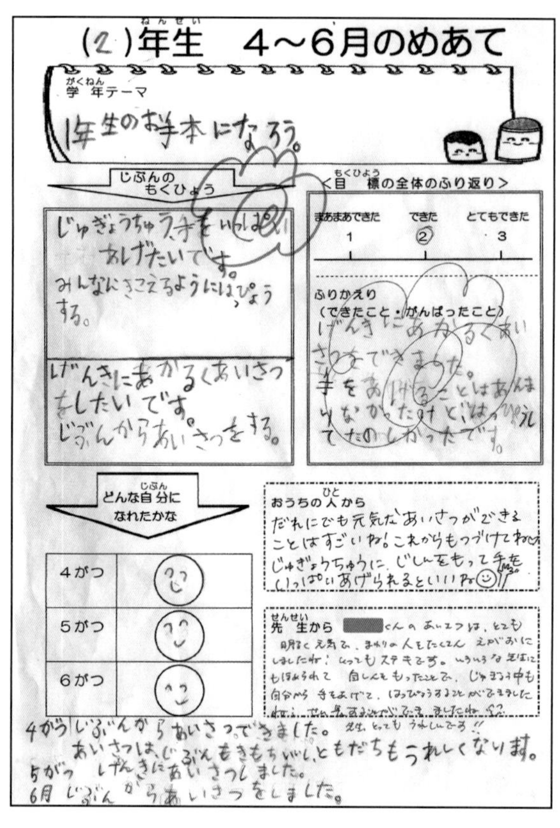

（2）年生　4～6月のめあて

学年テーマ：1年生のお手本になろう。

じぶんのもくひょう
じゅぎょうちゅう手をいっぱいあげたいです。みんなにきこえるようにはっぴょうする。
げんきにあかるくあいさつをしたいです。じぶんからあいさつをする。

＜目標の全体のふり返り＞　まあまあできた 1　できた ②　とてもできた 3

ふりかえり（できたこと・がんばったこと）
げんきにあかるくあいさつができました。手をあげることはあんまりしなかったけどはっぴょうしてたのしかったです。

どんな自分になれたかな
4がつ／5がつ／6がつ

おうちの人から
だれにでも元気なあいさつができることはすごいね。これからもつづけてね。じゅぎょうちゅうに、じしんをもって手をいっぱいあげれるといいね。

先生から
[illegible]

4がつじぶんからあいさつできました。あいさつはじぶんもきもちいいし、ともだちもうれしくなります。
5がつ　げんきにあいさつしました。
6月　じぶんからあいさつをしました。

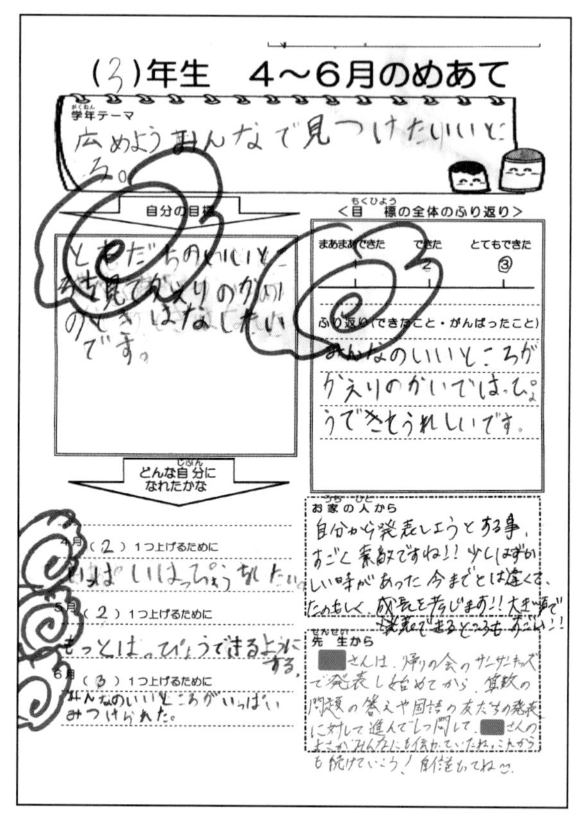

（3）年生　4～6月のめあて

学年テーマ：広めようみんなで見つけたいいところ。

自分の目標
ともだちのいいところを見つけてふりかえりのかいではなしたいです。

＜目標の全体のふり返り＞　まあまあできた　できた　とてもできた ③

ふり返り（できたこと・がんばったこと）
みんなのいいところがふりかえりのかいではっぴょうできてうれしいです。

どんな自分になれたかな
4月（2）1つ上げるためには　もっとはっぴょうしたい。
5月（2）1つ上げるためには　もっとはっぴょうできるようにする。
6月（3）1つ上げるためには　みんなのいいところがいっぱいみつけられた。

お家の人から
自分から発表しようとする事、すごく素敵ですね!! 少しはずかしい時があった今までとは違く、たのもしく成長を感じます!! 大きな声で発表できるところもすごい!!

先生から
さんは、帰りの会のサンサンタイムで発表し始めてから、算数の問題の答えや国語の友だちの発表に対して進んで質問して、[illegible] も続けていこう！自信をもってね。

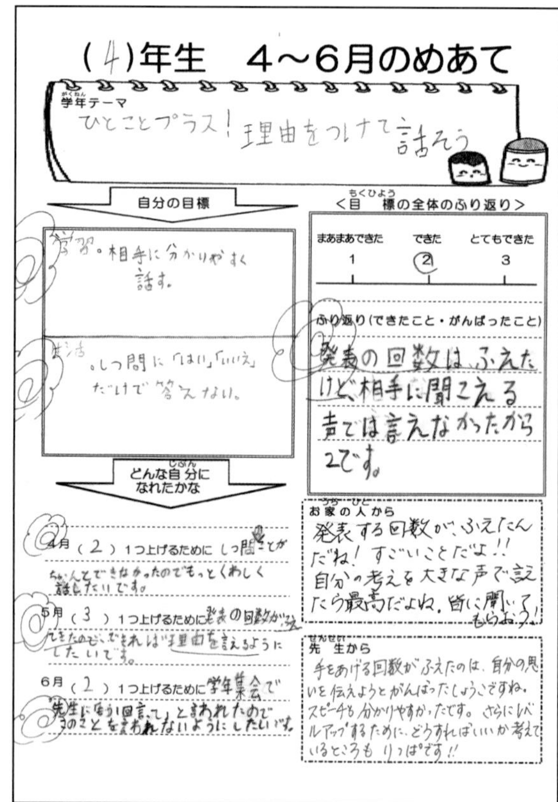

（4）年生　4～6月のめあて

学年テーマ：ひとことプラス！理由をつけて話そう

自分の目標
学習。相手に分かりやすく話す。
生活。しつ問に「はい」「いいえ」だけで答えない。

＜目標の全体のふり返り＞　まあまあできた 1　できた ②　とてもできた 3

ふり返り（できたこと・がんばったこと）
発表の回数はふえたけど相手に聞こえる声では言えなかったから2です。

どんな自分になれたかな
4月（2）1つ上げるためには　しつ問とかちゃんとできなかったのでもっとくわしく話したいです。
5月（3）1つ上げるためには　発表の回数が [illegible] 理由を言えるようにしたいです。
6月（2）1つ上げるためには　学年集会で [illegible] ないようにしたいです。

お家の人から
発表する回数が、ふえたんだね！すごいことだよ!! 自分の考えを大きな声で言えたら最高だよね。皆に聞こえる [illegible]

先生から
手をあげる回数がふえたのは、自分の思いを伝えようとがんばったしょうこですね。スピーチも分かりやすかったです。さらにレベルアップするために、どうすればいいか考えているところもりっぱです!!

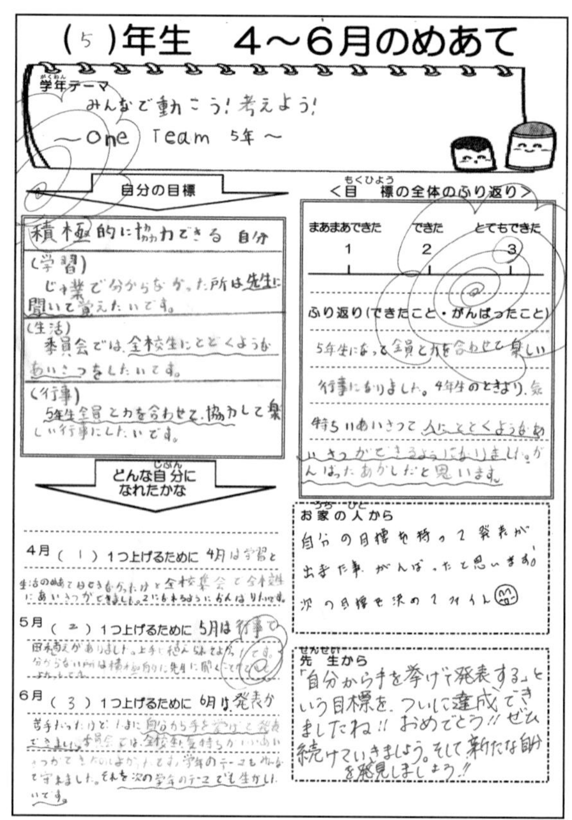

（5）年生　4～6月のめあて

学年テーマ：みんなで動こう！考えよう！　～One Team 5年～

自分の目標：積極的に協力できる自分
（学習）じゅ業で分からなかった所は先生に聞いて覚えたいです。
（生活）委員会では、全校生にとどくようなあいさつをしたいです。
（行事）5年生全員と力を合わせて、協力して楽しい行事にしたいです。

＜目標の全体のふり返り＞　まあまあできた 1　できた 2　とてもできた ③

ふり返り（できたこと・がんばったこと）
5年生になって全員と力を合わせて楽しい行事になりました。4年生のときより、気持ちいいあいさつで人にとどくようなあいさつができるようになりました。がんばったかいがあったと思います。

どんな自分になれたかな
4月（1）1つ上げるためには　4月は学習と [illegible]
5月（2）1つ上げるためには　5月は行事 [illegible]
6月（3）1つ上げるためには　6月は発表が [illegible]

お家の人から
自分の目標を持って発表ができた事がんばったと思います。次の目標を決めてみよう。

先生から
「自分から手を挙げて発表する」という目標を、ついに達成できましたね!! おめでとう!! ぜひ続けていきましょう。そして新たな目標を発見しましょう!!

（4）キャリア・パスポートは児童同士をつなぐ

６年生では、目標設定や振り返りにおいて、児童同士のフィードバックを大切にした取組を継続しています。右は、６年生のキャリア・パスポートです。

キャリア・パスポートの周囲は、友だちからかけてもらったメッセージでいっぱいになっています。担任は「友だちが頑張れるようなメッセージを残してあげましょう」と呼びかけます。

このような取組が、６年生の子どもたちに、下のような影響を与えていることが推察されます。詳細につきましては、第７章でご紹介します。

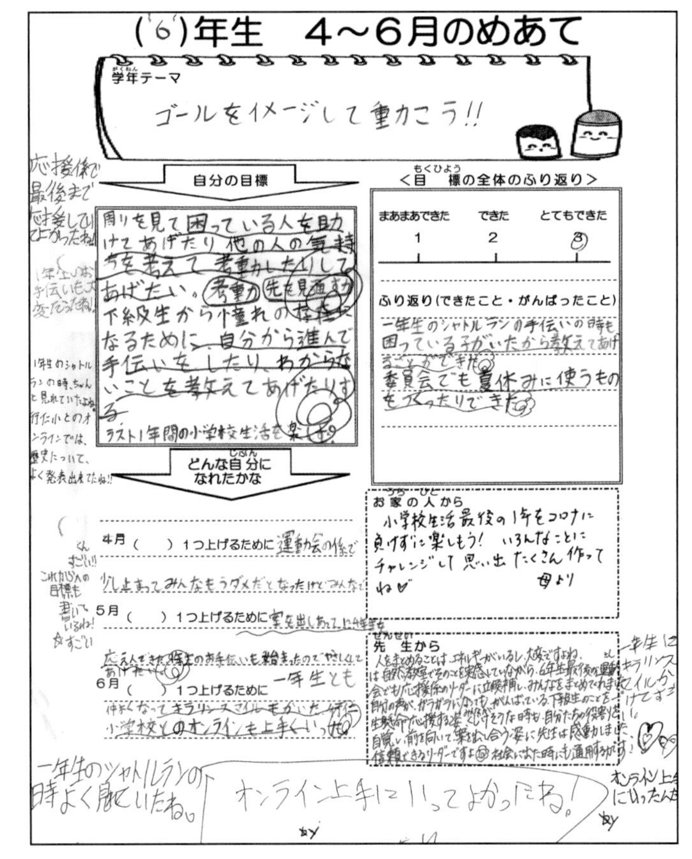

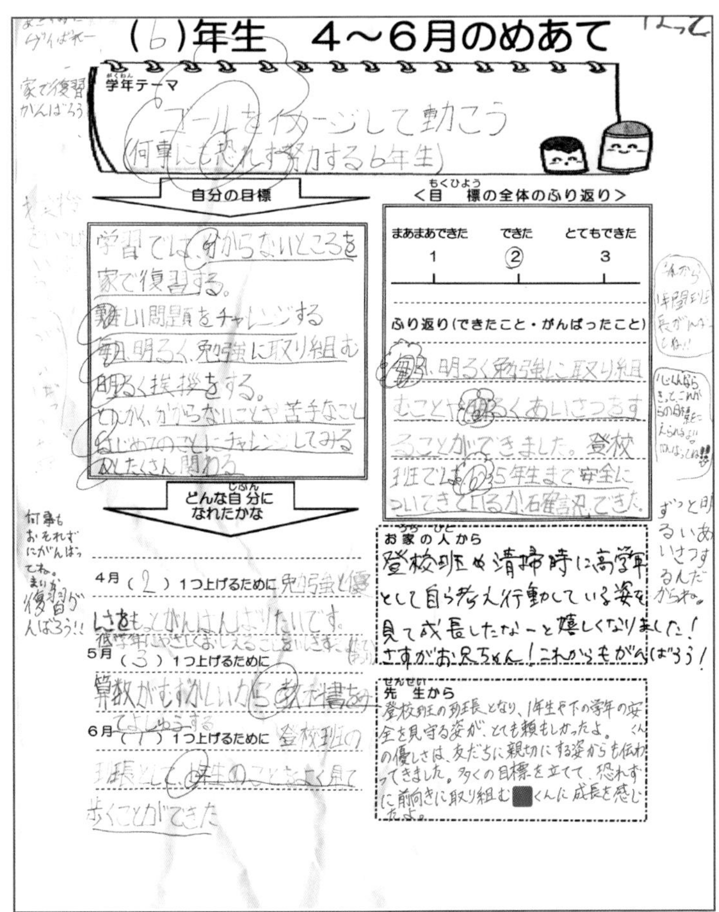

- 男女間の仲がよく、協力して取り組むことができる。
- 他のクラスや特別支援学級の友だちへの思いやりや尊重する態度が身に付いている。
- 焦点化した資質・能力を身に付けるために意欲をもって取り組んでいる。
- たとえ間違っても笑われたりからかわれたりすることがない学習集団になるので、学習意欲が高まっている。

(5)キャリア・パスポートは学校と家庭をつなぐ

【キャリア・パスポートにほめポイントのメッセージを添えていただく】

　これまでにご覧いただきましたように、棚倉小学校では、四半期ごとに、保護者にキャリア・パスポートへのほめポイントを書いていただいています。キャリア・パスポートからは、子どもたち一人一人が思い描いたなりたい自分のPDCAサイクルが見て取れますので、保護者も、学校でのわが子のがんばりを知ることができます。そこに、家庭生活でのわが子のがんばりを加味しながら、ほめポイントを書いていただくことが多いようです。保護者のほめポイントは、子どもたちに高まった資質・能力を強化することにつながり、次の学びへの意欲につながり、大切な贈り物になっています。

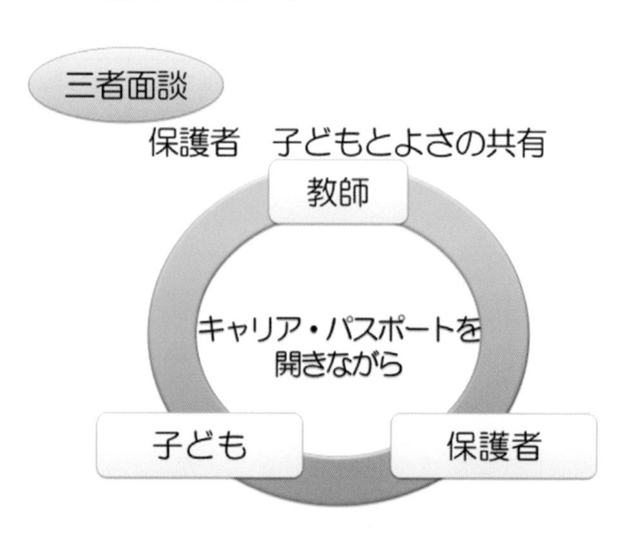

【三者面談で活用し、子どものよさを共有する】

　年に１回、子どものがんばりを共有し、学校生活や家庭生活への意欲を高めることを目的として、担任、保護者、子どもによる三者面談を実施しています。

① 担任が、子どもが目標達成に向けて、学校生活でがんばっていることを伝える。
② 保護者が、わが子が目標達成に向けて、家庭生活でがんばっていることを話す。
③ 子どもが、目標達成に向けて、がんばっていることを話す。
④ 子どもが、これから、がんばりたいことや高めたい力について話す。
⑤ 教師と保護者が、そのために、できることを話す。

　という流れで、キャリア・パスポートを見ながら、行っています。

　三者面談のイメージとして「何の話をするのかな」「怒られそう」「行きたくないな」などがあげられます。しかし、キャリア・パスポートを活用することで「いつもほめられていることと同じだ」「うれしいね」「みんなで同じ方向を向いてがんばろう」などの内容が話題となります。

　学校と家庭が手を取り合って子どもを応援していくことを確かめ合う場を実現することができるのです。

　キャリア・パスポートは、三者面談も変えていくのです。

学年間の活用

(1)学びを次の学年につなぐための取組

3月に、全学年で一年間の振り返りの授業をします。一年間の自分や友だちの成長を振り返り、希望をもって進級、進学できるようにというねらいで、令和3年度に全学年で足並みを揃えた取組をスタートさせました。

学級活動(3)の授業の流れは、棚小モデルとして先生方に提示しました。

ポイントは、二つです。

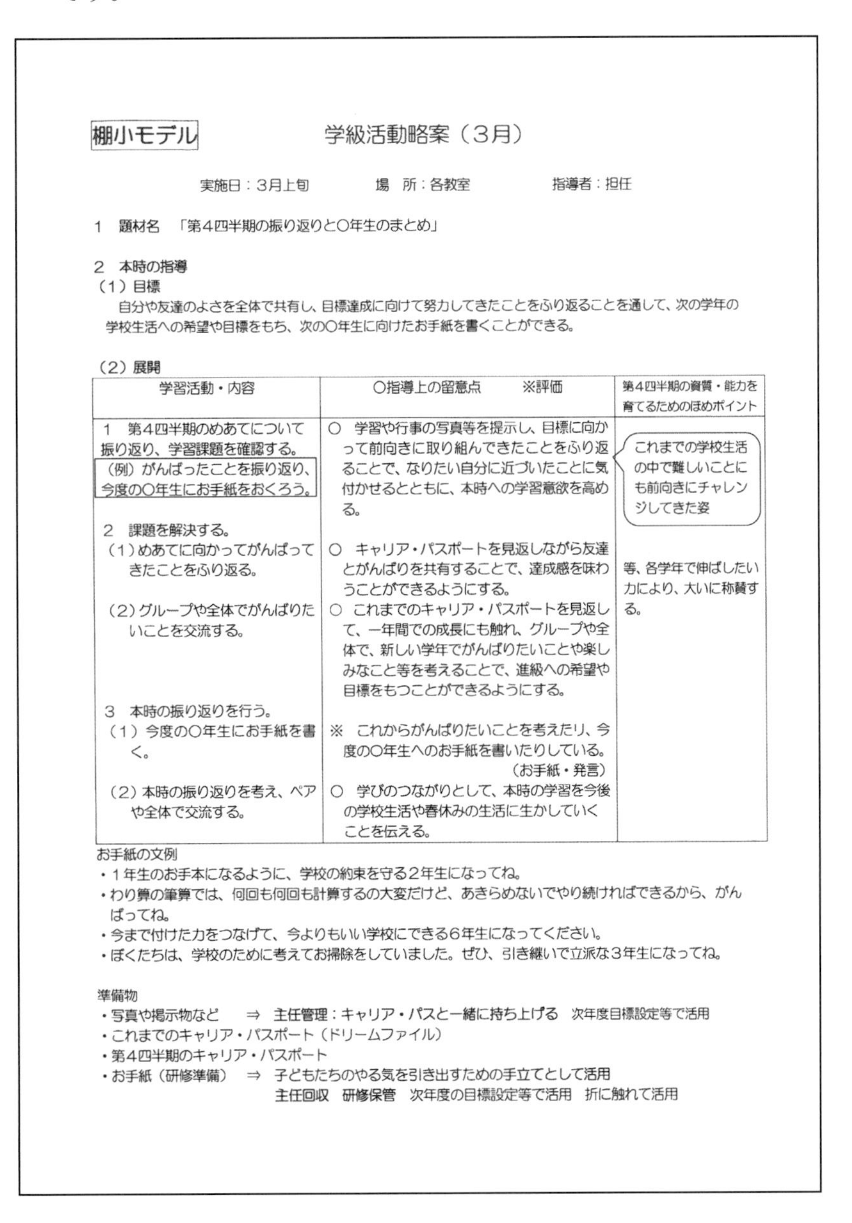

棚小モデル

学級活動略案（3月）

実施日：3月上旬　　場　所：各教室　　指導者：担任

1　題材名　「第４四半期の振り返りと〇年生のまとめ」

2　本時の指導

（1）目標

自分や友達のよさを全体で共有し、目標達成に向けて努力してきたことをふり返ることを通して、次の学年の学校生活への希望や目標をもち、次の〇年生に向けたお手紙を書くことができる。

（2）展開

学習活動・内容	〇指導上の留意点　※評価	第４四半期の資質・能力を育てるためのほめポイント
1　第４四半期のめあてについて振り返り、学習課題を確認する。 （例）がんばったことを振り返り、今度の〇年生にお手紙をおくろう。	〇　学習や行事の写真等を提示し、目標に向かって前向きに取り組んできたことをふり返ることで、なりたい自分に近づいたことに気付かせるとともに、本時への学習意欲を高める。	これまでの学校生活の中で難しいことにも前向きにチャレンジしてきた姿
2　課題を解決する。 （1）めあてに向かってがんばってきたことをふり返る。	〇　キャリア・パスポートを見返しながら友達とがんばりを共有することで、達成感を味わうことができるようにする。	等、各学年で伸ばしたい力により、大いに称賛する。
（2）グループや全体でがんばりたいことを交流する。	〇　これまでのキャリア・パスポートを見返して、一年間での成長にも触れ、グループや全体で、新しい学年でがんばりたいことや楽しみなこと等を考えることで、進級への希望や目標をもつことができるようにする。	
3　本時の振り返りを行う。 （1）今度の〇年生にお手紙を書く。	※　これからがんばりたいことを考えたり、今度の〇年生へのお手紙を書いたりしている。（お手紙・発言）	
（2）本時の振り返りを考え、ペアや全体で交流する。	〇　学びのつながりとして、本時の学習を今後の学校生活や春休みの生活に生かしていくことを伝える。	

お手紙の文例

- １年生のお手本になるように、学校の約束を守る２年生になってね。
- わり算の筆算では、何回も何回も計算するの大変だけど、あきらめないでやり続ければできるから、がんばってね。
- 今まで付けた力をつなげて、今よりもいい学校にできる６年生になってください。
- ぼくたちは、学校のために考えてお掃除をしていました。ぜひ、引き継いで立派な３年生になってね。

準備物

- 写真や掲示物など　⇒　主任管理：キャリア・パスと一緒に持ち上げる　次年度目標設定等で活用
- これまでのキャリア・パスポート（ドリームファイル）
- 第４四半期のキャリア・パスポート
- お手紙（研修準備）　⇒　子どもたちのやる気を引き出すための手立てとして活用
主任回収　研修保管　次年度の目標設定等で活用　折に触れて活用

一つ目、自他の成長を十分に実感させること。

二つ目、今度自分の学年に進級する後輩に手紙を書くことです。

手紙を書く活動は、校長先生からの提案でした。「これは、とてもよい取組だった」と子どもたちが書いたお手紙から実感しました。以下、学年ごとにご紹介します。

(2) 子どもたちの一年間の学びの姿

1年生が書いた今度の1年生へのお手紙

令和4年度の（ 1 ）年生へ　メッセージ

けんかをしないで、ともだちとなかよくあそんでね。せんせいのはなしがきちんときける1ねんせいになってね。

令和3年度の（ 1 ）年生より

令和4年度の（ 1 ）年生へ　メッセージ

あいさつをおおきなこえであいさつをするとみんながうれしくなるよ。べんきょうもむずかしくなるからがんばってね。

令和3年度の（ 1 ）年生より

令和4年度の（ 1 ）年生へ　メッセージ

べんきょうはむずかしいけどがんばってね。せんせいのはなしをよくきくとべんきょうがわかるよ。で、おうえんしてるね。

令和3年度の（ 1 ）年生より

2年生が書いた今度の2年生へのお手紙

令和4年度の（ 2 ）年生へ　メッセージ

べんきょうの、かん字が多くなるよ。算数では、かけ算というべんきょうがあるよ。むずかしくなるから、がんばってね。1年生のおてほんになるようなな2年生になってね。

令和3年度の（ 2 ）年生より

令和4年度の（ 2 ）年生へ　メッセージ

2年生になると、かけ算九九ということがはじまるよ。ぜんぶいえるようになるのはむずかしいよ。かん字もむずかしくなるからがんばってね。

令和3年度の（ 2 ）年生より

令和4年度の（ 2 ）年生へ　メッセージ

2年生は、町たんけんやさつまいもうえをやるよ！2年生になったら、かけざんをおぼえたら、べんりだから、がんばって！

令和3年度の（ 2 ）年生より

令和4年度の（ 2 ）年生へ　メッセージ

1年生のときのもんだいより2年生のもんだいはむずかしいからがんばってね。さいごまであきらめないでね。

令和3年度の（ 2 ）年生より

3年生が書いた今度の3年生へのお手紙

令和4年度の（ 3 ）年生へ　メッセージ

朝におそうじをしたり草むしりをしました。そのおかげで、毎日気ぶんよく生活できたので、ぜひやってみてください。

令和3年度の（ 3 ）年生より

令和4年度の（ 3 ）年生へ　メッセージ

じきゅう走きろく会

3年生では800m走るよ。だから朝のじゅんびをはやくしてマラソンに行ったり練習をがんばってね。そうすると体力がつくよ。

令和3年度の（ 3 ）年生より

令和4年度の（ 3 ）年生へ　メッセージ

3年生では、生活が理科と社会に分かれれるのは知っていますか。理科ではこん虫のことや、さい後には、じしゃくや電気のせいしつを調べます。社会では、棚倉町のことも、タブレットを使ったりして、学習します。もう1つふえる教科があります。それは総合です。この教科では、棚倉町のことについて、くわしく学習します。国語なども少しレベルが上がりますが、がんばれば、楽しいこともた～くさんあります。楽しみにしていて下さい。

令和3年度の（ 3 ）年生より

4年生が書いた今度の4年生へのお手紙

令和4年度の（ 4 ）年生へ　メッセージ

4年生では1年生がこまっている時に自分から声をかけて問題解決できました。こまっている人に声をかけられる4年生になってね。

令和3年度の（ 4 ）年生より

令和4年度の（ 4 ）年生へ　メッセージ

4年生になると、スケジュールプランナーがあって毎日計画を書いていた方がいいですよ。クラブ活動が始まって友達と入るではなく、自分で決めた方がいいですよ。

令和3年度の（ 4 ）年生より

令和4年度の（ 4 ）年生へ　メッセージ

わたしは、みんなに協力してがんばってほしいと思います。なぜならわたしたちはみんなで協力して、いろいろなことをのりこえてきたからです。

令和3年度の（ 4 ）年生より

がんばってね！

4年生が書いた今度の4年生へのお手紙

令和4年度の（ 4 ）年生へ　メッセージ

ぼくは、体いくで、人をいっぱいほめました。ともだちにほめられると、うれしいですよね。ともだちをたくさんほめる4年生になってください!!

令和3年度の（ 4 ）年生より

令和4年度の（ 4 ）年生へ　メッセージ

4年生になると、3年生より勉強がむずかしくなるから、先生が黒板に書いた文字だけではなく、大事だなぁと思ったらくふうして書いたりしたら後から見た時に分かりやすいです。

令和3年度の（ 4 ）年生より

令和4年度の（ 4 ）年生へ　メッセージ

自分の目標に向かってがんばると、1つ1つできる事がふえるのでがんばってください。4年生になると、部活が始まるのでがんばってください。楽しいですよ。

令和3年度の（ 4 ）年生より

5年生が書いた今度の5年生へのお手紙

令和4年度の（ 5 ）年生へ　メッセージ

私はノートをきれいにまとめるのを意識しておいた方がいいと思います。なぜなら、ふく習する時に、見やすいと、分かりやすいからです。なのでつねに意識していてください。

令和3年度の（ 5 ）年生より

令和4年度の（ 5 ）年生へ　メッセージ

5年生になったら、代表として人の前に立つことがたくさんあるよ。それにスケジュールプランナーもP（計画）D（実行）C（ふり返る）A（目標）を意識して書くよ。最初に意識してやるとだんだん考えなくても書けるようになっちゃうよ。みんなもがんばれ。

→ぼくも計画してそれを反省する。その反省を生かして次はなおすために計画をくり返すと少しずつ上に上がってなりたい自分になれたよ。

令和3年度の（ 5 ）年生より

令和4年度の（ 5 ）年生へ　メッセージ

自分は勉強で、むずかしい問題を経験しました。でも、あきらめないで最後までやりとげることで成長があってよ。がんばってください。

令和3年度の（ 5 ）年生より

令和4年度の（ 5 ）年生へ　メッセージ

五年生になると、凄く勉強がむずかしくなるよ。だから、今のうちに一～四年生までの復習をしておくと、五年生の学習に生かせると思うから、頑張ってね！あと、朝の時間のテストが終わった後の空いている時間に自学（自分が苦手な教科や単元をするといい）とかをするといいよ！

私たちは、いつも先生たちに、「時間を有効に使った方がいい。あたえられている時間はみんな同じだよ。」と言われたから、本当に空いてる時間は本当に大切にしてね！　→うらにつづくよ

令和3年度の（ 5 ）年生より

令和4年度の（ 5 ）年生へ　メッセージ

物の整理せいとんをし、自分に自信をもって意見を前で発表して勉強に取り組むといいです。なぜならこの2つのことをやっておくとあとあとこまらないし、私もあとのくろうがなくなったからです。

令和3年度の（ 5 ）年生より

令和4年度の（ 5 ）年生へ　メッセージ

5年生になると、算数の内容量がすごく増えて勉強がすごくむずかしくなるから、先生の話しをよく聞いて自主学習でよく復習して忘れないようにしておくといいです。そのためには、PDCAサイクルを意識してがんばってください。4年生でクラスがえがあって、だれと一緒になっても、仲よくしてあげてください！あと、5年生になると、自然教室（宿はく学習）があるので、先を見通して、5分前行動なども、ふだんから心がけていると、すばやく行動が出来るので、やってみてください!!

令和3年度の（ 5 ）年生より

5年生になるとクラスがえがあります。クラスがえでクラスがいっしょになったことがない人といっしょになることがあるかもしれません。最初は、仲良くなれるか心配になります。だけどその仲良くなりたい子の長所をどんどん見つけていけばその子が気になってくるから話しかけてみるといいと思います。私は、話しかけてみたら急に仲良しになったということがありました。だから、ぜひ実行してみて下さい。

6年生が書いた今度の6年生へのお手紙

令和4年度の（6）年生へ　メッセージ

・もし、課題を乗りこえられなくても、失敗をおそれず、色んなことにチャレンジして、最後まで、あきらめずに挑戦することをがんばって下さい！

令和3年度の（6）年生より

令和4年度の（6）年生へ　メッセージ

6年生になると勉強がより難しくなったり、低学年を引っぱる立場になるから生活もたいへんだと思うけど、低学年にこんな6年生になりたいと思われるようにがんばってください。

令和3年度の（6）年生より

令和4年度の（6）年生へ　メッセージ

自分も委員会の仕事やたてわり清掃が心配だったけど、自分から下の子たちと関わろうとすれば慣れるし、とにかく率先して動くことが大切だと思います。

令和3年度の（6）年生より

令和4年度の（6）年生へ　メッセージ

朝のボランティアや一年生のめんどうを見るのは大変だけど、みんなから「ありがとう」と言われると、とてもうれしいので君たちも言われるようにがんばってください!!

令和3年度の（6）年生より

重いゴミを1週に2回も運ぶので体力もつきます。
先生方に会うと「ごくろうさま。」や「ありがとう」と言われるのでうれしくもなります。初めは「やりたくないな。」と思ってしまいますが、先生方に「がんばったね」などと声をかけてもらうと、「明日も、がんばってみよう。」と思えます。私も、最後は「やって良かったな」といつもそうじが終ると思います。なので、「やりたくない。」などと思わずに楽しんでみてください。

ご覧の通り、子どもたちが書いたお手紙からは、この一年間で子どもたちが身に付けた力や意識してがんばってきた姿が伺えました。

子どもたちのお手紙に消し跡が多いことにお気付きの方もいらっしゃるかもしれません。子どもたちは「漢字で書いたら、読めないか。ひらがなに直そう」などと、一つ年下の相手に思いを馳せながら書いていたのでした。書いては消し、書いては消していた子どもの姿に、じんとくるものがありました。そして、子どもたち一人一人が書いたこれらのお手紙は、教師の指導の振り返りとしても大いに役に立つものとなりました。

(3)学びを引き継ぐための新年度の取組

4月になり、担任は進級した子どもたちとともに、前年度までの学びをつなぎ、次の目標を決めるために学級活動(3)を行います。新しく着任した担任も、みんなで足並みを揃えて取り組めるように、授業の流れは、年度末同様に、棚小モデルを提示しています。

棚小モデル　　学級活動略案（4月）

実施日：4月上旬　　場　所：各教室　　指導者：担任

1　題材名　「よろしくねO年生！　第1四半期の目標を決めよう」

2　本時の指導

（1）目標

昨年度の自分や友達のよさを全体で共有したり、先輩からのメッセージを提示したりすることを通して，学校生活への希望や目標をもち、第1四半期の目標を決めることができる。

（2）展開

学習活動・内容	○指導上の留意点　※評価	第1四半期の資質・能力を育てるためのほめポイント
1　昨年度がんばってきたことを振り返りながら、学習課題を確認する。 （例）O年生の力をつなげて、第1四半期の目標を決めよう。	○　前学年から引き継いだ学習や行事の写真等を提示し、目標に向かって前向きに取り組んできたことをふり返ることを通して、本時への学習意欲を高める。	
2　課題を解決する。 （1）O年生の時にがんばってきたことをふり返る。	○　これまでのキャリア・パスポートを見返すことを通して、自分や友達の成長を新担任と共に共有することができるようにする。	
（2）がんばりたいことをペアや全体で交流する。	○　学年テーマをもとに、がんばりたいことを交流したり、先輩からのメッセージを聞いたりすることを通して、なりたい自分を決めることができるようにする。	友達の目標にアドバイスしたり、励ましたりしている姿
（3）なりたい自分である目標を決める。	○　目標を決めてキャリア・パスポートに書いている児童に、肯定的に声をかけるとともに、目標を書いた児童から友達と交流することを通して、達成への意欲を高める。 ※　第1四半期の学年テーマをもとに、自分の目標を立てている。（キャリア・パスポート）	等、各学年で伸ばしたい力により、大いに称賛する。
3　本時の振り返りを行う。 意思決定した目標を共有する。	○　なりたい自分（意思決定した目標）になるために、励まし合いながら努力していくことと、身に付いた力は「一生ものの力」ということを伝え、実践意欲を高める。	

準備物

- 前学年から引き継いだ写真や掲示物など　⇒　研修から引き継ぐ　目標設定等で活用
- これまでのキャリア・パスポート（ドリームファイル）
- 第1半期のキャリア・パスポート
- 前年度の児童が書いたお手紙　⇒　子どもたちのやる気を引き出すための手立てとして活用　前主任から引き継ぐ　目標設定等で活用　折に触れて活用

就学支援シートと自分発見シートの作成と活用

（1）幼稚園から小学校へ（就学支援シート）

一人ひとりの楽しい
学校生活のために

就学支援シート

子どもたちは、それぞれに様々な個性があり、豊かな可能性があります。一人ひとりの子どもたちを十分に理解し、個に応じた対応について配慮することが楽しい学校生活の基本です。

小学校への就学を控え、幼稚園やご家庭で今まで大切にしてきたこと、小学校へ引き継ぎたいことがあれば教えてください。一人ひとりのお子さんが楽しく充実した学校生活を送れるよう、お子さんに必要と思われる支援や配慮について、家庭、幼稚園、小学校で一緒に考えていきたいと思います。

この就学支援シートは町内の幼稚園が共通の様式を使用します。お子さんやご家族のプライバシーの保護にも十分配慮していますので、ご安心下さい。

棚倉町立幼稚園長会
棚倉町教育委員会

※　お子さんのお名前、保護者のお名前は、必ず保護者の方が記入してください。

お子さんのお名前		保護者のお名前	
幼稚園名		記入者のお名前	

サンプル

幼稚園から

生活の様子

好きなこと 得意なこと （遊び・生活）	・なわとび　・鉄棒　・絵かき ・絵本を読むこと
苦手なこと （遊び・生活）	・初めてのことに　苦手意識がある．

援助の様子（指導の中での配慮と工夫）

活動の中で	・失敗しても大丈夫なので．やってみるように言葉かけしている．
遊びの中で	
日常生活の中で	・緊張しないで．自然に活動に参加できるように見守る．

園児の褒めポイント

・いろいろな色を使い．ていねいに絵を描くことができる．
・なわとびが得意

担任から学校に伝えたいこと

特になし

サンプル

保護者から

生活の様子

好きなこと 得意なこと （遊び・生活）	工作．なわとび．読書．絵かき
苦手なこと （遊び・生活）	自分でなかなか決められないこと

気をつけていること

遊びの中で	目が届く場所で遊ぶようにさせている。
日常生活の中で	何かを決めるときには．選択肢を与えたり．待ったりしている。バランスのよい食事。
その他気をつけていること	

これまでお子さんのことで相談に行ったところ

特になし

健康、身体のことで伝えておきたいこと

皮ふが弱いので．乾燥しないようにしています．

保護者から学校へ伝えておきたいこと

特になし

保護者の皆さんへ

就学支援シートの記入について

この就学支援シートはタイトルにもありますように、小学校に入学する子どもたちが楽しい学校生活を過ごすことができるよう、幼稚園と小学校が協力して保護者の皆さんと取り組んでいくものです。

シートを通じて伝わるご家庭で工夫されていることや幼稚園で取り組んでいる支援によって、お子さんが感じている安心感や信頼感が入学後も継続したものになるよう、学習・生活のヒントになることを教えてください。

○　「これだけは伝えたい」「知っていてほしい」というところ。

○　お子さんのよいところ、伸びたところ、できること、得意なこと、好きなことなど、楽しい学校生活を送るためのヒントになること。

○　お子さんにとって苦手なこと、困ってしまったときの対処方法など、配慮が必要なこと。

○　幼稚園やご家庭で楽しく過ごすために工夫したところや、大切にしてきたこと。

○　病院にかかっている場合、診断書や証明書の写しも一緒に出していただいてもかまいません。

【就学支援シートに関するお問い合わせ】

棚倉町立各幼稚園
棚倉町教育委員会子ども教育課　0247−33−7881
（内線162）

（2）小学校から中学校へ（自分発見シート）

令和２年度末からスタートさせた取組「自分発見シート」についてご紹介します。６年生が、卒業前に、自分の長所や中学校での目標、中学校生活における不安など、今の自分を見つめて「自分発見シート」に記述しました。「自分発見シート」を記述することで、子どもたちは、自分のよさをあらためて見つめたり、ぼんやりとしていた中学校での目標や不安が何かに気付いたりすることができるようになりました。

子どもたちが記述した「自分発見シート」を見て、担任は、小学校生活で身に付けた力やよさについてのメッセージ、不安に共感しながらも不安を解消するためにできることの問い返しのメッセージなどを記述してします。保護者も、励ましのメッセージを添えています。

２　子　号　外
令和２年　３月　１日

棚倉町立各幼・小・中学校長　様

棚倉町教育委員会教育長
（公印省略）

「自分発見シート」の作成と活用について（通知）

このことについて、別添のとおり送付します。

つきましては、趣旨をご理解の上、下記のとおり小学校において作成し、来年度中学校において活用願います。

記

１　「自分発見シート」の作成について
- ○　３月中旬までに記載し、担任、保護者が目を通す。
- ○　学年末休業中に中学校に引き継ぐ。
- ○　中学校の新担任が確認し、必要事項を記入する。

２　「自分発見シート」の活用について
- ○　記載したシートは、小学校においても年度末の指導に生かす。
- ○　中学校においては、４～５月、及び１０～１１月に実施する学級活動の際に使用する。
- ○　日常の教育活動における「ほめポイント」の設定に生かす。
- ○　キャリアパスポートに綴じ込み、他の資料とも合わせて活用する。

<教育委員会からの通知>

小学校と中学校、学級担任制と教科担任制、校種による発達段階やシステムの違いはありますが、資質・能力の育成に関しては、つながっていることが必要です。入学時の不安を解消したり、小学校で培った資質・能力をさらに高めたりするためには「自分発見シート」の活用が必要です。

<自分発見シート>

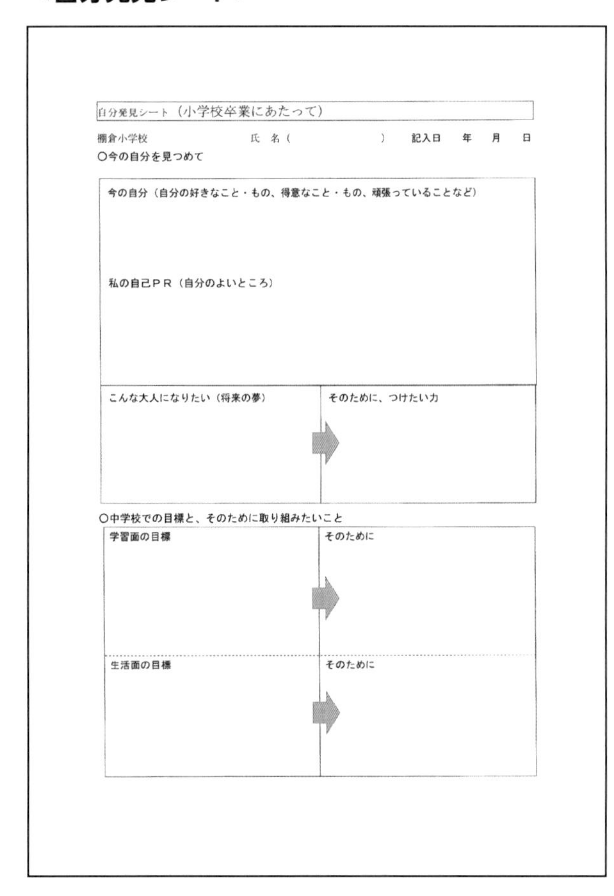

自分発見シート（小学校卒業にあたって）

棚倉小学校　　氏　名（　　　　　）　記入日　年　月　日

○今の自分を見つめて

今の自分（自分の好きなこと・もの、得意なこと・もの、頑張っていることなど）

私の自己ＰＲ（自分のよいところ）

こんな大人になりたい（将来の夢）	そのために、つけたい力

○中学校での目標と、そのために取り組みたいこと

学習面の目標	そのために
生活面の目標	そのために

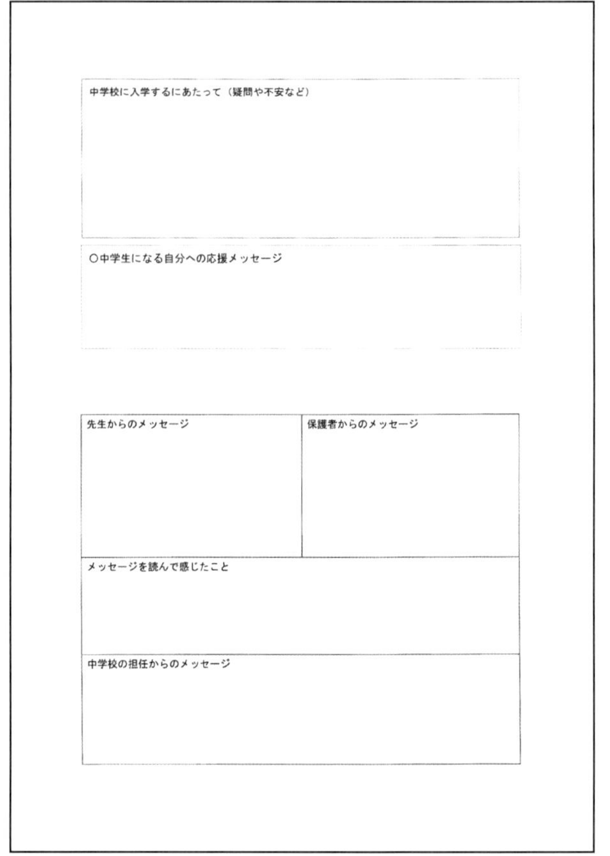

中学校に入学するにあたって（疑問や不安など）

○中学生になる自分への応援メッセージ

先生からのメッセージ	保護者からのメッセージ
メッセージを読んで感じたこと	
中学校の担任からのメッセージ	

(3) 中学校で活用

上記の「自分発見シート」に、６年生、担任、保護者が記述後、６年間分のキャリア・パスポートとともに中学校へ引き継いでいます。中学校の先生方は、これらのキャリア・パスポートを活用して、事前に新入生についての情報を得て、一人一人のよさを伸ばす学級経営に役立てたり、キャリア・パスポートを活用した学級づくりの授業を行ったりしてくださっています。

下のBさんの事例のように、記載内容から適切に指導することもできます。

<中学校の先生のお話>

Bさんの対応を間違えたら、Bさん本人にも、クラスの生徒にもマイナスの影響を与える可能性が大いにありましたが、キャリア・パスポートから、小学校の担任の『熱い思いをもっている子なので、その思いを大切にしてあげてほしい』という言葉を把握することができ、そこを意識して対話的にかかわりました。このことをキャリア・パスポートから見つけていなければ、間違った指導をしていたかもしれません。今では、大きく成長したBさんを見て、これからも対話的にかかわり、よりよい集団づくりに生かしていきたいと感じています。

キャリア・パスポートで実践をつなぐ

キャリア・パスポートを活用して、体験活動の経験を、育てたい資質・能力の育成や子どもたちの進路につなげる指導の充実を図っています。

(1)地域を知る学習

【2年生：生活科「町たんけん」！】

焦点化した資質・能力は「いつでもどこでもあいさつができ、時間を守ることができる」、学年テーマは「1年生のお手本になろう」と設定しました。子どもたちは、道ですれ違った町の方々やお話を聞かせていただくお店の方々に、1年生のお手本になるようなあいさつをすることをがんばりました。あいさつを交わすことで、お店の方への質問もはきはきとすることができ、お店の方のお仕事の内容などを知るという生活科の学習のねらいを達成することができました。

保護者SSS(※)の皆さんにも引率のご協力をいただき、安心安全な活動を行うことができたとともに、子どもたちのよさを見取って「あいさつ上手だね」「大きな声であいさつできたね」などと、ほめポイントをかけてくださったので焦点化した資質・能力を強化することにつながりました。そのため、四半期の振り返りをするときも、町探検を通して見取った子どもたち個々のよさをみんなで共有することができました。

※保護者SSSは、人材バンクの呼び名で、保護者のみなさんのご協力によって成り立っている「桜清水サポータ」の略称です。左側のプリントを活用して、ボランティアを依頼しています。主に、各学年で校外学習や木工学習などの協力を依頼しています。

左のプリントは、保護者SSSさんに協力依頼するときに活用しているものです。

桜清水サポーター（ＳＳＳ棚小人材バンク）の保護者　様

さくらしみずサポーター SSS

ボランティアのお願い

いつもお世話になっております。
ぜひ、桜清水サポーターの皆様のお力をお借りしたく、お知らせしました。
ご協力をお願いします！

日時　　月　　日（　）　時　分～　時　分

場所

内容

------------------------------ きりとり ------------------------------

お子さんのお名前（　　　　　）
保護者さんのお名前（　　　　　）

以下から選んで○で囲み，お子さんに持たせてください。

さくらしみずサポーター SSS

OK！　できます。
今回は，できません。

ありがとうございます。

月　　日（　　）までに担任へ

【4年生：総合的な学習の時間「たなぐらのために～棚倉で働く人たち～」！】

子どもたちが、3年生で学んだ消防署や警察署の学習をもとに、今度は町のために働いている役場の人たちについて調べたいと考え、役場を舞台にした探究活動を行うことにしました。

＜1回目の役場見学＞

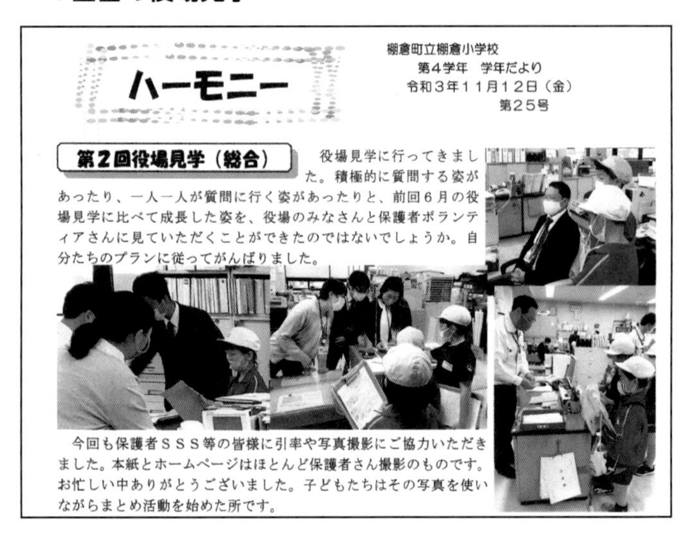

棚倉町立棚倉小学校
第4学年　学年だより
令和3年11月12日（金）
第25号

ハーモニー

第2回役場見学（総合）

役場見学に行ってきました。積極的に質問する姿があったり、一人一人が質問に行く姿があったりと、前回6月の役場見学に比べて成長した姿を、役場のみなさんと保護者ボランティアさんに見ていただくことができたのではないでしょうか。自分たちのプランに従ってがんばりました。

今回も保護者SSS等の皆様に引率や写真撮影にご協力いただきました。本紙とホームページはほとんど保護者さん撮影のものです。お忙しい中ありがとうございました。子どもたちはその写真を使いながらまとめ活動を始めた所です。

焦点化した資質・能力「相手に分かりやすく自分の考えや気持ちを伝えることができる」、学年テーマ「たくさん声を出そう！　～課題解決のために～」を高めるために、子どもたちは、聞きたいことが相手に伝わるように、質問の言葉を考えたり、どの順番で質問するかグループで話し合ったりして見学活動につなげました。

写真は、役場見学の様子をお知らせした学年通信です。

＜2回目の役場見学＞

焦点化した資質・能力「これまでの経験を生かして進んで取り組むことができる」、学年テーマ「がんばりつづける！　レベルアップ」を高めるために、子どもたちは、1回目の役場見学の振り返りをもとに、文脈に沿った質問や、質問したことをさらに聞きたいときの追質問についてグループで話し合って2回目の見学活動につなげました。文脈を立てて話をする練習を何度もしたり、どんな質問の仕方だったら相手に伝わるかをグループで考えたりするなど、粘り強く探究活動に臨む姿が見られました。そうして、役場の各課の仕事内容や働く人の思い、仕事へのやりがいなどについて理解を深め、課題を解決することができました。振り返りでは、本単元での子どもたちのがんばりも含めて「『がんばりつづける～レベルアップ～』ことができたね」とみんなで共有しました。

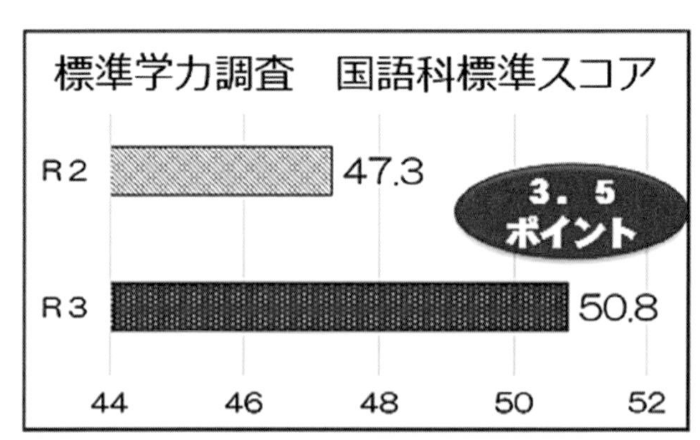

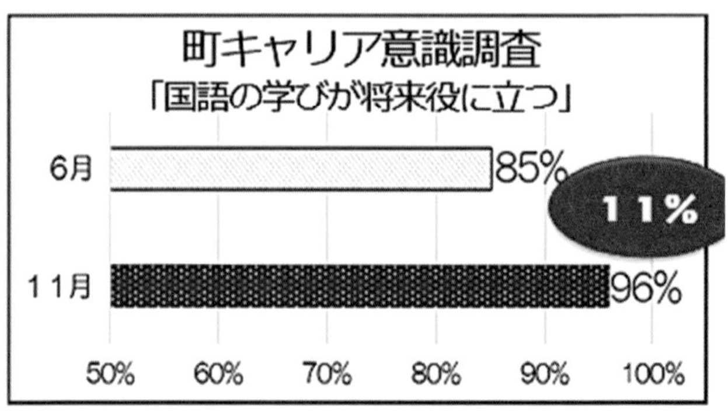

加えて、国語科「お礼の気持ちを伝えよう」「パンフレットを作ろう」「要約するとき」などと関連付けて教科等横断的な視点で学びを組み立てたことにより、子どもたちの学ぶ目的が明確になったり、学びへの意欲を高めたりしたようです。年度末に実施した学力テストの国語科では、前年度と比較

して3.5ポイント増加、町キャリア教育意識調査の項目「国語の学びが将来役に立つ」では、肯定的に回答した児童が11％増加し、双方に変容をもたらしました。

第４学年１組　総合的な学習の時間学習指導案

日時：令和３年１２月１０日（金）５校時　　場所：４年１組教室　　指導者：

１　単元名「棚倉で働く人たち～棚倉町のために～」

２　キャリア教育との関連

（１）第３四半期で育てたい資質・能力

がんばりつづける～レベルアップ～　（課題対応能力）

（２）資質・能力を育てるための各教科，各領域等の指導

第３四半期は「がんばりつづける」を育成するために，音楽会や持久走記録会等の行事や学習において，がんばり続けることが課題解決につながることを意識できるように励ましたり、学年持ちあがりのメリットを生かして昨年度からのレベルアップした児童の姿をたくさん称賛したりしている。併せて，道徳科「せいいっぱい生きる」や漢字・算数コンクール等においても，「がんばりつづける」が高まるよう意図的・計画的に関連指導を行っている。

（３）本単元での学びと将来とのつながり

本単元で職業観や郷土愛を深めることにより，５，６年生で行うチャレキッズを充実した体験活動につなげるとともに，働くことの喜びややりがいを見出しながら自分の将来を考えることができるよう見通して指導する。

３　本時の指導

（１）目標

役場見学で学んだことをもとに働くことのよさについて考えることで，職業観や郷土愛を深めることができる。

（２）展開

学習活動	○キャリアの視点に基づく指導上の留意点 ◇個への対応　※評価	第３四半期の資質・能力を育てるためのほめポイント
１　学習課題を確認する。 働くことのよさって何だろう。	○　事前アンケートの結果を提示して児童の職業観を視覚化することで，本時への興味関心を高める。	
２　課題を解決する。 （１）どの課で働いてみたいか話し合う。 （ポイント） ・仕事内容 ・人の優しさ ・町への想い	○　ＩＣＴを活用して各班で作成した各課のパンフレットを共有することで，各課の特徴やよさを捉えることができるようにする。 ◇　ST児やKM児には，各課のパンフレットの仕事内容の項目に着目するように声をかけることで，情報を精選しながら解決することができるようにする。 ○　児童が記入したワークシートの記述に赤線を引き称賛することで，一人一人が粘り強く取り組めるようにする。	パンフレットを各班で協力して作成し，完成までがんばり続けた姿 課題解決に向けて考え続けている姿
（２）役場の方の町への思いを読み取る。	○　全体での話合いを通して，一人一人の考えの根拠を引き出すことで，自他の思いや考えのよさに気付くことができるようにする。	友だちの考えのよさに気付きながら最後まで真剣に聞いている姿
３　働くことのよさについてまとめる。	※　役場で働く人々の思いに気付き，働くことのよさについて考えている。（発表，ワークシート） ○　本時で学んだ役場で働く人々の思いを振り返ることで，みんなに発信したいという意欲を高める。	課題解決に向けてがんばって考え続けた姿（⇒働くときに必ず役立つ）

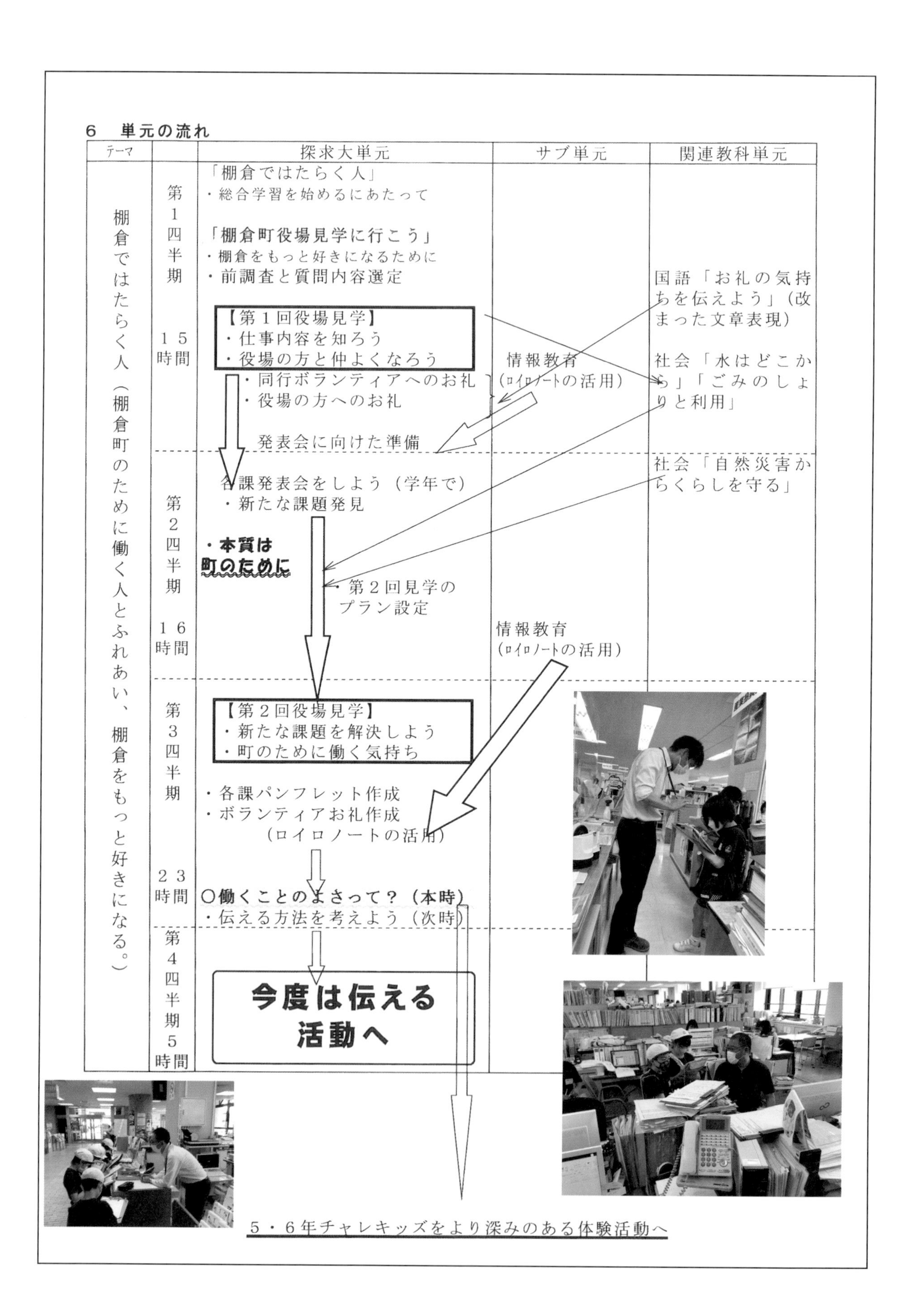

6　単元の流れ

テーマ		探求大単元	サブ単元	関連教科単元
棚倉ではたらく人（棚倉町のために働く人とふれあい、棚倉をもっと好きになる。）	第1四半期 15時間	「棚倉ではたらく人」 ・総合学習を始めるにあたって 「棚倉町役場見学に行こう」 ・棚倉をもっと好きになるために ・前調査と質問内容選定 【第1回役場見学】 ・仕事内容を知ろう ・役場の方と仲よくなろう ・同行ボランティアへのお礼 ・役場の方へのお礼 発表会に向けた準備	情報教育 （ロイロノートの活用）	国語「お礼の気持ちを伝えよう」（改まった文章表現） 社会「水はどこから」「ごみのしょりと利用」
	第2四半期 16時間	各課発表会をしよう（学年で） ・新たな課題発見 ・本質は町のために ・第２回見学のプラン設定	情報教育 （ロイロノートの活用）	社会「自然災害からくらしを守る」
	第3四半期 23時間	【第２回役場見学】 ・新たな課題を解決しよう ・町のために働く気持ち ・各課パンフレット作成 ・ボランティアお礼作成 （ロイロノートの活用） ○働くことのよさって？（本時） ・伝える方法を考えよう（次時）		
	第4四半期 5時間	今度は伝える活動へ		

５・６年チャレキッズをより深みのある体験活動へ

（2）職業体験学習

【6年生：町職業体験事業「チャレキッズ」】

棚倉町では、キャリア教育推進事業の一環として、町生涯学習課が町内外の事業所などと連携して、5・6年生を対象に職業体験活動であるチャレキッズ（パンフレット参照）を実施しています。

子どもたちが様々な社会体験学習を通して、地域の方々と出会い・ふれあい・体験・交流する中で、子どもたち一人一人の夢を育むことを目的に実施されています。

ここでは、6年生の活動の様子をご紹介します。

この四半期に焦点化した資質・能力は「今までの様々な経験を生かし、困難な課題に対しても計画を立てて、自己管理することができる」、学年テーマは「発揮しよう！　自分の力！」でした。

事前指導では、ねらいや内容などについて確認した後、目標設定と働くことのイメージマップづくりに取り組み、キャリア・パスポートやワークシートに記述しました。

事業所の選択については子どもたちにこのように伝えました。「自分の知らない世界を知ることの中に、自分の新たなよさや将来とのつながりが見つかるもの。体験する事業所を決めるときは、ぜひ、自分の選択肢にない事業所を選んで、見方・考え方を広げて、価値ある体験にしてほしい」ということです。その上で、自分で考えて決めるように話をしました。すると、外での活動があまり好きではない子どもが、きゅうり農家を選択したり、体を動かすことが大好きな子どもが銀行を選択したりするなど、チャレキッズをよりよい体験にしたいという子どもたち一人一人の前向きな思いが伝わってきました。

事後指導では、お世話になった事業所へのお礼の手紙を書いたり、もう一度働くことのイメージマップに取り組んだり、自己の目標の振り返りを行ったりしました。

これらの学びを通して、見られた子どもの変容をご紹介します。

働くことへの前向きな気持ちを増やした児童のイメージマップ事前（左）事後（右）

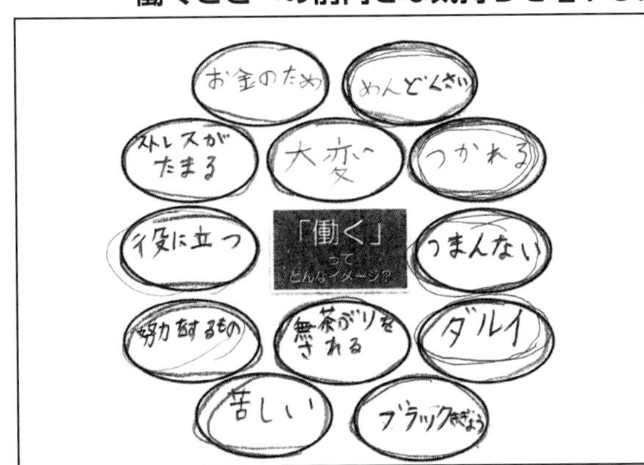

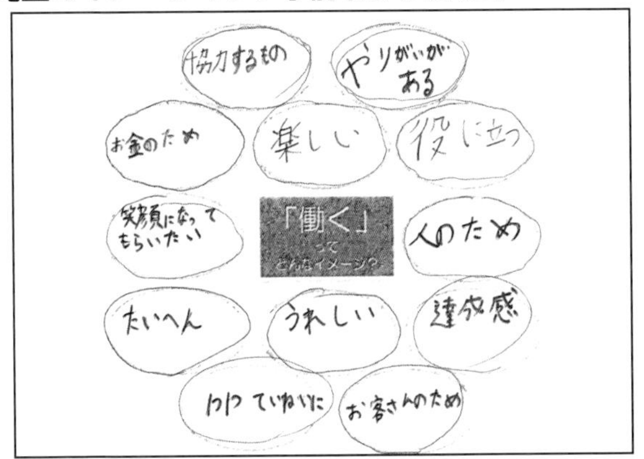

チャレキッズをやる前は、マイナスのイメージしかないと思っていたけど、やった後には、やりがいや人のためになど、プラスのイメージが多くなって、自分でも驚いた。どの仕事の体験もおもしろそうで、自分のよさも生かせそうだった。

働くことへの新たな気付きを増やしたB児のイメージマップ　事前（左）事後（右）

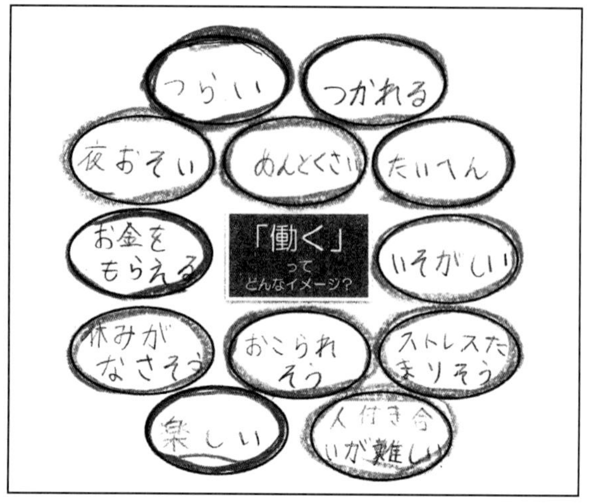

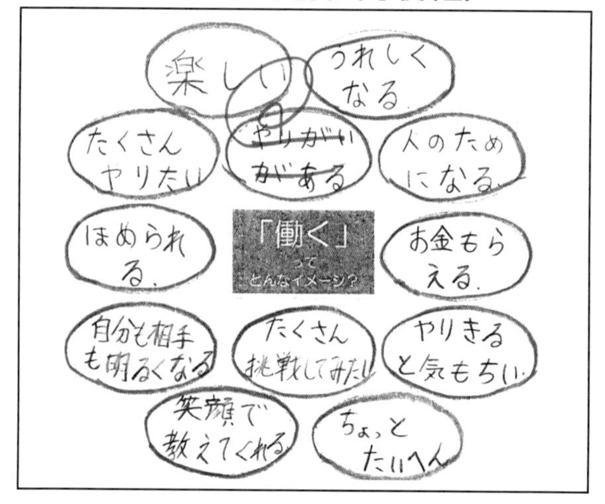

チャレキッズをやって働くってことは楽しいし、人のためになるということを知れたからプラスのイメージが増えたのでよかったし、いろいろな人と協力することは大切だということも知れたのでよかったです。

働く人の立場で働くことへの考えを深めたC児のイメージマップ　事前（左上）事後（左下）
C児のチャレキッズのキャリア・パスポート（右）

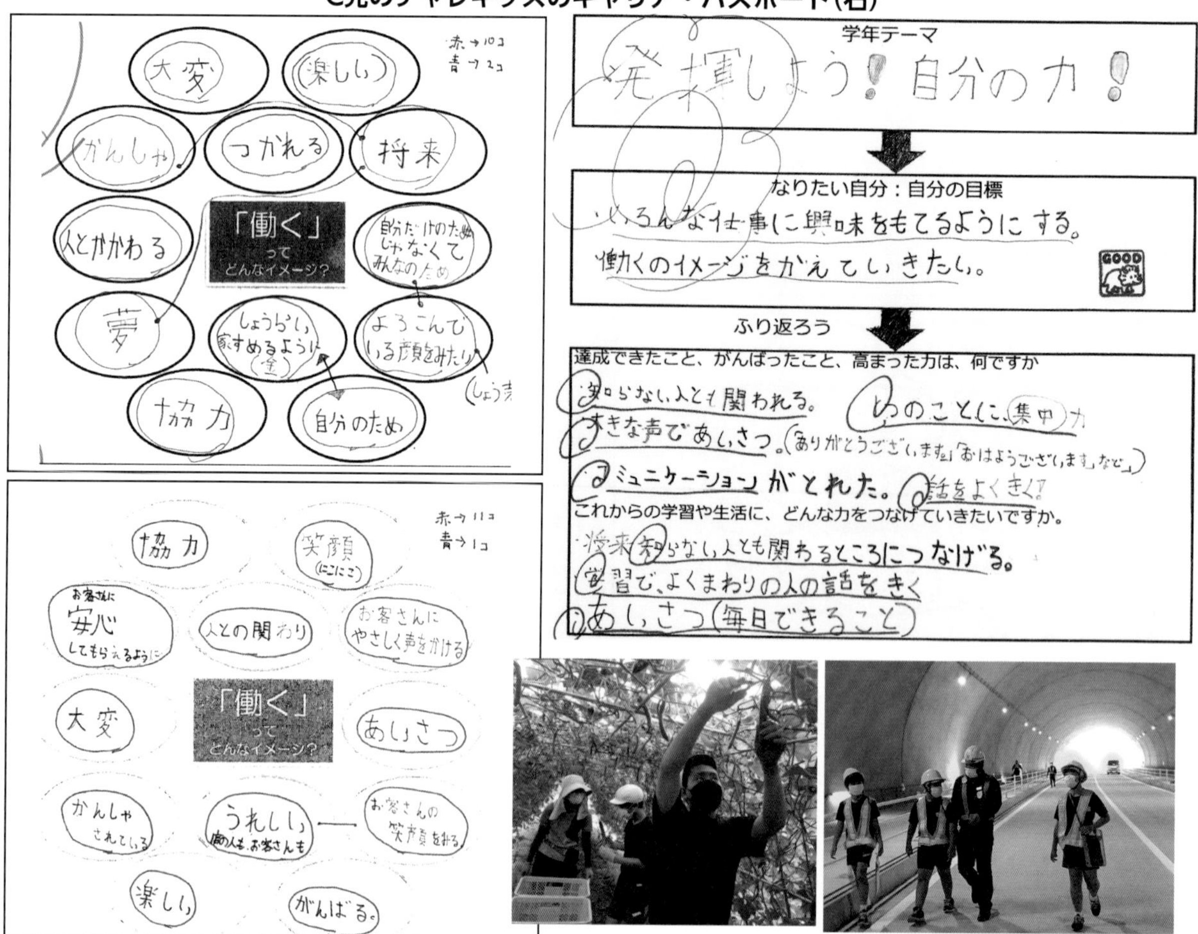

チャレキッズのパンフレット

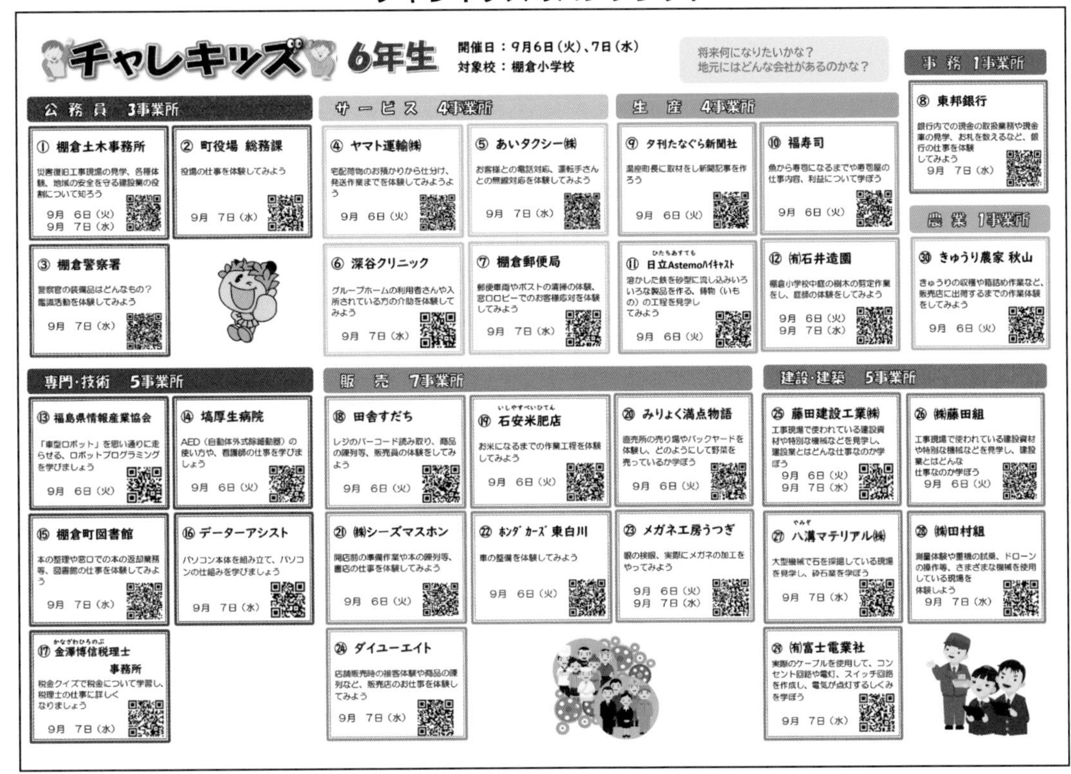

（3）地域の歴史文化を知る学習

【6年生：「桜清水の活性化プロジェクト」】

棚倉小学校のすぐ下には、町の名所「桜清水」があります。校歌や校章にも登場する桜清水。毎年、6年生は総合的な学習の時間の探究活動として、桜清水の歴史や学校とのつながりについて、本校第32代校長の坂本善一先生と地域連携コーディネーターの石井二郎さんに教えていただいています。校歌や校章の中に、どうして桜清水が登場してのるのかを学んだ子どもたちからは「大切にしていきたい」「受け継いでいきたい」「誇りに思う」などといった感想が出ます。棚倉LOVEがまた一つ増える瞬間です。

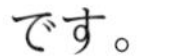

(4)キャリア・パスポートで深まる学び

これまでご紹介しました取組は、どれも以前から当たり前のように取り組んできた体験的な学習です。それらの学習でキャリア・パスポートを活用することで、子どもの学びが深まり、重点化した資質・能力を育むことができることを実感しています。

以下は、体験的な学びを通して感じた担任の声です。

生活科の町探検をするにあたり、子どもたちは自分たちでグループやお店、行く順番や質問などを考え、やる気いっぱいに準備を進めてきました。当日は、気づいたことをメモする姿やお店の人の話を一生懸命に聞き、たくさん質問している姿が見られました。町探検を終えて、学校に戻ってきて見学した場所について口々に話す姿からは、達成感が感じられました。人と関わる学びが、こんなにも自信をもたせ、逞しさを育むものだとは思いませんでした。子どもたちからは、自分が住む町のことが分かり、まだ知らないことがたくさんあったという言葉が聞かれました。さらに、重点化した資質・能力の振り返りでは「あいさつをすることや時間を守ること」「安全に歩くこと」が大切だと思ったという感想もあり、成長を感じました。

(令和４年度　２年担任)

４年生の役場見学の学習は、重点化した資質・能力を育てるために、とてもよいチャンスだと思います。役場見学に行くにあたり、国語科や社会科、道徳科などを関連づけて、教科等横断的な視点で、学習を構想しました。

役場見学の振り返りでは「仕事の内容がわかってよかった」「また行ってもっと質問をしたい」「自分が成長したことが分かった」などという発言がありました。子どもたちにとって役場見学が充実したもので、探究活動の意欲が向上したことが分かりました。第２回目の役場見学においても、充実した探究活動となり、子どもたちの資質・能力が高まるようにしていきたいです。

(令和４年度　４年担任)

ぼくは、棚倉町で有名な赤館や桜清水などの歴史を学んで、より棚倉町に関心をもつことができました。なぜなら、棚倉小学校の元校長先生である坂本善一先生には、桜清水の歴史や棚倉小学校の校章との関わりについて、学芸委員さんには、赤館の歴史について教えていただいたからです。様々な方からお話を聞き、今後も大好きな棚倉町について詳しく知りたいと思いました。今回の学びを下級生にも伝えていきたいと思いました。

(令和４年度　６年児童)

棚倉小学校では、棚倉LOVEをキャッチフレーズに地域の方々から棚倉町の歴史について学んでいます。貴重な話を頂くことで、子どもたちはさらに棚倉町に関心をもち、郷土愛をもつことにつながっています。

(令和４年度　６年担任)

第5章　解説

文部科学省初等中等教育局教科調査官　長田徹

小学校学習指導要領（平成29年告示）第１章総則　第４児童の発達の支援　１児童の発達を支える指導の充実　第６章特別活動　第２各活動・学校行事の目標及び内容　２内容にも「見通しを立て、振り返る」という活動が記されています。これまでも「見通しを立て、振り返る」活動は教科指導や学校行事などで多くの先生方が日常的に大事にしていただいていることですが、この機会に改めてこの活動で何を目指すのか考えてみましょう。同じような表現は以下にもあります。

小学校学習指導要領（平成29年告示）第１章総則　第３教育課程の実施と学習評価　１主体的・対話的で深い学びの実現に向けた授業改善

（4）児童が学習の見通しを立てたり学習したことを振り返ったりする活動を、計画的に取り入れるように工夫すること。

小学校学習指導要領（平成29年告示）第６章特別活動　第２各活動・学校行事の目標及び内容　３内容の取扱い

２の（3）の指導に当たっては、学校、家庭及び地域における学習と生活の見通しを立て、学んだことを振り返りながら、新たな学習や生活への意欲につなげたり、将来の生き方を考えたりする活動を行うこと。その際、児童が活動を記録し蓄積する教材等を活用すること。

小学校学習指導要領（平成29年告示）第１章総則　第３教育課程の実施と学習評価　２学習評価の充実

（1）児童のよい点や進歩の状況などを積極的に評価し、学習したことの意義や価値を実感できるようにすること。また、各教科等の目標の実現に向けた学習状況を把握する観点から、単元や題材など内容や時間のまとまりを見通しながら評価の場面や方法を工夫して、学習の過程や成果を評価し、指導の改善や学習意欲の向上を図り、資質・能力の育成に生かすようにすること。

資質・能力のバランスのとれた学習評価を行っていくためには、論述やレポートの作成、発表、グループでの話し合い、作品の制作等といった多様な活動に取り組ませるパフォーマンス評価などを取り入れ、ペーパーテストの結果にとどまらない、多面的・多角的な評価を行っていくことが必要です。また、総括的な評価のみならず、一人一人の学びの多様性に応じて、学習の過程における形成的な評価を行い、児童の資質・能力がどのように伸びているかを、例えば、日々の記録やポートフォリオなどを通じて、児童自身が把握できるようにしていくことも考えられます。言い換えれば、児童が自己評価を行うことを、教科等の特質に応じて学習活動の一つとして位置付けることが適当だということです。自らの学習状況やキャリア形成を見通したり、振り返ったりできるようにすることがこれからの評価に求められているのです。

では、「見通しを立て、振り返る」学習活動や評価の具体とは何を指すのでしょうか。

平成28年中央教育審議会答申には以下のように明示されています。

　このように、小・中・高等学校を見通した、かつ、学校の教育活動全体を通じたキャリア教育の充実を図るため、キャリア教育の中核となる特別活動について、その役割を一層明確にする観点から、小・中・高等学校を通じて、学級活動・ホームルーム活動に一人一人のキャリア形成と実現に関する内容を位置付けるとともに、「キャリア・パスポート(仮称)」の活用を図ることを検討する。

　当時の中央教育審議会総則・評価特別部会や同特別活動ワーキンググループにおいては、特別活動において育成すべき資質・能力を確実に育む観点から、キャリア教育の中核的な指導場面として特別活動が大きな役割を果たすべきとの議論がなされました。その中で、キャリア教育は、ややもすると職業に関する体験活動や進路指導といった狭いものとして捉えられがちですが、本来、自らのキャリア形成のために必要な様々な汎用的能力を育てていくものであり、学校の教育活動全体を通して行うものであることを再確認しています。そのために、小学校から高等学校までの特別活動をはじめとしたキャリア教育に関わる活動について、学びのプロセスを記述し振り返ることができるポートフォリオ(「キャリア・パスポート」)的な教材を作成し、活用することが効果的ではないかとの提案がなされたわけです。

　こうしたものが特別活動を中心としつつ各教科等と往還しながら活用されることで、学びを蓄積し、それを社会や将来につなぎ、必要に応じて振り返ることにより、主体的に学びに向かう力を育て、自己のキャリア形成に生かすことが可能となるとともに、特別活動や各教科等における指導の改善にも寄与することが期待されたのです。

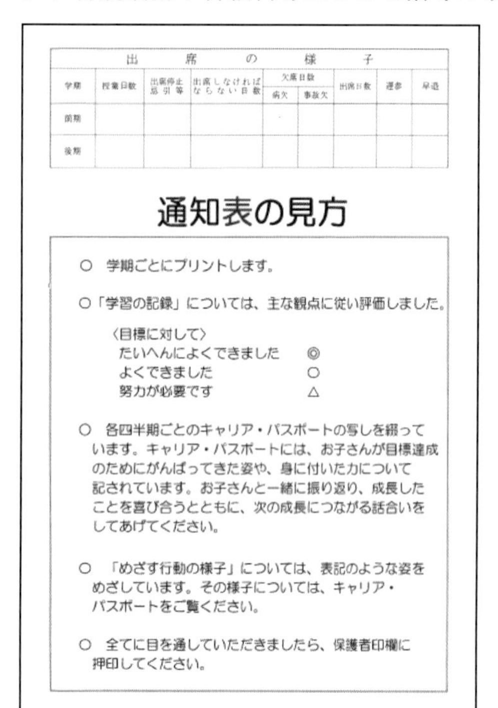

出席の様子

学期	授業日数	出席停止忌引等	出席しなければならない日数	欠席日数 病欠	欠席日数 事故欠	出席日数	遅参	早退
前期								
後期								

通知表の見方

○　学期ごとにプリントします。

○「学習の記録」については、主な観点に従い評価しました。

〈目標に対して〉
たいへんよくできました　◎
よくできました　○
努力が必要です　△

○　各四半期ごとのキャリア・パスポートの写しを綴っています。キャリア・パスポートには、お子さんが目標達成のためにがんばってきた姿や、身に付いた力について記されています。お子さんと一緒に振り返り、成長したことを喜び合うとともに、次の成長につながる話合いをしてあげてください。

○　「めざす行動の様子」については、表記のような姿をめざしています。その様子については、キャリア・パスポートをご覧ください。

○　全てに目を通していただきましたら、保護者印欄に押印してください。

　多くの学校と同じように棚倉小学校でも教科の授業や学校行事など、日常的な振り返り活動が行われていました。どの学年も一年間は児童の作品や記録を丁寧に掲示したり、ファイリングしたり、蓄積ができました。しかし、学年を超えて振り返ったり、見通したりできるものにはなっていませんでした。

　そこで、学年を超えて持ち上がれるように“今ある宝物”をつなぐ展開を模索したわけです。児童が自身の過去の自分と向き合い、将来の自分を思い描けるように、学校行事の振り返りや各学年で取り組んだ学習の成果が分かるものを蓄積することにしました。結果、自分で決めた目標(資質・能力)に向けた、見通しや振り返りという宝物の連なりとなったのです。これは、まさに「キャリア・パスポート」の好事例であり、多くの学校に参考にしていただきたいものです。しかし、記録や蓄積自体を指しているのではありません。「キャリア・パスポート」の活用、「キャリア・パスポート」を用いた対話的な関わり(キャリア・カウンセリング)が棚倉小学校では見事に行われているのです。そして、「キャリア・パスポート」の児童の記録と教師からのコメントを通知表(上図は表紙、左図は通知表の見方)として活用する工夫は、学習者の主体性を引き出す学習評価の改善の点からも注目すべき取組と言えます。

第6章

教育委員会が校種間をつなぐ

【棚倉町教育委員会3】

校種ごとに分断される傾向があった社会的・職業的自立に必要な資質・能力の育成ですが、教育委員会の使命は異校種間をつないで資質・能力を育成することだと考えています。

第6章では、保育園から高等学校まで資質・能力を育んでいくための取組を紹介します。

校種をつないだ資質・能力の育成

第１章では棚倉町のキャリア教育を概観し、第４章でキャリア教育には資質・能力を育むカリキュラム・マネジメントが必須であることを述べました。棚倉小学校の実践からも、キャリア教育の重要性、視点を変えるだけでキャリア教育が充実することをご理解いただけたかと思います。

本章では、異なる校種間をつないで資質・能力を育成することが、キャリア教育では最も重要であり、教育委員会の果たすべき使命であることを実際の取組をもとに詳述します。

棚倉幼
年長
防災訓練で
消防士さんへ質問タイム

現行学習指導要領でも、小学校、中学校、高等学校の総則にキャリア教育が明示されています。人間の成長と資質・能力の育成を考えたとき、保育園から、幼稚園、小学校、中学校、高等学校への移行には連続性があり、それぞれの連携は欠かせないものであるはずです。それぞれ、(年齢が)下の園、学校から上の学校への連絡や情報提供はされています。しかし、それらを活用して、上の学校(や学年)で、

前の(下の学校や学年でほめられた)ように、身に付けた力が十分発揮されているね。
(前の学年や学校で身に付けた)あなたの○○のような力は、これからも役に立つね。

というような働きかけが行われているでしょうか。

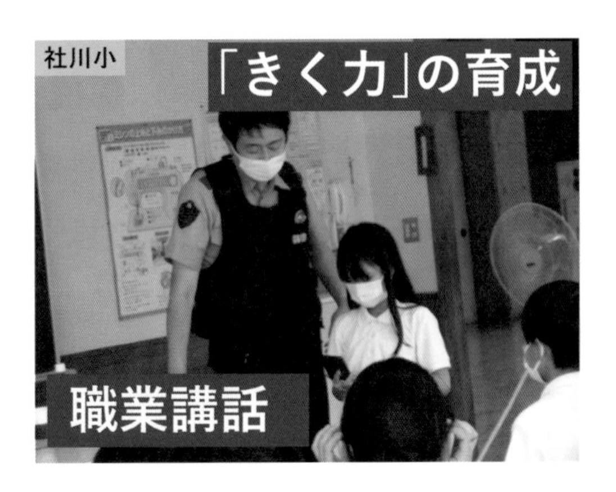

上の学校(進学先)の教師は、下の学校を「過去のものだ、終わったものだ」と見ている傾向があるように思います。今を重視すれば、過去のことは二の次になります。キャリア教育は、過去であれ、未来であれ、子どものキャリア(轍)を重視します。その子はどんな人生を送ってきたか、何を認められてきたか、そういうことを理解しないで、教師がその子の将来を考えることは難しいと思います。

棚倉中
学級目標を考える
～１年後の姿をイメージして～

教育委員会がキャリア教育を推進することで、保育園から高等学校まで、それぞれの接続と関連を図り、幼児・児童・生徒の発達に応じた一貫性のある指導を行うことができると考えます。下の学校は上の学校の準備をするだけでなく、上の学校で下の学校の成果を活用することが可能になるのです。

（1）資質・能力をつなぐということ

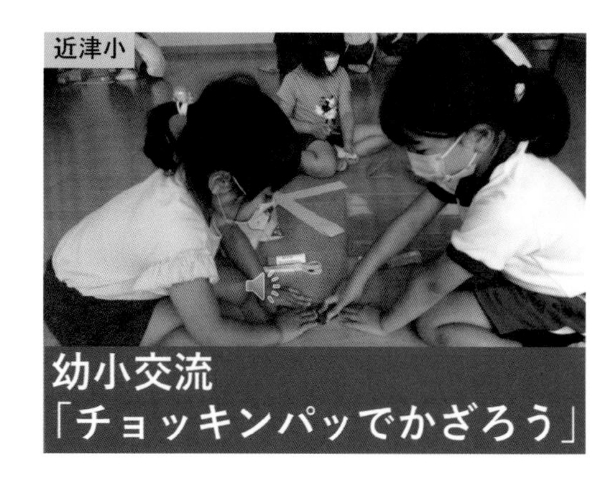
近津小

幼小交流
「チョッキンパッでかざろう」

本章の扉で資質・能力の育成が「校種ごとに分断される傾向があった」と述べましたが、そんなことはないと反論される方もいらっしゃると思います。「幼稚園教育要領と学習指導要領に基づいて、教育活動が行われているのだからつながっているはず」だと。

すでに述べたように、資質・能力は、生きて働き、未知の状況にも対応でき、人生や社会に生かせる力です。発展性・関連性・持続性・汎用性のある能力です。校種間でつないで育成する必要があります。

資質・能力をつなぐというのは、保育園から高等学校まで「社会的・職業的自立に向けて必要な基盤となる資質・能力」を個に応じ、発達段階に応じて、重点化・具体化して育成するということです。さらに、前の校種でどのような資質・能力をどう育成してきたかを把握して指導することでもあります。

小中連携～「中学1年生による運動会ボランティア隊！」

しかし、小学校を例にすれば、小学校の教師が「この力は中学校でも必要だよ」と働きかけることはあっても、「幼稚園で身に付けた力が小学校でさらに伸びたね」と称賛することはほとんどないのではないかと思われます。つまり、上の学校では下の学校での成果をもとに称賛することは少ないのです。学校を学年に置き換えても同じではないでしょうか。キャリア教育では、子どもの過去の学び(キャリア)も大切にしなければなりません。

さらに、重要となるのは、先ほども述べたように「社会的・職業的自立に向けて必要な基盤となる資質・能力」を各園・学校で重点的に育成してくださいとお願いでき、それらが適切に行われているかどうか評価できるのは教育委員会であるということです。図1は、21頁の再掲ですが、棚倉町学校教育経営改革プランから、「未来を担う子供たちの『学び』を地域全体で支援し、保・幼・小・中・高と資質・能力を育て、つないでいく教育活動の推進」の部分です。この図について以下に詳しく説明いたします。

【図1】

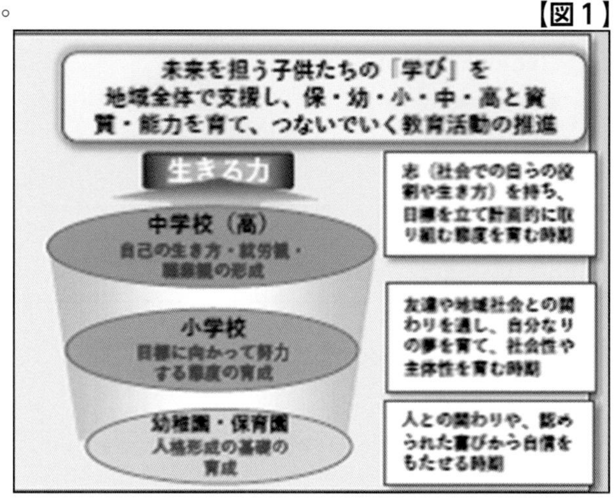

本町の規模では、1学年の児童生徒数が、100名程度であり、保育園1園、幼稚園3園、小学校4校、中学校1校であることから、校種間の連携が可能となります。教育委員会としてキャリア教育を推進するという方針が定まれば、育てたい資質・能力が決まりますので、さらに連携が深まります。

発達段階によって、育てたい資質・能力は図1のように変わっていきますが、子どものよさのコアな部分を大切にしながら、無理なく肯定感や有用感を育み夢や志(社会の中での自らの役割や生き方)を育むことが可能であると考えています。

(2)保育園から幼稚園へ

保育園や幼稚園でキャリア教育が可能なのかと疑問を持たれる方も多いと思います。確かに、キャリア教育の規定があるのは、小学校学習指導要領からです。しかし、本町では、図１のように保育園や幼稚園からキャリア教育を意識して取り組んでおります。

保育園と幼稚園では、「人格形成の基礎の育成」のために、「人との関わりや、認められた喜びから自信を持たせる段階」としてキャリア教育を位置づけています。本町では、保育園は０歳児から２歳児までの保育、幼稚園は３歳児から５歳児までの保育を行っており、その接続が重要になってきます。

保育園では従来の保育に加えて、保育士が「社会的・職業的自立に向けて必要な基盤となる資質・能力」を意識して関わっています。保育園の活動については、生活習慣の確立も含めてすべてが自立への基礎となるものです。その中でも、その子の個性として伸ばしていきたいところは意識して称賛しています。

保育園から幼稚園へのつなぎとしては、幼稚園入園に際して情報交換を行っています。「気になる子」については、ある程度詳しく伝えていたのですが、保育園でしっかりと生活できていた子が、幼稚園入園を機に今までできていたことができなくなってしまうことが見られることから、しっかり生活できる子についても情報を伝え、保育園でできていたことは幼稚園でも頑張ることができるように支援しているところです。

(3)幼稚園から小学校へ

幼稚園では、図２のように、基礎的・汎用的能力と幼稚園教育要領の「幼児期の終わりまでに育ってほしい姿」をすり合わせ、保育に生かしています。分析の結果、基礎的・汎用的能力と「育ってほしい10の姿」がほぼ同じことが明らかになりました。

【図２】

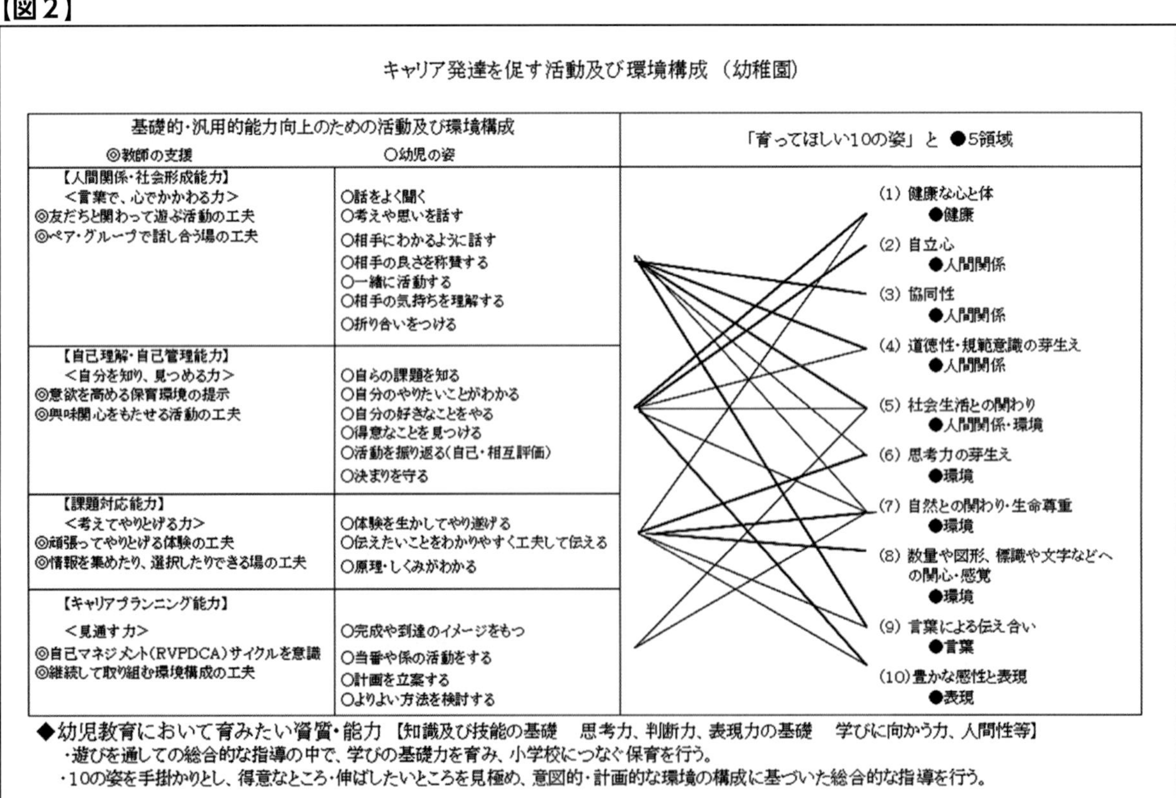

幼稚園におけるキャリア教育については第８章で述べますが、資質・能力を育む特色ある教育活動として「砂遊び」「外国語活動」「ICTの活用」が挙げられます。

それぞれの活動が小学校につながりますし、活動の中で見られた個のよさを伸ばすように配慮しています。個のよさを見取る視点としては、図２のように「基礎的・汎用的能力」と「幼児期の終わりまでに育ってほしい姿」から「幼児の姿」を明確化しているところが本町の特色です。

幼稚園における資質・能力育成は、活動の中での教師の対話的な関わりによって促されます。幼児は表現手段としての文字を持たないので、キャリア・パスポートが使用できません。そこで、「就学支援シート」を小学校に送付して、つなげるようにしています。「就学支援シート」は保護者が幼児への配慮事項などを記入し、教師が育成してきた資質・能力などを書き加え、小学校に伝えるものです。

小学校では、送付された「就学支援シート」から幼稚園でどのような資質・能力を育成してきたのかを確認し、入学と同時に継続して伸ばしていくようにしています。また、後述しますが、特に砂遊びによる資質・能力の育成について幼小連携を通して進めています。

（4）小学校から中学校へ

小学校では、文字の習得に伴い、キャリア・パスポートの活用を図ることができるようになります。小学校での「社会的・職業的自立に向けて必要な基盤となる資質・能力」の育成は、特別活動を要として各教科等の特質に応じて行われます。

中学校へのつなぎは、キャリア・パスポートを送付して行います。特に、キャリア・パスポートとともに、図３のように「自分発見シート」も送付することになっています。これは、卒業を目前に控えた小学校６年生が中学校入学に向けて、現在の自分や中学校への抱負を綴ったシートで、児童が記入し、保護者と教師がコメントして中学校へ送付し、中学校の担任が授業等で活用するものです。

【図３】

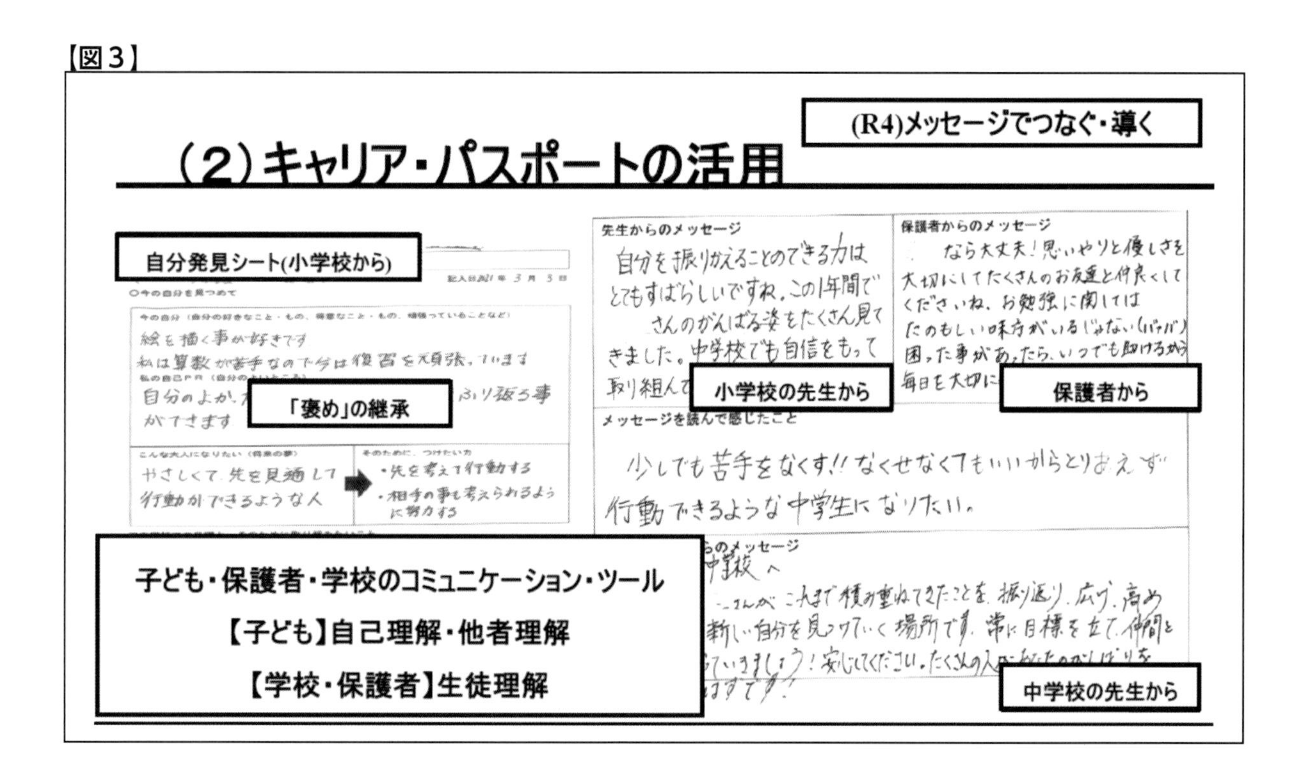

小学校と中学校の接続が最も難しい課題です。学級担任制から教科担任制に移行する中で、小学校での資質・能力の育成を踏まえて、中学校での指導がスムーズに行われていない面が見受けられ、個へのアプローチが十分ではないからです。

中学校では、立志教育を進めております（第８章参照）。「夢」と「志」という異なる二つの視点から将来を考えていくことで、社会の中での役割とよりよい生き方の両面から進路決定ができるように支援していきます。

「夢」と「志」を意識させ、自問自答する（自分で考え自分で決める）ことにより、進学したい学校を点数で決めるのではなく、学びでつなぐように助言していくことが大切になります。

（5）中学校から高等学校へ

中学校から高等学校へのつなぎもキャリア・パスポートで行います。自身の「夢」や「志」をまとめたもの、職業体験や行事への取り組み、進路指導（受験準備）で活用した資料など、自分のキャリアとなるものをまとめ、進学する学校へ送付します。

現在、棚倉町では、町内にある福島県立修明高等学校と連携協定を結び、地域住民や生徒、児童、幼児との交流を進めています。特に、高校生の探究学習の発表会に中学生が参加するなど、学びでつなぐ中高連携の在り方を推進していきたいと考えているところです。

右の写真は、修明高校生による幼稚園児への読み聞かせの場面、下の写真は町長との意見交換会において、棚倉駅の活用について意見を述べている場面です。

修明高等学校は、農業科と商業科を有する
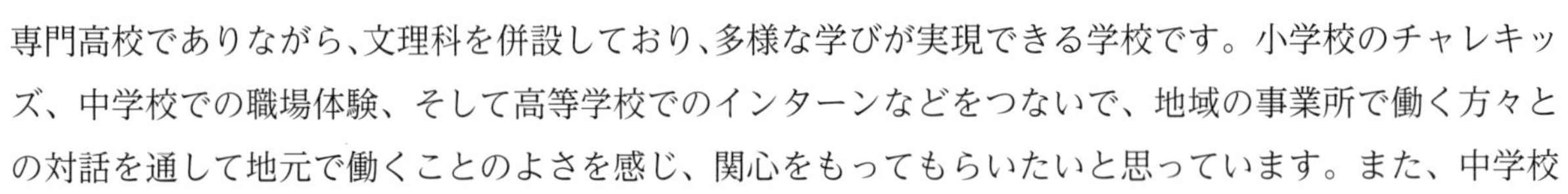
専門高校でありながら、文理科を併設しており、多様な学びが実現できる学校です。小学校のチャレキッズ、中学校での職場体験、そして高等学校でのインターンなどをつないで、地域の事業所で働く方々との対話を通して地元で働くことのよさを感じ、関心をもってもらいたいと思っています。また、中学校における進路指導の中で、自己の夢や志をもとに、高等学校で学びたいことを明確にし、将来地元に就職することを視野に入れて、進路を決定してほしいと思います。

167頁で詳述するように、現在、修明高等学校と郡内４中学校との連携型の中高一貫教育が計画されています。そこにキャリア教育の視点を加えることで、よりよい中高連携を実現できると考えています。

学校づくりから町づくりへ

(1)持続可能な地域社会の創り手

小学校学習指導要領の前文には、次の記述があります(赤字・下線部は筆者)。

これからの学校には、こうした教育の目的及び目標の達成を目指しつつ、一人一人の児童が、自分のよさや可能性を認識するとともに、あらゆる他者を価値のある存在として尊重し、多様な人々と協働しながら様々な社会的変化を乗り越え、豊かな人生を切り拓き、持続可能な社会の創り手となることができるようにすることが求められる。

本町のキャリア教育においても「持続可能な地域社会の創り手」となることを目指しています。少子化による人口減少が進む中で、「自己のよさや可能性を認識」「他者の尊重」「多様な人々との協働」「豊かな人生」など、まさにキャリア教育の果たす役割は大きいものがあります。

この意味で、キャリア教育による学校づくりは、町づくりにつながってきます。社会が急速に変化する中で、地域社会もまた大きく変化しようとしており、その持続可能性が問われています。少子高齢化が進む中で、地域を支える人材をどう育成していくか。それが、今、大きな課題となっています。

「持続可能な地域社会の創り手」とは、町の歴史や文化に誇りと愛着を持ち、社会的･職業的自立に必要な資質･能力を身に付け、地域社会を支えていく人間です。そのために、今何が大切なのかを考える必要があります。

(2)今の学びを将来へつなぐために

「持続可能な地域社会の創り手」を育む学びとは、どのようなものなのでしょうか。自己肯定感や有用感を持ち、自己の夢や志をもとに今の学びを将来につなぐだけでなく、他者を尊重し、多様な人々と協働できることが大切だと考えています。

この場合の他者とは、家族や友だち、先生だけでなく、異校種に学ぶ子どもたちや地域の人々も含まれると考えられます。つまり、異校種間の交流活動や地域における職業体験や探究学習を充実させていく必要があるのです。

特に、自ら課題をもって主体的に探究する活動を通して、地域社会で働く人々と対話し、そのよさに触れることが大切だと考えています。対話と実体験を通して、その仕事が「人の役に立ち、楽しい」ということを実感するとともに、地域の働く人々とのつながりを重視していくことが重要です。

人とつながるキャリア教育で、地域のよさを知り、町で生活し、または町の外に居住していても、地域を支えることのできる人間に成長してほしいと願っています。そのためには、個に応じた指導を重視し、多様な子どもたちを学びにおいて誰一人取り残さないようにすることが必要です。

(3)誰一人取り残さない教育のために

中央教育審議会の答申「『令和日本型教育』の構築を目指して～全ての子供たちの可能性を引き出す、個別最適な学びと、協働動的な学びの実現～」(令和3年1月26日)には、次の表現があります。

多様な子供たちを誰一人取り残すことのない個別最適な学びの実現(同答申1頁)
誰一人取り残すことのない、持続可能で多様性と包摂性のある社会の実現(16頁)

「誰一人取り残さない」教育のためには、「個別最適な学び(指導の個別化と学習の個性化)」や「持続可能で多様性と包摂性のある社会の実現」が必要です。多様な子どもたちだからこそ、誰一人取り残すことなく社会的・職業的自立に必要な資質・能力を育てていきたいと考えています。

誰一人取り残さないということの前提には、子どもたちが多様である、ますます多様になってきているということが挙げられます。このことは、特別支援教育も不登校やいじめなどの生徒指導も、キャリア教育の資質・能力を育む視点で行い、多様な子どもたちに応じて行う必要があるということです。さらに、多様な子どもたちだからこそ、肯定感や有用感を高め、夢や志をもって個性を生かし、地域社会の創り手として幸せな生き方をしてほしいという願いが込められています。

(4)学校づくりから町づくりへ

そう考えてくると、学校においてキャリア教育を推進する体制づくりをしていくことは、教育だけでなく町の活性化、つまり町づくりにつながっていくということなのです。このことは、教育委員会の施策が町行政の各組織とつながりをもって立案、検討され、各部署の協力のもと実行される必要があるということを示唆しています。

例えば、県立修明高等学校との連携協定は、教育委員会でなく地域創生課が担当しています。

棚倉小4年生の「役場見学」の様子

キャリア教育に町ぐるみで取り組むと、行政や関係団体、企業など地域とのつながりが明確になってくると実感しています。それぞれの役割は異なるのですが、持続可能な地域社会を目指していることは同じです。

右の写真のように、校長・園長の研修会で、町の企業のトップを講師に招いて、会社の概要や人材育成、キャリア教育についての提言等について説明していただいています。

キャリア教育10年目、小学生の職業体験チャレキッズを経験した年代が成人式を迎えるようになっています。令和５年、「棚倉町二十歳のつどい」における代表甲賀庸資さんの「誓いの言葉」を紹介します。

(前略)さて、私たちの中には、既に社会の一員として働いている人や、自分の目標のために学業に励んでいる人、自分の夢に向かって努力している人がおり、立場は違えどそれぞれが自分の道を歩めています。思い返せば、私たちはこの棚倉町が推進している「夢をつなぎより良く生きようとする子どもの育成」を目的とするキャリア教育が始動したときの小学６年生で、大きな影響を受けました。当時は毎日、友だちと遊んだり、学校で勉強をしたりすることで精一杯で、自分の夢や将来について自主的に考えることができていた人は少なかったはずです。しかし、キャリア教育を通して、自分で職業について調べたり、棚倉町に根付いて社会に貢献している方々と関わったりすることで、普通に過ごしているだけでは気付かなかったことをたくさん知ることができました。私たちには、無限の可能性があること。社会で働く人々は、それぞれがその分野のスペシャリストであり、みな誇りをもって仕事をしていること。これらに気付けたからこそ今の私たちがいると思います。(後略)

少子化、情報化など、日進月歩する社会の中で、教育のパラダイム(規範となっている見方や考え方など)そのものが変わってきています。子どもたちも、保護者も、教育委員会も、教師も、地域の方々も含めて、「地域の持続可能性」という点から、これからの教育について考え、対話することがますます必要となっていると感じています。その際の共通の話題として、「社会的・職業的自立に必要な資質能力をどう育むか」ということが重要になってきます。だからこそ私たちは、キャリア教育を中心に「学校づくり＝町づくり」を進めていきたいと考えています。

(５)今後取り組んでいきたいこと

「学校づくり＝町づくり」の視点で考えると、「統廃合など少子化に対応した学校教育の在り方」「児童生徒の多様性に応じた学校教育の在り方」「学校教育における虐待・貧困・ヤングケアラーなど福祉の課題」「運動部・文化部活動などの地域移行」「教職員の多忙解消」「県立修明高校の活性化」など、本町の学校教育の諸課題への対応や解決の方向性とキャリア教育の推進が無関係ではないことが見えてきます。

「チャレキッズ」の農家体験でキュウリの選果をしている様子

社会的・職業的自立に必要な資質・能力を育成するために、どのような学校教育の在り方が適切なのかということを第一に考えていきたいと思います。保育園から高等学校までをつないで資質・能力を育成しつつ、子どもや保護者に「棚倉町の学校に通いたい、通わせたい」と思ってもらえるような学校づくりが必要です。

町ぐるみで資質・能力育成

（1）コミュニティスクール

第４章で、地域の人的、物的資源を活用するためには、コミュニティスクールや地域学校協働本部等を活用することについて述べました。ここでは、町ぐるみで資質・能力を育てるためにも有効であることについて具体例をもとに説明します。

図４は、社川小学校の事例ですが、学校運営協議会を四半期に１回開催して、四半期ごとの評価を改善に生かすようにしています。

【図４】

職員室の要となる教頭が率先して

双方向な協議会運営となるよう「実際に見る」「体験する」機会を意図的に設定した

4　保護者・地域への発信・伝達

本年度学校運営協議会の実施状況

実際に見て　体験して

双方向な協議会運営へ

教育活動を児童自らがキャリアパスポートに累積する
担任・保護者が肯定的なコメントを書き、次の担任に確実に引き継ぐ

キャリアパスポートって‥

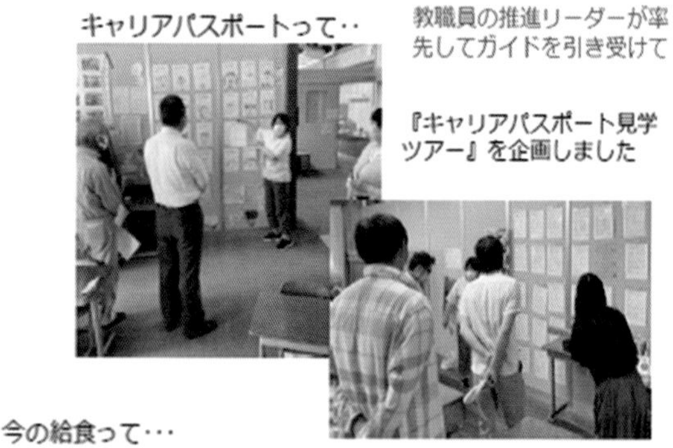

教職員の推進リーダーが率先してガイドを引き受けて

『キャリアパスポート見学ツアー』を企画しました

職員室の要となる教頭が率先して保護者に説明

保護者が集まる機会を伝達の機会に
しかし現実は５人からのスタート

保護者が集まる機会を伝達の機会に
２回目は30名近く集まった

今の給食って･･･

『給食試食会』も
児童と一緒に

片付けの仕方まで
全部を体験

【図５】

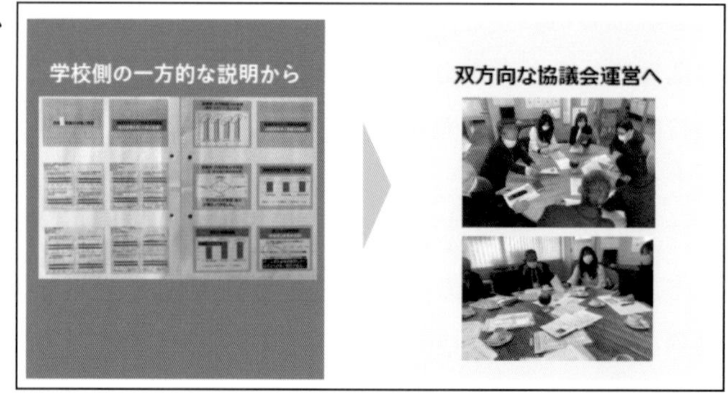

資質・能力を身に付けた児童の学びの姿を、キャリア・パスポートを用いて伝え、運営協議会委員の考えを学校運営に生かすことができたのです。

キャリア・パスポートを媒介にして、従来は学校の説明が大部分を占めていた運営協議会が、図５のように双方向な運営となり、どんな子どもを育成したいのかを話し合い、教育活動の改善に生かすことができました。

(2)地域学校協働活動

そう考えてくると、学校においてキャリア教育を推進する体制づくりをしていくことは、地域と協働していくことと同じであると考えることができます。

高野小学校では、図6、7、8のように、学校運営協議会と地域学校協働活動を車の両輪として関連させながら、子どもたちの活動を充実させることができました。

学校の活動だけを説明することで理解を得てきた従来のやり方から、キャリア・パスポートを通した子どもの学びの姿をもとに、どんな子どもに育ってほしいのかを共有し連携することで、教育活動の質の向上を図ることができました。

学校運営協議会の中に、地域連携担当教員と地域学校協働活動推進員(地域コーディネーター)が含まれていたことも、効果的でした。教育委員会では、各学校のコーディネーターと子ども教育課の担当者で「地域学校協働本部」を構成して、各学校による地域の人的・物的資源の活用をサポートしています。

今後とも、キャリア・パスポートによる子どもの学びの姿を媒介にして、学校運営協議会と地域学校協働活動を連携させ、子どもたちの資質・能力を伸ばしていきたいと考えています。

【図6】

地域学校協働活動と
コミュニティ・スクール(学校運営協議会)

2つが両輪となって機能しているために、地域と密接な教育が展開できている。

学校評価では、「お子さんは、地域の方と一緒に活動したり、棚倉町や高野地区のことを学んだりすることを楽しいと感じている」の項目において、保護者の評価が「あてはまる」「ほぼあてはまる」が100%

<地域の方と共同作業>

【図7】

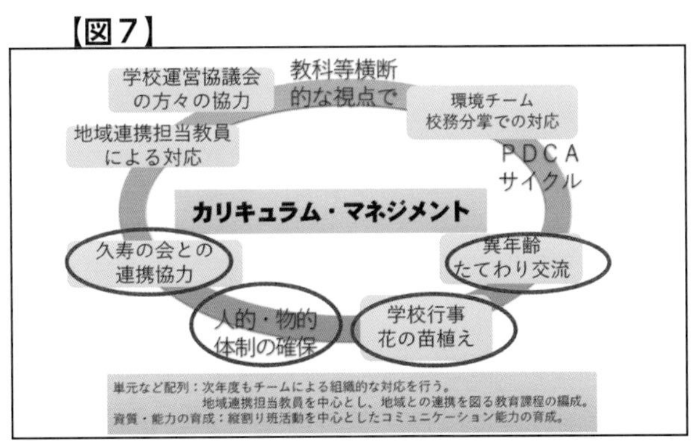

【図8】

実践のまとめと課題

地域との協働に関して

学校評価より(児童)

8 地域の方と一緒に活動したり、棚倉町や高野地区のことを学んだりすることを楽しい。

5 1 45

・Aあてはまる ・Bややあてはまる
・Cあまりあてはまらない ・Dあてはまらない

ある教師のコメント
○ 学校外の方々とつながることで、子どもたちの学びが深くなるということを体験できたことが自分の今年度一番の成長を感じるところである。
学校評価における児童の自由記述より
○ ドローンプロジェクトでみんなと協力したことが印象に残っている。
○ 高野フューチャーラボの原稿を推敲し、発表をがんばった。

<考察>
地域の方々と一緒に活動することについて、肯定的にとらえている児童が多く、自分たちが地域のために何かしたいという気持ちを高学年になればなるほど抱いていることが分かった。自分たちが考えていることを安心して伝えられるからこそ、児童自らが言葉を選び、「伝えたい」という思いを大切にし、対話を重視する環境を整えられたと思う。

(3)キャリア教育支援室

学校運営協議会と地域学校協働活動は、学校の教育課程の枠内での動きとなります。子どもたちと地域社会との結びつきを深め、持続可能な地域社会の創り手を育成していくためには、学校の教育課程の枠内にとどまらない独自の機動性を有する組織が必要となります。

それが「キャリア教育支援室」です。「キャリア教育支援室」は、キャリア教育を推進してきた松本市郎前教育長が、学校外の自由な立場から、地域の教育資源を活用して子どもたちの資質・能力を伸ばすために結成した組織です。

組織の目的としては、棚倉町のキャリア教育の推進であり、教育委員会の施策と軌を一にするものですが、教育委員会の任命を必要とせず、ボランティアでの活動となります。活動については、教育委員会の後援や共催が可能となるように配慮しますが、内容については子どものことを第一に考えて、自由な発想で活動していただきたいと考えています。

(4)キャリア教育支援室の活動理念

支援室は、以下の理念に基づいて活動しています。

○ 学校の教育課程上では実現できない活動を実施する。
○ 地元の企業と連携しながら独自の活動を推進する。
○ 教育委員会とキャリア教育の理念を共有し、活動する。

例えば、「数学の難問解決講座」「弁護士を目指す講座」「棚倉町の歴史上級講座」「タブレット活用講座」など、学校教育では実施が難しい題材を取り上げ実施することを企画します。

さらに、地元企業から寄付を募り、その活動資金とし、教育予算外で学校を支援することも考えています。実際に、令和3年度に各小学校の4年生で実施した「ドリームマップ®」の授業は、「特定非営利活動法人 こどものみらいプロジェクト ゆめドリ」にお願いして実施しましたが、その際の費用は、キャリア教育支援室から支出していただきました。

また、その活動理念は、地域ぐるみのキャリア教育の推進であり、持続可能な地域社会の創り手の育成であり、教育委員会と同じです。ただし、先ほども述べましたように、教育委員会と同じ理念を共有しながらも、ボランティア活動として地域の方々と共同しながら、自由な発想でキャリア教育を展開していただいてることは、教育委員会にとっても大きな力となっております。

授業風景

幼稚園におけるキャリア教育

(1)資質・能力の育成

先にも述べたように、本町の幼稚園では、育成すべき基礎的・汎用的能力と幼稚園教育要領で示されている「幼児期の終わりまでに育ってほしい姿」を摺り合せて(148頁図2)、内容的にはほぼ同じであることを確認しています。

幼稚園教育要領に基づき、幼児の活動を計画し実施する中で、育ってほしい姿を確認して称賛し伸ばしていくことは、キャリア教育そのものだということができます。現行の幼稚園教育要領では、キャリア教育については述べられておりませんが、今の遊びを将来につなげるという点で、キャリア教育は幼稚園教育でも成立するものであり、必要なものであると考えています。

幼稚園におけるキャリア教育として、特に次の三つの活動を大切にしています。

○ 棚倉産の砂を用いた砂遊び
○ ALTを活用した外国語活動(外国語遊び)
○ ICTを活用した表現活動(遊び)

遊びとして取り入れる中で、その子らしさを発揮しながら、社会的・職業的自立に必要な力の基礎を培ってほしいと願っています。

(2)砂遊び

棚倉で産出される砂は、造形活動に適しています。

その砂を用いて遊ぶ活動は、様々な教育的価値を内包していることが実践を通して明らかになりました。詳しくは、第8章で福島大学の宗形潤子教授に解説していただきますが、ここでは、資質・能力を発揮するという点からキャリア教育としての価値を概説しておきます。

大げさに言えば、砂遊びにおいては、社会的・職業的自立に必要な資質・能力のおおよそを発揮できる場であるということです。

右の写真は、社川小学校の1年生と幼稚園の年長児が砂遊びをしているところですが、砂の量が山盛りであることにお気づきいただけたでしょうか。

山盛りの砂を目の前にすると、子どもたちは主体的に動き出します。やりたいことが同じであれば、そこに自然と対話が生まれます。活動は発展し、深まっていきます。

主体性を発揮して環境に働きかけ、主体的・対話的で深い「遊び」が実践できることが砂遊びの特徴であると考えられます。

しかも、その発展形態は、道具を用いて造形することから始まり、水を使って川や池を創造したり、自然の草花を用いて装飾したりするなど、その時の季節や気候、構成メンバーに合わせて変化していきます。そのような活動を通して、自己理解や人間関係形成、課題解決、計画性などの面から、子どもたちが発揮したよさを認め励まし伸ばしていくことができるのです。

(3)ICTを用いた遊び

本町では、幼稚園教育におけるICTの活用を他に先駆けて進めてきました。幼児によるプレゼンテーションやオンラインによる幼小交流などです。

その他にも、描いた絵を動かすアプリケーションを用いて遊んだり、右の写真のように卒園式で端末を用いて発表したりしています。

令和３年度からは、小・中学校で全児童生徒に端末が配備されたことを踏まえ、各幼稚園にも年長児が使用できるだけの端末を揃えました。遊びを通して端末を活用し、楽しかったことを写真で記録し、園長先生に報告するなどの活動を実施しています。

先生方も、クイズなどの活動の中に、端末を用いて事象を提示するなど、ICTを積極的に保育活動に取り入れるなど活用しています。

端末が身近になることで、小学校入学後の端末の使用もスムーズになり、小学校での活用を後押しするようになっています。

(4)外国語活動(英語遊び)

本町では、外国語講師１名とALT１名を雇用しています。英語専科の教員１名と合わせて、３名で町内幼稚園と小学校の外国語科と外国語活動を担当しています。特に、小学校低学年と幼稚園においても外国語活動を実施しています。

幼稚園では、英語で遊ぶ活動を実施しており、ALTが毎週幼稚園を訪問して一緒に遊んでいます。このような経験が小学校や中学校で生かされることもあるでしょうし、英語で遊ぶ中で担任がその子のよさを見つけ、認め、称賛することで資質・能力を伸ばすこともできると考えます。

サンタクロースと一緒に

ハロウィーンで遊ぼう

小学校におけるキャリア教育

（1）資質・能力の育成

本町の小学校でのキャリア教育は、先にも述べたように、幼稚園でのキャリアをもとに進めていくことになっています。幼稚園から送られてくる「就学支援シート」によって、幼稚園の先生からどのような姿を認められ称賛されてきたのかを確認したうえで、小学校でも同じように接していくことを基本としています。

このことにより、指導面における幼稚園と小学校との資質・能力育成のスムーズな接続を図ると同時に、児童においても「幼稚園でできたことは小学校でも頑張ろう」というような意識面でのスムーズな接続にもつながっています。幼稚園でできていても小学校に入学した時点で、甘えや年下意識から今までできていたことをしなくなってしまうような面が少なくなりました。

以下、各学校の特色に応じたキャリア教育が行われておりますので、紹介いたします。

（2）棚倉町立社川小学校

社川小学校の最大の特徴は、キャリア教育を進めやすいよう、図9のように令和3年度から教育目標を新たに設定したことです。

【図9】

1　教育目標とカリキュラム･マネジメント

新教育目標を設定したこと

児童が自らの学びを自ら振り返ることができる目標を設定した。「自ら学んでる↗」「共に学んでる↗」「お手本はある↗」「計画はある↗」と語尾を上げることで児童自身が振り返ることができる、評価可能な目標とした。【図Ⅲ－1】

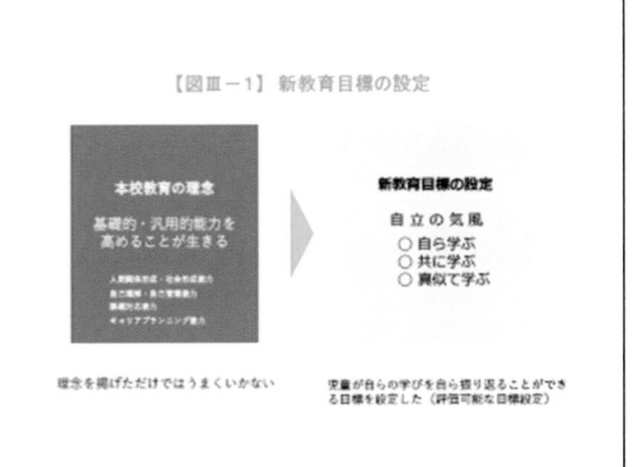

教育目標は、従来「知・徳・体」の内容ベースで設定されていました。ちなみに改定前は、「優　智　健真　やさしくかしこくたくましく」でした。キャリア教育を効果的に進め、資質・能力を育成するためには、学びの姿で教育目標を設定し、併せて児童自身が評価可能な目標にすることが必要になったのでした。

「自ら学ぶ、共に学ぶ、真似て学ぶ」という評価可能な教育目標にしたことで、四半期制による評価サイクルの設定やキャリア・パスポートの活用につながっていくのです。

これまでは教育課程に位置づけられた活動を担任が児童の実態に応じて指導方法を工夫して実施していたため、「6年間を通して育てる力とは何か」や、「次の担任に引き継ぐ内容とは何か」が曖昧でした。

そのため、令和２年度末の教育課程編成時において、本校の「児童に身に付けたい資質･能力」を、６年間を見通して(第１章図２)設定しました。そして、何を学ぶかを精選し、図10のように系統的な体験活動を配置し、教育課程に位置づけました。

それらの体験活動をより豊かにするため、時期を見直したり、何をどれくらい学ぶかを教科等横断的に見渡したりする必要がありました。そこで、本年度の教育課程編成時に、図11のように、各学年で「てんまる」の年間指導計画表を活用した「関連表」を作成し、反映させていくことにしました。作成時には、体験活動がより豊かに効果的になるように教科等横断的なつながりを意識するよう心がけたのです。

【図10】

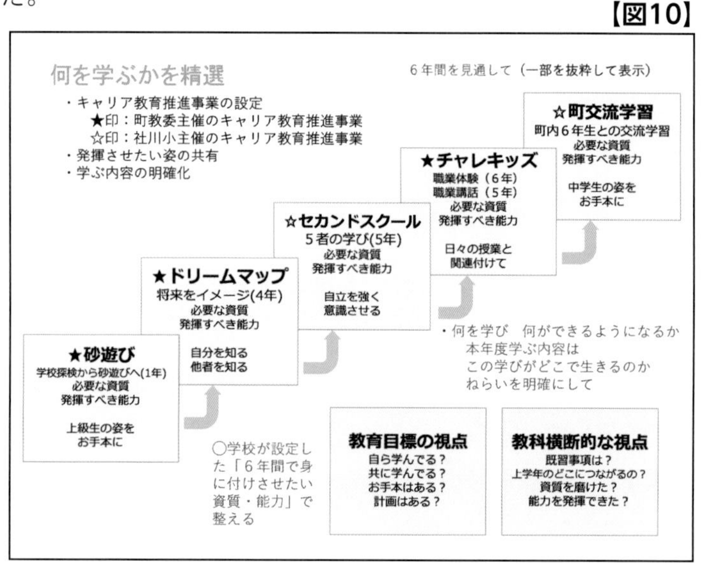

【図11】

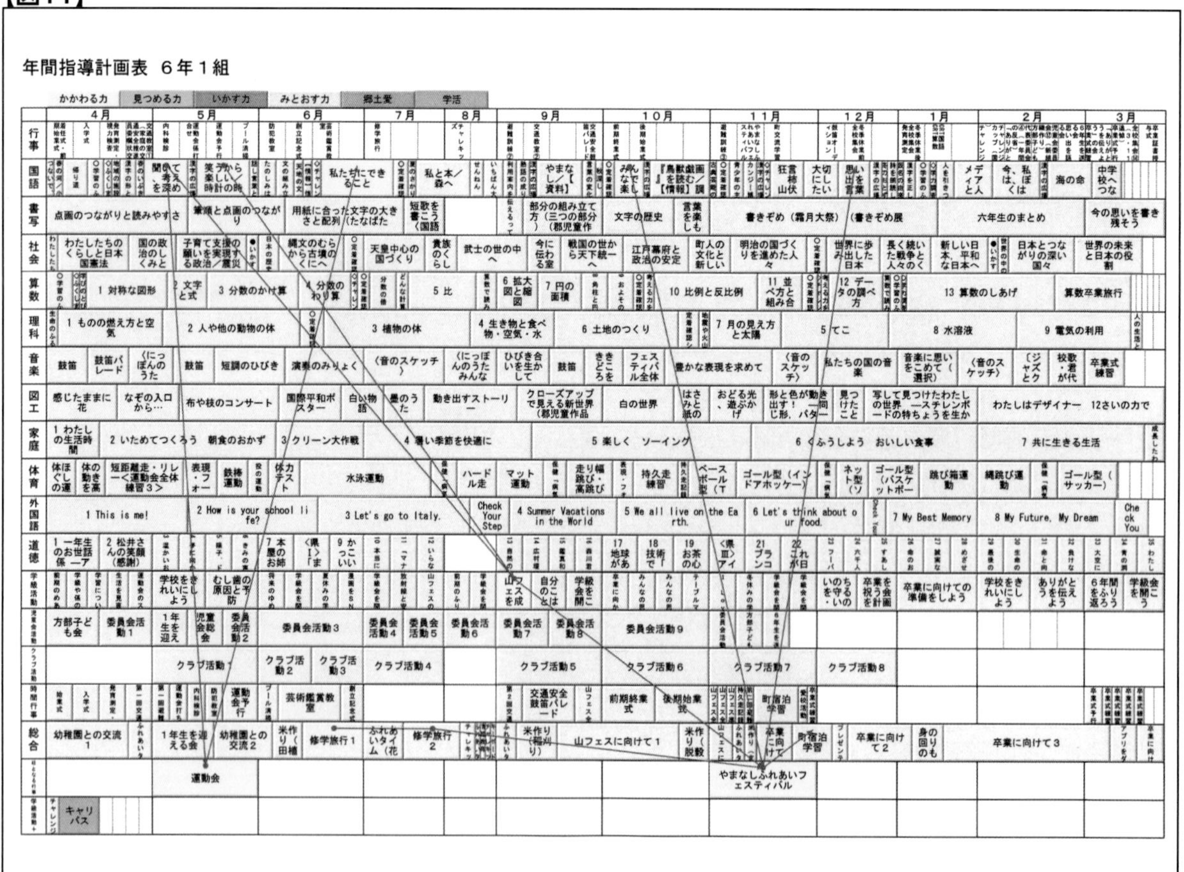

※文溪堂アプリケーション「てんまる2022」を活用して作成

（3）棚倉町立高野小学校

高野小学校は、令和４年度には全校児童42名、３・４年が複式学級となっており、特別支援学級１学級を含め、５学級の小規模校です。課題は、小規模校ならではの固定化された人間関係やコミュニケーション不足による人間関係形成・社会形成能力の伸び悩みです。

そこで、本校の持ち味であるきめ細やかな少人数指導を軸に、特に人間関係形成・社会形成能力をICTの活用により育成することはできないかと考えました。情報活用能力を育成することで、基礎的・汎用的能力を高めることができるのではないかと考えたのです。

【図12】

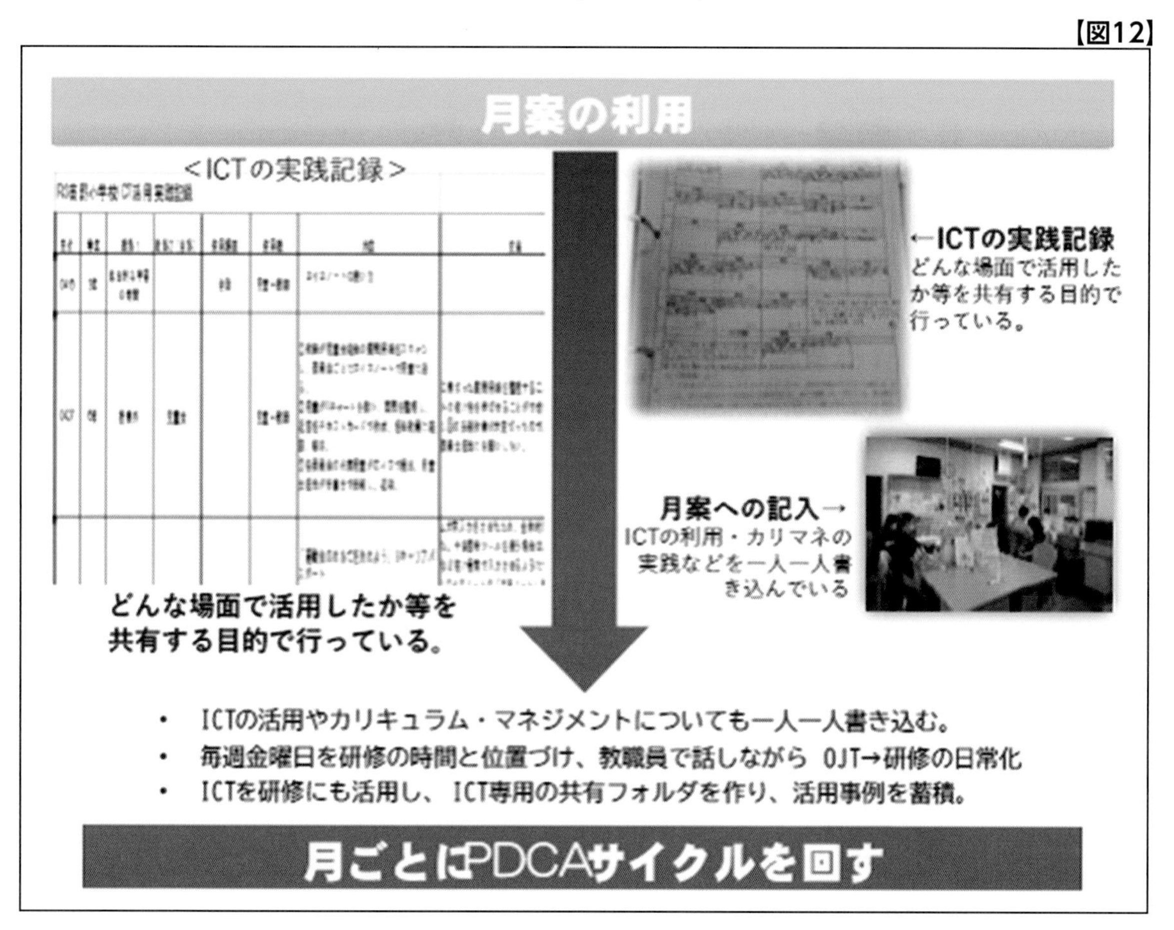

令和３年度は、児童一人に１台端末が配備され、児童も教師もどのように活用してよいか暗中模索の状態でした。そこで、図12のように、月指導計画案を利用して、端末の活用を図ったのです。

カリキュラム・マネジメントは、図13のように行われました。ここでのポイントは、情報活用能力を基礎的・汎用的能力であるとみなしていることです。どちらも課題の対応や発見、解決に関しては、共通するものがあり、ICT機器は目的でなく手段であるからです。

高野小学校では、ICTを用いて「個別最適な学び」や「協働的な学び」を実現することで、情報活用能力を育み、小規模学校においても、資質・能力を育むことができるようにしています。

【図13】

月案への記入
教科等横断的な視点で
学年間の情報交換
PDCAサイクル
カリキュラム・マネジメント
ICTの実践例累積
校長・教頭先生からのコメント
人的・物的体制の確保
単元など配列：次年度も意図的・計画的に指導。
教科横断的にICTを活用し、より質の高い授業を展開する。
資質・能力の育成：児童の技能を高めコミュニケーション能力を高める。

図14のように、主体的・対話的で深い学びが、基礎的・汎用的能力の育成につながっていくのです。

【図14】

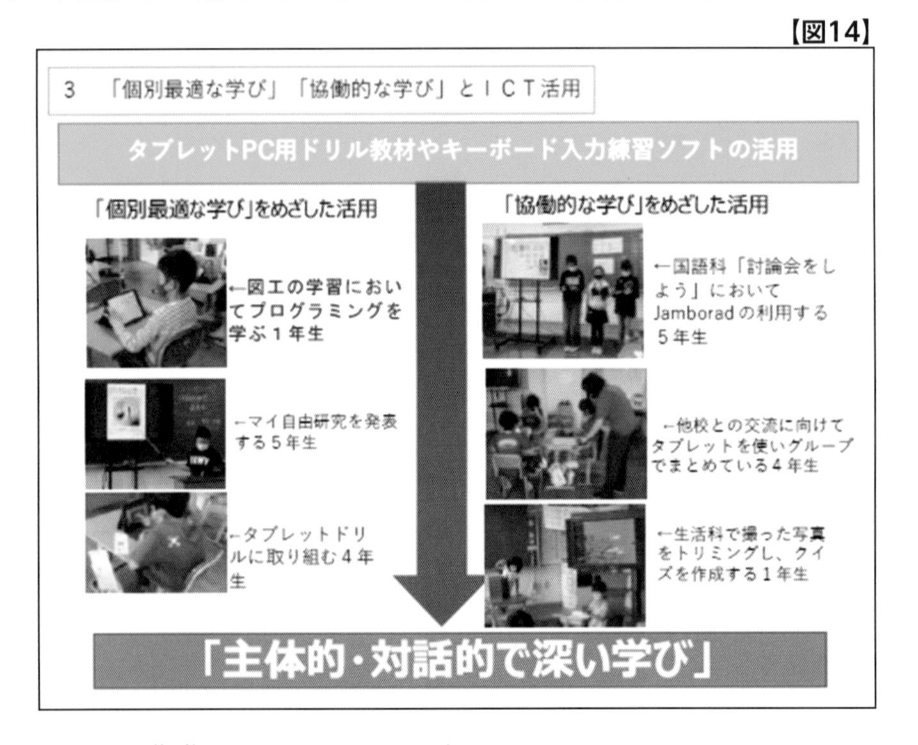

情報活用能力の評価と指導は、図15のとおりです。

【図15】

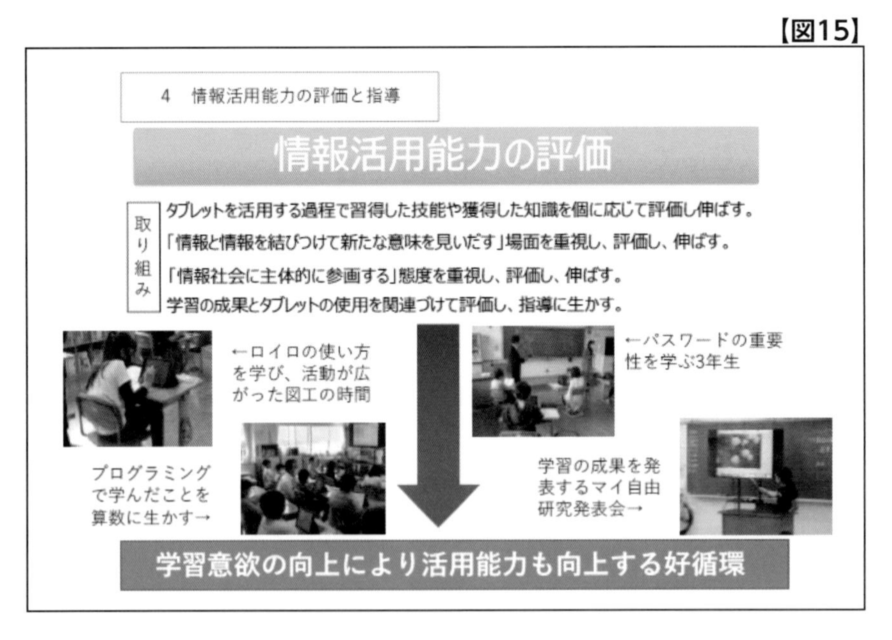

高野小学校では次のように実践を振り返っています。

今年度、月案を利用しながら、カリキュラム・マネジメントや実施した内容についての反省を行うことで、教育課程を教師自らが主体的に変えていく態度が育ったことが一番の成長である。また、来年度の計画に児童も参画し、予算編成や修繕個所に意見を伝えるなど、主体性だけでなく、特に上学年は客観的に物事を判断し、自立した建設的な意見を伝えられるようになったことも大きな成長である。

中学校におけるキャリア教育

町内唯一の棚倉中学校では、図16のようにキャリア教育を推進しています。なお、中学校における立志教育については、第８章で詳述します。

【図16】

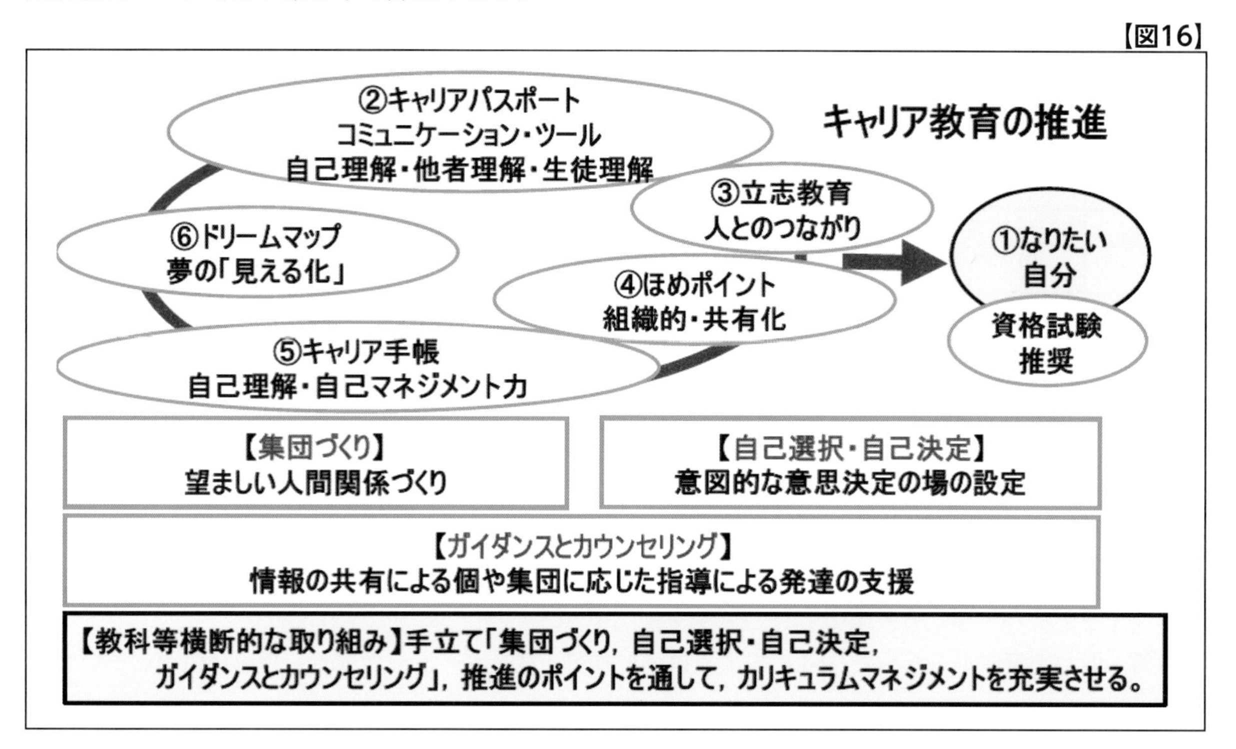

（１）目指す子どもの姿の明確化

まず、図17のように育成を目指す子どもの姿を明確化して、「集団づくり」「自己選択、自己決定できる力の育成」「ガイダンスとカウンセリングによる支援」に取り組んでいます。育てたい資質･能力は、基礎的・汎用的能力を図18のように自校化して取り組んでいます。資質・能力を身に付け、目指す子どもの姿を達成するためには、主体的・対話的に学び合う集団作りが不可欠です。その過程で、ガイダンスとカウンセリングの手法を生かして、「自分で決める」ことができるように支援しています。

教育活動においては、「凡事徹底」が大切にされ、育てたい資質・能力に向かった言動は、日常的に肯定され、組織的に称賛されています。

【図17】

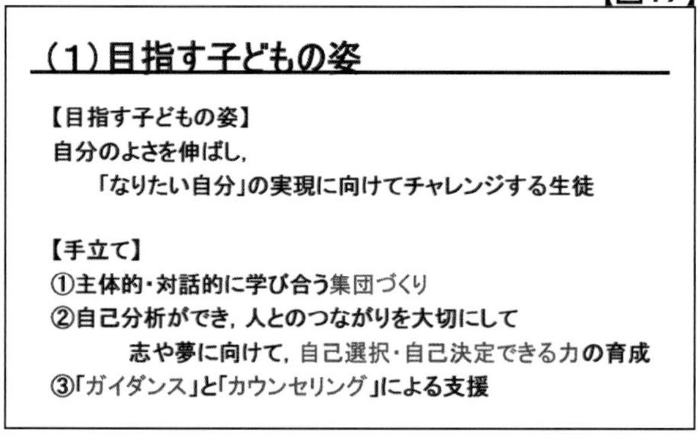

（１）目指す子どもの姿

【目指す子どもの姿】
自分のよさを伸ばし，
「なりたい自分」の実現に向けてチャレンジする生徒

【手立て】
①主体的・対話的に学び合う集団づくり
②自己分析ができ，人とのつながりを大切にして
志や夢に向けて，自己選択・自己決定できる力の育成
③「ガイダンス」と「カウンセリング」による支援

【図18】

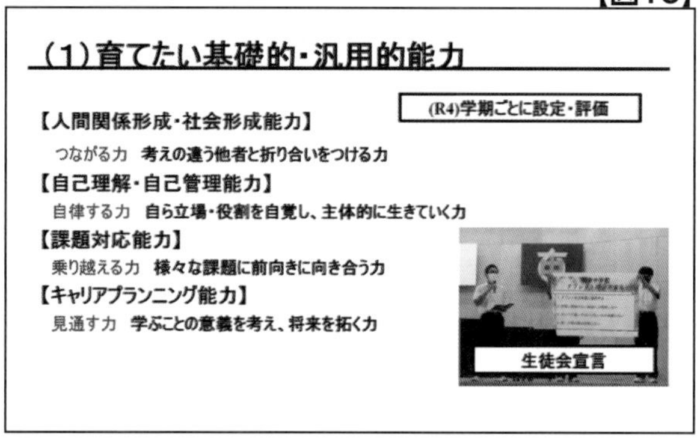

（１）育てたい基礎的・汎用的能力

(R4)学期ごとに設定・評価

【人間関係形成・社会形成能力】
つながる力　考えの違う他者と折り合いをつける力
【自己理解・自己管理能力】
自律する力　自ら立場・役割を自覚し、主体的に生きていく力
【課題対応能力】
乗り越える力　様々な課題に前向きに向き合う力
【キャリアプランニング能力】
見通す力　学ぶことの意義を考え、将来を拓く力

生徒会宣言

令和４年度からは、図19のように、学期ごとに資質･能力を設定し、評価しやすい文言に変えています。

【図19】

1　資質・能力の設定と育成について

R3：通年の資質・能力➡【改善】R4：学期ごとに資質・能力を設定

【各学期で育てたい資質・能力】　→　「ほめポイント」として，みんなで認めて・ほめる

	1学年	2学年	3学年
学年目標	互いに協力し合い、自分のよさを伸ばせる力	自分のよさを大切にし、前向きに挑戦する力	自分のよさを生かしながら、将来の「生き方」について考える力
1学期	新しいことに取り組む時、前向きに取り組もうとする。(自己理解・自己管理能力)	自他のよさを認め合い、お互いに協力して物事に取り組むことができる。(自己理解・自己管理能力)	わからないことやもっと知りたいことがあった時、自分で調べたり、人に聞いたりできる。(課題対応能力)
2学期	友達と話し合う時、友達の話や意見を最後まで聞いたり、自分の意見を相手にわかるように伝えたりする。(人間関係形成・社会形成能力)	自ら考えたり、改善を図り、難しいことにも前向きに挑戦することができる。(課題対応能力)	話し合う活動を通じて、自分の考えを深めたり、広げたりすることができる。(人間関係形成・社会形成能力)
3学期	何かをする時、見通しをもって計画を進めたり、そのやり方などについて改善を図ったりする。(課題対応能力)	「なりたい自分」の実現に向けて、見通しを持って計画を進めることができる。(キャリアプランニング能力)	学ぶことや働くことの意義について考えたり、今学んでいることと将来のつながりを考えたりする。(キャリアプランニング能力)

【参考にしている各種調査】

全国・県学調質問紙
町キャリア意識調査
***hyper*-QUテスト**

【5月にご指導いただいた点】
「ダブル・バーレル質問」の回避
1つの質問文で2つもしくはそれ以上のことを同時に聞いている質問。生徒が自己評価しやすい文言に整える。

(2)キャリア・パスポートの活用

資質・能力を育成するために、図20のようにキャリア・パスポートを作成し、指導に生かしています。目標を立て、計画を立案し、振り返る。さらに、改善を生かし、新しい目標設定につなげています。教師のコメントも次につながるように肯定的に記入されています。まさに、キャリアを点でなく線としてつないで、肯定感や有用感を育成しようとしています。

【図20】

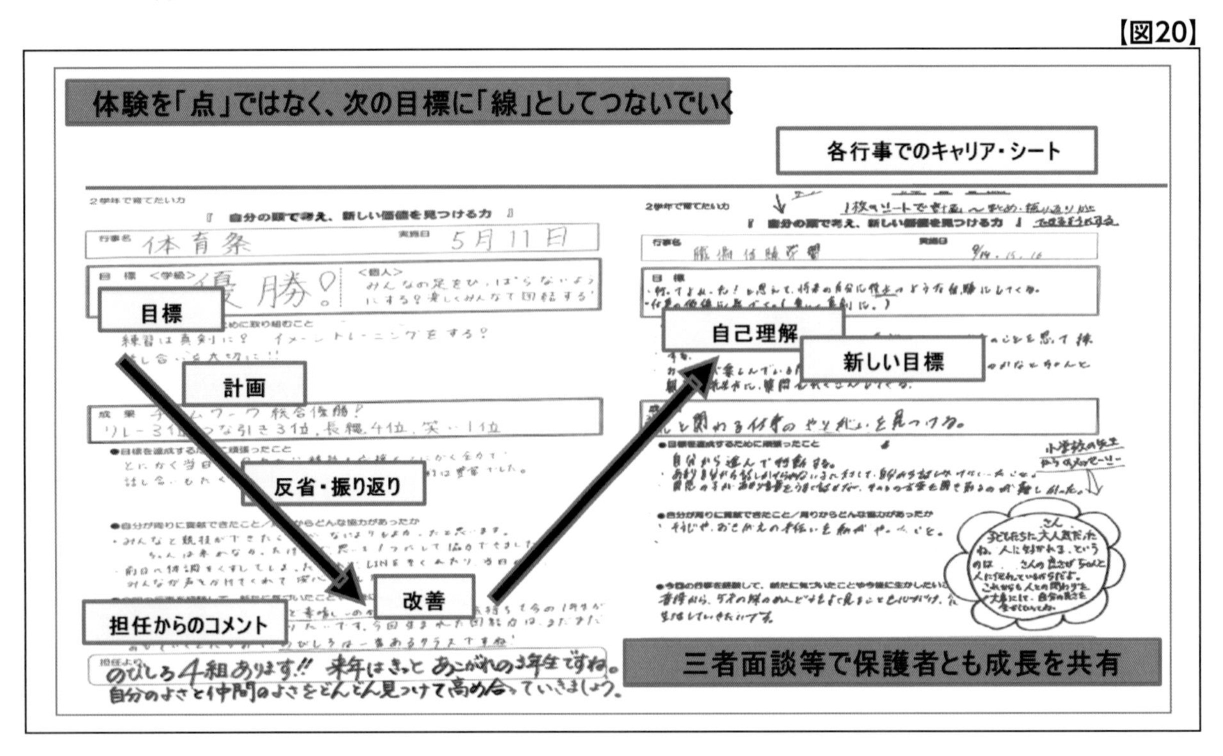

(3)生徒の変容(1年Bさん)

図21のような事例では、担任教師がBさんのキャリア・パスポートから小学校6年生の自分発見シートに「卒業してもお前らのことは忘れない」と記載されていたのを読んで、「行動に問題はあるが、この熱い思いは大切にしたい」と考え、辛抱強く対話的に関わった結果の変容でした(第5章134頁)。

【図21】

新しい環境への適応が苦手なBさん(1年)

クールダウンの部屋を準備

【年度当初・新しい環境への不適応】

○攻撃的な態度や言動から、周囲とのトラブルを招く。
○授業中も落ち着かないことが多い。
○教員(大人)に対する不信感。教室を飛び出すこともあり。
○「このクラスは嫌い」などの発言や記載。

先生方からほめられる機会が増えた

【年度末・担任談「問題行動が良い思い出」】

○友達との関わりに居心地の良さを覚える。学級に適応，集団行動ができるようになる。
○合唱祭の練習では，自分の想い(違う歌を希望)を抑え，一生懸命練習に励む。
○諸外国の貧困を扱う授業「それなのに，俺たちは学校に行きたくないとか，言っているのか。俺も言ってるけど」
○友人を気遣ったり心配したりする発言が増える。クラス替えを惜しむ発言も。

中学校で、キャリア・パスポートを活用して、小学校で育成した資質・能力を大切にして関わった事例です。

担任の関わりとしては、生徒の考えや思いをよく聴き否定せず、「こんな考えもあるね」と導き、前向きなメッセージで挑戦を後押ししました。さらに、他者のよさを認め合う活動を多く取り入れたり、まとめと振り返りを定期的に行って自分のよさを確認させたりしました。

先生方からほめられる回数も増え、本来もっていたBさんのよさが発揮され、彼の新しい友だちともよい関係を築いていきました。

(4)生徒の変容(3年Cさん)

次のような事例もあります(図22の写真は、本人、保護者了承のもとに掲載しました)。

この生徒は、小学校でも、できない自分を責めることが多い子でした。中学校に進学して、次頁図22のように、自分のよさを発揮する機会を多く設定するように関わり、「言葉で表現する」というよさを発揮して、多くの方々の励ましを得て、肯定感や有用感をもつことができました。

表現という手段を得て、自己のよさを発揮した姿は素晴らしいものでした。

【図22】

特別支援学級のCさん(3年)

「心の開示」と「認められる想い」が重要

【格言のはじまりから詩・作文へ】

○先輩達の意見が廊下に掲示 →「僕もやってみたい」→ 担任は好機と捉え実現

○自分の字に自信がない → 担任が代筆して掲示

○自分の字で書いてみた → 多くの先生方「相田みつをみたいで素敵」，「この字いいなぁ」とほめられる。
「相田みつを」の調べ学習を行い，好きになる →「僕の字で書いてみたい」と思うようになる。

○自分の字で格言を掲示 → 授業参観で母が嬉しくてほめる。みんな認めて，ほめてくれた事で自信がつく。
最初は荒々しい格言が多かったが，徐々に優しさあふれる格言が増える。

○格言入り「ぽち袋」を町役場で販売 → 町職員に認め・ほめられる。

○年末に町図書館で作品を掲示 → 多くの来館者に認められる。

【転機】県知事さんとつながり，県知事に認められ，格言が知事室に掲示。

○詩・作文にも挑戦する。ローマ字入力を3日で覚えてしまう。

○詩・作文，格言は多くのコンクールに出品して入賞する。

みんなとつながり・認められ成長

（5）夢を「見える化」する

【図23】

(R4)改善と公開発表会の実施

（6）ドリームマップの作成

① 自分の夢を「見える化」した物
- 夢の実現に向けた力を生み出すツール
- 自分をイメージできるツール

② 未来に向けたつなぐツール
- チャレキッズ → 職業講話・職場体験
→ 立志式 → 進路をつなぐ

(R4)改善と公開発表会の実施

夢を語る

級友の夢を聴く

図23のように、総合的な学習の時間に、自分の夢や志を「見える化」したドリームマップを作成する活動を通して、目標をもって、生き方や進路に関する情報を収集・整理し、自己の将来について見通しを持たせる活動も行っています。

小学校の時とは、一味違ったまとめ方になっており、成長が感じられる内容となっています。

高等学校へ学びをつなぐ

(1)学びでつなぐ高校進学

本町には、県立高等学校が１校あります。農業科と商業科、それに文理科を有している専門高校です。農業、商業だけでなく文理科があることで幅広いニーズに対応できる高等学校ですが、地元の棚倉中学校からの入学者はかなり少ない状況です。

地元の高等学校として、中学校からの進学者を増やしていくことで、地域社会の創り手を育成する必要があります。中学校での学びと高等学校での学びをつなぎ、地元で自分の学びたいことをじっくりと学べるようにしていくことが大切だと考えています。

入れる高校ではなく入りたい高校に、将来を見据え学びたいことを重視して進路を選択できるよう、学びでつなぐ高校進学を大切にしていきたいと考えています。

(2)学びの交流

本町では、県立修明高等学校と連携協定を結び、生徒の学習を支援する体制を整えております。幼稚園児が高校生と一緒に落花生を栽培し収穫したり、高校生による園児への読み聞かせを実施したりするなど、交流を深め、高校生にも地域社会に貢献していただいています。

小学生との交流では、高等学校の吹奏楽部と小学校の吹奏楽部が合同で練習し、高校生が小学生に楽器の演奏を教えていました。運動面では、本町ではホッケー競技が盛んなので、インドアホッケーの巡回指導に高校生が協力してくれています。

さらに、総合的な学習の時間や探究の時間での交流を図ることを視野に入れています。高校生による課題学習発表会への中学生の参加や、それ以外にも交流できる場面を増やしていくよう考えています。

(3)高等学校へ

中学校での学びの足跡(行事や学年の反省等)、自己の夢や志に関する資料、高校入試にかかる資料などは、キャリア・パスポートに整理し進学先の高等学校に送付するようにしています。

さらに、県の教育委員会でも連携型中高一貫教育を検討し、令和５年度より導入いただきます。これは、中学校と高等学校が共通のテーマを設定し、教育課程や学校行事等で連携した体験的な教育を展開するものです。具体的には、「中学生が高等学校の学習内容を知る活動」や「中学生と高校生が協働して学ぶ活動」などが計画されています。共通のテーマとしては、「学力向上」「キャリア教育」「地域理解」が設定されており、ここでもキャリア教育が重要な役割を果たすことになります。

修明高校生と棚倉幼稚園の年長さんの、落花生の植え付けと収穫の様子

第6章　解説

文部科学省初等中等教育局教科調査官　長田徹

校種間連携というと、児童の進学における不安解消など学校適応に着目しがちです。「中学校や高等学校の先生は怖くないですよ」を知らしめるために異校種の教師が入れ替わって授業をしたり、中学校や高等学校の部活動に体験参加したりすることが校種間連携の本質か今一度、確認してみましょう。

小学校学習指導要領(平成29年告示)には学校段階等接続について以下のように記しています。

小学校学習指導要領(平成29年告示)第１章第２の４の(1)　幼児期の教育との接続及び低学年における教育全体の充実

> 幼児期の終わりまでに育ってほしい姿を踏まえた指導を工夫することにより、幼稚園教育要領等に基づく幼児期の教育を通して育まれた資質・能力を踏まえて教育活動を実施し、児童が主体的に自己を発揮しながら学びに向かうことが可能となるようにすること。
> また、低学年における教育全体において、例えば生活科において育成する自立し生活を豊かにしていくための資質・能力が、他教科等の学習においても生かされるようにするなど、教科等間の関連を積極的に図り、幼児期の教育及び中学年以降の教育との円滑な接続が図られるよう工夫すること。特に、小学校入学当初においては、幼児期において自発的な活動としての遊びを通して育まれてきたことが、各教科等における学習に円滑に接続されるよう、生活科を中心に、合科的・関連的な指導や弾力的な時間割の設定など、指導の工夫や指導計画の作成を行うこと。

小学校学習指導要領(平成29年告示)第１章第２の４の(2)　中学校教育及びその後の教育との接続、義務教育学校等の教育課程

> 中学校学習指導要領及び高等学校学習指導要領を踏まえ、中学校教育及びその後の教育との円滑な接続が図られるよう工夫すること。特に、義務教育学校、中学校連携型小学校及び中学校併設型小学校においては、義務教育９年間を見通した計画的かつ継続的な教育課程を編成すること。

異校種の教師が入れ替わるなどの形をつなぐだけではなく、資質・能力など異校種の教師の思いをつなぐことの重要性が示されています。

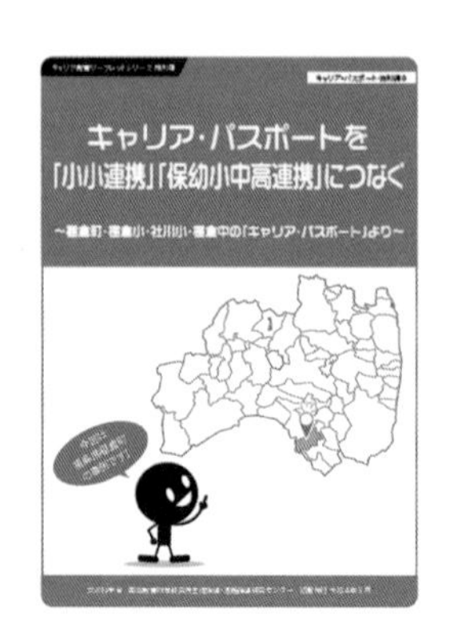

棚倉町立棚倉中学校では、町立小学校(当時５校)から引き継いだ「キャリア・パスポート」を入学直後の学級活動で活用しています。

令和３年４月13日に行われた学級活動の様子を紹介します(右図：この学級活動を紹介した国立教育政策研究所進路指導・生徒指導研究センターのリーフレット表紙　令和４年３月刊行)。

入学からの一週間を振り返るとともに、小学校から持ち上がった「キャリア・

パスポート」を活用して入学前の心境を発表し合います。それぞれから紹介された“期待や不安”に、生徒は「そうそう」「わかる！」と共感の声があがりました。その後、小学校でがんばってきたこと、がんばりきれなかったことを振り返り、中学校生活の目標を考える学習過程へ移りました。

この時間のまとめにあたり担任教師は「小学校の『キャリア・パスポート』は、学校によって表紙も内容も異なりますが、“小学校で何をがんばったか”“中学校でできるようになりたいことは”という身に付けたい力で考えればその違いはまったく気にならなかったよね」と語りかけました。そして、福島市から転居してきた児童を含めて「一見、バラバラに見えた六つの小学校は実はつながっていたんだね」と開催間近に控えた五輪になぞらえて六輪を示したのです。

何とも温かい雰囲気に包まれてこの学級活動は終わりました。

授業終了後、次のような風景も見られました。

学級活動終了後の休み時間に「キャリア・パスポート」を片付ける際に、ある生徒の目にとまったのは、小学校の時に書いた「キャリア・パスポート」に記された保護者からのメッセージでした。その生徒は隣の席の友人と次のように対話しました。

保護者や教師のコメントが、生徒の自己肯定感を醸成し、意欲を促すことが実感される場面でした。何より、すでに目の前には存在しない小学校の担任教師の指導は中学校でも生きていることが実感されました。

令和４年度、棚倉小学校はキャリア教育文部科学大臣表彰を受けました。棚倉町、棚倉小学校のキャリア教育への挑戦の過程と成果を全国にお裾分けしたいと本書の監修をお引き受けしました。本書が“今ある宝”をキャリア教育の視点で見つめ直すきっかけになれば幸いです。

解説を結ぶにあたり、平成25年以来、キャリア教育に取り組んでいただいた棚倉町教育委員会の皆様、棚倉町立棚倉小学校の教職員の皆様、棚倉町のキャリア教育を支えていただいた皆様に深く感謝申し上げます。

第７章

対話で伸ばす資質・能力

【棚倉小学校４】

棚倉小学校では、肯定的で対話的な関わりを通して、資質・能力を育成することを大切にしています。それは、日々の教育活動を大切にすることでもあります。

第７章では、対話による自己マネジメント力の育成、キャリア・カウンセリングを生かした対話的な関わり、対話を軸にして教科に拡げるキャリア教育について、これからの方向性も含めて提案いたします。

自己マネジメント力の育成（学びの習慣づくり）

学年で焦点化した資質・能力につながる「なりたい自分」を毎日意識するとともに、自分で計画を立てて学習する自己マネジメント力を育てるための一つのツールとして、学習計画表を活用しています。本校では、大きく三つの学習計画表を活用しています。

(1)学習計画表「スケジュールプランナー」の活用

まず、毎日活用している学習計画表「スケジュールプランナー」についてご紹介します。

棚倉中学校では、「キャリア手帳(フォーサイト手帳®)」を使用して、学習や生活のスケジュールを管理して成果を上げています。小学校でも、小中接続の観点から今まで活用していた生活ファイルを見直して、一週間が見通せるスタイルで、学習や生活の計画を立てたり、振り返ったりすることができるようにしました。それが、「スケジュールプランナー」です。以下は、活用してみて、教師からあがった声です。

- 中学校とのスムーズな接続につながる。
- 家庭学習の習慣化が図れるようになっている。
- やることが見通せるので、学校生活における不安の解消につながっている。
- 子どもが意思決定した四半期の目標「なりたい自分」を意識した計画と振り返りができるようになっている。PDCAサイクルが回せるようになっている。
- 学年の子どもたちの実態に合わせたものを工夫して活用できている。
- 活用の幅が下学年にも広がっている。担任が取組の系統性を意識している。
- 担任が、子どものがんばり、よさを日常的に見取り、声をかけたり、メッセージを書いたりするなど、対話が資質・能力ベースでできるようになった。
- マンネリ化したときのガイダンスとカウンセリングに悩む。

実際、子どもたちがスケジュールプランナーを活用してどのように自分の学習や生活の計画を立てて取り組んでいるのか、5・6年生の子どものスケジュールプランナーを紹介します。

教師や保護者が記入するコメントも対話です。それが重要なのです。

コメントを記入することで、自己の取組のよさを確認し、次への意欲や肯定感、有用感の育成につながります。

5年生児童

(2)スケジュールプランナーにつながる連絡ファイルの活用による資質・能力の育成

1～3年生の下学年においても、学年で焦点化した資質・能力を意識できるように、なりたい自分に近づくための自己マネジメント力の素地が作られるようにと、学年ではいろいろな工夫をしています。その一つに、連絡ファイルの活用が挙げられます。まずは、担任や保護者が焦点化した資質・能力を意識した声かけやメッセージを子どもに伝えることから始めています。保護者への協力依頼は、第2章でご紹介しましたように、学年通信などで発信します。

右は、1年生の連絡ファイルです。赤枠をご覧ください。1年生は学年テーマ「『みる』ことに全集中！　そこにきづきがある！」のもと、本児は今週の振り返りで「時計を見て、休み時間に早く戻れるようになった」と記述しています。そこに保護者が「時計を見ながら行動できてすごいね。時計の見方も覚えられたら最高！　がんばって」とメッセージを添えています。この連絡ファイルを見た担任は、本児に「見る力ついてるね～。お家の人もたくさんほめてくれて、いいね」と休み時間に声をかけました。このような日常的な関わり、キャリア・カウンセリングが、子どもたちの資質・能力を育むためにはとても大切だと考えています。

（3）長期休業中における学習計画表の活用

次に、夏休み、冬休み、春休みなどの長期休業中に活用している学習計画表についてご紹介します。

本校の四半期制では基本的に、夏休みは第２四半期に、冬休みは第３四半期に、春休みは第４四半期に属します。そのため、その四半期に育てたい資質・能力を長期休業中も意識して指導することをベースにしながら、長期休業中においても、計画的に学習できるよう学習計画表を活用しています。

こちらの形式も、中学校との連携を図って作成しています。作成のポイントは、やることとやったことを見やすくするということです。長期休業では、期間に応じて、やることとやったこと、これからやることを、子どもが把握できるよう配慮が必要です。

下は、夏休みの６年生の学習計画表です。ご覧のように、枠の中にはやることをリストアップします。やり遂げると、／で消したり、✓を入れたりして、終わったことを見える化していきます。このように学習計画表を工夫することで、見通しをもって計画的に学習することにつながっています。

（令和４年度　６年担任）

夏休みの学習計画：目標　宿題を計画を立てて早めに終わらす。8月15日までに。

☑国語		☐算数		☑理科	☑社会	☑英語	☐児童作文 or ☑読書感想文	☑理科自由研究 or ☐図エコンクール	☑ふくしまっ子ご飯コンテスト	☑その他	☑自主学習	☑整理すること ☐持ち物
①	⑬	①	⑮	①	①	①				☑ 十七字のふれあい		筆入れの中身をそろえる
②	⑭	②	⑯	②	②	②	スタート！！ 7月25日	スタート！！ 7月25日	スタート！！ 7月20日			お道具箱の中身 掃除・ほじゅう
③	⑮	③	⑰	③	③	③	本を読む	写真 さつえい	[illegible]	☑ 歯磨き 染め出しチェック		絵の具バッグ 掃除・絵の具ほじゅう
④	⑯	④	⑱		④	④	↓	↓				習字セットの整理
⑤	⑰	⑤	⑲				文章を書く			☑ 元気っ子 カレンダー		ぞうきん2枚
⑥	⑱	⑥	⑳				↓		↓			漢字算数コンクール合格証
⑦	⑲	⑦	㉑					資料作り	写真さつえい	☑ 鼓笛の練習 ☑ 校歌・負けないで（9月鼓笛パレード予定）		健康チェックカード
⑧	⑳	⑧	㉒				見直し	↓	↓			夏休みの課題
⑨	㉑	⑨	㉓				訂正	絵・訂正	[illegible]	◆ JA書道コンクール（希望者）		スケジュールプランナー
⑩	㉒	⑩	㉔				↓	↓	完成！！！ 7月26日			運動着・紅白帽子
⑪	㉓	⑪	㉕							◆ タブレットドリル（希望者）		マスク・歯ブラシ・コップ
⑫	㉔	⑫	㉖				完成！！！ 7月25日					国語・算数 修学旅行のしおり
	㉕	⑬	㉗					完成！！！ 7月30日				筆記用具・タブレット
		⑭	㉘									お道具箱（机の中身）

〜夏休みの過ごし方をふりかえろう〜　第②四半期の学年スローガン「発揮しよう！ 自分の力」（自己理解・自己管理能力）

ドリルを早めに終わらせて、他の課題は時間をかけてできた。
なので、1日早い14日に終わらせることができた。

４年生の担任からも、学習計画表の有効性が報告されています。宿題のリストと、その課題をいつまでにやるのか、実際課題が終わった期日を記入する欄を設けました。子どもたちは、カレンダーで確認し、１日にどのくらいの量をやればいいのかを計算して学習計画表に期日を記入しました。その学習計画表を宿題を入れる封筒に張り付け、いつでも確認できるようにしました。夏休み明け「予定が変更して計画通りにできないときに、計画を見直して学習できた」と話す児童もいました。

学びの習慣づくりの要として

令和２年度から、学級活動(３)の目標設定を１年生から６年生まで系統的に実践しています。令和３年度からは、自己マネジメント力を育てるために、学びの習慣づくりの授業も系統的に実践していこうということで取り組んでいます。ここでは、三つの授業実践についてご紹介します。

(1) 3年生「自主学習パワーアップ大作戦」(令和4年度　第2四半期)

３年生は、焦点化した資質・能力「自分のよさに気づくことができる(自己理解・自己管理能力)」、学年テーマ「見つけよう自分のよさを　育てようみんなのよさを」のもと、自主学習の幅を広げ、好きなことや得意なことから他の教科への学びにつなげることをねらいとし、授業を構想して実践しました。

子どもたちは、友だちが取り組んできた自主学習から自己の取組を振り返ったり、ロールモデルとして登場した大学の先生の話から自主学習への実践意欲を高めたりするなど、対話を通して好きなことや得意なことが各教科へつながっていくことへの学びを深めることができました。授業の概要は、以下の通りです。

学習活動	○指導上の留意点　◇個への対応　※評価	第２四半期の資質・能力を育てるためほめポイント
1　学習課題を確認する。 自主学習はどんなことをすればいいのかな。	○ アンケートの結果やこれまでに取り組んできた自主学習のノートを提示することで、本時への興味関心を高める。	
2　課題を解決する。 (1)自主学習を見比べて話し合う。	○ これまでに取り組んできた自主学習を提示し、どんな目的で取り組んだかを話し合い、それぞれのよさに気付き、課題解決の見通しをもつ。	友だちの自主学習のよさに気付き、自分の自主学習に生かそうとしている姿
(2)自分もやってみたい自主学習を考える。	○ 友だちの自主学習のよさに気づき、自分の計画に生かそうとしている児童のワークシートに丸をつけて称賛する。 ◇ どんな自主学習をやってみたいか思いつかない児童に寄り添い、好きなことや得意なことについて話す。	
(3)ペアや全体で共有する。	○ 友だちとやってみたい自主学習の内容を伝え合い、互いのよさを認め合ったり、アドバイスをし合ったりして、自分の計画を見直す。 ※ 自分の力を高める自主学習の内容を決めている。(発表・ワークシート)	自分の力を高めるような自主学習を考えている姿
3　本時の振り返りを行う。	○ 本時の学習が自分の力を高め、将来に生かされることに気付かせ、実践意欲を高める。	

(2) 5年生「家庭学習力アップ大作戦part 2」(令和3年度　第2四半期)

5年生が、育てたい資質・能力「自分を知り、見つめ、高める(自己理解・自己管理能力)」、学年テーマ「あの経験を生かせ!!　PDCAサイクル！　～自分の力を高めよう～」のもと、子どもたちにpart 1の授業後の振り返りから、今の自分の力を高める自主学習のあり方について気付かせ、実践させたいとねらって授業を構想しました。

子どもたちは、自分の自主学習の取組状況についてまとめたレーダーチャートをもとに、自己の課題と向き合い、解決案を友だちと話し合いながら、自分の力を高める自主学習の方向性を決めることができました。

学習活動	○指導上の留意点　◇個への対応　※評価	第2四半期の資質・能力を育てるためのほめポイント
1　学習課題を確認する。 **自分の力を高める自主学習について考えよう。**	○ 家庭学習アンケートの結果をレーダーチャートで提示することにより、PDCAサイクルをもとにした自主学習の取り組みについて関心を高める。 ○ 学級全体と個別のレーダーチャートを比べることで、成果や課題を見つけ、今後への見通しをもつことができるようにする。	
2　なりたい自分になるために考える。 (1)個別のレーダーチャートから成果と課題について分析する。 (2)グループで話し合う。 (3)全体で話し合う。	○ 今後の自分の目標について記述している児童のワークシートに丸を付けることで、よりよくする方法について気付くことができるようにする。 ◇ 目標を立てられず困っている児童にはレーダーチャートを一緒に確認しながら目標を立てることができるようにする。 ○ グループや全体での話し合いを通して、自分が立てた目標について修正したり、深めたりすることができるようにする。 ※ よりよい自主学習にするための目標を立てている。(発表・ワークシート)	レーダーチャートから今後の目標について考えている姿 今後の自主学習の取り組み方について意思決定する姿
3　本時の振り返りを行う。	○ 本時の学びが第2四半期の力を育てることにつながることを確認し、今後の自主学習への意欲を高める。	

(3) 6年生「学びの習慣づくり」(令和3年度　第3四半期)

6年生が、育てたい資質・能力「自分の置かれている状況を受け止め、役割を果たしつつ、他者と協力・協働することができる」、学年テーマ「創ろう！　自分たちのスクラム！　その先には……」のもと「今、学んでいることが自分の将来につながっていくこと、大人になっても学び続けること」を子どもたち一人一

人の腹に落としたいと考え、授業を構想しました。

担任は、中学校の先生と中学生、保護者に学び続けることの大切さについての体験談を話していただくことを授業の中に取り入れることを考えました。事前に録画し、授業当日に流しました。

子どもたちは、身近な先輩方からの動画による対話を通して、今、学んでいることが中学校にも、その先の将来にもつながること、社会人になっても学び続けることが大切であることなど、本時の学びを深めることができました。

学習活動	○指導上の留意点　◇個への対応　※評価	第３四半期の資質・能力を育てるためのほめポイント
1　今年１年間での学び続けてきた姿を振り返る。 2　学習課題を確認する。 なぜ学び続けることが大切なのかな。	○ キャリア・パスポートや写真等でこれまで学び続けてきた姿を振り返ったり、アンケートの結果から学び続けることへの関心の高さを示したりして、本時への課題意識を高める。	
3　課題を解決する。 （１）自分の考えをもち、友だちと交流する。 ・現段階での自分の考えを書く。 ・先輩の話の動画を視聴して自分の考えを書く。 ・保護者、中学校の先生の話の動画を視聴して自分の考えを書く。	○ 様々な立場の方の考えに触れたり、友だちと交流したりすることを通して、解決への見通しをもち、自分の考えをもつことができるようにする。 ◇ Ｓ児が学習課題について理解し、自分事として考えることができるように机間指導をしながら声かけをする。 ○ 学び続けることの大切さや学んだことの生かし方について気付き、記述している児童を称賛することで、粘り強く課題を解決することができるようにする。	自分の立場や状況を考えて発言したり、傾聴したりしている姿
（２）全体で話し合う。	○ 全体での話し合いを通して、多様な考えに触れたり、自分の考えを深めたりすることができるようにする。	話し合いを通して、学びが深まることを実感しながら、協力・協働のよさに気付いている姿
4　本時の振り返りを行う。 （１）ワークシートに学習感想を書く。 （２）これからの生き方につながることを全体で交流する。	※ 自己実現を図るための学び方を意思決定している。（発言・ワークシート） ○ 本時の学習で学んだことを振り返ることを通して、考えたことや意思決定したことが、今後の学習や生き方につながっていることに気付くことができるようにする。	

知識基盤社会から取り残されないためには、私たちは生涯にわたって学び続けなければならないのです。子どもたちが、学び続ける必要性を理解し、学び続けるための術を知り、計画を立てて学んでいく力、そんな力を子どもたちに育てていくことが、私たちの最も大切な役割なのです。授業を通して、このことをあらためて考えました。

対話的な関わりが意欲を高め、資質・能力を伸ばす

(1)振り返り、目標を立てる対話の授業

棚倉小学校では、全ての子どもたちに対話的に関わることを大切にしていくために、「棚小モデル」をもとに、学級活動(3)の目標設定の授業を行っています。

ここで、大切なこととして、以下の3点をみんなで共通理解しています。

・事前に、キャリア・パスポートの「最後の月」と「全体の振り返り」を記述しておくことで、児童の実態に合った導入ができるとともに、目標設定に時間をしっかりとかけることができる。日々、ちょこちょこ、ちょこちょこと個や学級全体の成長を振り返っておくことが大事！　そうすると、授業の振り返りも、次の目標設定も充実する。
・次の目標を決めているときに、児童一人一人に「いい目標だね」と肯定的に声をかけたり、これまでのキャリア・パスポートを見返しながら次の成長を促すために声をかけたりすることが大事！
・なりたい自分を意思決定したら、児童同士の肯定的な関わり(「いい目標だね」「一緒にがんばろう」)を促すことが大事！　互いに励まし合う場を設ける。児童同士が目標を交流する際には、本人の同意を忘れずに。キャリア・パスポートを見せたくない児童への配慮が必要。開示できる部分だけでよい。

学習指導要領には、「見通しを立て、振り返る」という表現が何度も出てきます。授業においては「振り返って、見通しを立てる」ように展開することが必要になると思います。

（2）授業モデルの提案

以下は、学級活動（３）「棚小モデル」の授業略案です。

棚小モデル

学級活動略案（振り返りと目標設定）

<実施時期>　第１末〜第２初、第２末〜第３初、第３末〜第４初

1　題材名「第○四半期のふり返りと第◇四半期の目標を決めよう」

2　本時の指導

（1）目標

自分や友だちのよさを全体で共有し、目標達成に向けて努力してきたことを振り返ることを通して、次の四半期の目標を決めて、学校生活への希望や目標をもつことができる。

（2）展開

学習活動	○指導上の留意点　◇個への対応　※評価	資質・能力を育てるためのほめポイント
1　第○四半期のめあてについてふり返り、学習課題を確認する。 （例）がんばったことをふり返り、これからがんばることを決めよう。	○ 事前に行った自己評価と第○四半期のほめポイント（写真等があるとよい）を提示し、目標に向かって前向きに取り組んできたことを想起させ、本時への学習意欲を高める。	事前に、キャリア・パスポートの「最後の月」と「全体の振り返り」を記述させておくと、児童の実態に合った導入がしやすく、大事な目標設定に時間がかけられる。
2　課題を解決する。 （1）めあてに向かってがんばってきたことをふり返り、次に高めたい力について話し合う。	○ キャリア・パスポートをもとに目標に向かってがんばってきたことを共有するとともに、今後の予定を提示して次の四半期に必要な力についてみんなで話し合うことで、次のなりたい自分をイメージすることができるようにする。	
（2）なりたい自分を考える。	○ 次の目標を記述している児童のキャリア・パスポートに○をつけたり励ましたりすることで、粘り強く考えることができるようにする。	
（3）なりたい自分を見つめ直す。	○ 児童のなりたい自分が実態と合うように肯定的、対話的に関わったり、全体で交流したりすることで、めあてを見つめ直すことができるようにする。	なりたい自分を意思決定したら、児童同士の肯定的な関わり（「いい目標だね」「○○ちゃんに合ってるね」「一緒にがんばろう」）等を促すことが大事。
3　本時の振り返りを行う。 （1）なりたい自分を決める。 （2）ペアや全体で交流し、励まし合う。	※ 次の四半期の目標を立てている。（キャリア・パスポート・発表） ○ これまで身に付けた力をつなげて次の力を身に付けていくことは自己の成長につながることを（具体的な場面等）伝えることで、実践意欲を高める。	

(3)キャリア・カウンセリングの手法を生かす

ある調査では、振り返り、夢や目標について対話している教師は半数近くいるにもかかわらず、キャリア・カウンセリングを行っていると自覚している教師はごくわずかだということでした。本校では、教育活動全体を通して、日常的にほめポイントを見取り認め、タイミングよく言葉をかけることがキャリア・カウンセリングであると考えています。いつでもどこでも子どもとの関わりにおいては、肯定的で対話的に関わることが大切なのです。

担任の先生は、子どもたち一人一人の背景を理解していますから、キャリア・カウンセリングをするには、最も適しているということになります。そこを踏まえて、棚倉小学校では、担任以外もみんながチームとなって、子どもの気持ちや考えに寄り添って関わっていくことが、子どもの成長を促すためには大切だと考え、みんなで取り組んでいます。

目標を立てたものの、うまくいかないとき「０ではなかったこと」や「ここまではできてるね。ここからどうする？」などと、解決方法を子どもと共に話し合っていきます。そうした関わりを積み重ねていくと、子ども同士もそういう温かな関係性を構築できるようになりますし、課題を解決していくための思考や術を身に付け、自分で考え決めて行動できるようになっていくのです。

特に、学級活動(３)の振り返りと目標設定の授業においては、ガイダンスとカウンセリングの両輪を大切にしています。目標は「変わってもいいよ」というスタンスでいます。担任は、児童の実態と目標にズレが生じていると気付いたときには、声をかけて、一緒に目標を見直します。

(4)６年生の事例　「どんなゴールをイメージしてるの」

下の図は学級活動(３)の授業で、学年テーマをもとに自分の目標であるなりたい自分を記述した６年生のキャリア・パスポートです。６年生の児童は「ゴールをイメージして動こう」という学年テーマのもと「授業に集中する。＋αの学習をがんばる。あきらめずにやりとげる。下級生に頼りにされる６年

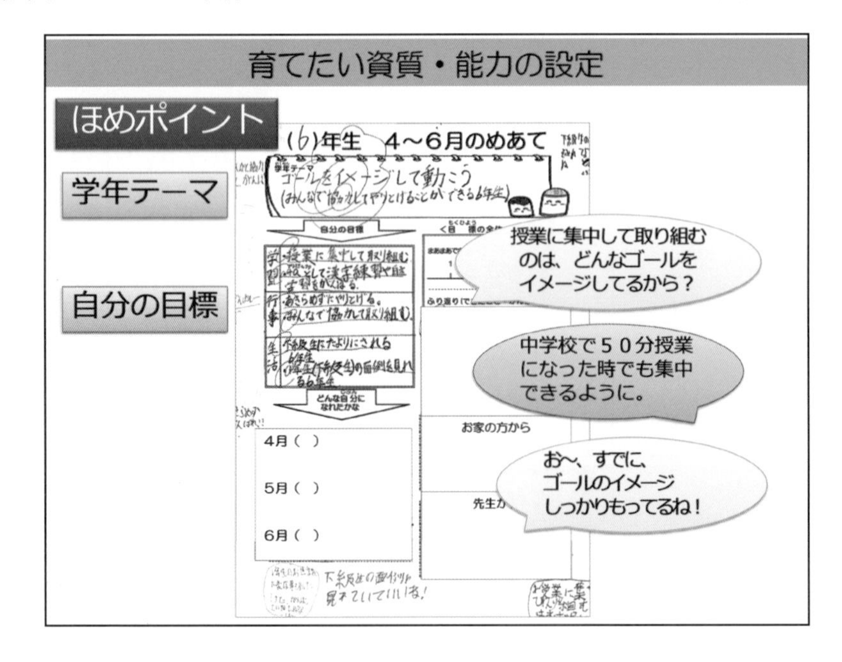

になる」などの目標を意思決定して記述しました。このとき、担任は「授業に集中するっていうのは、どんなゴールをイメージしてるの？」と声をかけました。本児は「中学校で50分授業になったときにも集中できるように」と答えます。担任が「ゴールのイメージをしっかりもっているね」と声をかけると、本児は大きくうなずきました。

こういった担任との対話とともに、子どもたち同士も、がんばろうって励ましのメッセージをまわりに添えていきます。もちろん、本人の同意をもとに行っています。

（5）5年生の事例　「いい目標だね」

こちらは、学年テーマ「今から準備、成長のためにできること」という学年テーマのもと「間違えてもいいからトライする。計画を立ててから実行する、間違いを許す！」という目標を意思決定して記述した5年生児童のキャリア・パスポートです。目標を記述するときに、担任は本児が記述した目標を復唱し「さらに成長できそうないい目標ですね」と声をかけました。すると、本児は「振り返りを大切にする」を追記したのです。担任の肯定的な言葉かけが、本児の思考を整理し、新たな目標設定へとつながったのでしょう。こうして、私たちは、子どもたち一人一人に「いい目標だね」と肯定的に言葉をかけたり、これまでのキャリア・パスポートを見返しながら、次の成長を促すために声をかけたりすることを大事にしています。そうすると、子どもたちは、自分で目標を意思決定し、その達成にむけて前向きに意欲的に取り組んでいくのです。

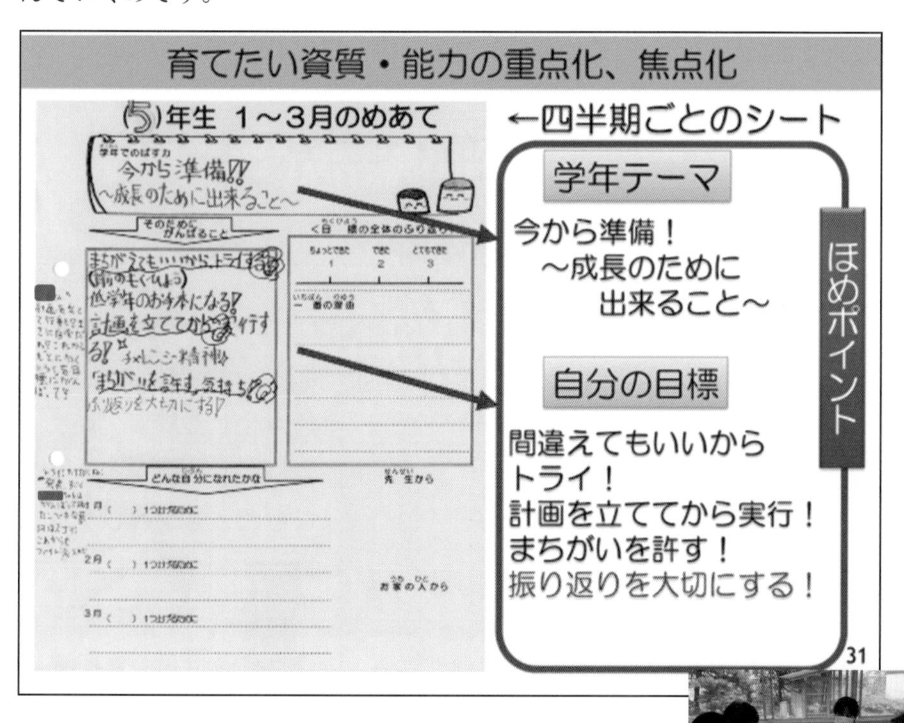

教科に拡げるキャリア教育

本校は、これまで長い間、教科研究に取り組んできました。

令和元年度から、キャリア教育を研究の軸にして、まずは、キャリア教育の要となる学級活動（3）、キャリア教育を充実させる特別の教科　道徳、総合的な学習の時間などの授業づくりに取り組みました。そして、教科担任制の導入とともに、キャリア教育の視点を生かした教科指導における授業づくりへと進んでいます。

（1）キャリア教育の視点を生かした三つの柱

私たちは、キャリア教育の視点を生かした授業づくりに向けて、試行錯誤しながら柱を検討したり、藤田晃之先生にご指導いただいて指導案の形式を整えたりしています。研究の途中ではありますが、令和4年度は、キャリア教育の視点を生かした授業づくり「三つの柱と学習規律」を設定して、授業づくりのよりどころとしています。

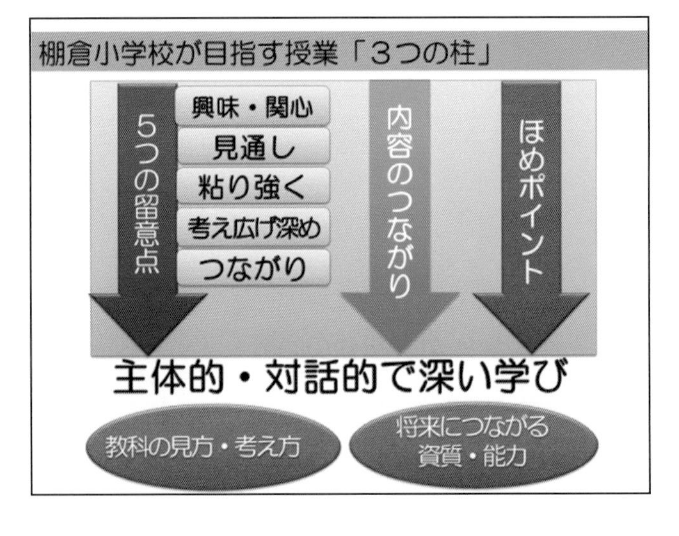

一つ目の柱は、教科のねらいの達成に向けて、五つの留意点を意識して授業をつくること。主体的・対話的で深い学びの実現につながる視点です。

二つ目の柱は、単元や題材で学んでいることと他教科、社会生活などとのつながりを見通すこと。教科のねらいを達成するための授業展開などの中にあるキャリア教育としての価値を見出し、それを意識して指導します。

三つ目の柱は、1単位時間の授業においても「ほめポイント」を位置付けること。焦点化した資質・能力が高まっている子どもの姿を見取り認めほめます。焦点化したい資質・能力を発揮してほしい場面でも声をかけ、学習意欲を高めることを目指しています。単元や題材などの内容によっては、焦点化した資質・能力と教科のねらいがうまく重なることもあり、相乗効果が期待できるときです。

左は、三つの柱をどのように位置付けているかを示した指導案枠です。

第○学年○組○○科学習指導案

日　時：○月○日（○）○校時　　場　所：○年○組教室　　指導者：○○　○○

1　単元名　「　　　　　　　　　　」

2　単元の目標（学習指導要領、指導と評価の一体化等を参照）

知識及び技能　　思考力、判断力、表現力等　　学びに向かう力、人間性等

3　単元計画（総時数　　時間　　本時　／　）

（例）・　　　　　　について調べる。・・・○時間

・　　　　について話し合う。・・・・・・・・○時間

4　キャリア教育との関連

（1）第1四半期で育てたい資質・能力　（　　　　　　　　　　能力）

（2）資質・能力を育てるための各教科、各領域等の指導

（四半期のキャリア教育関連表をもとに記載）

（3）本単元での学びと将来とのつながり

5　本時の指導（　　／　　）

（1）目標　本時の教科目標

（学習内容・学習範囲）について、（手立て）することにより、（目指す姿）することができる。

展開については、以下のように構想しています。

学習活動	○指導上の留意点　◇個への対応　※評価	資質・能力を育てる ほめポイント
1　学習課題を確認する。 学習課題入る	○ ～を提示することで、問いや思い(知的好奇心)を引き出し、本時の学習への興味関心を高める。 (①教材との出合わせ方を工夫し、興味関心を高めるための留意点)	どんな児童の姿(よさ)をほめポイントにするかを具体的に書く。
2　課題を解決する。 （1） （2）	○ ～することで、解決への見通しをもたせる。 (②子ども一人一人が解決のために計画や見通しをもつための留意点) ◇ ～な○児に寄り添い、～を行うことで解決できるようにする。 (②全員が見通しをもつための留意点) ○ ～について記述している児童のノートに丸を付け称賛することで、粘り強く取り組めるようにする。 (③児童が粘り強く解決するための留意点) ○ ～等、教科の見方・考え方を高めることにつながる考えや発言を称賛するとともに、全体に共有し考えを広げ深める。 (④ペア交流や話し合い等によって考えを広げ深めるための留意点) ※ 知識・技能……している。 思考・判断・表現……考えている。 主体的……しようとしている。(発表・ノート)	
3　本時の振り返りを行う。 （1） （2）	○ 本時の学習が他教科や他領域に生かされることを問いかけ、学びがつながっていることに気付かせる。(⑤本時を振り返り、学ぶ意義や面白さに気付くための留意点)	

以下にご紹介する三つの教科の授業は令和３年度の実践です。そのため、指導案の形式は前述の形式ではなくそれ以前の形式となりますことをご了承ください。

(2)特別の教科　道徳　＜１年生の実践＞

第３四半期に学年で焦点化した資質・能力を「あきらめずにやり遂げることができる」、学年テーマを「さいごまであきらめないでがんばろう！」と設定しました。

この資質・能力を育てるために、道徳科の授業実践を位置付け、本教材で、目標をもって勉強や仕事を行う態度を育成することをねらって授業を構想しました。

【特別の教科　道徳「一にち十ぷん」(A希望と勇気、努力と強い意志)】の授業で、ねらいは「心情メーターを活用することで自分を見つめ、勉強や仕事の大切さが分かり、しっかり行おうとする態度を養う」です。

学習活動	○指導上の留意点　◇個への対応　※評価	第３四半期の資質・能力を育てるほめポイント
1　本時のねらいをもつ。 **どうしたらつづけられるのかな？**	○「がんばっていること」を取り上げ、どのくらい続いているのか話し合うことで価値への方向付けをする。	がんばることの大切さについて、普段から考えている姿
2　教材を読んで、話し合う。 （1）うまくいかないみどりさんの気持ちとがんばり続けた理由について話し合う。	○「みどりさん」の行為等について、聞く視点を与えてから教材を提示することで、内容を把握できるようにする。 ○ 自分ならどこまでがんばることができるか、心情メーターを活用することで登場人物に自分を重ねて考え、自分の考えを表出することができるようにする。	目標をもって続けてがんばることの大切さを考えるために話し合いをしている姿
（2）みどりさんのよさを考える。	○ ペアトークを取り入れ、自由に話し合う中でみどりさんのよさについて考えることができるようにする。	
	※ 目標をもって行うことの大切さに気付いている。（ワークシート・発表）	目標をもって、がんばることが大切なことに気付いたり、がんばり続けることに意欲を高めたりする姿
3　本時のまとめをする。 （1）自己を振り返り、ワークシートに書く。 （2）がんばっている様子を紹介する。	◇ 振り返りがなかなかできない児童には、教師と一緒に考えてワークシートに書くことができるようにする。 ○ がんばっている様子を紹介し、今後の実践意欲につなげる。	

本教材で目標をもって勉強や仕事をしっかり行う態度を育成することは、第３四半期のあきらめずにやり遂げる力の育成との関連が図られ、今後の日常生活においても積極的に進んで努力する実践力を向上させることにつながりました。

サークルメーターや心情メーターを活用したことで、全ての子どもたちが自分の考えをもって、目標をもって続けてがんばることの大切さを話し合うことができました。本時の道徳的価値にせまる姿は、焦点化した資質・能力の高まりとつながったため、ほめポイントを意識して見取り称賛したことで、子どもたちの心が耕され、学びを深めることができました。

算数科、外国語科に拡げるキャリア教育

(1)算数科＜5年生の実践＞

第3四半期に学年で焦点化した資質・能力は「難しいことでも失敗を恐れずチャレンジし、最後まであきらめないでがんばる(課題対応能力)」、学年テーマは「とにかくトライ！　つらい時こそもうひとがんばり」でした。

算数科「割合」の授業実践を通して、日常生活の場面で割合を活用して判断する力を高めたいと考え、授業を構想しました。本単元においては、課題解決のために、既習を生かしたり、言葉や数直線図を活用したりしているなど、焦点化した資質・能力である「チャレンジし、あきらめないでがんばる」力が発揮されている姿を意図的に見取り称賛することで、学習意欲を高め教科のねらいを達成することにつなげました。

5年算数科「割合」の単元において「問題場面を図に表し数量の関係をとらえることで、基準量の求め方を説明することができる」というねらいのもと授業を実践しました。

本時の展開は次の通りでした。

学習活動	○指導上の留意点　◇個への対応　※評価	第3四半期の資質・能力を育てるほめポイント
1　問題場面を把握する。 (1)問題を確認する。 ［増量前のお茶の量は何mlですか。］ (2)本時の課題をとらえ見通しもつ。 ［どうやって考えたらいいかな。］	○ 日常生活で増量している場面を取り上げることで、本時の学習への興味関心を高める。 ○ 問題場面を図に表し「20%増量」の意味や何を求める問題なのかを理解することを通して、解決への見通しをもたせる。	
2　課題を解決する。 (1)自力解決をする。 (2)全体で話し合う。	○ 言葉や数直線図を使って自分の考えを表現している児童のノートに丸を付け称賛することで、粘り強く取り組めるようにする。 ○ 言葉や数直線図を使って説明することを通して、基準量の求め方について理解を深めることができるようにする。	今まで習ったどんな考え方が使えるか、様々な視点から考える姿
3　本時の振り返りをする。 (1)まとめをする。 ［問題場面を図に表すことで、何を求めればよいかが分かりやすくなる。］ (2)習熟問題に取り組む。 (3)学習感想を書く。	※ 図をもとに数量の関係をとらえることで基準量の求め方を説明することができる。〔思・判・表〕(行動観察、発言、ノート) ○ 本時の学びが実生活に生かされていることを問いかけることで、割合の考え方が生活の中につながっていることに気付かせる。	言葉や数直線図を使って自分の考えを伝える姿

単元の評価規準

知識・技能	思考・判断・表現	主体的に学習に取り組む態度
① ある二つの量の割合として捉えられる数量について、その比べ方や表し方について理解している。 ② 百分率の意味について理解し、百分率を用いて表すことができる。 ③ 比較量と基準量から割合を求めたり、基準量と割合から比較量を求めたり、比較量と割合から基準量を求めたりすることができる。	① 日常の事象における数量の関係に着目し、図や式などを用いて、ある二つの数量の関係と別の二つの数量の関係との比べ方を考察し、場面にあった比べ方を判断している。 ② 日常生活の問題（活用問題）を、割合を活用して解決している。	① 二つの数量の関係に着目し、割合を用いて比べることのよさに気付き、学習したことを生活や学習に活用しようとしている。

単元計画

時	学習活動・本時の目標	評価規準（評価方法）		
		知識・技能	思考・判断・表現力	主体的に学習に取り組む態度
1 2	○ 割合を用いた二つの数量関係の比べ方を図や式を用いて説明することができる。	・知①（行動観察、ノート）	・思①（行動観察、発言、ノート）	・態①（行動観察、発言、ノート）
3 4	○ 百分率や歩合の意味とその表し方を理解する。	・知②（行動観察、ノート）		
5 6	○ 比較量の求め方を説明することができる。	・知③（行動観察、ノート）	・思①（行動観察、発言、ノート）	
7 本時	○ 基準量の求め方を説明することができる。	・知③（行動観察、ノート）	・思①（行動観察、発言、ノート）	
8	○ 問題に取り組むことで、学習内容の定着を図る。	○ 知①（行動観察、ノート）	・思②（行動観察、発言、ノート）	
9 10	○ 和や差を含んだ割合の場合について、比較量を求めることができる。		○ 思②（行動観察、発言、ノート）	
11 12	○ これまでの学習に関連して新たな問題を設定し、解決するとともに、統計的な問題解決の方法を理解する。	・知③（行動観察、ノート） ○ 知①②③（ワークテスト）	○ 思①②（行動観察、ノート）	

本単元での学びと将来のつながり

本単元で二つの数量の関係を比べる場合に割合を用いることや百分率について学ぶことにより、日常生活の場面で割合を活用して判断する力を高めることを見通して指導する。

（２）外国語科＜５年生の実践＞

前述の算数科と同じ資質・能力を設定し、外国語科「unit６ What would you like？」の授業を実践しました。言語を通じたよりよいコミュニケーションの力を高め、多様な人々とよりよい関係を築いていくことができるようにしたいと考え、授業を構想しました。本単元においては、課題解決のために、自分の表現を粘り強く修正、リトライしたり、失敗を恐れずに学んだ表現を使って自分の思いを伝えたりしているなど、焦点化した資質・能力である「チャレンジし、あきらめないでがんばる」力が発揮されている姿を意図的に見取り称賛することで、学習意欲を高めるとともに、教科のねらいを達成することにつなげました。

本時の「レストランで先生方が喜ぶメニューを注文するという言語活動を通して、ていねいな表現で注文をしたり、会計をしたりして互いの考えや気持ちを伝え合うことができる」というねらいが達成されました。展開は次の通りです。

学習活動	○指導上の留意点　◇個への対応　※評価	第３四半期の資質・能力を育てるほめポイント
１　Warming up ２　学習課題をとらえる。 ［先生方が喜ぶメニューを注文しよう。］	○「コロナの影響で大好きな旅行に行けない先生方のために、先生方が食べたい各地のメニューを注文して願いを叶えてあげよう」という課題を設定することで、目的をもってやり取りする意欲を高める。	
３　課題を解決する。 （１）Activity ・先生方の好きな物や食べたい物の動画を見る。 ①店員、客に分かれてレストランでのやり取りをする。 ②振り返り ・使った表現や、言えなかったことを共有、改善する。 ・目的に応じてやり取りできたかどうか振り返る。 ・グループを替えて複数回活動する。 （２）振り返り ・最初のやりとりと自分はどう変わったの	○５年生の先生方が好きな食べ物や食べたい物の動画を見ることで、何を注文すればよいか情報を聞き取り、課題解決への見通しをもたせる。 ○目的に応じてやりとりしている児童を紹介し、全体で共有することで、自分の活動を修正、リトライすることを繰り返しながら、粘り強く活動することができるようにする。 ○店員、客それぞれの立場での表現やジェスチャー、表情などを取り上げることで、相手意識をもち、自分の思いを伝える表現の仕方について考えを広げ深めることができるようにする。 ※先生方が喜ぶメニューにするために、ていねいな表現で注文をしたり、会計をしたりして互いの考えや気持ちを伝え合っている。（行動観察・振り返りシート記述） ◇M児に単語やジェスチャーを使うように支援することで、自分の思いを伝えることができるようにする。	修正、リトライしながら粘り強く課題を解決する姿 失敗を恐れず、学習した表現や知っている表現を使って、自分の思いを伝えている姿

かできるようになったことを確認する。 4　学習のまとめをする。 ・振り返りシートを書く。 5　Closing	 ○ 本時の学習が今後の学校生活や授業、社会生活等、他者とのよりよいコミュニケーションづくりに役立つことを伝えることで、学びがつながっていることに気付くことができるようにする。	

単元の評価規準

	知識・技能	思考・判断・表現	主体的に学習に取り組む態度
聞くこと	〈知識〉 【What would you like?, I' d like ～. How much is it?, It' s ～yen.】について理解している。 〈技能〉 ていねいな表現で注文したり、会計したりすることについて、聞き取る技能を身に付けている。	先生が喜ぶメニューにするために、ていねいな表現で注文したり、会計したりすることについて短い話の内容を聞き取っている。	先生が喜ぶメニューにするために、ていねいな表現で注文したり、会計したりすることについて短い話の内容を聞き取ろうとしている。
話すこと［やり取り］	〈知識〉 【同上】について、理解している。 〈技能〉 ていねいな表現で注文したり、会計したりすることについて、【同上】を用いて、お互いの考えや気持ち等を伝え合う技能を身に付けている。	先生が喜ぶメニューにするために、ていねいな表現で注文したり、会計したりして、お互いの考えや気持ち等を伝え合っている。	先生が喜ぶメニューにするために、ていねいな表現で注文したり、会計したりして、お互いの考えや気持ち等を伝え合おうとしている。

単元計画

時	学習活動・本時の目標	評価			
		知・技	思・判・表	態度	評価規準(評価方法)
1 2	レストランの場面で、ていねいな表現で注文したり会計したりする言い方を知り、やり取りの内容を聞き取ることができる。				※ 本時では記録に残す評価は行わないが、目標に向けて指導を行う。児童の学習状況を記録に残さない活動や時間においても、教師が児童の学習状況を把握する。
3	自分が食べたい料理を、ていねいな表現で注文したり注文を受けたりすることができる。	聞			◎ ていねいな表現で注文したり注文を受けたりすることについて、聞き取ることができる。(行動観察・振り返りシート記述)
4	自分が食べたい料理の値段を尋ね合うことができる。		聞	聞	◎ ていねいな表現で注文したり会計したりすることについて、内容を聞き取っている。(行動観察・テキスト記述) ◎ ていねいな表現で注文したり、会計したりすることについて内容を聞き取ろうとしている。(行動観察・テキスト記述)
5	日本各地の名物を選び、ていねいな表現で注文したり会計したりして、互いの考えや気持ちを伝え合うことができる。	や			◎ ていねいな表現で注文したり会計したりすることについて、【同上】を用いて、互いの考えや気持ち等を伝え合っている。(行動観察・振り返りシート記述)

6	自分が食べたいメニューにするために、ていねいな表現で注文したり会計したりして、互いの考えや気持ちを伝え合うことができる。	や		や	◎ ていねいな表現で注文したり会計したりすることについて、【同上】を用いて、互いの考えや気持ち等を伝え合っている。（行動観察・振り返りシート記述） ◎ ていねいな表現で注文したり会計したりして、互いの考えや気持ち等を伝え合おうとしている。（行動観察・振り返りシート記述）
7	先生方が喜ぶメニューにするために、ていねいな表現で注文したり会計したりして、互いの考えや気持ちを伝え合うことができる。		や	や	◎ 先生方が喜ぶメニューにするために、ていねいな表現で注文したり会計したりして、互いの考えや気持ちを伝え合っている。（行動観察・振り返りシート記述） ◎ ていねいな表現で注文したり会計したりして、互いの考えや気持ち等を伝え合おうとしている。（行動観察・振り返りシート記述）
8	世界の食文化について考え、世界と日本の文化に対する理解を深める。			や	◎ 外国語の背景にある文化に対する理解を深めるために、地域の特産物について互いの考えや気持ちを伝え合おうとしている。（行動観察・振り返りシート記述）

本単元での学びと将来とのつながり

本単元で、それぞれの立場で自分の思いを伝えたり、注意深く聞いて相手の思いを理解しようとしたりするコミュニケーションの方法を学ぶことにより、今後の児童の学校生活や社会生活において、言語を通じたコミュニケーションの力を高め、多様な人々とよりよい関係を築いていくことができるようにすることを見通して指導する。

（3）教科の見方・考え方を働かせる授業づくり

【算数科の工夫】

「数学的な見方・考え方」を働かせる授業づくりのために意識していることが二つあります。

一つ目は、教師が学びの系統性をとらえることです。前学年とのつながり、次学年とのつながりを知ることで、本時のねらいが明確になります。子どもたちが「あの時に学んだ○○が使える」「○○の考え方と似ている」と思い出せるように、問題提示や問いかけの工夫をすることができます。

二つ目は、言語化を意識することです。子どもたちは、感覚的には分かっていても、言葉で表現するのが難しい場面が多くあります。考えをノートにまとめる時間をとることで、自分の言葉で表現することができるようにしています。根拠を基に、筋道立てて考えられるように、教師側も、よりふさわしい言語を使って話していきたいと考えています。

（令和４年度　算数科専科）

「むずかしかったけど、みんなで考えて楽しかったです」

算数の授業を終え、M児がこのような感想を書きました。５年生のM児は算数の学習に苦手意識をもっています。そんなM児が“むずかしいけど楽しい”と感じる算数の学習は、数学的な見方・考え方を働かせ“学んだことが役に立つ”と実感できる学習です。

本校がめざすキャリア教育の視点を生かした授業は、教科のねらいを達成する過程にキャリア教育としての価値を見いだし、それを意識して指導していく授業です。それは「子どもが各教科等の見方・考え方を働かせて学ぶことが楽しいと実感する授業」と言い換えることができます。M児の感想は、私たちに授業改善の方向性を示唆しています。

（令和４年度　初任研指導担当　算数科担当）

【外国語科の工夫】

外国語科では、見方・考え方を働かせ、外国語による言語活動を通してコミュニケーションの基礎となる資質・能力を育成することを目指しています。言語活動の充実を図り、主体的・対話的で深い学びを実現するために以下の３点に取り組んでいます。

一つ目は、単元計画の中に目的・場面・状況を設定し、必要感のある学びを設定すること。教師や友だちとの言語活動を繰り返し体験し、目的や場面に応じて既習表現やもっている知識を総動員して自分の思いや考えを伝え合う活動を行っています。

二つ目は、中・高学年の系統性を大切にし、その単元で何ができるようになるかを児童とルーブリックで共有すること。教師が教科の系統性を理解し、児童の学びをつなげることを意識して取り組むことは教科の学習と社会をつなぐものです。

三つ目は、振り返りの時間を毎時間設定すること。自己の学びを振り返り、達成感を感じたり次の目標を設定したりすることで言語への興味・関心を高め、主体的に学びに向かう力を育成しています。このように、外国語によるコミュニケーションの一連の過程を通して、見方・考え方を豊かにすることができるよう取り組んでいます。

（令和４年度　外国語専科）

【国語科の工夫】

国語科では、子どもたちが主体的に思考・判断し、文章に書いてあることや相手が話すことを正確に理解したり、自分の考えや思いを適切に表現したりする資質・能力の育成を目指しています。その際、言葉による見方・考え方を働かせることが重要です。学習指導要領に位置付けられている系統的な指導事項を基に、言葉にこだわって意味や使い方を考えたり、自分の考えや思いを伝えるために言葉を選んだりするなど、学習の中で言葉による見方・考え方を育て、言葉への自覚を高めていくことが、児童の主体的で自立した学びにつながると考えます。授業の中で、言葉による見方・考え方を働かせて考えている姿を見取るとともに、キャリアの視点から焦点化したほめポイントが高まっている姿も見取って価値付けていくことで、国語科の学力と学びに向かう力の育成を目指したいと考えています。

（令和４年度　教務主任）

キャリア教育と特別支援教育

（1）特別支援教育と相性がよいキャリア教育

特別支援学級においては、これまでも子どもたち一人一人の実態に応じた内容を計画、実践し、一人一人の社会的・職業的自立に向けて、キャリア発達を促してきました。ですから、キャリア教育は決して新たな教育ではなく、無論、通常学級においてもそうですが、特段、特別支援学級との相性は以前からとてもよいということが言えます。ただ、これまでの教育活動をキャリア教育の視点で整理することで、子どもたち一人一人の資質・能力を効果的に育むことにつながっています。

（2）特別支援学級１（知的障がい）

本学級には、知的障がいをもつ子どもを中心に、自閉症スペクトラム症や多動性障がい等を併せもつ子どもも在籍しています。本学級でも、キャリア教育の視点に沿って、一人一人の実態に合わせ日々指導しています。

指導で心がけていることとして、学校の生活のきまりや日課表に沿った生活を大切にすることが挙げられます。特別支援学級だからきまりを守らなくてもよいわけではありません。授業の開始時刻に遅れてよいわけではありません。特別支援学級の子どもにとって、教室の外は、将来、自分で生きていかなければならない小さな社会なので、まさに、学校生活は、社会的・職業的自立に向けたトレーニングの場だと考えています。

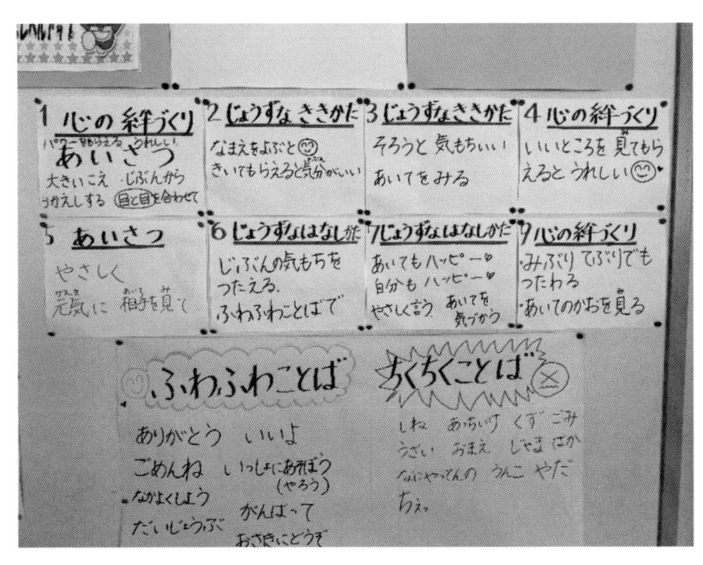

そうは言っても、学校生活のきまりが守れなかったり交流学習に参加できなかったりする子どももいます。児童Aは、昨年度から本学級に入級しました。それまでは通常学級に在籍していました。一斉学習にはほとんど参加できませんでしたので、学習の定着は、ほとんどなく、ひらがなは字形が整わないうえに鏡文字も多いという実態でした。本学級に入級したばかりの頃は、教室には居るものの、学習に関心はありませんでした。興味が次々に移り、離席も多く、交流学習にはほとんど参加しないで本学級で過ごしていました。キャリア・パスポートは、用紙がはさんであっても記入がありませんでした。そこで、担任が聞き取りをして文章にし、担任が薄く書いた文字をなぞるよう促してみました。自分で書くことが難しいという困り感が、少し軽減したようで、なぞり書きなら書くことができるようになったのです。今では、学年テーマのもとに、なりたい自分を決めて、書くことができるようになりました。まだ誤字や脱字はありますが、自分で書こうという意欲が出てきたのです。ここまで児童Aの意欲を高めることに時間はかかりましたが、無理強いせず、スモールステップで取り組みながら成功体験を増やしていくことで、児童Aの成長した様子を見ることができ

ました。

さらに、学校全体で取り組んでいる「ハッピー＆ハッピータイム(※)」を自立活動と関連させながら活動しています。本学級の子どもの苦手な部分として、自分の気持ちを調整することや言葉で伝えること、周囲の人とよりよくコミュニケーションをとることが挙げられます。「ハッピー＆ハッピータイム」で学んだことを教室前面に掲示し、機会を捉えて振り返るようにしています。友だちが嫌な気持ちになる言動やいじわるな態度を取る姿が見られたときには、掲示物を通して学んだことを一緒に振り返るようにしています。子どもの行動の裏には、必ず原因がある。それを丁寧に聞き出すこと、子どもの思考に寄り添った関わりを心がけています。

引き続き、特別支援学級であっても、なりたい自分とはどんな自分かを問いかけながら生活できるよう、四半期ごとの目標を分かりやすく子どもたちに提示していきたいと思います。

（令和４年度　特別支援学級担任）

※　ハッピー＆ハッピータイムは、親和的な学級づくりのために、子どもたち一人一人が友だちとよりよい関係を築くスキルを育てるとともに、そのスキルを安心して発揮することができる学級集団を醸成する一助とする帯タイムのことで、年間16回計画しています。活動内容の計画、立案は研修主任が担当しています。学年の発達段階を考慮しながら、全ての学年で同じ内容に取り組みます。

今年度の重点：肯定的、対話的に関わる力(≒対立を仲裁できる力)の育成

(２)特別支援学級２(情緒障がい)

本学級は、自閉症スペクトラム症や多動性障がいをもつ子どもが在籍しています。本学級でも、キャリア教育の視点に沿って、一人一人の実態に合わせて日々の指導を行っています。

まずは、安心して過ごせる居場所となるような学級を目指して新年度をスタートさせました。そのために行った手立ては以下のような内容です。

① パネルや棚などを使って教室内を学習するコーナー、着替えのコーナー、読書コーナー、クールダウンコーナーなどに分け、気持ちを切り替えられるようにした。

② 黒板に登校したらやるべきことを示し、一人一人時間割を自分で確認することで、一日の流れを見通して生活できるようにした。

③ 登校できたらカレンダーに花丸を付けていくことで、児童のがんばりを見える化し学校生活への意欲を持続できるようにした。

また、学級の実態として、友だちとコミュニケーションをとりながら一緒に行動することが苦手ということがあるので、一方的に自分の興味のあることだけを話してしまう、質問とはかみ合わないことを話してしまう、イライラした時に乱暴な言葉を使ってしまうなど、特性による困難な場面が学校生活の中で多々見られました。そこで、学校全体で行っている「ハッピー＆ハッピータイム」や自立活動の時

間を活用して、友だちの話を肯定的に聞く活動や、友だちと一緒に一つのことをやり遂げる活動、よりよい言葉遣いについてロールプレイを取り入れながら考えていく活動などを行いました。

このような活動を継続することで、少人数であっても「みんな」という仲間意識が芽生えてきたと感じています。担任と子どもの関わりが、児童同士の関わりへと広がっていきました。

個別にみても、自分の思い通りにならないとすぐにイライラして物に当たっていた児童Bは、困難な状況でも自分の気持ちをコントロールする力が徐々についてきました。クールダウンに必要な時間が10分から５分になりました。さらに、気持ちが抑えられなくなる前に「時間を下さい」と解決方法を言葉にできるようになったことは大きな変容であると感じています。

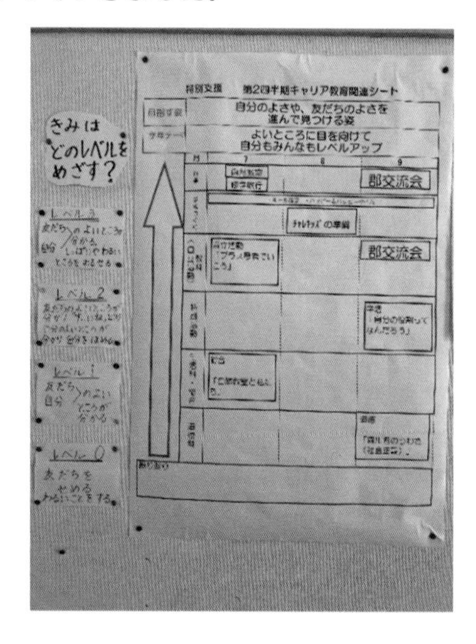

児童Cは、身の回りのことを自分で行うことに課題がありました。特に服のボタンかけをすることは、取り組む前から「できない」「無理」とあきらめる言葉を言って泣いていました。自立活動の時間に、指先を使う作業を取り入れたり、脱いだ服のボタンを外したりするなど、担任と一緒に練習する時間を確保してみました。励ましながら、できた経験を積み重ねていきました。すると「ボタンかけができるようになった」、そのことが自信になり、何事もやってみようという気持ちが育っていきました。

今後も特別支援学級においては、子どもの抱える困難さや思考に寄り添いながら、四半期ごとになりたい自分を意思決定できるように、導いていきたいと思います。その際には、子どもにとって分かりやすい言葉や基準を示してくことが大切だと考えています。　　　　（令和４年度　特別支援学級担任）

（３）通級指導教室（ADHD）

①勉強中に不注意な間違いをする	②活動中に注意を持続することが困難
③話を聞いていないように見える	④指示に従えず勉強をやり遂げられない
⑤課題を順序だてることが困難	⑥精神的努力が必要な課題を嫌う
⑦必要なものをよくなくす	⑧外的な刺激によって気が散る
⑨日々の活動で忘れっぽい	

通級指導教室には、現在14名の子どもが在籍しています。子どもの多くは、ADHDの特性をもち、下記のような特性が見られます。

しかし、子どもたちの姿を見ていると、どの子どもも「できるようになりたい」と考えていることに気付かされます。

通級指導教室では主に、個々の障がいに基づく種々の困難を改善・克服するための指導「自立活動」の指導を行っています。「自立活動」を行う際には、本人の特性上のよさや得意なことに着目して学習や生活ができるように工夫しています。

児童Dは、「栽培・調理活動」が好きで得意であるため、栽培・調理活動を行いながら、同学年の友だちと協力したり下級生の世話をしたりしながら人との関わりについて学んでいます。栽培・調理活動の準備・計画や片付けなどを通して最後までやり遂げることの大切さも学びました。さらに、自分の好きなことや得意なことを生かして学習や生活をすることで人の役に立ったり感謝されたりする体験を通して、自己理解を深め自己肯定感を高めることもできました。

通級指導教室での工夫(PDCA)

P：学習のゴールイメージをもたせる(学習ファイルを活用し本時の流れの確認、四半期ごとの目標と行事の掲示)。
※他学年が活用する教室のため、次の目標をつかみ目標設定がしやすい。
P：生活のリズムづくりに課題がある子どもについては、担任と1日の予定を確認し、授業への参加について意思決定できたことについて、見取り認め次への意欲が高まるような声かけをし、次の目標設定につなげている。
D：45分間を(15分×3)のユニットに分けて学習する(時には、二つや四つに分けることもある)。
D：生活面のリズムづくりをすることが課題の子どもには、1日の活動のやることリストを示し、できたところが一目で見て分かり成果を感じやすいようにしている(できなかったことの確認ではなくできたことチェック)。
(本人ができたことを感じやすいように記録や数字での報告)
D：必要な時を見逃さず学習・生活上大切なことについて分かるように指導する。
(言葉や図での課題や大切なことの説明・掲示)(図書の活用)
D：行事など苦手意識をもつ活動には参加への抵抗があるので、担任や学年の先生方と連携を図りながら本人のできそうなことについて提案し、自己選択、意思決定のもと参加できる環境を整える。
D：一人で好きなことに没頭する子どもには、担任から、クラスの友だちとの関わりがもてるような場や声かけの工夫をしてもらう(修学旅行のような興味のある活動　給食　休み時間など)。
A：日常の改善策としては、前時間の学習を振り返り目標を立てるとともに、ステップアップのポイントを示して自己選択、意思決定をしながら学習が進められるようにしている。
A：児童だけのがんばりでは、改善が難しい場合には、担任だけでなく保護者や本人も交えた振り返り(教育相談)の時間を設定して、できたことを認めながら次に向けての課題を設定し、意欲が高まり持続するような工夫をしている。

また、緊急避難場所的な活用をしている子どもについては、担任に報告をすればいつでも来ることのできる場所(安全地帯としての場)を提供し、話をよく聞き気持ちを共感的に受け止めながら、今の自分を見つめ次の行動について考えられるような能動的な聞き方(キャリア・カウンセリング)を意識しています。

指導の際に大切にしているキーワードは次の通りです。

・うまくいかなくても大丈夫(うまくいかないのが当たり前)。
・どうなったかよりもどうするか。
・嫌な感情をもつことはだれでもある。大切なのは、自分はどんな感情をもちたいか。そのためにどうしたらよいかを考える。

今まで人と比べて「できない」と、人との違いに敏感に傷ついてきた子どもたちだからこそ人との違いは、自分のよさであることを実感させ、人と関わることの楽しさや面白さを感じさせることができるように心がけています。生きる力は、自分の成長の可能性を信じて、トライ＆エラーで学び続ける力と捉え、嫌なことや困難なことの中のよさに目を向け(楽しみや面白さを見つけ出し)関わり考え続ける子どもを育てたいと考え、指導中です。　(令和４年度　通級指導教室担当)

キャリア教育を支えてくれる先生方のメッセージ

【保健室から】

子どもたちの来室の機会をキャリア教育の場と捉え、一人一人の思考に寄り添って関わるように心がけています。

自分の具合やけがの状態を尋ねることで、相手へ伝える（伝わる）ことの必要性を実感させています。

「どこで？」「だれと？」「何をして？」「どうなったの？」

黙ってしまう子どもに対しては「何をしてあげたらよいか分からないので教えて」と促すと、ほとんどの子どもは話すことができるようです。

対話を通して、自分の体や心について理解させ、健康の自己理解へとつなげています。特に週明けの体調不良者へは、自己管理能力やキャリアプランニング能力の必要性を伝え、週末の過ごし方を考えさせています。高学年のほとんどの子どもは、原因が何となく分かっています。分かっていても、なかなかできない……。

「月曜日を考えたら、どうすればよかった？」

「ちゃんと分かっているんだね。何ならできそう？」

「自分で自分をコントロールする力をつけよう」　など

このように、保健室でも対話による関わりを通して、その子どもに身に付けてほしい資質・能力を育むことにつなげています。

（令和４年度　養護教諭）

【職員室から】

上履きを忘れてしまってスリッパを借りたり返したりするとき、職員室の先生方に用事があるとき、学級の子どもたちに配るお便りを取りに来るとき……。職員室には、毎日多くの子どもたちが訪れます。

そのときに心がけていることは、あいさつをすることや何のために来たのかを伝えることなど、社会に出てからもつながる礼儀やマナーを一緒に練習したり、できるように励ましたりすることです。そうすると、子どもたちは職員室に来る回数を重ねるごとに、自分からあいさつや自分がどんな理由で来たのかなどが言えるようになっていきます。

いろいろな立場の大人から声をかけられるという経験も、子どもたちの社会的・職業的自立に大切な資質・能力を育むことにつながるようです。

担任ではなくても、学校みんながチームとなって子どもたちの資質・能力を育むことを大切にしている本校のキャリア教育を、私も共に歩んでいます。　（令和４年度　主査）

本校では、支援員さんも含めてすべての先生方にキャリア教育の内容と方法をご理解いただき、資質・能力を育むために、肯定的、対話的に関わっていただいております。

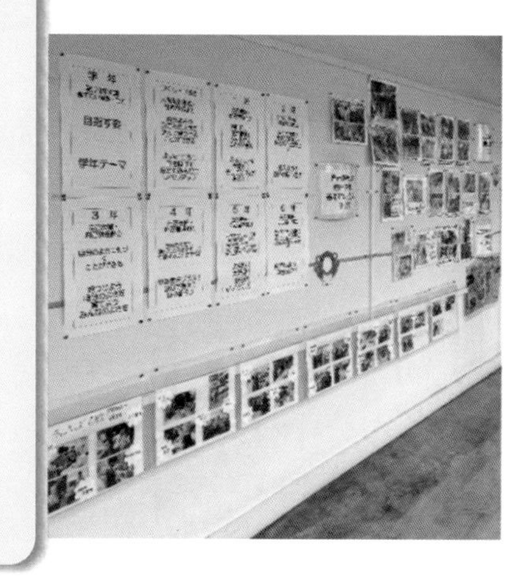

これからも大切にしていきたいこと

まだまだ報告したいことはあるのですが、以上で、棚倉小学校の実践報告を閉じたいと思います。

結びに、令和元年度の研究公開要項で紹介した、当時４年生だった児童の作文をお読みいただきたいと思います。

わたしの夢は、棚倉にある実家のおまんじゅう屋さんを継ぐことです。いつも家のことやお店のことをがんばっているお父さん、お母さんのすがたを見て、私もお父さんの技術を学びたいと思いました。

多い時で二千個のおまんじゅうを一つ一つ手作りしています。私も生地をまぜるのを手伝ったことがありますが、固くて、全然まぜることができませんでした。朝が早く、体力がいる仕事なので、時々疲れた表情を見せることもありますが、来てくれるお客さんのために、おいしいものを作りたいという、両親の気持ちを知って、私もみんなに喜んでもらえる和菓子を作ってみたいという気持ちになりました。お客さんから「おいしい」という言葉をもらえると、私もうれしい気持ちになりました。

和菓子を作るためには、お父さんのように重い生地をまぜる体力が必要です。おばあちゃんのように、お客さんと楽しく会話することも大切です。お母さんのように、商売を繁盛させる経営能力も勉強する必要があります。

今、私が小学校で学んでいることの全てが、自分の将来につながっていると思いました。友だちとの関わりを大切にし、考える力を伸ばすためにも、勉強をがんばっています。今後は体力もつけたいです。そして、お父さんとお母さんがお仕事でいそがしい時は、おにぎりを作って支えてあげたいです。

これが私たちの原点とも言えます。キャリア教育を説明するときには、この作文を読んでいただければ、私たちの目指す子どもの姿を明確に伝えることができます。

このような姿を一人でも多くの子どもたちに具現できるよう、私たちはこれからも努力していきたいと考えています。お読みいただき、ありがとうございました。

第8章

これからのキャリア教育

【棚倉町教育委員会4】

これからのキャリア教育では、ICTの活用、特別支援教育、中学校の立志教育と進路指導、カウンセリングを生かした指導などが重要になります。

第8章では、これからの本町キャリア教育の展望について、実践を視野に入れて述べたいと思います。関わりのある先生方からもご提案をいただきました。

これからのキャリア教育を考える

５年先、10年先にも、現在の私たちが想定していなかった状況が待ち受けている可能性があります。そのような変化の激しい時代に向けて、本章では「砂遊びの可能性」「立志教育の推進」「課題解決型の体験学習」「小学校におけるセカンドスクール」「キャリア・カウンセリングの手法を生かす」「特別支援教育とキャリア教育」「大学との連携」という点から、今後のキャリア教育を展望します。

(1)未来も今も幸せにするキャリア教育

現在から５年前(平成30年)には、今のような状況を予想することができたでしょうか。できませんでした。そして、今から５年後の状況を予想することができるでしょうか。まして10年後、20年後の未来に必要な資質・能力を、子どもたちにどう身に付けさせていけばよいか考えることは、非常に困難であると思います。

子どもたちが幸せな未来を過ごしてほしいという願いを込めて、私たちはキャリア教育に取り組んでいます。しかし、子どもたちには、未来だけでなく、今も幸せな学校生活を送ってほしいと思っています。今も、未来も、子どもたちが幸せに過ごせるようなキャリア教育を進めていきたいと考えています。

(2)「夢」と「志」の教育

子どもの頃からの「夢」を達成できたと感じている方は、それほど多くないのではないかと思っています。「夢」は変わっていくものですし、叶えることが難しいこともあります。一つの夢を追い求めることも大切ですが、それだけにこだわることなく、いろいろな可能性を探るのもよいと思います。

そこで「夢」と「志」という考え方が必要になってきます。この二つは、目標と目的の関係です。「教師になりたい」というのが「夢」で「教育で社会に貢献したい」というのが「志」です。夢が破れても、志があれば、新たな夢をもつことができます。

(3)砂遊びとICTの可能性

棚倉産の砂が造形活動に向いていることもありますが、砂遊びの教育的な価値にも着目しています。学校の砂場は、保健体育科や、陸上競技練習のための走り幅跳び等の練習場と化している現状です。しかし、砂遊びには、主体性や活動の発展性、人間関係形成や計画性などキャリア形成に必要な資質・能力を発揮させる要素がすべて含まれています。

また、これからはICT機器を道具として使いこなし、情報活用能力を身に付け、課題を解決することが必要です。さらに、対話や自己のキャリアを振り返るツールとしても重要な役割を果たすようになります。

(4)課題解決型の体験学習

本町でのこれまでの職業体験の実践をもとに、体験活動の事前・事後の活動が重要であることが明らかになっています。自己マネジメント力の育成という点からも、見通し(課題設定)と振り返りがキャリア形成には重要です。

さらに、体験を通して地域の方々と対話していくこと、対話の中で仕事の意義や楽しさを感じることが重要であることがわかってきました。棚倉小学校の４年生は、２回の役場見学を実施しています。職員の約半数の方々が「自己の職務を見直すことができた」「自己の意欲を高めることができた」と回答しています。子どもたちとの対話は、大人にとっても有意義なのです。

体験学習を課題解決型にして、子どもたちの課題対応能力を伸ばし、自己マネジメント力を高めていきたいと考えています。

(5)キャリア・カウンセリングの手法を生かす

子どもたちとの対話的な関わりを通してキャリア形成を支援するためには、キャリア・カウンセリングの手法が有効であることが分かってきました。

子どもの話を否定することなく、傾聴し、同意し、自覚していないよさや可能性に気付かせることが大切です。それによって、肯定感や有用感を高め、教師と子どもが相互作用の中でキャリアを創り上げていくことができるようにしていきます。

(6)多様性に応じたキャリア教育

子ども一人一人の興味や関心、発達や学習の課題等を踏まえ、それぞれの個性に応じた学びを組織し、一人一人の資質・能力を高めていくことが求められています。従来の学校に適応させる指導だけでは、個別最適な学びを進めていくことはできません。

キャリア教育においても同様です。子どもたちの多様化(特別支援教育、外国人、貧困問題、いじめや不登校などの増加)に対応したキャリア教育が求められています。

特に、特別支援教育を受ける児童生徒や不登校の児童生徒に対して、自分で決めて学ぶことができるような教育課程と場を用意してあげることが喫緊の課題となっています。

(7)少子化を乗り越えるキャリア教育

本町の１学年当たりの町全体の児童生徒数は、常に100名を上回っていましたが、令和２年度は67名、３年度は72名と、急激に少子化が進行しています。合わせて、校舎の老朽化が進み、小学校の統合や、義務教育学校の新設なども視野に入れて、学びの在り方を検討する時期に入ってきたと言えます。

少子化を乗り越え、校種をつないで資質・能力を育むキャリア教育の展開について、考えていきたいと思います。写真は本町で開催している「キャリア教育シンポジウム」です。平成28年度から毎年実施しているもので、町内の園、学校の実践を発表したり、講演会を開催したり、キャリア教育について理解を深めたりする催しとなっています。令和４年度は筑波大学の京免徹雄先生と立石慎治先生に講師をお願いして実施しました。

砂遊びの可能性

本町では、福島大学人間発達文化学類附属学校臨床支援センター　教授　宗形潤子先生にご指導いただきながら、幼稚園や小学校において砂遊びの実践を進めています。
宗形潤子先生に、キャリア教育における砂遊びの可能性について、以下に論じていただきました。

校長先生と年長さん

棚倉町との出合いは、まず砂そのものから始まりました。砂遊びのイベントで福島県内の良質な砂を求め、すでに棚倉町の砂を活用していた仲間と共に「こんなに素敵な砂の産地では、学校園の砂場はいったいどうなっているのだろう？」と棚倉町を訪れたのが最初の出会いです。そして、砂がつないでくれたご縁をもとに、今も砂だけでない棚倉町の魅力にたくさん出合い続けています。

キャリア教育と砂遊び「何の関係があるの？」そんな声が聞こえてきそうですが、その答えはもちろん「たくさんあります！！！」です。もっと言えば「砂遊びの全てがキャリア教育です」とも言えます。

そんな砂遊びには、いったい何が必要なのでしょうか。砂遊びをするために必要な条件は、砂場があること(もちろん棚倉町産のように良質な砂であれば言うことはありません)、子どもがたっぷり遊べる時間(何度も出合い、繰り返すことができること)、そして子どもたちが夢中になることを時には温かい眼差しで見守り、時には仲間として一緒に遊ぶ大人、これだけです。

(1)砂遊びの意義

砂遊びの意義は、いくつかありますが、何よりもまず、楽しく夢中になれるものということが挙げられます。

実際に砂遊びをする子どもたちを見ていると、大人はまず、その集中力に驚かされます。「そろそろ終わりにしようか」と声をかけると「えーっ」という声があちこちから挙がります。触っているだけで気持ちがいいことや水を含む

「次はこうするぞ！」

と加工がしやすいといった砂の可塑性、さまざまなものに見立てられるイメージのしやすさ、思いを実現したいけどそんなに簡単ではないため科学的な気付きが必要となるといった砂の魅力が子どもを引き付けてやまないのです。

「一緒に作ろう」(園児と小学生)

そして、そういった砂そのものがもつ魅力は子ども同士が関わったり、結びついたりするきっかけをもたらします。活動を重ねる中で作りたいもの、したいことのイメージがどんどん広がり、仲間の協力は不可欠なものとなります。「誰か水汲んできて」「ちょっと、ここもってて」と言ったお手伝いを求めることから「これって◯◯みたいだね」「だったら□□しようよ」「いいねえ」「もっと△△できそう」とさらに発展させたいという思いを共に抱き、子ども同士がどんどんつながっていく姿をたくさん見ることができます。

このような経験を繰り返し、自分が思いを込めて遊ぶからこそ、子どもたちは友だちの思いを感じ、尊重するようにもなります。そして、砂場で遊ぶ中で、一人でしたいことを存分にすることも、どんどん仲間を増やして遊びを発展させていくことも至って自然なこととなります。つまり、砂遊びの場では、大人が求めがちな「誰かと一緒」ということが過剰に求められないことにもなるのです。

もちろん、砂場にいるからといって、最初からみんなが集中する訳ではありません。やりたいことがあってすぐに取り組む子ども、やりながらどんどんイメージが膨らんで活動を発展させる子ども、何をしていいか分からず、砂を触ったり、少し距離を置いたりする子どもと多種多様です。しかし、砂遊びでは自分がどうするかという決定権を子ども自身がもっています。日常において、どうしても一律を求められがちな子どもたちにとって、自分で決めて、行動を起こすことができる砂遊びの場は、そういった意味でも、とても重要な機会となります。そして、自分で決める場が多い幼児教育とどうしても(特に低学年では)教師からの指示に基づいて行動することが多くなってしまう小学校教育において、共通して子どもにとって大事な自己決定について考える際のヒントを与えてくれるのが砂遊びと言えるかもしれません。

(2)砂遊びで育む資質・能力

砂遊びで育む資質・能力ということを考える際、まず前提として考えたいのは、キャリア教育において求められる「人間関係形成・社会形成能力」「自己理解・自己管理能力」「課題対応能力」「キャリアプランニング能力」を直接的に育むという視点です。

「このトンネル、もっと大きくしたいな」

(1)からもよく分かるように、これら四つの資質・能力は砂遊びにおいても確実に育まれていると考えることができます。

「水流してみるね」「いいよ」（園児と小学生）

もっと詳しく言えば、砂遊びにおいて子どもたちは、自覚的ではありませんが、自分でしたいことを決め、それに向けて試行錯誤をし、その思いを成就していきます。どうすればできるのか、何をすればいいのか、そのために必要なものは何か、友だちと自然に協力し合うなど知らぬ間に「自己理解・自己管理能力」「課題対応能力」「人間関係形成・社会形成能力」を発揮しているということです。同時に、繰り返し活動する中でそれらが育っているとも言えます。

ここで興味深いのは、子どもたちは、資質・能力を育てようとして活動に取り組んでいるわけではなく、とても楽しいこと、自分のしたいことをしていることがこれらの資質・能力を育てていることになるということです。これも砂遊びの大きな魅力と言えるでしょう。

「キャリアプランニング能力」に関しては、直接的なことではないかもしれませんが、自分のやりたいことを見つけ、自分なりに試行錯誤しながら実現していく、そしてその過程には友だちとの協力が自然に必要となる、友だちの活動や思いにリスペクトが生まれるといった将来、仕事に就くときに必要となる資質・能力の基礎が育まれていると考えられるでしょう。

（3）これからの砂遊び

これからの砂遊びに期待するのは、何よりも、そこに関わることで大人が変わることです。（1）（2）でもお伝えしてきましたが、砂遊びの場に立ちあうことで大人は子どもの再発見をすることができます。子どもが夢中で砂遊びをする姿から見えてくるのは、豊かな発想や表現力、諦めない気持ちで実現していく力、科学的な気付き、自然な人間関係構築、周りの友だちへの優しさなどあげればキリがありません。これらの子どもの姿は、子どもと関わる大人が彼らをどんな存在であると捉えるかというそれまでの子ども観を大きく見直すきっかけを与えてくれます。そもそも子どもは自己決定に基づき、見通しをもって思いを実現していくことができること、そして、

「壁をもっと固くしなきゃ！」（園児と小学生）

そこには自然で思いやりにあふれた人間関係構築がなされていくこと、強い思いがあれば諦めることなく何度も試行錯誤を繰り返しその思いを実現しようとすることといったことに気付くことができるのです。このことは、自分達の日常の子どもへの関わりが子どもが本来もつ力を信じることに基づいたものになっていたかを確かめる機会ともなります。

つまり、子どもに必要なのは、指示をされて大人の思うままに行動することを求められることではなく、本来の彼らのよさが発揮できる場があり、そこで存分にその力を発揮することなのです。そしてそのような場の一つが砂場であるということです。このような気付きが大人に生まれると子どもの本来の力に対するリスペクトが生まれ、その可能性を信じ、任せる場をさらに増やしていくことになると考えます。このことは、棚倉町で進められているキャリア教育における求められる教師の姿と合致しているのではないかと私は考えます。

子どもの今、そして未来が豊かなものとなるために、棚倉町においてこれからも砂遊びを大切にしていってほしいと願ってやみません。

（福島大学　宗形潤子）

小学校の先生にも抱っこ

何度だって……運ぶぞ！

力を合わせて

立志教育の推進（夢をつなぎ志を育む）

(1)「夢」をつなぎ「志」を育む

「夢」と「志」は、関係概念です。例えば「目標」と「目的」の関係であり「目的を実現するため、目標を達成する」という関係です。具体的な例で考えてみます。「甲子園大会に出場する」「プロ野球選手になる」は「夢」です。「夢」は、かなえられないことがあります。それに対して「野球を通して社会に貢献したい」は「志」です。夢が破れても、志(目的)がある限り、次の夢(目標)を設定できます。「夢をつなぎ志を育む」とは、目標達成経験を積み重ね、自己の生き方や社会における役割を自分の中で明確にしていくことなのです。

二つの関係は、図1のようにまとめることができるでしょう。

【図1】

「夢」	「志」
「医学部に入学したい」 「医者になりたい」	「医療の仕事で 社会に貢献したい」
目標	目的
具体的	抽象的
社会の中で果たす役割	自分の生き方
自分のためになること	人のためになること

(2)「夢」と「志」の意義

「夢」と「志」の関係は、**「目標」と「目的」**、**「具体」と「抽象」**、**「役割」と「生き方」**、**「自己」と「他者」**、**「手段」と「目的」**などの関係であり、相対的なものです。他方から見れば、他方が「志」に見える場合が多いのです。

なぜこのように捉えるかというと、**相対するレベルを往還させることで意欲を持続させ、選択肢を多様化させ、可能性を拡げるため**なのです。選択肢を多様化させることで、可能性は広がり、自分を職業に合わせるのではなく職業を自分に合わせることができるようになると考えています。

【図2】

さらに、このような考え方は、物事を柔軟にとらえ、多面的・多角的な見方の育成にもつながってきます。一つの目標に向かって頑張ることも必要ですが、自己の多様な可能性にも目を向けたり、視野を広くして将来を考えたりすることも必要になるのではないでしょうか。

図2は、棚倉中学校で行われる立志式の様子です。

(3)「志」を育む教育課程

「志」は、幼時期から学童期に至る目標達成経験を踏まえて、中学生時代以降に具体化させたいと考えています。

棚倉中学校では、中学２年生の１月に「立志式」を行っています。立志式を中心として、小学校での自分の「夢」やチャレキッズでの職業体験を踏まえて、中学３年間の学習を通して「志」を明確にするようにしていきます。

【図３】

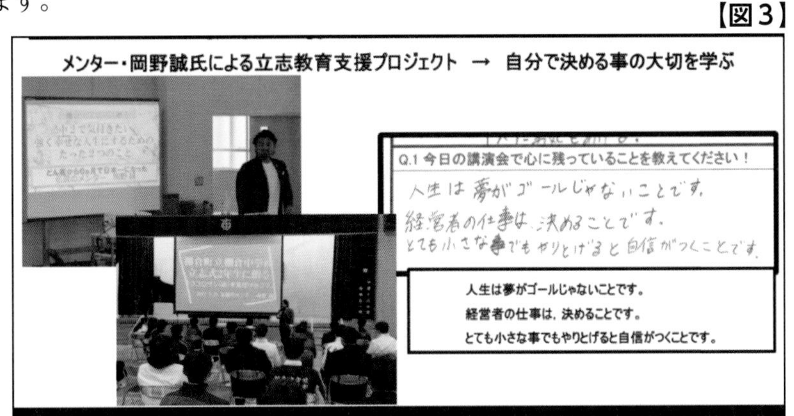

中学校は、自我が目覚め、独立の欲求が高まり、人間関係も広がり、社会の一員としての自分の役割や責任の自覚が芽生えてくる時期です。同時に、自らの人生や生き方への関心が高まり、自分の生き方を模索し、夢や理想をもつ時期でもあります。

このような時期に、多様な体験を通して、自己の「志」について考えていくことは、時宜を得たものであると考えます。小学校までの成果を振り返り、「志」というより高い視座から、自己の将来を展望していくことができるようにしていきます。そのために、各教科、道徳、総合的な学習の時間、特別活動や日常生活におけるそれぞれの活動を体系的に位置付けることにより「志を求め、志を立て、志に向かう」３年間で、能力や態度の効果的な育成を図ることができるようにしたいと考えます。

(4)「志」を育む指導

指導に当たっては、**小学校までに育んできた資質・能力について、中学校の教師がよく理解し継承していくこと**が必要です。小学校でのチャレキッズから中学校での職場体験活動へと、どうつないで指導していくかを構想し、小学校で育んだ資質・能力をさらに伸ばすようなカリキュラムを創る必要があります。その過程で、生徒に対話的に関わりキャリア形成を支援していくような指導方法の確立が必要であると考えます。

中学校での職場体験や立志式を中核に、学級活動や総合的な学習の時間、教科学習や行事、部活動等を通して、高校進学やその後の進路について自分で決めていくことができるようにしていきます。その際には、中学校での学びを高等学校でどう発展させていくのかということも考えさせていきます。それらも含めて「志」を形成していくようにすることが必要であると思います。高校進学はあくまでも通過点であり、その次の目標や志を常に意識していくことが大切です。

なお、志の形成に当たっては、岡野誠氏の「立志教育支援プロジェクト」との連携・協力体制を構築していきたいと考えています。岡野氏には、定期的(年２回)に生徒に講話をしていただき、志の形成を支援していただいています。

ICTとキャリア教育

(1)端末で作成するキャリア・パスポート

棚倉町では、早い時期から１校につき1学級分の端末を整備して、ICTを用いたプログラム教育に取り組んできました。タイピングの練習をする「キーボー島」や「ロイロノート」を用いた授業を実践してきました。１校に１クラス分しかないことと使用できる教師が限られていたことから、全クラスが活用するまでには至りませんでした。

しかし、ある程度はICT活用の下地があったことから、令和３年度当初から一人１台の端末をスムーズに活用することができました。

高野小学校では、小規模校の課題解決のために端末を活用しています。図４のように、キャリア・パスポートを端末で作成し、活用しています。

【図4】

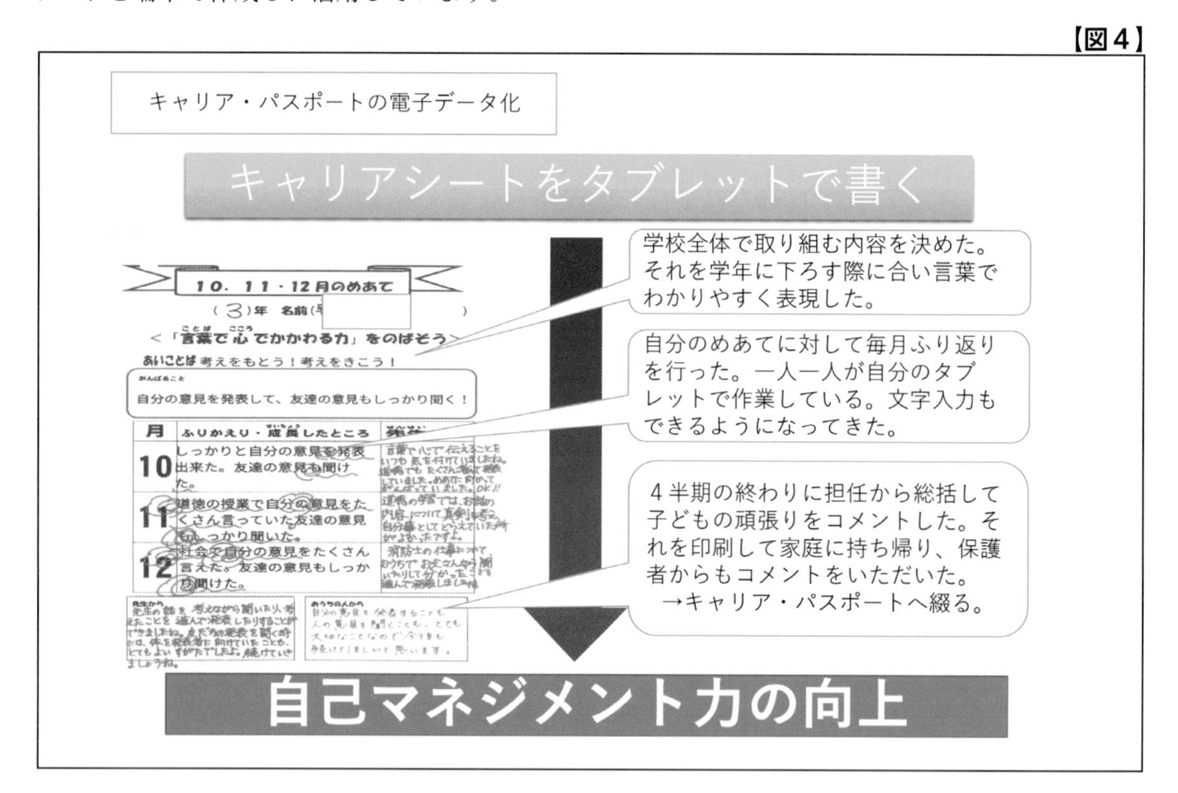

(2)端末の活用例

端末の活用によって「個別最適な学び」と「協働的な学び」を展開することができました。図５は、発表が苦手だった子が変容した事例です。発表にタブレットを利用しています。

逆に、自己主張が強く、話し合いが苦手な子が、図６のよう

【図５】

発表が苦手で、話す場になると固まってしまう児童（２年生）・・・
（何を話していいかわからない、緊張する）

○発表にタブレットを利用したことで、写真をもとに自分の伝えたいことを話そうという意識が高まった。

○発表する時に１回目はうまくできないけれど、そのあと練習を重ねて自分の伝えたいことを話せるようになった経験を振り返らせるときに、今、本人が伸ばしている「目標に向かってコツコツと取り組む力」と関連付け、さらに成就感を感じることができるように働きかけた。

に端末によって共同学習に取り組み、友だちの話を聞くことができるようになった例もあります。

【図６】

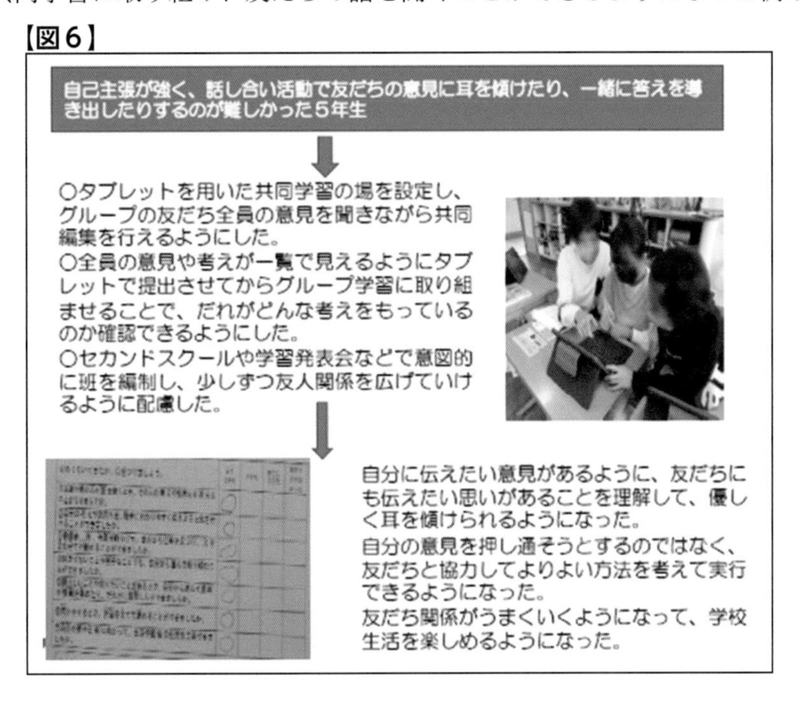

（３）今後の活用の方向性

端末を活用することで、図７のように「個別最適な学び」や「協働的な学び」を具現する場面が増えてきました。

【図７】

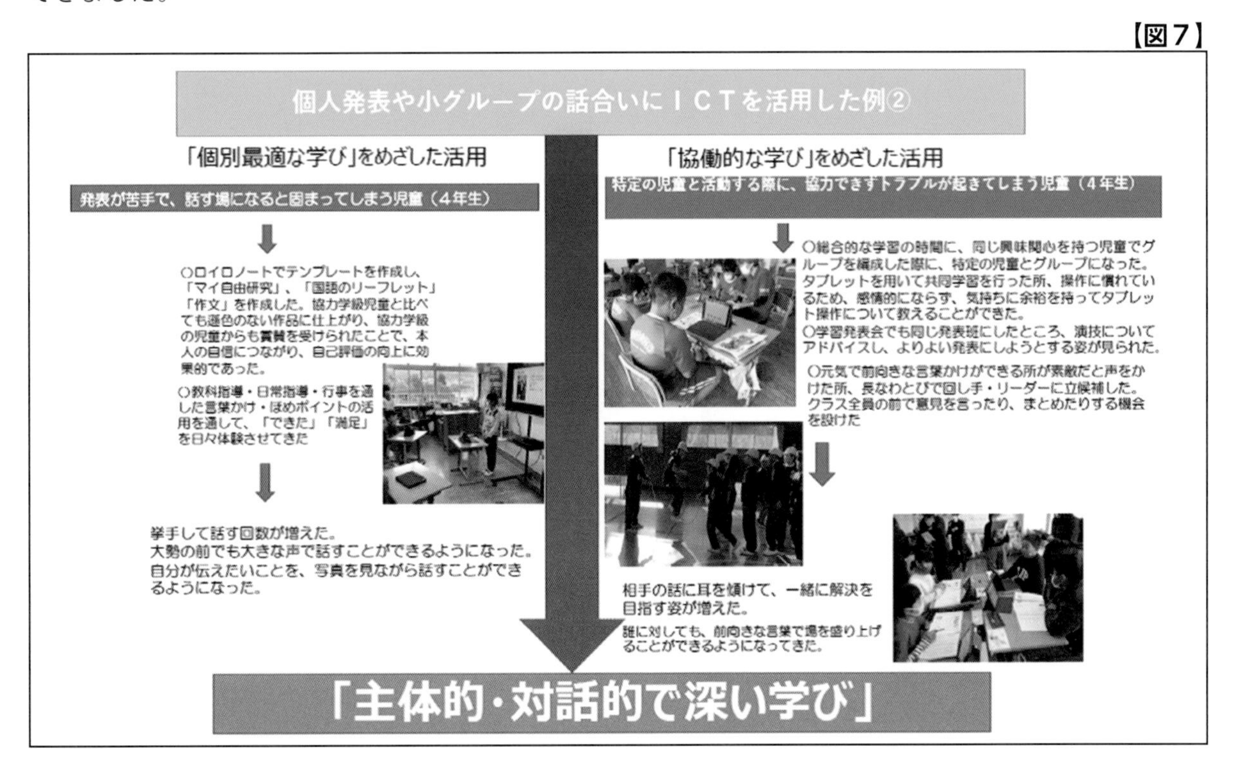

端末によって、主体的・対話的で深い学びが実現するとともに、高野小学校の課題である小規模校における学びをICTによって解決していくことも可能となります。端末は手段であり、目的化しないように留意しながら、適切に活用していきたいと思います。

課題解決型の体験活動

体験活動を課題解決型にすることで、「自己マネジメント力」が身に付くとともに、主体的で対話的な学びが促進され、地域社会の一員としての自覚が醸成できるというよさがあります。職業体験活動を例に、その過程と子どもたちの学びの姿を紹介します。

(1)学びの流れを創る

チャレキッズは小学校5・6年生、職場体験活動は中学校2年生での実施になります。それまでに、子どもたちの学びをどうつなげていくかが大切になります。

小学校4年生までの学習の中で、警察官や消防署員、商店街などで働く人たちとの出会いを大切にしていきます。小学校4年生では、「ドリームマップ®」である程度自分の夢を形にしておきます。

小学生の職場体験「チャレキッズ」は、5年生、6年生で実施します。4年生で形にした夢に基づき、5年生ではなるべく多くの職業に触れるようにします。6年生では、実践として職場を訪問して体験します。

6年生でのチャレキッズのまとめが、中学2年生の職場体験につながります。この時期は、自分の「夢」のほかに、「志」という概念を導入し、社会における自らの役割や生き方、働き方を考えさせるようにしていきます。

その流れの中で、自分の体験したい職種について自分なりに調べる活動を設定し、課題を把握させることが必要になります。

(2)事前学習で課題設定

自分なりに課題を把握するためには、自分の体験する職種・事業所について、端末などを用いて調べる時間を設定します。できれば、事前に訪問したり、メールやオンラインで対話したりして、分からないことや知りたいことを明確にすることが大切です。課題が明確になり、何のために体験するのかが子どもたちに強く意識されると、有意義な体験活動となります。体験前の学習が充実すればするほど、見てみたいこと、聞いてみたいことなどが増え、主体的な活動が促されます。図8は、棚倉小学校の指導計画ですが、事前と事後の学習が計画されています。

【図8】

6年　棚倉町キャリア教育「チャレキッズ」実践プログラム

指導の流れ（事前→チャレキッズ→事後）

事前3時間	ねらいや留意点等の確認 ・希望をとる際の留意点
	1次　働くことについて考える ・「働く」ことについてのイメージをシートに書く。 ・自分が将来どんな仕事をしたいのかシートに書く。 ・「家族や身近な人の仕事についてインタビューしよう」シートに取り組ませる（家庭）。
	2次　身近にある様々な仕事を知り、目標を決める。 ・「家族や身近な人の仕事についてインタビューしよう」をグループで共有する（家庭）。 ・キャリアシートに目標を決めて書く。
10時間	はたらく現場でしごとのやりがいをみつけ、 将来を考えよう チャレキッズを体験して学び気づきを得る
事後3時間	3次　チャレキッズを振り返り，働くことを再考する。 ・「仕事紹介カード」に「チャレ」で体験した仕事についてまとめ，友だちと共有する。 ・再度「働く」ことについてのイメージをシートに書く。 ・事前に書いたワークシート①と比較し，体験により「働く」ことへの理解が広がり深まったことを共有する。 ・キャリアシートに振り返りを書き、礼状を書く。

(3)課題を明確にした体験

当日の体験は、事業所の方々と積極的に対話しながら、課題を解決するように取り組ませるようにします。課題が明確であれば、主体性を発揮し、疑問を解決するために質問もできるようになります。

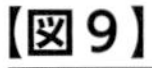

寿司を提供するまで学ぶ

～3校6年生チャレキッズ～

福寿司など26事業所協力

「はたらく現場でしごとのやりがいをみつけ、将来を考えよう」をテーマにした社川、高野、近津の小学6年生66人を対象とした社会体験学習「チャレキッズ」がきょう30日とあす31日の2日間行われ、両日合わせて26事業所が児童を受け入れ協力する。

きょうは県南農林事務所、棚倉土木事務所、町役場総務課、深谷クリニック、東邦銀行棚倉支店、福寿司、五十嵐石材店、大椙食品、三森電機、塙厚生病院、JA東西しらかわ農産物直売所みりょく満点物語、シーズマスホン、藤田建設工業、藤建技術設計センター、きゅうり農家秋山、町立図書館の16事業所で実施。このうち新町の福寿司には児童9人が訪れ、伊藤敦さんが仕入れから仕込み、握りとお客に美味しい寿司を提供するまでの流れを話した。

伊藤さんは仕入れたマグロなどを児童に見せ「魚の鮮度を保つために漁師さんが魚を釣ってすぐに包丁を入れて絞め神経を抜くことで魚にストレスがかからず美味しく食べられる。寿司は仕込みが大事。一つひとつ丁寧に処理している」と鮮度を維持するための処理方法や市場でのセリの様子を写真で見せて説明した。また姿がそっくりなカレイとヒラメの見分け方も教えたほか、ネタの仕入れにどれくらいかかるのか児童に計算させた。

児童はメモを取りながら話を聞き、「仕事の大変さがわかった」などと話していた。

棚倉小6年生は9月6、7の両日実施する。

新型コロナ感染状況

県内では昨29日、1

《4》

2022年【令和4年】9月16日(金曜日) =創刊・昭和28年2月16日=夕刊たなぐら新聞社=日刊 月1580円【第3種郵便物認可】第20280号=

特集 令和4年度小学6年生「チャレキッズ」

〝はたらく現場でしごとのやりがいをみつけ、将来を考えよう〟をテーマにした町内小学6年生社会体験学習「チャレキッズ」が先月30日と31日は社川・高野・近津小児童、今月6日と7日は棚倉小学校児童を対象に開かれ、町内外の事業所が協力し様々な体験活動を行った。

夕刊たなぐら新聞社では6日に棚倉小学校の堀江ひなたさんと石井康太さんが「チャレキッズ新聞記者」として湯座一平町長を取材した。

町長室に入室した堀江、石井両記者は湯座町長と名刺を交換し、それぞれがインタビュアーとカメラマンになって取材を開始。各自で考えた質問をして湯座町長の回答をメモしたり、写真を撮ったり、緊張しながらも堂々と記者の仕事を体験した。

はじめに石井記者がインタビュー。

【石井記者】

町長になってうれしかったことは。

【湯座町長】

町の人たちと交流を深められたこと。

【石井記者】

今までで一番大変だった仕事はなんですか。

【湯座町長】

町の人たちと協力して会議をしたりしたので大変だったことはない。

続いて堀江記者がインタビュー。

【堀江記者】

棚倉町のよさはどんなところですか。

【湯座町長】

みんな一生懸命自分たちの町を好きになっているところ。

【堀江記者】

なぜ町長さんになったのか。

【湯座町長】

一つ目は棚倉が好きだから。二つ目は棚倉を好きな人にもっと好きになってほしいから。

×　×

インタビュー終了後、2人は湯座町長と歓談。将来の夢を尋ねられた石井さんは「プログラマーになってゲームを作りたい」、堀江さんは「今は思いつかない」と述べ、湯座町長は「好きなことをどんどん伸ばしていけばいい。これからもやりたいと思うことがたくさんでてくると思う。好きなこと、気になることに関心を持ち、調べたり聞いたりして夢に向かって進んでほしい。また、本当に正しいのか、あたりまえのことにも疑問を持つことも大切」と話した。

湯座町長にインタビューする石井記者(堀江記者撮影)

町の良さなどを尋ねる堀江記者(石井記者撮影)

図9は、町内のすし屋での体験、図10は、新聞社で体験した児童が町長に取材した記事が掲載された紙面です。このようなユニークな体験活動をさせていただいています。以下にいくつか紹介します。

町立図書館での図書管理体験

宅配業者での受付体験

パソコン販売店での組み立て体験

精米店での米の選別・袋詰め体験

（4）事後学習で課題解決を共有

図11は「働くイメージを変える」という課題、図12は「仕事のやりがいを調べる」という課題をもって取り組み、多くのことを学んだ事例です。このようにまとめたうえで、さらに友だちや教師、保護者等と共有をしていきます。これらの経験を中学校での職場体験につなげるようにします。

【図11】

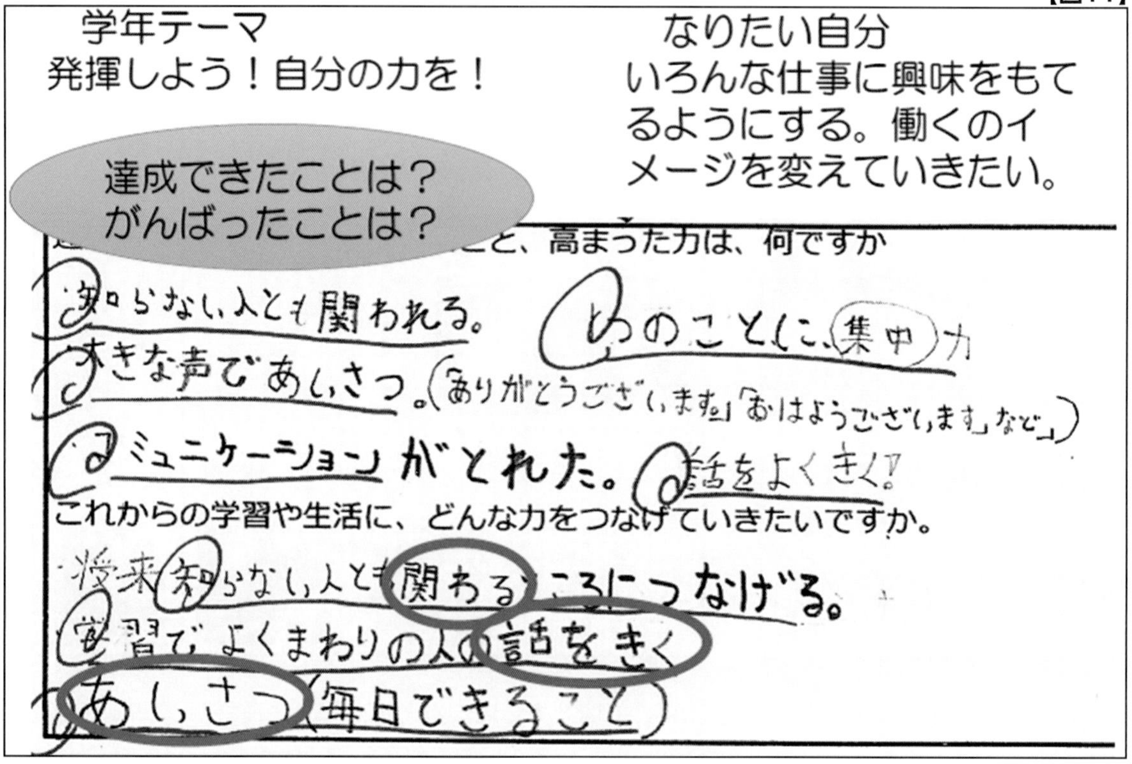

学年テーマ
発揮しよう！自分の力を！

なりたい自分
いろんな仕事に興味をもてるようにする。働くのイメージを変えていきたい。

達成できたことは？
がんばったことは？

達成できたこと、がんばったこと、高まった力は、何ですか

・知らない人とも関われる。　1つのことに集中力
大きな声であいさつ。（ありがとうございます「おはようございます」など」）
コミュニケーションがとれた。　話をよくきく！

これからの学習や生活に、どんな力をつなげていきたいですか。

将来知らない人とも関わるところにつなげる。
学習でよくまわりの人の話をきく
あいさつ（毎日できること）

【図12】

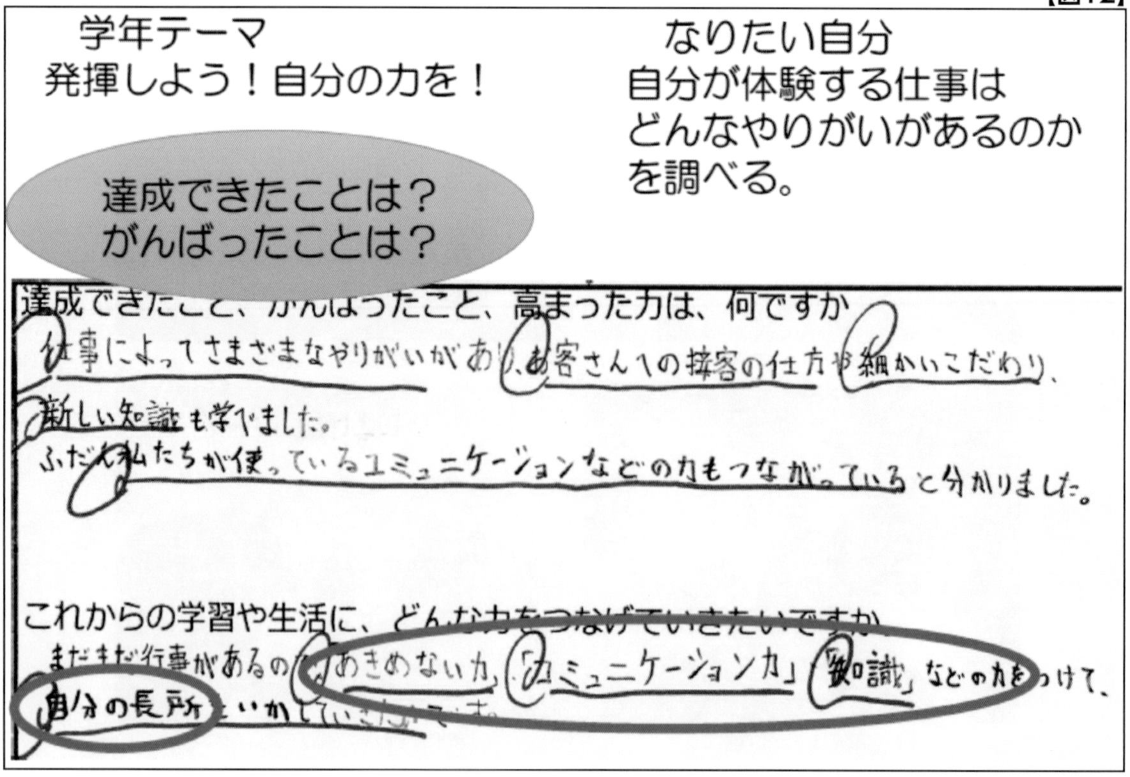

学年テーマ
発揮しよう！自分の力を！

なりたい自分
自分が体験する仕事はどんなやりがいがあるのかを調べる。

達成できたことは？
がんばったことは？

達成できたこと、がんばったこと、高まった力は、何ですか

仕事によってさまざまなやりがいがあり、お客さんへの接客の仕方や細かいこだわり、新しい知識も学べました。
ふだん私たちが使っているコミュニケーションなどの力もつながっていると分かりました。

これからの学習や生活に、どんな力をつなげていきたいですか

まだまだ行事があるので「あきめない力」「コミュニケーション力」「知識」などの力をつけて、自分の長所をいかしていきたいです。

(5)チャレキッズの成果

チャレキッズやキャリア教育の評価は難しいのですが、棚倉小学校および中学校卒業生で、チャレキッズを経験した福島大学共生システム理工学類2年生の益子愛彩さんから下記のような手紙をいただきましたので紹介します。益子さんは、チャレキッズを経験した最初の世代です。

チャレキッズを通して、小学校高学年の時に普段特別活動で行うような職場見学ではなく、職場体験ができたことは、見聞だけでは得られない仕事のやりがいや責任、働くことの楽しさを感じることができた貴重な時間でした。また、見学する時とは異なった大人の方とのコミュニケーションを経験することで、丁寧な言葉遣いや周りを見て行動すること、自主性など学校教育の中でも大切にされている観点の重要さに改めて気づくことができる良い機会だったように思います。私は、チャレキッズに参加したことで働くことはお金を稼ぐことという考えのほかに、誰かの役に立っていたり誰かの喜びになっていたり、目には見えない人と人との支え合いから働くことの意義が生み出されているのだと感じることができ、将来働くことに関して希望をもつことができました。小学生のうちにこの経験ができたことで、中学校高校で行われる職場体験にも大いに役立ちました。働くことに対する姿勢が少し身に付いている状態であることで、意欲も周りとは違っていたように思います。

また、中学校高校で、ライフプランニングという授業が開講されていました。自分の人生設計をしていく中で、周りから聞こえてくるのは「働いていることが想像できない」「働きたくないな」などという声で、働き盛りといわれる20代30代のライフプランがうまくいかない子が多く見受けられました。小学校からのキャリア教育の在り方や指導方法の違いは、年齢を重ね自分の将来について明確にしなければならない時期に周りと大きな差をつくることを実感しました。キャリア教育が進む中で、小学生や中学生の頃からいろいろ指導するのは早いのではないかという保護者さんの意見もたびたび耳にしますが、現代の子が少子高齢化や雇用体制、年金問題など大人の口から放たれる社会の現状や昭和平成の環境とは違った現代社会の中で、働くことに関して後ろ向きであることが実態である以上、自分の力で生きることを教える学校教育には必要な科目であるように思います。現に、大学生になった今思い返してみれば、棚倉町で行われたようなキャリア教育を受けていなければここまでのキャリアやライフ設計はできていないと思います。何事も積み重ねと言いますが、キャリア形成こそ早期の取組が重要であるとこの年になって感じます。ですから、小学生のうちから働くことに触れ、キャリア設計に力を入れてくださった棚倉町のキャリア教育にとても感謝していますし、この経験を、今後の棚倉町で成長していく子どもたちにもしてほしいと心から思います。(後略)

これからも、本町のキャリア教育の成果を、成人した皆さんの姿で検証していきたいと考えています。

小学校におけるセカンドスクール

(1)セカンドスクールの趣旨

セカンドスクールとは、独立行政法人国立青少年教育振興機構　国立那須甲子青少年自然の家の主催事業です。自然の家における4泊5日程度の宿泊学習を、教科等に関連付けた体験活動プログラムを行う「スクールタイム」と､自主学習や放課後活動を行う「なすかしの森タイム」で実施します。「スクールタイム」は学校の責任で､「なすかしの森タイム」は、自然の家の責任で行われます。

平成27年から、本町の4小学校が実施し、キャリア教育に係る児童の資質・能力を育成する上で効果的であることから、現在に至るまで本町3小学校で実施されています。事業の趣旨は「参加児童のみならず教師・保護者・教育支援スタッフ・施設職員が学び合う場として､『五者の育ちの場』となる」ように、五つの目標が掲げられています。キャリア教育の体験活動としては、五者のつながりの中で児童の自主性、意欲が育つ場として適切であると考えています。

(2)日程

近津小学校で実施した際の日程表は、図13の通りでした。

午前8時20分から午後3時40分までは、通常の学校教育が行われており、翌朝8時15分までが自然の家のプログラムにしたがって活動しています。

朝は8時20分の朝の会から通常の学校生活と同じように授業が実施され、昼食をはさんで6校時まで計画されています。帰りの会終了後の15時40分から「なすかしの森タイム」が始まります。日程から、無理のないプログラムであることがわかります。

【図13】

令和3年度　棚倉町立近津小学校　日程表

「単元名」　自然の家プログラム

時間		10／18(月)	10／19(火)	10／20(水)	10／21(木)	10／22(金)
6：00	なすかしの森タイム	学校発 8：00	起床・清掃	起床・清掃	起床・清掃	起床・清掃
7：00			散歩	散歩	散歩	散歩
7：20			朝食	朝食	朝食	朝食
8：15			登校・引き継ぎ	登校・引き継ぎ	登校・引き継ぎ	登校・引き継ぎ
8：20	スクールタイム		朝の会	朝の会	朝の会	朝の会
8：30 9：15		入所	1校時 国語科 「ガンジー博士の暗号解読」	1校時 算数科 「分数のたし算とひき算」	1～4校時 理科 「流れる水と大地」 沢歩きハイキング ※帰所後4校時は教室でまとめ	1校時 退所点検 清掃活動
9：25 10：10		2校時 学活 「出会いのつどい」	2校時 算数科 「分数のたし算とひき算」	2校時 国語科 「漢字の広場③」		2校時 道徳 「自分らしさを発揮して」
10：30 11：15		3・4校時 体育科 「体力を高める運動」	3・4校時 家庭科 「食べて元気」 ご飯・豚汁作り	3・4校時 社会科 「わたしたちの生活と森林」		3校時 総合 「感謝の気持ち」
11：25 12：10		スコアOL	野外炊事 ※野炊場No. 1～8	紙すき体験学習		4校時 総合 「活動を振り返ろう」
		昼食		昼食	昼食	昼食
13：00		昼休み	昼休み	昼休み	昼休み	5校時 総合 「別れのつどい」 修了証書授与式
13：30 14：15		5校時 国語科 「新聞を読もう」	5・6校時 図画工作科 「地面は大きなキャンバスだ」	5校時 体育科 「体力を高める運動」	5校時 国語科 「ガンジー博士の暗号解読」	
14：25 15：10		6校時 算数科 「分数のたしと算ひき算」	※営火場D	6校時 音楽 「豊かな表現を求めて」	6校時 総合 「キャンプファイヤーを成功させよう」	13：50 帰校
		帰りの会	帰りの会	帰りの会	帰りの会	
15：40	なすかしの森タイム	宿題・引き継ぎ	宿題・引き継ぎ	宿題・引き継ぎ	キャンプファイヤーの準備	
17：00		夕べの放送	夕べの放送	夕べの放送		
17：20		夕食	夕食	夕食	夕食	
		計画立案	ナイトハイク	スタンツ練習	キャンプファイヤー ※営火場C	
		振り返り・入浴	振り返り・入浴	振り返り・入浴	振り返り・入浴	
21：30		児童就寝	児童就寝	児童就寝	児童就寝	

(3)活動の実際

実際にどんな活動が行われたのかを紹介します。以下は、自然の家報告書より引用したものです。

「地球は大きなキャンバスだ」図画工作科

○児童は野外炊事場周辺の自然物を収集し、限られた時間の中で伸び伸びと創作活動に取組むことができた。
○作品発表では、テーマや工夫した点の説明、質疑応答を通して、児童の主体的で対話的な深い学びの場面が見られた。

●野外炊事で時間がかかり、活動時間が若干短縮されることになった。

「キャンプファイヤー」

○支援スタッフと児童の話し合いを重ねることによって計画され、ねらいをもってしっかりと準備を進めることができた。
○本番に向けて児童自らが班別スタンツの練習時間がほしいと願い出たので、入浴後に３０程度の有意義な時間を確保した。
○最後の振り返りでは、児童一人一人が自分の言葉で思いを語ることができた。

●風が若干あり、火の粉が舞う時間帯があった。職員が児童との間に入り、安全管理を行って対応した。

【その他】

○基本的な生活習慣の大切さ、集団行動におけるルールやマナーの重要性について理解を深めていた。
○なすかしでの体験活動を純粋に楽しみ、素直な感想を述べていた。
○困っている友達に寄り添い、みんなで生活する場面が多々見られた。
○支援スタッフとよく交流し、日々共に成長していた。

●想定以上の寒さだったので、急きょ館内に暖房を入れて対応した。
●コロナ禍で学生支援スタッフが予定した人数まで集まらなかった。

(4)成果

自然の家では、「基本的な生活習慣」「自己肯定感」「仲間とのコミュニケーション・絆」の点から、アンケートの結果をまとめていますが、図14のとおりでした。

教師の働き方改革の観点から、このような宿泊型の体験学習は縮小の傾向にあると思いますが、那須甲子青少年自然の家のように、施設が責任をもって宿泊活動を実施してくれるような、学校教育と施設の特色を生かした取組は、児童生徒の資質・能力を伸ばす上では、かなり有効であると考えます。今後も推進します。

【図14】

カテゴリー別

	基本的な生活習慣	自己肯定感	仲間
事前	3.40	3.18	3.63
事後	3.63	3.42	3.82

キャリア・カウンセリングの手法を生かして

第１章、第７章において、キャリア・カウンセリングの手法を生かした対話的な関わりによって、肯定感や有用感を育み、自信につなげるとともに、新たな目標設定に生かすことを説明いたしました。

ここでは、教師の実践に即した理論化を試みます。国立教育政策研究所の調査によれば、教師は子どもとの対話的な関わりを重視しているものの、教師はそれを「キャリア・カウンセリングを行っている」と認識していない傾向が指摘されています。

これからのキャリア教育は、教師によるキャリア・カウンセリングの手法を生かした技法を理論化し、実践していくことで、肯定感や有用感を将来の夢や志につなげることができるようにしたいと考えています。

(1)教師によるキャリア・カウンセリング理論

第１章33頁ですでに述べたように、キャリア・カウンセリングの手法を生かした対話的で肯定的な関わりが、子どもたちのキャリア形成に重要な役割を果たします。子どもの声に耳を傾ける教師は、対話的な関わりが多く見受けられます。しかし、それが得意でない教師や、教師が対話的に関わっているつもりでも、教師の意識と子どもの受け止め方にずれがある場合が見られます。

キャリア・カウンセリングの手法を生かして関わっているとみられる教師の働きかけを分析し、定式化(理論化)して、技法として幅広く普及させる必要があります。棚倉小学校で行われている学級活動の授業をもとに、コミュニケーション過程を丹念に分析し理論化を試みました。

(2)理論化

キャリア教育の要として、学級活動の「(３)一人一人のキャリア形成と自己実現」の授業では、見通しを立て、振り返りながら、新たな学習や生活につなげたり、将来の生き方を考えたりすることが求められています。棚倉小学校６年生で実施された「第１四半期の振り返りと第２四半期の目標設定」の授業が分析対象です。ちなみに、学習指導要領で述べられている「見通しを立て、振り返る」という活動は、実際の授業では、本時のように「振り返って、見通しをもつ」のように行われています。

キャリア・カウンセリングでは「価値づける」「事例をつなげる」「ナラティブ(物語る)」という行為が大切にされているので、それらをもとに分析しました。

(3)分析の実際

授業の前半は、第1四半期を振り返ることで、どんな力が身についたかを話し合っています(ガイダンス)。図15、図16は、1年生との関わりが話題になり、苦手な児童C19さんに感想を尋ねる場面です。

【図15】

- T:1年生のお手伝いした人ってどのぐらいいますか?
- C:みんなやってます。(口々に)
- T:全員やってたよね。C18さんどうだった?あなたは、1年生のお手伝いを通して、自分の力が伸びたなあとか、高まったなあと思った経験あった?
- C18:コミュニケーションが取れない
- T:分かる!低学年だけど、人とかかわるのに、緊張したり、勇気がいったりって気持ち分かるかな。
- C6:小さい子は、もともと苦手だったから
- T:うちのクラスに、そういうこと言ってた子がいた。C19さん、あなた振り返りにどんなこと書いてたっけ?みんな聴いて。C19さんて、1年生とかかわるのって、はじめはどんな気持ちだった?
- C19:苦手だから、ちょっとヤダ・・。

価値づける
つなげる
語らせる

【図16】

- C:C19さんは、4年生の頃、ぜんぜん自分から話してくれなかった。
- C:4年生の時、担任の先生に「C19さんと遊んであげて」って言われた。
- T:今は、先生、そんなこと言ってないよね。
- C:4年生の頃は、みんなから話しかけないと・・
- C6:今は、しゃべってくれる
- T:今は、C19さん。
- 自分から友だちと話したりしてますよね。
- (板書:自分の自信になった。
- 1年生と話すことが自分の自信になった。

価値付ける
つなげる
語らせる

その後、友だちから人と関わるようになったことが次々と発表され、C19さんは成長を実感していきます。

【図17】

(C16に対する個別指導)
C16の第1四半期の目標は「登校班で来る」。C16が設定した第2四半期の目標は「登校班に遅れない」

- T:そうね。ここを、自分で、前回は「登校班で来る」だったじゃない。これを「遅れないようにする」って
- めあてが変わってきていいね。
- C16:発表も、
- T:発表するって、何の教科?
- C16:全部。
- T:全部ね。いいんじゃない。前向きな気持ちだね。

価値付ける
語らせる
つなげる

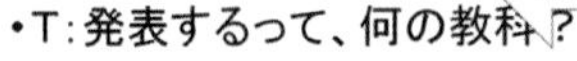

授業後半の個別活動では、児童C16さんの目標に対して、教師が図17のように対話しています(カウンセリング)。

教師は、目標が変わったことを肯定し、全教科で発表する目標とつなげて「前向きな気持ち」と評価します。C16さんは、めあてを変えたことを認めてもらい、さらに「発表もする」と自らの目標を語っているのです。

図18は、長期休業の宿題を提出することが難しかった児童C13さんと対話する場面です。

自分の力をどう発揮するか教師が問いかけることで、課題を乗り越えられることを示唆し「宿題の量が多いから続かない」という、提出できない理由を児童本人に述べさせています。C13さんの解決の方向性は、宿題の量をどうするかになることが明らかになりました。

【図18】

(C13に対する個別指導)
昨年、一昨年と夏休みの宿題が提出できなかったC13は夏休みの計画が立てられない。

- T:夏休みの宿題、やらないの?
- C13:できる限りはやります。
- T:今までつけてきた自分の力をどう発揮していく?
- C13:・・・
- T:嫌なのはわかるよ。でもあなたは、嫌なことも、きっと乗り越えられると思う。宿題ってのは、C13さんにとって大きなものだから、不安なんでしょ。
- C13:宿題の量が多いから続かないんですよ。

価値付ける
つなげる
語らせる

【図19】

C10への個別指導である。C10は、「宿題を早く終わらせる」というめあて設定している。

- T:これね。C10さんは、自分で切り替える力というか、時間をうまく使うようになってるから、
- あなた、 宿題早く終わると思うよ。
- C10:きのう、帰ってすぐできました。
- T:できたのね。すごいじゃん。やる気が出てきた。
- C10:やる気がでてきた

価値付ける
つなげる
語らせる

図19の児童C10さんとの対話における教師の関わりの特徴は、まず児童の経験を肯定して、それを個人内でつなげ、つなげた結果を本人に自分で表現させていることです。先に述べたC19さんの場合は、集団内でつなげています。

以上の分析から、本授業における教師の対話的関わりの手法は、「過去の経験を肯定する」「肯定した経験をつなげる」「つなげたものを語らせる」ことにあると考えられます。これら一連の過程は、キャリア・カウンセリングの手法を生かして「価値付け、つなぎ、語らせる」技法として定式化することができると思われます。

(4)「価値付け、つなぎ、語らせる」

「価値付け、つなぎ、語らせる」この技法について、詳しく説明したいと思います。

「価値付ける」

過去の経験の中には、自分にとって価値あることやそうでないこと、他から認められたことやそうでないことなど、様々なことがあります。否定的な見方をしている経験は、見方を変えたり、部分的に見たりして肯定的にとらえさせ、価値付けることが対話の役割です。ほめるというよりは、否定せず、ポジティブにとらえさせるイメージです。

「価値付けたものをつなぐ」

肯定した経験をつないで、よさの共通性や成長の過程に気付かせるようにします。「あれもこれも、実は同じ力の発揮だった」「あれもできて、これもできて、あなたはこんなに成長した」というように、一つだけの経験ではなく、それらがつながると資質・能力の発揮された姿として認識されやすいと思います。カウンセリングの場面では個人内でつなぎ、ガイダンスの場合には集団の構成員間でつないでいきます。

「語(らせ)る」

つなげた結果を自分の言葉で語らせることが大切です。「自分ではどんな力が伸びたか」「自分はこれからどんな目標に向かって頑張るか」など、表現することで児童は成長を実感し、意欲を高めることができるのです。自分から自主的に語ることがよいのですが、強制にならないよう、問いかけたり、促したりして語らせてもよいと思います。

このように、学級活動におけるキャリア･カウンセリングの一つの形は、「振り返り」と「目標設定」の過程において「価値付け、つなぎ、語らせる」ことであると考えます。肯定感や有用感が高まることによって、よりよい目標が設定されます。これらの手法は個別指導だけでなく、全体での指導(ガイダンス)にも活用できるのです。

今後は、「価値付け、つなぎ、語らせる」のそれぞれの段階について、多くの実践を行っていただき、それらを分析することで「価値付ける(肯定する)技法」「つなぐ技法」「語(らせ)る技法」をより実践に役立つ形で定式化していきたいと考えています。

特別支援教育におけるキャリア教育

本町では、鹿児島県霧島市立国分南小学校の大江浩光先生にご指導いただきながら特別支援教育を進めています。これからの特別支援教育について、大江浩光先生にご執筆いただきました。

特別支援教育におけるキャリア教育とは、どのようなものなのだろうか。

私は「見通しをもち、自分らしく、意義ある輝きに導く教育」だと思う。

文部科学省が提唱しているキャリア教育に関する考えに、私が思う特別支援教育の視点に立った考えを重ね合わせて述べる。

中央教育審議会（平成23年１月31日答申）では、キャリア教育を「一人一人の社会的・職業的自立に向け、必要な基盤となる能力や態度を育てることを通して、キャリア発達を促す教育」と定義している。

「社会的自立」とは、社会の一員としての役目を果たし、社会生活を円滑に過ごすために必要な能力（例・買い物計算力）が身に付いて、成立するものだと判断している。

「職業的自立」とは、職場に適応する適切なコミュニケーション力を習得し、経済的に困らず、更にその職業に働きがいを見出すことだと判断している。

学校においての取組としては、様々な教育活動を通して、一人一人の基礎的・汎用的能力の発達や育成、職業人としての自立を促すことを最大の目的としている。

「基礎的・汎用的能力」とは、

Ⓐ「人間関係形成・社会形成能力」（他者と協力・協調）

Ⓑ「自己理解・管理能力」（主体的に行動・学ぼうとする力）

Ⓒ「課題対応能力」（課題発見・分析、立案、解決する力）

Ⓓ「キャリアプランニング能力」（生き方に関する情報処理能力と主体的なキャリア形成力）

の四つの能力で構成され、相互に関連・依存したものである。

【図20】

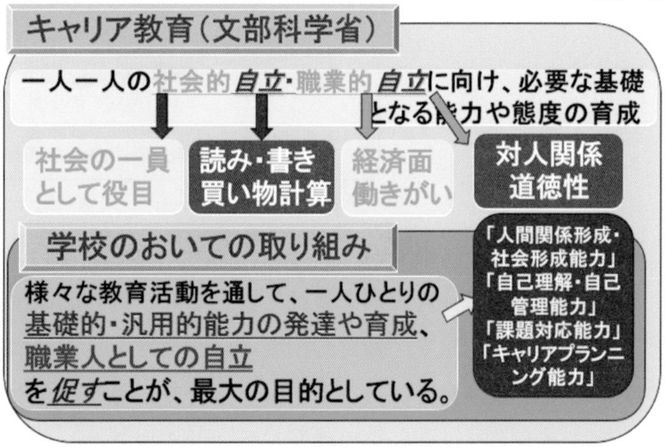

キャリア教育（文部科学省）
一人一人の社会的自立・職業的自立に向け、必要な基礎となる能力や態度の育成
社会の一員として役目
読み・書き買い物計算
経済面働きがい
対人関係道徳性
学校のおいての取り組み
様々な教育活動を通して、一人ひとりの基礎的・汎用的能力の発達や育成、職業人としての自立を促すことが、最大の目的としている。
「人間関係形成・社会形成能力」「自己理解・自己管理能力」「課題対応能力」「キャリアプランニング能力」

全体を図式化したものが図20である。

また、これらの相互関係を図式化したものが図21である。

【図21】

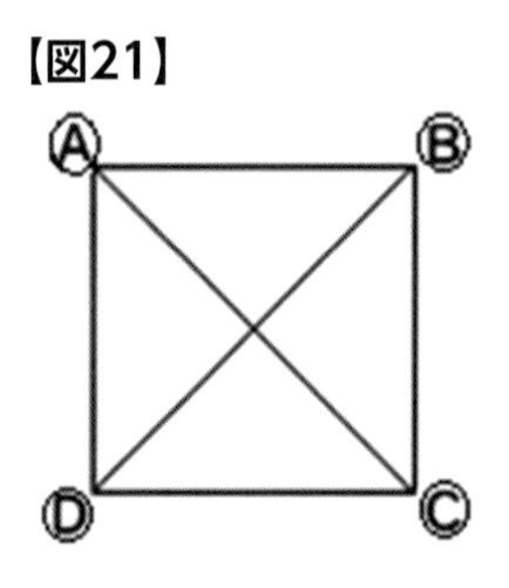

特別支援教育に関して、このⒶ～Ⓓの４点全て必要ではあるが，特に重要視すべきものがⒹである。

Ⓓ「キャリアプランニング能力」は、まずは学校現場や指導者がしっかりとした知識や情報収集を行うことが大切である。

図22は、私が勤務している鹿児島県霧島市にある長寿・障害福祉課が作成した資料を私(大江)が一部改作したものである。

【図22】

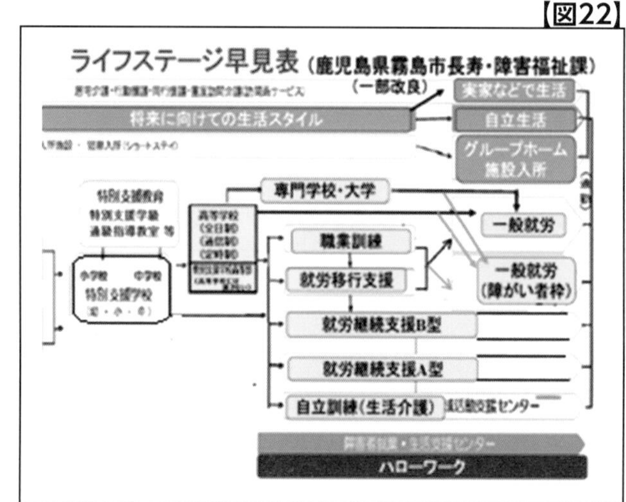

このライフステージ早見表は、キャリアプランニング能力の大本になると思う。このライフステージ早見表に記載されている様々な施設や就労形態、関連機関等の詳しい内容を知っておくことは、必要不可欠である。

これらを知った上で、個々の発達段階や個々の特性などを教育現場でしっかり把握し、社会における自立に向けて支援すべきところは、しっかり支援していく必要がある。

学校単体だけでなく、保護者や関係機関との情報や方向性をしっかり共有することが大切である。

この連携は、個々の自治体によって、温度差がないようにしていかなければならない。

【図23】

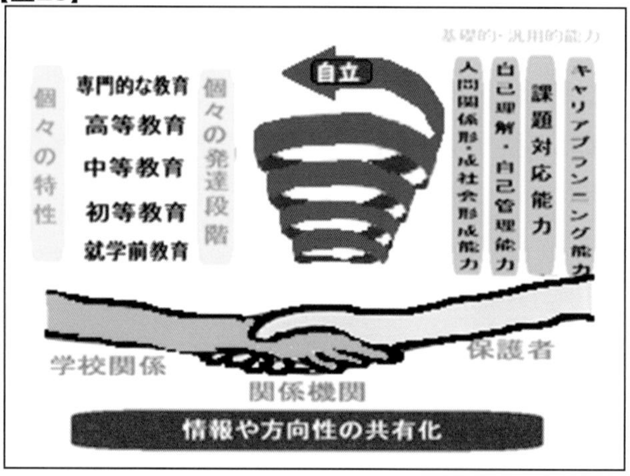

(1)長く就労するためには

私の知り合いに、大規模の農業経営をされ、教育的配慮が必要な方を雇っている会社がある。その会社の社長は「大江先生、教育的配慮が必要な方を受け入れるということは、その人によっても異なりますが、時には我が社の社員を１名つきっきりにさせなければならないこともあるのです。突然会社を飛び出すこともあり、全職員で捜索したこともありました」とおっしゃっていた。

受け入れを行ってくださっている会社社長との話から、大切な点を掲載する。

① 学校や関係機関と就労先と特性やできる作業内容に関しての情報共有を行う。

② 学生時代に、ある程度の体験期間を設定し、本当にやっていけるのか、その生徒に合っているのかを判断する期間設定が必要である。

③ その会社の就労が困難になった場合の対処法を明確にしておくことが必要である。

④ 就労後も保護者が生徒や会社と関わっていくことが必要である。

これらの４点の他、私はもう１点、漸進的ではあるができることがあると思う。

それは、学校現場や行政、関係機関、会社などがアイディアを出し合い、就労場を作っていくことがある。現状では、地元などの会社に頼っているケースが多いのではないだろうか。

【図24】

私には、以前からアイディアがある。いや取り組みたいことがある。それは、教育的配慮が必要な方が、保育園や幼稚園、こども園、小学校、特別支援学校で使用する教材教具を作る会社を設立することである。設立に関しては、いろいろな関係機関の協力が必要になってくる。就労支援関係で働いている方の給料は、場所によって異なるが、一般的に安価の傾向がある。少しでも給料が高い職場なら、働きがいがあり、保護者も安心するのではないだろうか。

少しでも自立に向かうための利益を見出すためには、その教材教具は、一般の会社の販売網を通さず、その施設独自のルートで販売と発送を行うことが大切である。また、収益を明確にし、その会社で働く方にできる限り利益を分配することにより、そこで働く方の意欲も高まると思う。微力ではあるが、私が開発した自作教材教具(図24、図25)に関するアイディア(権利)は、その会社に提供したい。保育園や幼稚園、こども園、小学校、特別支援学校は、それらの主旨を勘案し、できる限り、教育的配慮が必要な方が働いている会社から購入し、利益の循環化を図りたい。また、教育現場から、作ってほしい個別教材教具の発注を受け入れることも可能だと思う。

【図25】

将来的には、一般家庭に販売できるまでその会社を拡大できれば、そこで働く教育的配慮が必要な方を増やすことができると思う。

上記に述べた一連の教育的配慮の方の利益循環型会社システムを図式化したものが、図26である。

【図26】

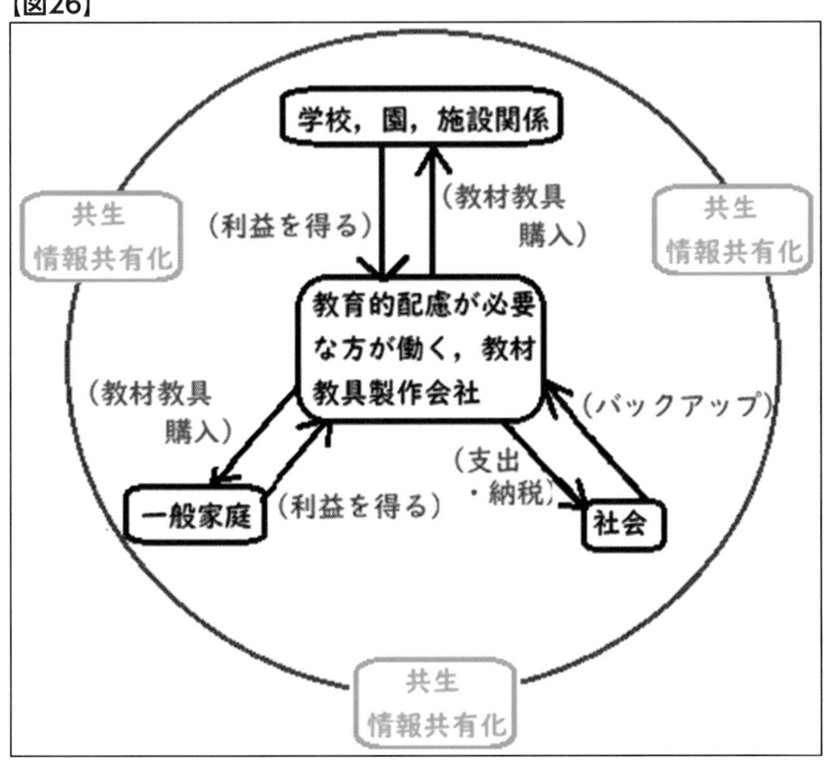

(2)職種内容の事前把握

【図27】

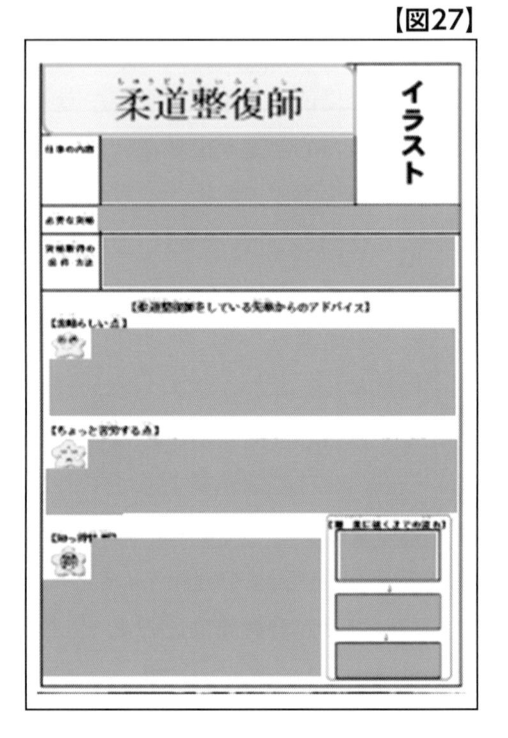

私自身、職業の種類や内容に関して、ほとんど知らなかった。

そこで、120以上の職業に関して、以下の６点を専門機関で調べたり、直接取材したり、電話で聞きとったりした。

- ・職業の内容
- ・必要な資格
- ・資格を取得する条件や方法
- ・素晴らしい点
- ・ちょっと苦労する点
- ・知っ得情報

それらの職業の中には、教育的配慮が必要な生徒さんも就労できそうな職種もあった。

(3)多様な職種やその職種の魅力認知が、よりよく生きる(哲学)へ向けて

【図28】

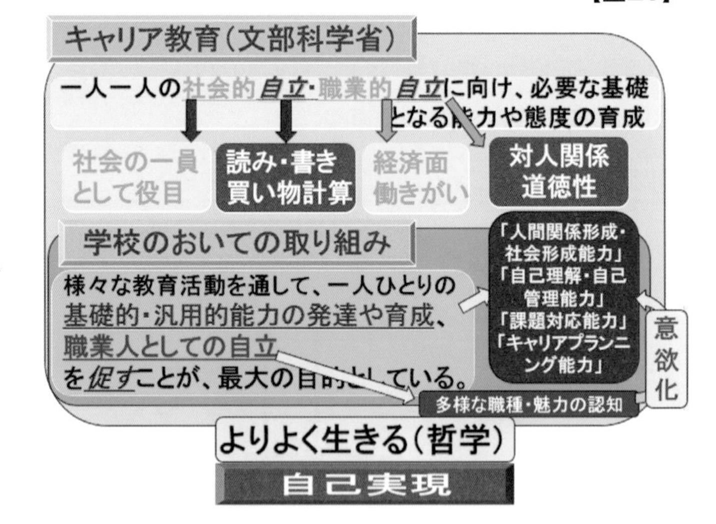

教育的配慮が必要な方の就労先には、職種や場所の限りがあるのは事実である。その限られた条件内でもその職種に魅力を感じ、就労することが長く就労できる要素である。そこでやりがいを見出すことが、よりよく生きることにつながり、自己実現になると思う。

【参考書籍】
「特別支援わくわく教材教具50」(大江浩光著・押谷由夫解説・学事出版)
「わかる！　特別支援教育のリアル」(大江浩光著・園屋高志解説・学事出版)

【参考ホームページ】
『特別支援教育玉手箱』(http://www.synapse.ne.jp/ooe/)

以上、大江先生にご指導いただいたことをもとに特別支援教育を進めていきます。

棚倉町キャリア教育の波及効果（教員養成・サイエンス教室）

岡田努先生(福島大学共生システム理工学類・教授　科学史・科学教育)には、大学生のボランティアと理科教育でお世話になりました。先生からのメッセージです。

(1)棚倉町キャリア教育の進展と波及効果

2014年に棚倉町では職業体験学習「チャレキッズ」事業(第４章参照)がスタートしました。私はこの準備委員会のメンバーとして前年度から棚倉町のキャリア教育に関わりました。当時町内五つの小学校の一つ、高野小学校ではすでに県内でも数少ない、しかも先進的な「キャリア教育」をスタートさせ、幼小の連携、保護者や地域住民と一体となった活動を展開させていました。その後、町全体でもチャレキッズの実施をきっかけにキャリア教育が浸透し、第11回キャリア教育文部科学大臣賞受賞などもあって棚倉町の小学校の組織的な活動は広く県内外に周知されています。しかしその草創期に取り組んだ別事業が思わぬ波及効果を生んだケースもありました。その一例として①福島大学の教員養成に関する棚倉町の実習生受け入れと②キャリア教育が結んだ科学教室について、実践例とそれらの効果について紹介します。

(2)教員免許を取得するには？ ―教員のキャリアパスを学ぶ―

①高野小学校の宿泊付き体験実習の学生受け入れ事業「高野ウインタースクール」

棚倉のキャリア教育の牽引者である当時の教育長松本市郎先生とは、これからのキャリア教育、そして県内で教員養成に尽力する福島大学との連携などについて様々な意見交換をさせていただきました。その中で「福島大学の学生を教育実習以外で受け入れて欲しい」「できれば宿泊させてほしい」など無理難題を申し上げましたが、すぐに検討いただき、高野小学校キャリア教育のキーマンである吉田信治校長先生と角田雅仁教頭先生とで具体的な実習受け入れの検討を進めてくださいました。「高野ウインタースクール」と名づけたこの事業は、同小学校が12月中の冬休みに設けた自主学習期間中に福島大学で教員免許取得を目指す学生向けに、１泊２日で小学生の学習指導を行うというものです。そして学生の宿泊先を高野小学校在籍の児童の家庭にお願いするという当時としては画期的な事業でした。

一緒に考える大学生

帰宅後もお兄ちゃんと学習

高野小学校ではその後2019年までの６年間にわたって毎年４～５名の学生を、さらに夏季休業中には他の小学校でも学生を受け入れていただくなど棚倉町と福島大学の教員志望学生向けのユニークな取組になりました(2020年度以降は新型コロナウイルス感染症の拡大のため中止)。

大学生と一緒に登校

小学校の先生からのレクチャー

②学校の先生になるには？　－学校の先生も知らない現在の大学の教職課程の事情－

この実習の最大の目的は、学生が児童宅に宿泊することで「学校で見せる姿とは異なる家庭での姿を見ることができること」でした。しかし、それ以上に次のような有形無形の効果がありました(終了後の学生アンケートより一部抜粋)。たとえば学生が「保護者の子どもや教育、地域に関する熱い思いを知ることができた」ことや「授業だけが教員の仕事というイメージだったものが学校内での業務、他の教員との協働、保護者や地域との関連まで考える事が出来るようになった」ことなど、予想以上の効果が得られました。また宿泊先の保護者にとっても家庭で現役大学生と交流することは貴重な経験となり、教員免許を取得するまでの過程を学生から聞いたり、就職目前にした若者の姿を数年後の我が子の姿と重ね合わせて学生と語り合ったり、学生との交流を深めたそうです。教職に就けば地元に戻ってくることができるのかと考えた保護者もいたようです。また、小学校の先生方が自身が大学在学中とは教職課程が大きく変わっていて、現在の大学における教員免許取得のためのカリキュラムが全然異なっており、免許取得が極めて困難であることに気づかされたと感想を述べていらっしゃったことが意外でした。

以上のように、この宿泊付きの体験実習では、当該学生、児童と保護者、そして小学校教員にとって「教員になるためのキャリアパス」を理解するユニークな事業となりました。

(3)キャリア教育の一環となった棚倉町のサイエンス教室

①学生の実習受け入れの「お礼」からはじまった「サイエンス教室」

高野小学校がいくら地域密着型の学校運営に成功しているとはいえ、学生の宿泊先の手配と調整は大変であったと思います。そこで私はせめてものお礼にと、実習2日目の最後の時間に全校児童向けに「サイエンス教室」の開催を提案しました。子どもたちの下校はスクールバス利用のため、その時間までのわずかな時間を使わせていただきました。

2014年度の初年度は「ペーパーブーメランの科学」「偏光シートはどこに？　光の科学」など、児童全員が参加できる実験ショーにしました。科学館やテレビのショーなどと異なるのは、対話の中に「どこで使われている？」「社会科など他の教科との関係は？」「中学何年生で学習する？」など身の回りの活用法や小中学校の理科の学習シラバスにもふれながら実施していたことです。以下、表１に各年度の内容を記載しました。また2019年度からは町内全ての小学校でもキャリア教育の一環として実施しました。

偏光シートで何が見える？

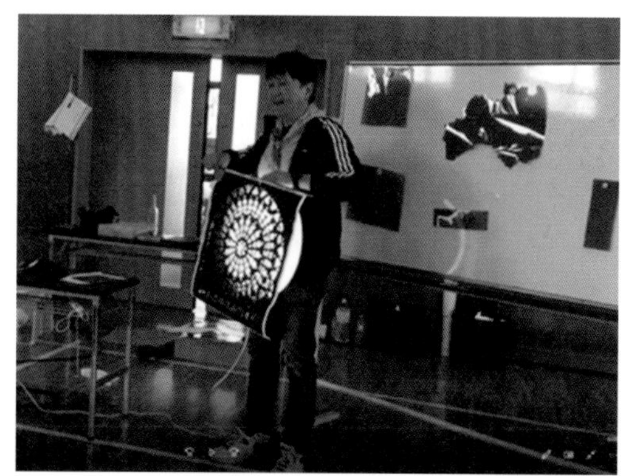
身近なところに材料が

表1　2014年度から実施したサイエンス教室のプログラム

年度	高野小学校	他町内　４小学校
2014年	・ペーパーブーメランの科学 ・偏光シートはどこに？光の科学	
2015年	・偏光シートとセロテープで万華鏡 ・目の前にあるのにとれない！　巨大フレネルレンズ体験	
2016年	・工作　前後どちらの風でもまわる風車 ・ショー　わっかとピンで慣性の法則 ・ペーパーブーメランの科学	
2017年	・工作　マグネットシートの不思議なキツツキ ・ショー　流れの科学・静電気の科学	
2018年	・ちょっと危険な工作に挑戦　電気と熱の不思議な関係　うすーくスライス飛ぶタネの科学	
2019年	・今年もちょっと危険な実験・工作　現代版ファラデーの単極モーターつくり ・ショー　偏光シートとセロテープの万華鏡　一瞬で透明に？色の科学、ブーメランの科学	・工作　自働でくるっとゴム巻き車 ・偏光シートの科学　身近なの？ ・空気の科学　風はどこから　流れの科学
2020年	・(3、４年生のみ）工作：キラキラ虹がみえ、よくまわるCDコマを作ろう	・現代版単極モーターつくり ・ブーメランの科学 ・こんなにすごい！空気の力

②サイエンス教室の特徴とキャリア教育との関連　－教科等横断的な視点とは－

上述したように、私のサイエンス教室は「ショー」では説明は最小限で、少ない発問で観察させ、考えさせ、発言を促す。そして友だちと理由を考える。体験させる。身近な活用事例を紹介する。最後に「これは中学1年の理科で習うよ」「社会科だと〇〇で扱うよ」など小学校中学校の理科のシラバスや他の教科との関連にふれることが特徴と言えるでしょう。場合によっては「これは今から200年くらい前に実際に……のために使われはじめたものと同じだよ」とか「昔は……が使われたけど、今ならお店で購入できるね」などと歴史や身近な事例を示すこともしてきました。

実は私がこの教室の実施にあたって最も意識したのは子どもたちではなく先生方だったのです。サイエンス教室で扱う各メニューをきっかけに「小学校、中学校だと何年生で学ぶのか」「他の教科とも関係があるんだ」「日常の授業でも身近な事象と結びつけられるよ」「子どもたちへの興味関心のもたせ方」などの方法について稚拙だったかもしれませんが、子どもたちへのコメントを通じて先生方に届けたかったのです。

小学校の先生方は中学校の理科の内容までは十分把握できていないでしょう。それは他の教科でも同様ですし、逆に中学校・高校でも他校種の学習内容や事情は知らないというのが現状だと思います。サイエンス教室終了後に私に質問攻めをしてきて急に親しくなった先生方もいましたが、刺激を受けてコミュニケーションが活発になるところは「子どもたちと一緒だな」感じることもありました。

巨大風船　風はどこから

全員で記念撮影

(4)おわりに　−棚倉の子どもを教員に！サイエンス教室の学びを先生にも！−

サイエンス教室終了後に子どもたちからたくさんの感想を頂く機会が増えてきました。「大学で科学を学びたい」という声がここ数年聞かれるようになったこともキャリア教育で得られた資質・能力との関連がないとは言えないでしょう。サイエンス教室での学びや体験に刺激をうけて大学進学を考えたのですから。

「将来、福島大学に行って先生の免許を取って棚倉町でサイエンス教室をしたい」などと宣言してくれた小学６年生もいました。こちらから学生の実習受け入れをお願いしたのがはじまりでしたが、サイエンス教室を通じて、まさか教師のキャリアパス理解や教科等横断的な学びのヒントを提供できるとは思ってもみませんでした。

ある小学校の先生からは「科学という視点から子どもに夢や目標を与えたことは、間違いなく大きな意義だと思っています。その意味で、キャリア教育の宝が満載の実験教室なのだと思います。もっと科学を知りたい、不思議なことに触れて学んでいきたいと願った子どもが少なからずいるのですから、効果は計り知れないものがあります」との感想を頂きました。実際に先生方からこのようなコメントを頂けたことがとてもうれしく思います。大変失礼ですが、棚倉町の先生方もこの10年でキャリア教育に関わって教師の資質・能力を向上させていると言えるのではないでしょうか。「生涯学び続ける教師」を、キャリア教育を通じて実践しているとも言えそうです。棚倉町のキャリア教育はまだまだ進化の途中、今後の展開を期待しています。

（福島大学共生システム理工学類　教授　岡田努）

進化する「キャリア教育の町たなぐら」

棚倉町のキャリア教育は、平成24年4月1日に松本市郎氏が教育長に就任したときに産声を上げました。当時は、キャリア教育という言葉自体、馴染みがなく、文字通り「0からの出発」で、産みの苦しみを味わったのではないかと思います。
本書の締めとして、松本市郎前教育長にご執筆いただきました。

平成30年にキャリア教育文部科学大臣表彰を受けたことから「キャリア教育の町たなぐら」として活動を推進してきましたが、この度、令和４年３月の文部科学省小学校キャリア教育の手引き[改訂版]第３章<小学校におけるキャリア教育【事例１】>において、棚倉小学校区とキャリア教育推進における四半期制の導入及びキャリア・パスポートなどが特徴ある取組として全国に紹介されました。

表彰状
棚倉町教育委員会 殿
あなたがたはキャリア教育の充実発展に尽力し顕著な功績を挙げられましたここにこれを表彰します
平成三十年一月十一日
文部科学大臣 林 芳正

本教育委員会がキャリア教育に取組始めた10年前には考えられない素晴らしい快挙であり進化であります。今回このような形で１冊の本を世に送り出すことができましたことは、町園長・校長会が一つのチームとして議論し、試行錯誤しながら町を挙げて研究を進めてまいりました成果が実ったものと影ながら喜んでおります。

町民へのあいさつ等では常にキャリア教育に触れて下さった湯座一平町長はじめ、一つのチームとして活動し継続してきた各幼稚園・小・中学校の校長・教頭、棚倉小学校の元・現職員の皆様に感謝申し上げます。

さて、なぜ棚倉町はキャリア教育なのでしょうか？

私は中学校教員ではありましたが、県の交流人事により小・中・高の校長とその学校経営の実践に関わらせていただき、その経験から小中高連携推進と言いながらも、ほんの一部の連携に留まり実践しているそれぞれの教育のベクトルが同じ方

【事例1】福島県東白川郡棚倉町立棚倉小学校

【校区について】
福島県中通りの南部に位置し，学制発布の年1872年(明治５年)に創立した伝統校。全校児童数は404名，学級数は通常学級16，特別支援学級２，通級指導学級１である。キャリア教育の推進は，棚倉町の教育施策の柱であり，幼・小・中の連携を図った取組が行われている。

(1)「目の前のこの子たち」を多面的・多角的に理解する
キャリア教育の目標を設定するために，「目の前のこの子たち」を理解することを大切にしている。各種アンケートから，基礎的・汎用的能力に関する質問項目を見いだし，児童のよさと課題を把握する。特に，児童のよさは，課題を解決するためのリソースとなるものなので，丁寧に把握している。例えば，アンケート項目から，児童のよさとして，「将来の夢や目標をもっている」こと，課題として，「計画的に学習する」ことを把握したとする。この場合，「計画的に学習する」力を育てるために，よさである「将来の夢や目標をもっていること」を生かした実践を取り入れることが効果的であることが見えてくる。あわせて，日常の対話やスケジュールプランナー(毎日の予定や家庭学習の計画，一日の振り返り等を記入するシート)，「キャリア・パスポート」等から，児童のがんばりや困り感を見取り，どのような力を身に付けさせたいかを見いだしていく。

向を向いていないことを常に感じ、この大きな課題を機会があれば何とかしたいと思っていました。

高校長の職にあった平成22年１月、文科省では、

> 今日，日本社会の様々な領域において構造的な変化が進行しています。特に産業や経済の分野においてはその変容の度合いが著しく大きく，雇用形態の多様化・流動化にも直結しています。また，学校から職業への移行プロセスに問題を抱える若者が増え，社会問題ともなっている状況です。
>
> このような中で，一人一人が「生きる力」を身に付け，明確な目的意識を持って日々の学校生活に取り組みながら，主体的に自己の進路を選択・決定できる能力を高め，しっかりとした勤労観・職業観を形成し，激しい社会の変化の中で将来直面するであろう様々な課題に対応しつつ社会人・職業人として自立していくことができるようにするキャリア教育の推進が強く求められています。
>
> （「『小学校キャリア教育の手引き（2011年5月）』はじめに」より引用）

と、事前にキャリア教育のパンフレットやリーフレットを全国的に配布しながらキャリア教育の推進を強く求めました。続いて「小学校キャリア教育の手引き」を、その後中学校、高等学校の手引きを発行しております。

その中で私が驚いたのは小学校の上記の文言が中学校、高等学校の手引きでも同じく使われていることでありました。この手法は今回の新学習指導要領の前文でもそうですが、小中高が同じベクトルで、発達段階に合わせた教育を推進しようとするもので、ここにこそキャリア教育があると思っています。

ただ、幼稚園や小学校には進路指導という言葉さえ無く「主体的に自己の進路を選択・決定や勤労観・職業観の形成、将来直面するであろう課題の対応（本町では基礎的・汎用的資質能力と捉えているが）」などは、幼稚園や小学校の教員には馴染まず、中学校、高校教員でさえも今まで実践してきた教育とかけ離れ、なかなか理解しづらいところがあるのです。その理解しにくさによって、キャリア教育が避けられてしまう一因ともなっていると思われます。この課題には町教育委員会事務局が中心となって解決にあたり、実はそこが私たち教育委員会事務局が苦労して乗り越えてきたところでもあります。

ということで10年間続けてきましたが、もっと広く深く学びたいと日本キャリア教育学会に入会し本町のキャリア教育を更に大きく前進させた、現荒川文雄教育長の手腕は欠かせません。今後も新たなキャリア教育の手引き（改訂版）を基にどんどん進化させ、新学習指導要領及び新キャリア教育の手引きが求める「子ども一人一人が幸福な人生を歩める力」を育んでほしいと思います。

ありがとうございました。

（棚倉町教育委員会　前教育長　松本市郎）

特別企画

キャリア教育で子どもも教員も地域も変わる

【キャリア教育鼎談】

現在の棚倉町のキャリア教育は『小学校だからこそ！キャリア教育！　世田谷区立尾山台小学校の挑戦』(2019、実業之日本社。以下、「尾山台本」)を大いに参考にして積み上げられてきた。2022年12月、当時の世田谷区立尾山台小学校校長であった世田谷区教育長・渡部理枝先生に棚倉町立棚倉小学校を視察いただき、文部科学省／国立政策研究所・長田徹進行のもと、棚倉町教育長・荒川文雄、棚倉町立棚倉小学校校長・鈴木雅人との鼎談を行った。

キャリア教育はループしていく

長田：渡部教育長、棚倉の子どもたちを見ていただいて、いかがでしたか。

渡部：素直で生き生きとした子どもらしさがあふれていると感じました。自分のねらいが自分ではっきりと分かるようになってきて、それに向けて努力できているというのがよく分かりました。

長田：棚倉町のキャリア教育は尾山台本からヒントをもらって作られた部分も多いと思うのですが、荒川教育長から、当時尾山台小の校長だった渡部教育長に聞いてみたいことはありますか。

荒川：最初は、中央研修（キャリア教育指導者養成研修）に行かれたということを尾山台本で書かれていて。

渡部：そうです。自分でも読み返しました。

荒川：中央研修に参加して、みんながみんなキャリア教育に目覚めるわけではなくて、あの研修を元にして、何も変わらない方もいらっしゃる。まずはそこがすごいなと思います。
尾山台本は2019年に出た本ですが、今でも通用するんです。だから、尾山台本があって、本書がある。本書を読んで、もう一度尾山台本に戻っていただくと、現時点におけるキャリア教育の全体像がさらに理解できるのではないかと思うのですが、いかがでしょうか。

渡部：棚倉町でやろうとしていることは、尾山台でやったことを随分と進化させてくださっているなと思いました。キャリア教育は、こうやってループして回っていくのが理想です。私がこれを元にまた新しい取組をしていければ良いのかなと思っています。

荒川：尾山台本で述べられていることについては、あえて本書では深追いしませんでした。２冊でセットにしていただくと分かりやすいかなと思います。

小学校でのキャリア教育

渡部：尾山台本の時は、まだ「小学校ってキャリア教育じゃないでしょ」という風潮だったので、あえて小学校を打ち出しましたが、今では小学校のキャリア教育も定着してきましたね。

長田：むしろ、中学校の方がまだまだイベント型、職場体験活動とか社会人講話ありきのキャリア教育になっていて、教育課程に落とし込むとなると、小学校の方がやりやすいのかもしれません。

鈴木：小学校は先生方も理解しやすいのかもしれません。教科等横断的だったり、先を見通したりということは、担任が授業をやっている方が構築しやすいんだという実感があります。
中学校だと、やっぱり教科担任制なのでなかなか難しいのかなと。基本的な考え方は取り入れられると思うんですが。

荒川：中学校では、教科の専門性が優先してしまい指導方法の共有が難しいことと、高校入試に向けた指導になってしまっていることが今の課題ですね。

長田：通称“出口指導”高校入試のためになんでもやるということを見直していただきたくて、あえて立ち止まって考えていただくために「キャリア教育」と名付けたんです。高校入試はとても大事なんだけれど、その先が本番。高校入試がゴールになってしまってはいけないんです。その点を、多くの中学校の先生方に理解していただきたいです。「そんなことすると入試に響くぞ」とか、生徒に落ち着きがないと手を叩いて「ほらほら高校入試に出るぞ」なんて言うと、子どもたちは自然と「入試のために勉強している」「入試のために我慢している」「入試のために努力している」という風になってしまって、入試がゴールになってしまうわけなんですよね。

「なりたい自分」をイメージさせる

長田：浸透し始めている小学校のキャリア教育ですが、中には課題の多い子どもがいたり、地域との関係が希薄な子どもがいたりします。生徒指導や、いわゆる配慮が必要な子どもへの対応という意味でのキャリア教育の大切さがあると思いますが、棚倉小学校で行われていることも含めて、先生方のご見解をお聞かせいただけますか。

鈴木：自分でうまくいかないことが多い子どもの方が、目標をしっかり持たせると良いと思います。例えば運動会だったら、勉強は苦手だけど運動が得意なら、そのピンポイントで目標設定をさせると、それが成功する。そして成功したことが褒められ、認められる。そうすると、他のところの気持ちも上がってくるんです。課題がある子ほど、目標設定をしっかり、はっきりさせて、その子に落とし込んだ目標にするとやっぱり効果が上がります。キャリア教育で先の目標を立てて、それを少しでも達成させる。そういう経験をたくさん積ませ、それをプラスにする、ということを繰り返していくのは、問題を抱えている子にとってはすごく良いと思います。

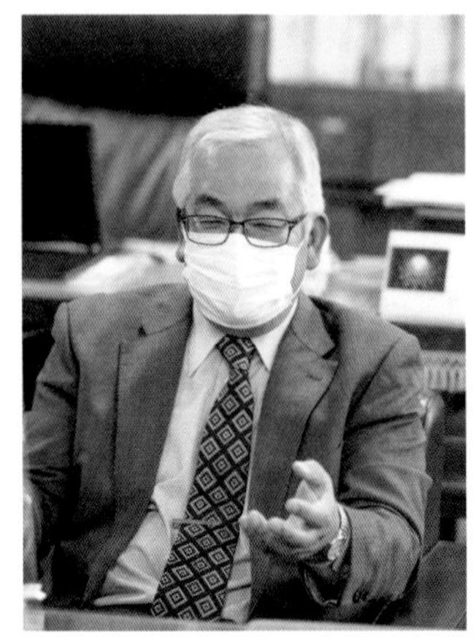

長田：そうですね。何かハードルに向き合った時に、すぐにマイナス思考になってしまう子どもは少なくありません。 最初から自分ができないって決めてかかってしまっていたり、自分はできない子だと周りから見られているんじゃないかということにすごく苦しんでいたりしている姿を各地で見聞きします。そんな中で今日、棚倉小にお邪魔して、通級学級のホワイトボードに書いてあった「昨日の自分よりも、今日は一歩前進」とか「苦しいことがあった時こそ、ここで一つステップアップ」というあの指導こそ、課題を抱えている子どもにはとても大切なのかなと思いました。

鈴木：本校も以前は、自分に自信がなかったり、ひねくれていたり、素直に大人の言うことを聞かなかったりという子もいたんです。あとは発達障がいや特別支援、これが課題だとずっと言われてきていました。筑波大学附属小学校との連携で国語・算数の指導法研究を長年行いましたが、それでもやっぱり素直に学習しなかったり、ひねくれたりする子が出てきていたのも現実でした。
ところが、キャリア教育の方にシフトして、教育課程全体で「認め・励ます」「なりたい自分をもって目標設定させる」ということを行って、子どもたちの前向きな姿勢や素直さというものがすごく出てきているなと、ここ３年で感じています。

荒川：例えば、通級指導教室の本来の役目というのは、特別に支援が必要な児童に対して障がいに応じた計画的な指導をしていくことですので、火曜日の１校時目にAさんを呼んで、火曜日の２校時目にはBさんを呼んで……というふうにやっていくのが普通なのですが、それに加えて本校では、学級生活に適応できていない子どもがワンステップするための場所として位置づけました。
特別支援であれ、家庭の事情での不登校であれ、学校生活に適応できていないことは同じなので、本来の機能を妨げない範囲で、ここまでは特別支援で、ここまでが家庭の事情だとか、生徒指導の問題だとか、それらの境にこだわらず、学級での授業に適応できない子に対しては、その子の学びたいことに応じて学べる場にしたいという思いがありました。

鈴木：子どもが学校とか集団に適応できていないというのは、原因は色々あるでしょうけれど、適応できていないという部分は同じなので、それに対する対処法として、キャリア教育の目標設定でやっていくのがすごくはまりました。

長田：渡部先生が尾山台小でキャリア教育を始めた時も、尾山台の子どもたちの自己肯定感や体力の低さといったことが課題で、その解決のためにキャリア教育に舵を切ってみようという流れだった印象なのですが、キャリア教育はその改善には直結しましたか。

渡部：まさにそのまま直結でした。私は中央研修を受けた時に、「あ、これで学校変わるな」と思えたんです。本気でやろうと思えたから、その日にすぐ長田先生に声をかけさせていただきました。
今日棚倉小の子どもたちの様子を見させていただいて、世田谷区の子どもたちとはとても違っているなと感じました。共通するところもあるけれども、また違う部分もある。
それは、町全体で取組ができる規模なんだということです。ちゃんと自分の目標を決めさせて、周りの人が共感的・肯定的に関わることで自信をつけていって、そして４年間かけてここまで来たんですよ、って荒川教育長が嬉しそうにお話をなさったのを聞いていて、この町だからできることかなと思いました。棚倉町は棚倉町のキャリア教育で、世田谷区は世田谷区のキャリア教育。ここは違ったキャリア教育が推進されているんだなと思いました。
世田谷区の中学生は結構おとなしくて、暴れることもなく、どちらかというと考えるのをやめているような感じ。なりたい自分というものはあまり考えず、無難に過ごしていくことでうまくやろうみたいなところがあったんですが、キャリア教育を始めていく中で、「なりたい自分になることが一番幸せなんだ」ということが分かってくると、少しずつ変わってきました。ウェルビーイングの考え方で、何が幸せかを自分で決めるということに、気づきつつある子もいるのかなと思います。

長田：先ほどのお話にもありましたが、中学校の指導が高校入試のためだけになってしまっていると、「なりたい自分」として、高校に合格した自分はイメージできてもそこから先の自分はイメージできないから、どうしても自己肯定感は低くなるし、何をどう努力すればいいのか分からない。ただ点数を取って、偏差値を上げて、内申書に変なこと書かれないように無難に生きていくっていうところに気持ちがいってしまうことになりますよね。

渡部：自分が生きていくことと幸せがどうつながっていくか、ですよね。だから、そこに目を向けさせてあげないといけない。どうやって生きていけば幸せなのか、どうありたいのかっていうことを分からせる学校であることが大事なのかなと思います。

域内でのキャリア教育浸透の課題

長田：町の規模の差があるとはいえ、おそらく両教育長とも、自分の域内での複数の学校にキャリア教育を浸透させるというのは相当難しいことだろうと思います。域内の学校にキャリア教育を普及させる上での課題についてはどうお考えでしょうか。

渡部：一言で言うと、本当の意味でキャリア教育の意味が伝わっていない、理解が進んでいないことです。だから、「何をやってもキャリア教育」となっていることが課題だと思います。必要な資質・

能力がはっきりとしていないので、評価がしにくい断片的なキャリア教育になっている。
世田谷区で「キャリア未来デザイン教育」としてキャリア教育を打ち出しているのはみんな知っているので、「うちではキャリア教育こんなにやっていますよ」と言うんです。でも実際は非常に断片的な実践だけになっていることもあって、そうなると、子どもがどう変わってきたか、子どもの変容を話してもらおうと思っても、資質・能力をはっきりさせてないので、印象でしか話せない。こういった学校に、本当の意味でのキャリア教育を理解させていくのが課題だと思います。

荒川：棚倉町のキャリア教育は、当初から保育園から高等学校までをつないで、資質・能力を育成するという計画でした。校種間のつながりで資質・能力を育成しようとすると、上の学校の先生は下を見てないなということが分かってきました。先生方は上の学校や上の学年は意識するんですが、下の学校や学年については、ほとんど言及しません。例えば、「前の学校で身についた力を発揮しているね」とか「前の学年で見つけた力がさらに伸びたね」といった指導をする先生はまずいません。小学校の先生方で「幼稚園の時の力が伸びたね」と子どもに言う人はいないし、中学校の先生方で「小学校でこういう力をつけて、中学校でも発揮しているね」という言い方をする人はいないんです。先生方には、前の学校や前の学年でやったことを褒めながら、今の子どもたちを育てていただきたいと思います。

渡部：私もそれはすごく共感します。キャリア・パスポートを小学校から中学校へつながってもっていくようにしてから、小学校６年生のキャリア・パスポートの最後の１枚を、中学校でも最初に入れるようにする学校が増えてきました。そうすると、子どもが「小学校の時にこんなことを頑張ってきたから、中学校ではこれをやりたい」ということをキャリア・パスポートに書くんです。そして、それを元に中１の三者面談を行うことで、「中学校ではこういうことを頑張りたいんだね」と話せる学校も増えてきました。そういう事例がどんどん増えてくると、小学校での取組が引き継がれていくのだろうと思っています。

長田：世田谷区はそれに絡めて、通知表の所見欄を廃止することによって、「キャリア・パスポート」を使って、面談の中で、言葉でちゃんと評価してあげようという取組を進めています。子どもの記録を基に、直接褒めたり、認めたりすることを大事にしようという意識が広まってきています。

渡部：キャリア・パスポートの意味が伝わったんだと思います。最初のうちは、教育委員会側が上から「やってください」とお願いすると、なかなか本来の意味が伝わらなくて、何でもキャリア教育になっていきがちでした。
私は世田谷区の全部の学校のキャリア・パスポートを見るようにしています。ヒアリング時に各校の校長先生にもってきていただいて、内容を説明していただくのですが、キャリア・パスポートの意味を理解している方と、そうでない方とに分かれます。中には、校長先生の説明では違ったことを言っているのに、キャリア・パスポートを見てみると保護者が子どもに対話的に関わっているなんてこともあります。「あなたは１学期にこうなっていて、２学期はこれを頑張るといいね」と書いてあって、それを子どもが目標として書いているものがあったので、「校長先生、これ素晴らしいですね」と言うと、「あ、そうですか」と。その校長先生には、対話的に、共感的に関わるということが伝わっていないことがあります。
また、中学校のキャリア・パスポートによくありがちなのが、子どもが反省だけして目標がないことです。反省は真面目に書いているけれど、目標やねらいがないから、何に対して反省しているのかが全く分からない。そういったこともまだまだあります。

生きたコメントで子どものがんばりを認める

荒川：前に長田先生から中学校の三者面談でキャリア・パスポートを使うという話を聞いて、通知表の所見欄も無くしてもいいよねということを鈴木先生と二人で話しました。

鈴木：キャリア・パスポート自体はクリアケースにまとめて中学校に引き継ぎます。あと11月にも三者面談があるので、その時も、子どもと保護者と担任で、キャリア・パスポートを元に、「こういうところが良くなったよね」という会話をします。ただ、教師のコメントが、家庭の手元に残らない。だったら家庭に残すためにも通知表として使えないかと考えたのが始まりです。

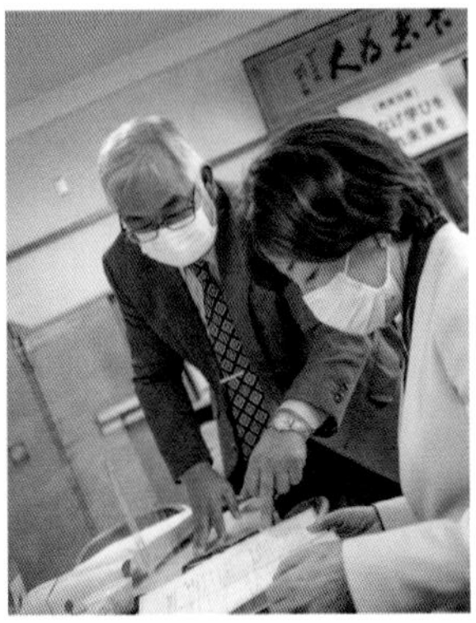

渡部：もう所見欄は無くされたんですか？

鈴木：はい。通知表の所見欄はもうありません。その代わりにキャリア・パスポートが２枚入っています。先生のコメントが所見の役割になります。

渡部：いいですね。

長田：ものすごい思いがあって、指導力もある教員なのに、通信表に所見を書かせると、なんだか固くなってうまく書けない担任っているじゃないですか。それだと担任も子どもも可哀想なんですよね。普段対話している時は子どものことをすごくよく見て、褒めてあげているのに、いざ通知表の所見欄を見るとなぜかどの子どもに対しても同じような内容になってしまう。

鈴木：本当にそうです。キャリア・パスポートを入れた通知表を見ると、気持ちが伝わってくるんですね。先生からのコメントが生きているんです。
今までは通知表を見ると、みんな取ってつけたような所見なんです。しかも、忘れた頃のことを引き出しから取り出しながら書いている。通知表をもらった時、保護者はどれだけ気持ちを込めて読んでいるのだろう、と思っていました。
それが、所見欄の代わりにキャリア・パスポートを入れて、先生のコメントが所見ですよ、ということにしたら、これがすごく熱い。生きています。

渡部：それが理想です。

長田：担任の先生のコメントのすぐ上に、子どもの頑張った姿が子ども自身の字で書かれているので、先生は自然とそのまま書けるんですよね。あの通知表の様式の中に、「何月にこんなこと言っていたかもしれないなあ」と探り探り書くのとは、やっぱり違うんですよね。

渡部：確かにキャリア・パスポートができたことで、所見を書くのも上手になりましたよね。教員はキャリア・パスポートを見ながら書けばいい。だからきっと子どもの顔が思い浮かぶんです。

荒川：キャリア・パスポートのコメントの内容と、通知表の所見の内容と、要録の所見の内容はみんな同じであるべきだと思うんです。指導要録は閉鎖性があって、開示請求しない限りはどのような内容が書かれているのか当人は知ることができません。通知票の所見を書くときは、本人や保護者の気づいていないよさを伝えたいという思いがあって、書くのにすごく苦労したんですが、普段褒めていることをそのまま通知表にも書けばいいし、要録にも書けばいい。そうすると、中学校の先生も、小学校のキャリア・パスポートを見なくてはならなくなるんです。

鈴木：先生方は３か月に１回、四半期ごとにキャリア・パスポートにコメントを書くだけです。徐々にその視点が良くなって書き方が上手くなっていきます。それが通知表の所見になり、書き直しも必要ないので、働き方改革にもなるということです。

渡部：すごく良いですね。

長田：子どもの書く内容も成長していますね。わずか３か月だけで、目標設定がとても細かくなるんです。最初は１行しか書けてなかったのに、３か月後には学習目標だけでも３行の目標設定になっています。

鈴木：今までの所見だと、子どもがどんな目標で学校生活を送っていたのかというのは保護者は分からない。キャリア・パスポートだと先生も分かるし、子ども自身も分かるし、保護者も分かる。これに向かって頑張ったんだなという流れが見えるんです。こういう形にして良かったなと思っています。

教員たちの理解を得る

長田：両教育長とも校長経験がおありですが、学校の中でキャリア教育を推進する上で、これはブレーキだったな、というようなことがあればお聞かせください。

荒川：私が棚倉小学校に校長として赴任して、当時の教育長にキャリア教育に取り組んでくださいと言われた時に一番苦労したのは、「基礎的・汎用的能力って何？」ということでした。これは半年ぐらい悩みました。手引き等を読んで理解しようとするんですが､つながりが分からなくて。「これは四つ別々にやるんだろうか」とか「授業過程に位置づけるんだろうか」とか、そういうことも含めて迷っていました。

もう一つは、先生方からの「キャリア教育って何ですか？」という疑問です。私よりも先に棚倉小に赴任してキャリア教育に取り組んできたはずの先生方ですら、「キャリア教育ってなんですか」と理解していませんでした。

前者については、藤田晃之先生から、「基礎的・汎用的能力は生きる力であり、資質・能力の三つの柱である」と教えていただきました。「普通に学習指導要領に基づいてやっていればキャリア教育になるんですよ」と言われて、すごく腑に落ちました。

先生方の「キャリア教育って何するの？」という問いについては､例えば､「話を聞けるようになって、成長したね」「話が聞けるようになったから、将来役に立つよ」という声かけをするんだよという説明の仕方が、先生方には一番インパクトがあって、それで分かっていただきました。今の学びを将来につなぐ。今の学びを過去との関連で話すというのがキャリア教育だよと説明したら、一発で分かっていただけました。

渡部：私の方は大きく２点あって、１点目は、また新しいことを始めなければいけないということ。主権者教育だとか、金融教育だとか、防災だとか、いろんなことをやっている中で、また新しいことをやるんですか、という感覚が一番大きかったと思います。

２点目は、子どもに必要な教育だろうっていうことは分かるけれども、子どもの成長にそんなに効果があるとは思えない、という教員の感想がありました。

鈴木：やはり先生方一人一人のキャリア教育に対する認知度、理解度が一番のブレーキでした。そこは年度初めに毎回私が講義をして「キャリア教育ってこうだよ」というのを話したうえでスタートを切っています。ただ近年は、続いて成果が上がっていることで、新しく来た先生方も理解せざるを得ないような雰囲気になっています。ですので、ブレーキというほどのものは感じません。

子どもの変容が推進力

長田：今度は逆に、学校内でキャリア教育を進めるうえでの大きな推進力、いわゆるアクセルについてお聞かせください。

渡部：子どもの実態から始めたことだと思います。子どもがおとなしくて覇気がない、自己肯定感が低いということがあったので、そこをなんとかしようという課題意識をもって「これをなんとかする教育を始めましょう」と伝えました。

また、その時に子どもの資質・能力をはっきりとさせて、「この力がうちの子どもたちに足りないから、この力をつけるようにしよう」としたことで、評価がとてもしやすくなりました。すると、子どもがこんなに伸びたんだ、ということを教員たちが理解して「キャリア教育はこんな素晴らしいことなんだ」と理解してきました。
それから、尾山台の場合は、「おやまちプロジェクト」と言って、地域も一緒に巻き込んだ教育を進めました。地域の方と一緒に、「うちの子たちは声が小さくて覇気がない、自己肯定感が低いのをなんとかしよう」「じゃあ地域で何かできることはないだろうか」と同じ目標で始めていただいたので、大きな動きになりました。それが推進力になったのではないかと思います。

鈴木：私は二つあって、一つはやっぱり子どもの姿が変わってきたというのが、先生方に伝わって、「キャリア教育って効果があるんだな」と認めるようになったことです。
もう一つは、キャリア教育の効果をすごく理解して、行動に移せる教員が校長以外にもいるということです。例えば、本校の小松光恵研修主任のようにです。キャリア教育の良さによって教員を育てるということは大きなことだなと思います。

荒川：渡部教育長のお話と関連するんですが、「育てたい資質・能力というのは、先生方が設定していいんですよ」そして「それを子どもに意識させてくださいね」「その成果を教師間、あるいは、子ども・保護者と共有すればいいんですよ」ということを、藤田晃之先生にご指導いただいたことが、初年度の推進力になりました。「あ、それでいいのか」と先生方に理解していただいた時に、スムーズに進みました。

各地域でのキャリア教育推進

長田：両教育長にお聞きしたいんですが、今、域内でのキャリア教育を推進する上で、ここが工夫のポイントだよ、ここを頑張っている、というようなことがあれば、お聞かせください。

荒川：棚倉町では棚倉小と社川小と高野小の３校で、文部科学省委託の「資質・能力を育むカリキュラム・マネジメントの在り方に関する調査研究」に取り組んでいただいています。カリキュラム・マネジメントはシステム思考なので、レバレッジ・ポイントという、人体でいうツボのようなものがあって、そこを改善すると全部に良い影響を与えるっていうポイントがあるんだよという考え方をご指導いただいた時に、本町の場合には子どもの姿で研究の成果を発信することが、教育課程の編成、実施、評価、改善全てに良い影響を及ぼすんじゃないかと気づいたことが、一番のポイントだと思います。
先生方は、研究成果として「こういうことをした」ということは言えますが、「このように子どもが変容しました」のように研究成果を説明することは、なかなか難しいんです。そこで、個人に焦点を当てて、「この子はこう伸びました」「こういうところが良くなりました」のように研究成果を発信し、保護者とも共有し、要録にも記入しましょうとお願いしています。

渡部：私は、上からやらせるのではなくて、意欲が上がってきた学校をモデル校のようにしながら、どんどんやる気のある学校を増やしていこうと思っています。今、小学校の方は進んできていて、中学校でも７校くらいは色々なことができる学校になってきました。「これをやりたい」という学校を支援することも重要だと思っています。なかなか理解が進まないところもありますが、こちらから少しずつ仕掛けていくと、理解が進み、意欲的になることもあります。

もう一つは、「おやまちプロジェクト」がうまくいってきたので、これを世田谷区全部に広げようと思っています。今、こどもハローワークとして、大学や企業や地域の人が子どもたちに、２～３日かけて職業を通した生き方を教えるということをやろうと考えているところです。大きな規模になるのでどのような形にするか模索中ですが、試験的に今年から始めようと思っています。

中学校の職業体験だと、できることが限られてしまうので、子どもが個人で申し込み、その企業に行くというシステムを構築しようと考えています。

全国の小学校の先生方へ

長田：本書をお読みになるのは、多くは小学校の先生方だと思います。お三方とも小学校の校長経験者ですので、全国で、これからキャリア教育を推進しようとしている小学校の先生方に対してメッセージをいただければと思います。

荒川：私は教育長の職に就いて、学校づくりというのは地域づくり、町づくりなんだなと痛切に感じました。単独で学校経営をしている時にはそんなことは感じていなくて、教育委員会と一緒に力を合わせて頑張ろうという形だったんですが、学校づくり＝町づくりを実感した時に、学習指導要領の前文にある「持続可能な社会の創り手」というフレーズを「持続可能な『地域』社会の創り手」と読み替えて、実践していくことが大切ではないかと考えました。つまり、小学校の段階から10年後、20年後(成人以降)を意識していただきたいということです。

棚倉町くらいの規模では、今の学びを将来につなぎ、地域ぐるみで資質・能力を伸ばすキャリア教育というものが最も有効ではないかと思います。

また規模感は関係なく、尾山台本の第８章に渡部教育長がお書きになった、職員がやる気をもって、本気で取り組むために大事なこととして、「少人数の話し合い」と「つながりを大切に」という２点はお勧めしたいです。このことは、先生方のキャリア教育研究実践において、先生方の「主体的・対話的で深い学び」を大切にして、目の前の子どもたちに対する自分たちの実践を創り上げてほしいということです。

鈴木：今、同じ小学校の校長先生方に言うとすれば、キャリア教育を進めるということは、学習指導要領を十分やることだよ、ということです。

学習指導要領の改訂のポイントとして、「社会に開かれた教育課程」というものがありますが、外に出て体験する、地域の人材を取り込んでくる、という上辺だけの話になっている部分があると思います。今学んでいることが将来や社会に役立って、自分に返ってくる、というニュアンスはどこかに飛んでしまっているのではないでしょうか。
今の学習指導要領の趣旨を徹底的にやるのであれば、キャリア教育というものが本当に原動力になります。それは取りも直さず、学力向上にもつながります。それは、学ぶ意味を理解することと、学ぶための意欲を喚起するということがキャリア教育の根底にあるからです。

渡部：私は学校運営の柱をキャリア教育にすればやりやすいですよ、ということを言いたいです。キャリア教育は、現代の子どもの課題を解決するために始まったわけですが、それはイコールそれぞれの学校の子どもの課題なんです。だから、キャリア教育を柱にしていけば、学校で悩んでいることが解決できます。
小学校の発達段階に応じたキャリア教育は、子どもの成長過程を子どもとともに楽しむことができ、教員自身も喜びを感じることができます。また、地域の方とともに子どもを育て、自分自身の生涯にわたる学びの可能性も感じることもできると思います。子どもの実態に応じた小学校だからこそできるキャリア教育を推進してほしいと思います。

長田：私の前任者の藤田晃之（現：筑波大学教授）先生は調査官時代、まだ当時カリマネ（カリキュラム・マネジメント）という言葉は一般的ではなかったんですが、彼が全国に発信してきたことは「キャリアの視点でカリマネしよう」ということでした。「キャリアの視点でちゃんと子どもを見つめてください」「実態把握をしてください」そして「実態把握をしたら、具体的でわかりやすく、小学生でも自己評価できるような目標設定をしてください」と言われていました。目標設定が抽象的だと、取組が曖昧になります。取組が曖昧になると、評価ができません。評価ができないと、改善もできません。このメッセージを繰り返し発信していたことが、それから数年後の学習指導要領改訂で反映された。ですから鈴木校長のおっしゃった通り、今の学習指導要領で大切にしていることをちゃんとやれば、おのずとキャリア教育になっていくんです。

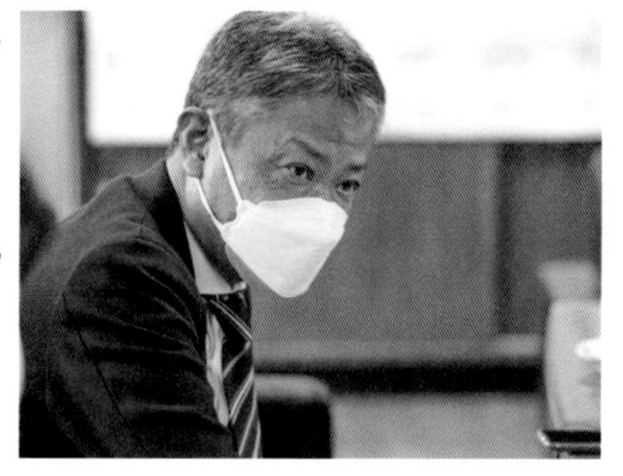

全国の中学校の先生方へ

長田：本書では町全体でのキャリア教育を取り扱っていますので、中学校の先生方もお読みになっているかと思います。今度は中学校の先生方に向けてメッセージをお願いいたします。

渡部：キャリア教育は職業訓練とは別物なんだという、本当の意味での理解を進めれば、学校運営はやりやすくなると思います。多くの学校では、頭では分かっているけれども、実際「職業訓練をやっていればそれはキャリア教育でしょう」というところから脱却できていないのではないかと思います。だから断片的になってしまう。「これをやればキャリア教育」というものがただ点々と混在しているだけで、１本の柱がない現状があると思います。1本の柱ができれば、それが学校運営の柱になっていきます。

また中学校では、生き方指導としての本領が発揮できる時期になっていると思います。学校全体にキャリア教育推進の考え方があれば、中学生が自分の生き方について見つめ直したり、将来の自分を思い描いたりする力になると思います。ぜひ、中学校でしかできないキャリア教育を推進してほしいです。

鈴木：私は平成26年、27年と本校の隣の社川小の校長をやっていました。その時に前教育長がキャリア教育を始めたのですが、私は「キャリア教育ってどうやってやるの？」と分からず、イベント型のようなことをしていました。それから10年ほど経って、私の理解もすごく変わっていきました。

その上で、私は、キャリア教育をやると授業が変わるよ、と伝えたいです。これはもちろん小学校にも言えるのですが、生徒指導の機能を活かした授業作りのようなもので、授業作りの根底にキャリアの視点が入っていると授業は変わる。授業が変わると学力も向上する。学力が向上すると、子どもたちの生きる力が高まります。

その先に入試というものがある。授業とか、学習に向かう意欲だとか、それらを根こそぎ変えていかないと、中学校教育は変わらないと思います。だからこそ、キャリア教育を取り入れると授業も充実し、子どもたちの生き生き具合も変わる。それを中学校の校長先生には言いたいです。

荒川：キャリア教育を推進するという点からは、先ほどお話ししたように、教科担任制による共通理解の難しさ、そして受験ということからどうしても逃れられないという弱点があると思います。その中で、大切にしていただきたいことは三つあります。

一つ目は、自分で決めて学習できる総合的な学習の時間をとても大切にしていただきたい。その中でも特にキャリアの取組、例えば自分と職業を見つめる、地域に貢献する、地域の良さを知るといったことに力を入れてほしいです。

二つ目は、言語活動です。特に対話、カウンセリングをするという面では、中学校の先生方は、特に大切に行っているという意識があると思います。ところが、そのカウンセリングが、実際は説得をするためのカウンセリングになってしまっているということも往々にして起こっています。それはキャリア・カウンセリングの、傾聴して同意するという関わり方とはかけ離れていますので、対話の中で肯定的に関わる技術をぜひ学んでほしいと思います。

三つ目は、生徒が自分で決めるということを大切にしてほしいということです。例えば、校則は校長が決めて、生徒はそれを守るということだけでなく、校則の制定や改訂にも生徒が参画できる、つまり、自分たちで決めるということがあってよいと思います。総合的な学習の時間などは、その最たる学習の場ですよね。ただし、そのためには、幼稚園や小学校でも、できるだけ自分で決めるという経験を積むことが必要だと思いますが。

そういったところを大切にしていただけると、小学校でやっているキャリア教育がうまく接続して、今の６年生がそのまま中学校でも伸ばしてもらえると思っています。

長田：示唆に富んだお話をたくさん聞くことができました。ありがとうございました。

資質・能力を追うキャリア教育

キャリア教育の町“棚倉”の挑戦

2023年 4 月3日　初版第1刷発行

著　者／棚倉町教育委員会・棚倉町立棚倉小学校
監修者／長田徹
発行者／岩野裕一
発行所／株式会社実業之日本社
〒107-0062
東京都港区南青山5-4-30　emergence aoyama complex 3F
電話（編集）03-3486-8320　（販売）03-6809-0495
［ホームページ］ https://www.j-n.co.jp/
［進路指導net.］ https://www.j-n.co.jp/kyouiku/
小社のプライバシー・ポリシーは上記ホームページをご覧ください。

印刷所／大日本印刷株式会社
製本所／大日本印刷株式会社

ISBN978-4-408-41681-6（教育）